제3판

기독교 유아교육론

정 희 영 지음

교육과학사

3판을 내며

이 책이 출판된 지 어언 20여 년의 세월이 흘렀다. 그동안 우리 사회는 포스트모더니즘과 제4차 산업혁명이라고 하는 큰 변화를 겪어 왔다. 사회의 특징과 교육은 매우 밀접한 관계를 맺고 있기 때문에 사회의 변화에 따라 교육의 방향이 바뀌는 것은 매우 자연스러운 현상이다. 그래서 국가 수준의 교육 과정도 이러한 변화에 따라 개정되어 왔다.

이런 변화의 흐름에 따라 이 책도 다소 보완해야 할 필요가 느껴졌다. 절대 진리인 성경적 기초에 관한 부분은 손대지 않고 그대로 두었으며, 또한 철학적 기초 역시 굳이 수정할 필요를 느끼지 못하였다. 다만 사회적 특징이 변함에 따라 사회적 기초 부분은 수정 보완하였다. 또한 기독교유아교육을 위한 과제 부분에서는 그동안 기독교유아교육에 대한 교사 재교육프로그램이나 영성교육프로그램이 연구되었기에 그 부분을 참고하여 보완하였다.

모쪼록 이 책을 통하여 기독교유아교육에 소명을 가진 유아교사들이 유아를 위한 기독교교육의 기초를 확립하고, 더 나아가 기독교유아교육의 발전과 미래를 위해 심도 있는 연구의 방향을 찾는 계기가 되기를 소망한다.

2021년 2월 **정 희 영**

2판 머리말

이 책은 저자의 박사학위 논문의 일부와 지난 84학년도부터 현재에 이르기까지 총신대학교 유아교육과 학생들과 강의실에서 나누었던 기독교 유아교육에 관한 강의 내용, 그리고 그 동안 연구하였던 기독교 유아교육에 관련된 논문들을 정리하여 엮은 것을 수정・보완한 것이다.

기독교는 창세기 1장 1절의 "태초에 하나님이 천지를 창조하시니라"는 엄숙한 선포와 함께 시작된다. 태초에 천지를 창조하신 그 하나님은 지금도 이 세상을 붙드시며 유지하고 계시며 이 일을 문화적 사명과 "가르쳐 지키게 하라"는 교육적 사명을 우리에게 위임하셨다. 이 땅의 유아들의 교육을 책임지고 있는 기독교인 교사들이라면 어느 누구도 이 사명에서 제외된 사람은 없을 것이다. 그럼에도 불구하고 기독교 유아교육을 하면 좋고 안 해도 괜찮은 장식품 정도로 생각하는 교사들이 많다. 간혹 기독교인 교사로서의 사명을 인식하고 기독교 유아교육을 하기를 원하지만 어떻게 해야 할지를 모르는 교사들도 있다. 이 책이 이러한 교사들에게 기독교 유아교육의 당위성과 기독교 유아교육에 대한 제반 사항을 이해하는데 필요한 기초를 제공해줄 수 있기를 기대한다.

이 책의 제1장에서는 기독교 유아교육이란 무엇인지, 왜 기독교 유아교육을 해야 하는지에 대한 이유를 설명했다. 제2장부터 제5장까지는 기독교 유아교육의 기초로서 성경적 기초, 철학적 기초, 사회 문화적 기초, 발달 심리적 기초를 다루었다. 성경적 기초로는 구약과 신약 성경의 개념을 통한 언약의 개념을, 철학적 기초로는 창조・타락・구속으로 이뤄지는 기독교 세계관, 이에 근거한 인간론, 인식론, 가치론 등을, 사회 문화적 기초로서는 포스트모더니즘・정보화사회・가정의 파괴 · 물질주의의 팽배 등을 살펴보았다. 그리고 발달 심리적 기초로서 Erikson의 심리 · 사회적 이론, Piaget의 인지발달이론, Vygotsky의 사회 · 문화적 이론 등을 기독교적인 입장에서 비판, 적용하였다. 제6장에서는 유아의 신앙발달을 보다 효과적으로 이루기 위해 Goldman, Williams, Elkind 그리고 Fowler의 신앙발달이론을 다루었다. 제7장에서는 유아와 도덕성발달의 관계를 정신분석학적 입장, 사회 학습이론적 입장, 인지발달론적 입장에서 살펴보고 기독교적인 조망을 통해 설명하였다. 제8장에서는 기독교유아교육의 내용을 이론적으로 설명하기 위해 성경적 가르침과 통합교육에 대해 살펴보았으며, 기독교유아교육 내용의 실제를 위해 외국의 프로그램과 우리나라의 프로그램을 소개하였다. 제9장에서는 기독교 유아교육의 방법을 위해 교육방법의 개념, 교육방법의 역사적 고찰, 교육철학에 따른 교육과정과 교육방법의 유형 등을 연구하고 이를 통해 기독교 유아교육방법을 유출하였다. 마지막으로 제10장에서는 기독교 유아교육의 과제와 전망을 고찰해 보았다.

이 책이 나오기까지 여러 모양으로 도움을 준 많은 분들께 감사의 말씀을 드린다. 박사 학위 논문을 쓰는 동안 시종 예리한 학문적 통찰력으로 지도해 주신 Aberdeen 대학교의 Alan Main 교수님, 많은 자료들을 제공해 주셨던 Don Hawthorn 목사님, 유아의 종교성 발달에 대한 학문적인 조언을 해 주신 A. Walton 교수님께 감사드린다. 그리고 강의실에서 기독교 유아교육을 공부하면서 자신의 사명을 발견하고 학문적인 도전을 준 학생들을 잊을 수 없다. 그리고 원고 정리에 도움을 준 여러 졸업생들과 대학원 조교들에게 감사의 말을 전하고 싶다. 또한 이 책이 출판될 수 있도록 도와주신 교육과학사의 여러분들께도 감사의 말씀을 드린다.

2004. 여름 **정 희 영**

차 례

제 1 장

기독교 유아교육의 개념, 목적 및 당위성

Ⅰ. 기독교 유아교육의 개념

기독교 유아교육의 바른 실행은 기독교 유아교육이 무엇인지에 대한 정확한 이해를 필요로 한다. 기독교 유아교육에 대한 정확한 이해는 기독교 유아교육의 개념에 대한 바른 이해로부터 출발한다. 그러나 1998년 총신 유아교육 학술대회에서 발표된 '기독교 유아교육과정 개발 모색'에서 우리나라 기독교 유아교육 프로그램 실태조사를 통해 우리나라 기독교인 교사들의 기독교 유아교육에 대한 개념 조사의 결과를 보면, 전체 연구 대상 371개 기관 가운데 174개 기관이 기독교 유아교육이란 전체적인 교육내용을 기독교적인 안목으로 접근하여 해석하고 전개해나가야 한다고 대답한 교사들이 전체의 반 이하로 나타났다. 이는 유아교육을 담당한 기독교인 교사들의 기독교 유아교육에 대한 개념이 확립되어 있지 않음을 말해준다. 또한 성경 중심으로 교육하되 일반 교육 프로그램의 내용을 첨가시킨다고 대답한 교사들이 30%로 전체 대답자의 약 3분의 1을 차지하는 것을 볼 때, 역시 기독교 유아교육이 무엇인지 그 개념이 명확히 서 있지 않음을 볼 수 있다. 또한 기독교 유아교육은 유아를 대상으로 교육하므로 유아중심의 교육이 되어야 한다고 대답한 교사들이 15%인 반면, 성경 중심의 교육이어야 한다가 7%로 유아중심 교육의 반 이하로 나타났다.[1] 이는 교사들의 생각이 자신들도 모르는 사이에 인본주의 사상에 젖어 있음을 말해 준다고 볼 수 있다. 이처럼 우리나라 기독교인 유아교육 교사들의 기독교 유아교육에 대한 개념이 제대로 정립되어 있지 않음을 알 수 있다. 따라서, 올바른 기독교 유아교육의 실시를 위해 기독교 유아교육의 개념 확립이 무엇보다도 시급한 과제라고 볼 수 있다.

기독교 유아교육의 개념을 제대로 파악하려면 유아교육 앞에 '기독교'라는 단어에 대한 주목과 '교육'이라는 단어와 '기독교'라는 단어의 조화에 대해 주목할 필요가 있다. Eavey가 "기독교 교육을 제대로 이해하려면 기독교의 본질에 대한 정확한 개념을 가져야 한다"[2]고 말한바 있듯이, 기독교 유아교육의 개념에 대한 바른 이해를 위해서는 기독교의 본질이 무엇인지를 알아야만 한다. 기독교의 본질은 기독교 세계관을 통해 알 수 있다.[3] 기독교 세계관은 창조, 타락, 구속을 통해 규명될 수 있으며[4] 기독교 유아교육의 기초가 되는 기독교 철학의 전제가 된다.[5] 따라서 기독교 유아교육의 개념을 제대로 이해하기 위해서는 기독교 세계관과 기독교 철학을 다루어야 하나, 이것

---

1) 정희영(1998), '기독교 유아교육과정 개발 모색', 우리나라 기독교 유아교육의 진단과 발전 방향, 제3회 총신 유아교육 학술대회, pp. 102-103.
2) 정정숙(1997), 「기독교교육학」, 도서출판 베다니, p. 22, 재인용.
3) Albert E. Greene(1998), *Reclaiming of future of Christian education: A transforming vision*, Colorado Springs: Association of Christian Schools International, p. 65.
4) 양승훈(1999), 「기독교적 세계관」, 서울: 예영출판사, p. 50; James Sire (1995), 기독교 세계관과 현대사상, 김헌수 역, 서울: IVP, pp. 49-112; Albert M. Wolters (1992), 「창조, 타락, 구속」, 양성만 역, 서울: IVP, pp. 22-23.
5) Brian Walsh & Richard Middleton(1987), 「그리스도인의 비전」, 황영철 역, 서울: IVP, p. 212.

들은 기독교 유아교육의 철학적 기초에서 다루기로 하고 여기서는 기독교 유아교육의 정의와 범위를 통해 기독교 유아교육의 개념을 살펴보고자 한다.

1. 기독교 유아교육의 정의

일반적으로, 우리나라 유치원에서 교육을 담당한 기독교인 교사들이 알고 있는 기독교 유아교육이란 일반적인 내용에 성경을 가르치거나 아니면 일주일에 한 번 내지는 두 번 예배드리는 것이라고 하는 매우 협소한 의미로 알려져 있다.[6] 이러한 상황에서 기독교 유아교육이 무엇인지를 확실히 알기 위해서는 기독교 유아교육에 대한 명확한 개념이 필요하다. 기독교 유아교육의 개념을 명확히 하기 위해서는 기독교 유아교육의 정의를 알아야 한다. 정의는 "어떤 단어의 의미나 중요성에 대한 공식적인 진술"[7]을 의미하므로 기독교 유아교육의 개념의 핵심을 전달할 수 있다. 기독교 유아교육의 정의를 알아보기 위해 기독교 교육에 대한 여러 학자들의 견해를 살펴보면 다음과 같다.

Chadwick은 기독교 교육이란 기독교인 교사의 통제에 의한 기독교인을 위한 가르침과 배움의 과정으로서, 교사와 학생이 모두 성령에 의해 통제되며, 모든 진리가 하나님의 진리와 함께 살아 있는 관계를 맺도록 하는 것이라고 정의내리고 있다.[8] Vieth는 기독교 복음에 의해서 통제되며 그 복음에 직면해서 살아가는 교사에 의해 이루어지는

6) 정희영(1998), *op. cit.*, p. 106.
7) Random House, *Random House Dictionary of the English Language*, 서울: 시사영어사, p. 523.
8) Ronald P. Chadwick(1982), *Teaching and learning: An integrated approach to Christian education*, New Jersey: Fleming H. Revell Co., p. 21.

교육의 과정을 기독교 교육이라고 정의하였다.[9] Zuck는 학생을 그리스도의 장성한 분량까지 이끌기 위해 성령의 역사를 통하여 학생들이 하나님의 말씀과 교통하도록 관계를 맺어주는 것이라고 정의하였다.[10] Graendorf는 학생들의 발달 정도에 맞추어 현대적인 교육방법으로 학생들에게 하나님의 계획과 목적을 경험하고 알도록 가르치되, 그리스도를 통해 삶의 모든 영역에서 보다 효과적인 사역을 감당하도록 가르치는 것이라고 정의하였다.[11] Wilhoit는 학생들이 기독교적인 세계관을 갖도록 이끌어 주는 것이며 이를 통해 학생들이 인생의 바른 의미를 깨닫도록 하는 것이 기독교 교육이라고 보았다.[12] Brummelen은 그리스도의 책임있는 제자가 되도록 학생을 돕고인도하는 것이 기독교 교육이며, 이를 위해 학생들이 예수 그리스도와 그리스도인다운 생활 양식에 헌신하고, 하나님과 이웃을 섬기도록 격려하는 것이 필요하다고 보았다.[13]

이상의 정의를 통하여 기독교 교육은 기독교인 교사가 학생들에게 하나님의 계획과 목적을 알고 경험하게 해 주어야 하며, 학생들이 기독교적인 세계관을 갖고 그리스도인다운 생활을 하며, 하나님이 주신 재능과 소질을 발견하여 발달시킴으로서 하나님과 이웃을 섬길 수 있도록 이끌어 주는 것이라고 정리할 수 있다. 이때, 학생들의 발달의 정도가 고려되어야 한다. 그러나 이것이 성령의 사역을 능가하지는

9) Peter Person(1976), *An introduction to Christian education*, Grand Rapids, Michigan: Baker Book House, p. 17, 재인용.
10) Roy B. Zuck(1972), *Spiritual power in your teaching*, Chicago: Moody Press, p. 13.
11) Werner C. Graendorf(1981), ed, *An introduction to biblical Christian education*, Chicago: Moody Press, p. 16.
12) Jim Wilhoit(1991), *Christian education and the search for meaning*, Grands Rapid, Michigan, p. 13.
13) Harro V. Brummelen(1996), 「교실에서 하나님과 동행하십니까」, 기학연 교육연구모임 역, 서울: IVP, p. 22.

못한다. 또한 이상의 정의가 실현되기 위해서는 교사가 기독교인이어야 하는 것은 물론 기독교적인 세계관을 지닌 자로서 말씀에 순종하는 삶을 사는 사람이어야 한다.

기독교 교육에 대한 정의를 통해 기독교 유아교육의 정의를 내리면 다음과 같다. 즉, 기독교 유아교육은 기독교적인 세계관을 가진 교사가 유아를 대상으로(이때 유아는 회심의 경험이 있는 유아와 그렇지 않은 유아 모두를 포함한다. 왜냐하면, 믿지 않는 유아들도 선교의 대상으로서 기독교 교육이 필요하기 때문이다) 실시하는 교육으로 유아들에게 하나님에 대해 알고 경험하게 해 주며, 하나님을 따르는 자들의 생활이 어떠해야 하는지를 배워 내면화 할 수 있도록 돕고, 하나님이 주신 자연세계를 잘 보호하기 위해 자연세계를 잘 알아야 하며, 하나님이 주신 재능과 소질을 발견하여 개발함으로서 하나님과 이웃을 섬기며 자연을 잘 관리할 수 있도록 이끌어 주는 것이다. 이때 교사는 성령의 역사가 없이는 이 모든 것을 하나님과의 관계 속에서 깨달을 수 없음을 알아야 한다.

2. 기독교 유아교육의 범위

기독교 유아교육이 무엇인지에 대한 오해는 기독교 유아교육에 대한 협소한 이해에서 비롯됨을 기독교 유아교육의 정의 부분에서 언급하였다. 기독교 유아교육에 대한 협소한 이해는 기독교 유아교육의 범위에 대한 오해에서도 비롯된다. 우리나라 기독교 유아교육 프로그램 실태조사의 결과를 보면, 교사들의 50% 이상이 일반적인 교육과정의 내용에다 1주일에 한번 예배를 드린다든지, 아니면 1주일에 한번 성경 이야기를 들려주거나, 간식 시간에 기도하는 것 또는 찬양하는 것 등을 기독교 유아교육이라고 인식하고 있었다.[14] 이는 기독교 유아교육이 무엇을 의미하는지에 대한 명확한 이해의 부족과 더불어 기독교 유아교육의 범위에 대한 잘못된 이해에서 비롯된 것이라고 볼 수 있다.

그렇다면 기독교 유아교육의 범위는 어디까지인가? 우선 기독교 유아교육은 교회 교육과 기독교 학교, 그리고 가정에서의 교육으로 나눌 수 있다.[15] 오늘날 가정에서의 기독교교육[16]은 어머니의 사회 진출과 이혼 가정의 증가로 거의 그 책임을 기독교 학교와 교회학교에 넘겨 준 상태라고 볼 수 있다.[17] 그리고 대부분의 사람들이(적어도 대한민국에서는) 기독교 유아교육을 교회에서 이루어지는 교육으로만 생각하여 성경만을 가르치는 것이 기독교 유아교육이라고 생각하는 경향이 있다. 그러나 기독교 유아교육은 가정과 교회와 기독교 학교 등에서 이루어지는 교육이라고 볼 수 있다. 교회에서의 교육은 성경의 가르침을 통해 성경을 알게 하며 그 성경 말씀을 어떻게 우리의 생활에 적용할 것인가를 지도하는 것이다. 기독교 학교에서의 교육은 성경만을 가르치는 것이 아니라 성경도 가르치고 성경적 세계관을 통해 여러 가지 교과목을 통합적으로 가르치는 것을 의미한다. 성경적 세계관을 통한 여러 교과목의 통합에 대해서는 뒤에서 보다 자세하게 논의가 될 것이다.

기독교 학교에서 이루어지는 기독교 유아교육의 내용은 앞에서 언급된 바와 같이 성경이야기를 들려준다든지 아니면 간식시간에 기도를 하게 한다든지 또는 찬송을 가르치는 등의 영적인 영역에만 국한

---

14) 정희영(1998), *op. cit.*, p. 106.

15) Michael Lawson & Robert Choun(1992), *Directing Christian education: The changing role of the Christian education specialist*, Chicago: Moody Press, pp. 24-25.

16) 가정에서의 기독교 교육은 언약의 백성으로서 하나님 앞에 선 부모의 교육적 책임으로 설명할 수 있다. 여기에 대한 보다 자세한 내용은 제2장의 '언약사상에 근거한 기독교 유아교육' 부분에 언급되어 있다.

17) Michael Lawson & Robert Choun(1992), *op. cit.*, p. 24.

된 것이 아니라 유아가 속해 있는 사회에서 그 연령에 가르쳐져야 한다고 규정하고 있는 모든 영역의 내용들이 가르쳐져야 한다.[18] 이 때 유아교육 기관에서 가르쳐지는 모든 내용은 기독교적인 세계관으로 조명이 되어 가르쳐져야 한다. 그 이유는 가르쳐지는 내용이 과학이든 아니면 문학이든지 간에 우리가 가르치는 교육의 모든 내용은 하나님이 창조하신 영역에서 벗어나는 것이 하나도 없기 때문이다. 골로새서 1장 16절은 "만물이 그에게 창조되되 하늘과 땅에서 보이는 것들과 보이지 않는 것들과 혹은 보좌들이나 주관들이나 정사들이나 권세들이 그로 말미암고 그를 위하여 창조되었고"라고 말씀하고 있으며, 요한복음 1장 3절은 "만물이 그로 말미암아 지은바 되었으니 지은 것이 하나도 그가 없이는 된 것이 없느니라"고 말씀하심으로써 보이는 것과 보이지 않는 세상의 모든 것들이 하나님의 영역 안에 있음을 말해 주고 있다. 이는 유아들에게 가르쳐지는 모든 내용이 교사가 인식하든 그렇지 않든 간에 하나님과 연관이 있음을 의미한다. 문제는 교사가 이러한 사실을 얼마나 인식하고 있는가 하는 것이다. 따라서 가르치는 내용을 교사들이 얼마나 기독교적인 안목을 갖고 해석을 할 수 있으며, 하나님과의 관계 속에서 생각할 수 있는지의 여부가 기독교 유아교육의 열쇠가 된다.

그러나 많은 기독교인 교사들의 기독교 유아교육에 대한 오해로 인해 기독교 유아교육은 교회에서만 이루어지는 것이며, 만일 기독교 학교에서의 교육이 가능하다고 믿는 경우일지라도 모든 영역이나 모든 교과목이 하나님과의 관계 속에서 통합적으로 해석되어져야 한다는 사실을 인식하지 못하고 있다.

18) George Knight(1980), 「철학과 기독교교육」, 박영철 역, 침례신학대학교 출판부, pp. 50-52.

1) 기독교 유아교육의 범위에 대한 오해

앞에서 기독교 유아교육에 대한 매우 편협한 인식은 기독교 유아교육의 범위에 대한 오해를 불러일으킴을 살펴보았다. 이러한 오해에는 여러 가지 유형들이 있다. 첫 번째 오해의 유형은 기독교 유아교육은 성경이나 찬송, 기도를 가르치는 일이라고 생각하여 교과 내용 중 성경 이야기를 들려주거나 찬송을 가르치고 기도에 대하여 교육하거나 예배를 드리는 것을 말한다. 이것은 매우 협소한 의미에서 기독교 유아교육을 이해한 경우이다. 이것을 그림으로 나타내면 다음과 같다.

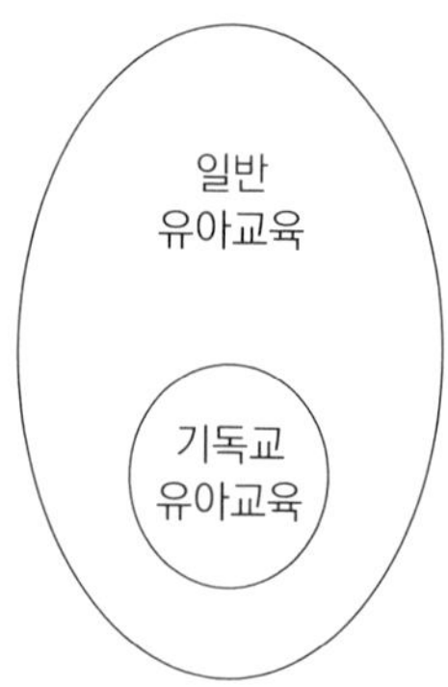

[그림 1-1] 기독교 유아교육의 범위에 대한 오해 I

두 번째, 기독교 유아교육의 범위에 대한 오해는 유치원 교육과정 중 4월에 부활절을 다루거나 10월에 추수감사절을 다루는 경우를 말한다. 또는 성탄절에 예수님의 탄생에 대해 가르치는 것을 말한다. 세상의 모든 것이 하나님으로 말미암았으므로 교과의 내용을 다룰 때 모든 것을 통합하여 기독교적인 안목을 가지고 다루는 것이 아니라 부분적으로 어떤 것은 기독교적으로 가르치고 어떤 것은 기독교와는 아무런 상관없이 일반적인 안목을 가지고 가르치는 것을 말한다. 대개의 경우 이러한 교육과정은 기독교인 교사가 기독교 교육에 대한 명확한 이해없이 기독교 교육을 해야 한다는 생각 속에서 일반 교육과정과 성경의 어떤 부분을 연결시켜 실시하는 경우를 말한다. 여기에 대한 보다 명확한 이해를 위해 이것을 그림으로 나타내면 다음과 같다.

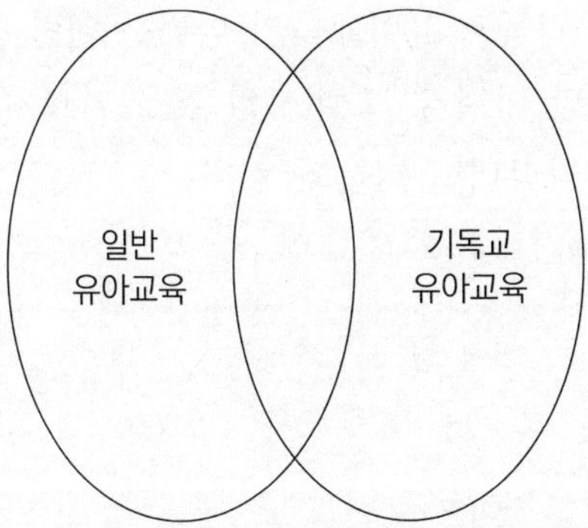

[그림 1-2] 기독교 유아교육의 범위에 대한 오해 II

2) 기독교 유아교육의 범위에 대한 바른 이해

기독교 유아교육의 범위에 대한 바른 이해는 모든 만물이 하나님께로부터 말미암았으므로 일반 유아교육에서 다루어지는 모든 내용은 기독교 유아교육에서도 취급되며, 이때 그 모든 것들이 기독교적인 안목을 통해 해석되어져야 한다는 입장이다. Chadwick은 연구되어지는 모든 학과목은 하나님과 연관되므로 교육을 세속적인 것과 종교적인 것으로 구분해서는 안 된다[19]고 주장하므로 이상의 견해를 뒷받침해 준다. Edlin 또한 많은 교육학자들이 교육은 중립적인 것이라고 생각하여 교실에서 하나님에 대한 것을 가르쳐서는 안 된다고 믿고 있지만 교육은 중립적인 것이 아니며 모든 학과목들이 예수 그리스도

19) Ronald P. Chadwick(1982), *op. cit.*, p. 19.

안에서 통합되어 가르쳐져야 한다고 주장한다.[20] 따라서 기독교 유아교육의 범위는 일반 유아교육의 범주 안에 어떤 일부분을 차지하거나 일반 유아교육과 일부가 겹치는 것이 아니라 일반 유아교육에서 다루는 모든 내용을 다 다루되 기독교적인 안목을 가지고 해석해서 가르쳐야 하는 것이다. 또한 일반 교육에서 다루지 않는 성경의 진리도 가르친다. 따라서 기독교 유아교육의 범위는 일반 유아교육의 모든 내용을 포함할 뿐만 아니라 그 이상의 것을 가르치는 것을 말한다. 이것을 그림으로 나타내면 다음과 같다.

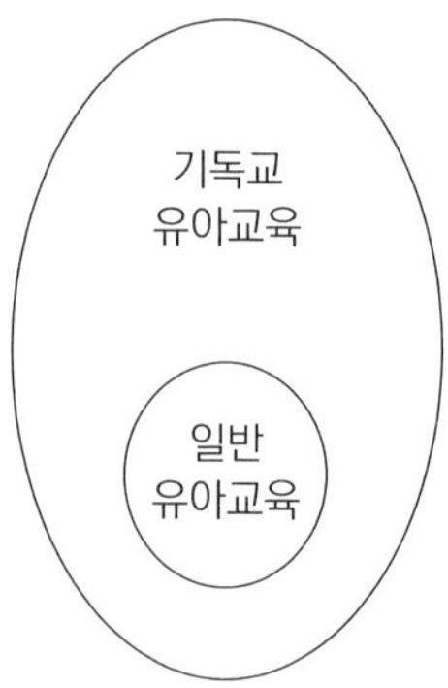

[그림 1-3] 기독교 유아교육의 범위에 대한 바른 이해

3) 기독교 유아교육의 범위에 대한 오해의 원인

앞에서 기독교 유아교육은 영적인 영역에만 국한되는 것이 아니라 일반 유아교육에서 다루는 모든 내용을 하나님과의 관계 속에서 다루어야 함을 살펴보았다. 그러면 왜 기독교인 교사들이 성경을 가르치거나 예배를 드리는 등의 영적인 영역을 다루는 것만이 기독교 유아

20) Richard Edlin(1999), *The cause of Christian education*, Blacktown: National Institute for Christian education, p. 52.

교육이라고 생각하는가? 왜 일반적인 내용은 기독교 교육과는 상관없는 것이라고 생각하는가? 그 이유는 교사들이 이원론적인 사고를 하기 때문이다.

이원론은 시각이 분열된 세계관으로서, 현실을 근본적으로 분리된 두 개의 범주로 나눈다. 즉, 거룩한 것과 속된 것, 성스러운 것과 세속적인 것으로 나눈다.[21] 따라서 유아교육에서 다루는 일반적인 내용은 거룩한 것이 아니기 때문에 기독교 교육이 아니라고 생각한다. 또한, 기독교 교육에서 다루어야 할 내용은 성스러운 것이어야 하기 때문에 일반적인 내용을 다루어서는 안 된다고 생각한다. 이와 같은 분리된 시각을 갖고 있기 때문에 자연히 기독교 유아교육을 성경을 가르치거나 예배를 드리는 것이라고 하는 매우 협소한 의미로서 이해하게 된다. 그러나 분명히 이 세상의 모든 것은, 그것이 보이는 것이든지 아니면 보이지 않는 것이든지, 하나님의 말씀에 의해 그의 계획에 따라 창조되었기 때문에 창조물들은 하나님의 그 계획을 반영해야 하며 그 계획과의 연관 속에서 생각되어져야만 한다. 따라서 기독교 유아교육의 범위는 유아들이 그 나이에 배워야 할 내용의 모든 것이 되며, 이것들은 하나님의 창조의 계획과 목적과의 관계 속에서 다루어져야 한다.

II. 기독교 유아교육의 목적

교육의 "목적과 목표는 교육과정의 시작과 완성을 위한 안내자 역할"[22]을 하기 때문에 그 교육이 어떠한 교육이든지 간에 교육의 목적

21) Brian J. Walsh & Richard Middleton(1987), *op. cit.*, pp. 117-121.
22) Herbert Byrne(1988), 「기독교 교육학 총론」, 신현광 역, 대영사, p. 96.

과 목표는 반듯이 필요하다. 이처럼 교육에서 중요한 역할을 하는 목적의 설정은 다양한 방법을 통해 이루어졌다. 때로는 사회의 유용한 경험에 의해서, 역사적 분석과 생활의 과학적 분석, 또는 인간 본질에 대한 심리적인 연구를 통해 교육의 목적 및 목표가 추출되었다.[23] 그러나 이 모든 방법들은 결함을 지니고 있다. 역사나 과학은 사실을 발견하는데 그치고 도덕적인 책임에 대한 감각이 결여되어 있고, 인간 본질에 대한 심리학적인 연구 또한 인간의 본질에 대한 왜곡된 이해로 인해 목적을 설정하고 충분한 답을 제시하는데 제한점을 지니게 된다.

이상의 여러 가지 결점을 보충할 수 있는 것은 기독교 철학이다. 기독교 철학은 기독교 교육의 기초가 되며, 기독교 교육목적은 기독교 교육의 근거가 된다. 따라서 기독교 교육의 목적은 기독교 철학에서 추출되어야 한다. 기독교 철학에 대해서는 이후에 다루기로 하고 여기서는 여러 기독교 교육자들의 견해를 통해 기독교 교육의 목적과 목표를 유출하고자 한다. 여기서 언급한 교육자들의 기독교 교육의 목적은 기독교 철학에서 나왔음을 밝힌다.

1. 기독교 유아교육의 목적

Eavey는 기독교 교육의 목적을 사람들이 예수 그리스도를 구세주로 받아들이고 고백하도록 돕는 것이라고 보았으며,[24] Joy(1975)는 사람들이 개인적으로 예수 그리스도를 구세주로 받아들이고 그 기독교 신앙 안에서 자기 완성과 성숙을 하도록 도모하는 것이며, 성숙한

23) *Ibid.*, p. 99.
24) C. B. Eavey(1980), *Principles of teaching for Christian teachers*, Michigan: Zondervan Publishing House, p. 60.

의사결정과 내면화된 기독교적인 가치관을 반영하는 행동을 할 수 있도록 돕는 것이라고 보았다.[25] Wyckoff는 기독교 교육의 목적은 사람들이 통합적인 삶을 살 수 있도록 도와주는 것이며 사회적으로 깨어있는, 그리고 하나님을 충실히 인식하는 삶을 살 수 있도록 이끌어 주는 것이라고 주장한다.[26] Chadwick은 사회의 구성원으로서의 기능을 잘 할 수 있으며 그리스도의 몸의 일부로서의 기능을 잘 할 수 있는 사람으로 준비시키는 것을 기독교 교육의 목적이라고 보았다.[27] Van Brummelen은 그리스도의 책임있는 제자가 되도록 인도하는 것이 기독교 교육의 목적이라고 보았으며 이 목적을 이루기 위해 첫째, 삶에 대한 기독교적 안목의 기초, 틀, 의미를 명백히 들어내기, 둘째, 타락하긴 하였으나 하나님의 창조계의 경이로움과 잠재성을 들어내기 위해 창의성, 능력 개발하기, 셋째, 기독교적 원리와 조화를 이루는 가치관 개발, 성경적 관점에서 결정을 내릴 수 있도록 기독교 세계관에 기초한 삶의 의미 경험하기와 하나님이 부여하신 재능으로 하나님과 이웃에게 봉사하기 등이 필요하다고 보았다.[28]

이상의 견해를 종합해 보면, 기독교 유아교육의 목적은 하나님과 인간, 그리고 자연과의 관계 속에서 설명되어질 수 있음을 알 수 있다. 따라서 기독교 유아교육의 목적을 하나님과 인간과의 관계, 인간과 인간과의 관계, 인간과 자연과의 관계의 세 측면으로 나누어 서술하면 다음과 같다.

첫째, 하나님과 인간과의 관계－유아가 하나님은 세상의 모든 것을

---

25) Donald Joy(1975), 'Why teach children?' in Roy B. Zuck & Robert E. Clark (Eds.), *Early childhood education in the church*, Chicago: Moody Press, p. 23.

26) D. C. Wyckoff(1961), *The task of Christian education*, Philadelphia: The Westminster Press, pp. 25-27.

27) Ronald P. Chadwick(1982), *op. cit.*, p. 93.

28) Harro V. Brummelen(1996), *op. cit.*, pp. 21-26.

만드신 분이며 우리의 구세주가 되심을 알고 하나님을 믿고 따를 수 있도록 돕는다. 또한 하나님을 찬양하며 그를 즐거워하며 섬길 수 있도록 돕는다.

둘째, 인간과 인간과의 관계－유아가 기독교적인 가치관을 내면화하며 자신의 능력을 개발할 수 있도록 돕고 이를 통해 사회에 잘 적응하며 이웃을 섬길 수 있도록 돕는다.

셋째, 인간과 자연과의 관계－하나님이 만드신 경이로운 창조계를 잘 돌보고 즐길 수 있는 능력을 계발하도록 돕는다. 이를 위해 유아의 통합적인 발달을 도모한다.

2. 기독교 유아교육의 목표

앞에서 언급된 기독교 유아교육의 목적을 달성하기 위한 구체적인 목표를 영적, 인지적, 신체적, 사회적, 그리고 정서적인 발달영역으로 나누어 서술하면 다음과 같다.

영적 발달－유아가 하나님을 창조주로 알도록 하며 그리스도를 구세주로 받아들일 수 있도록 돕는다. 성령의 능력과 인도 하에 있도록 하기 위해 하나님과의 관계를 계속적으로 가질 수 있도록 돕는다. 성경을 가르치며 예배를 통해 유아가 신앙의 발달을 할 수 있도록 돕는다. 또한 유아가 하나님을 기쁘시게 하고 그에게 영광을 돌릴 수 있도록 돕는다. 이를 위해 교육과정의 내용은 유아가 개인적으로 혹은 그리스도의 몸의 지체로서 여러 영역에서 하나님을 섬기도록 부름 받았음을 깨닫도록 구성한다.

인지적 발달－유아가 하나님의 형상을 따라 이성적으로 인식하고 사고할 수 있도록 부여받은 능력을 계발하고 발달시킬 수 있도록 돕는다. 이를 위해 유아들이 지닌 지적인 호기심을 자극하고 창의성을 계발시키며 일상에서 부딪히는 문제들을 성경적인 관점에서 해결할 수 있는 능력을 발달시키도록 돕는다.

신체적 발달 – 유아가 자신의 몸은 하나님의 거룩한 성전임을 깨닫고(고전 3: 16) 청결하고 건강하게 잘 보존하도록 돕는다. 이를 위해 유아의 기초적인 오감각과 대, 소근육을 발달시키고, 균형잡힌 신체 발달이 이루어지도록 돕는다.

사회적 발달 – 유아가 하나님의 속성을 따라 부여받은 옳고 그름을 판단하는 능력을 계발하고 발달시킴으로 기독교적인 가치관을 확립하도록 하고 이를 통해 사회 – 도덕적 논제에 성경적인 관점을 갖고 반응할 수 있도록 돕는다. 그리스도 안에서 또래와 성인과의 관계를 개발하고 발달시키도록 돕는다. 또한 유아가 속한 공동체의 규칙을 잘 준수하며 그 공동체에서 봉사할 수 있도록 돕는다.

정서발달 – 유아에게 하나님의 형상을 지닌 자로서 자신에 대해 존중심을 갖도록 하며 그리스도 안에서 자신감을 갖도록 돕는다. 또한 개체로서의 독특성을 인식하도록 돕고 경외, 경이, 기쁨, 신비의 감정을 발달시키도록 돕는다.

Ⅲ. 기독교 유아교육의 당위성

유아교육을 위한 교사가 기독교인이라고 반듯이 기독교적인 안목을 갖고 유아를 가르쳐야 하는가? 아니면 교사가 기독교인이라면 가능하다면 기독교 유아교육을 하려고 노력하고 가능하지 않다면 기독교적인 접근을 시도하지 않아도 괜찮은가? 또는 교사가 기독교인인 것과 그가 일하고 있는 것(교사로서의 일)과는 별개의 것이니 기독교 유아교육을 실시하지 않아도 무방한 것인가?

이상의 질문에 대한 대답은 성경의 여러 구절을 통해 찾아볼 수 있다. 기독교인 교사로서 하나님과 그의 세계를 유아들에게 가르쳐야 함은 창세기 1장 28절의 "하나님이 그들에게 복을 주시며 그들에게 이르시되 생육하고 번성하여 땅에 충만하라, 땅을 정복하라, 바다의 고기와 공중의 새와 땅에 움직이는 모든 생물을 다스리라 하시니라"와 2장 15절의 "여호와 하나님이 그 사람을 이끌어 에덴동산에 두사 그것을 다스리며 지키게 하시고"에 나오는 창조명령 또는 문화명령을 통해 설명할 수 있다. 또한 마태복음 28장 19절로 20절에서 "그러므로 너희는 가서 모든 족속으로 제자를 삼아 아버지와 아들과 성령의 이름으로 세례를 주고 내가 너희에게 분부한 모든 것을 가르쳐 지키게 하라"는 대위임을 통해 교사는 교실의 가르침에서 그리스도를 드러내도록 노력해야 하며, 그리스도께서 가르쳐 주신 모든 것을 가르쳐야 함을 분명하게 말씀하고 있다. 아마도 어떤 기독교인은 이상의 것은 교역자들이나 선교사들에게만 해당되며 교사인 자신에게는 상관없는 일이라고 생각할지도 모른다. 그러나 이상의 사실은 기독교인이라면 누구에게나 해당되는 일이다.

우리나라 기독교 유아교육의 상황을 살펴볼 때 기독교 유아교육의 당위성에 대한 인식이 충분히 되어 있지 않은 상태이다. 기독교인 교사임에도 불구하고 자신이 기독교인인 것과 유아들을 가르치는 일과는 아무런 관련이 없다고 생각하는 교사들이 있으며, 또는 자신이 기독교인이기 때문에 되도록 하나님의 말씀을 가르치는 것이 좋다는 생각에서 유아들에게 성경이나 하나님에 대해 가르치는 교사들이 많다. 그러나 기독교인으로서 유아를 대상으로 교육을 담당한 교사라면 반드시 유아들에게 하나님과 그의 세계를 성경적인 안목을 가지고 가르쳐야 한다는 당위성을 가진 교사는 매우 드물다. 필자가 대학에서 학생들에게 기독교 유아교육을 십 년이 넘게 가르쳐 왔지만 기독교 유아교육에 대한 열정과 소명 의식을 갖고 유아들을 가르치는 졸

업생 교사들이 매우 소수라는 사실이 이를 증명해 준다.

그렇다면 왜 위와 같은 현상이 나타나는가? 그 이유를 설명하기 위해 우선 기독교인의 유형을 나누어 보고자 한다. Vander Vennen이 나눈 기독교인의 네 가지 형태를 세 가지로 정리하여 살펴보면 다음과 같다.[29] 첫째 형태의 기독교인은 자신의 신앙과 하고 있는 일과는 아무런 관련이 없다고 생각하는 유형의 기독교인으로서 이런 유형의 사람들은 신앙과 자신의 일과의 관계를 아예 생각도 해 보지 않은 사람이다. 주일이 되면 교회에 가서 예배도 드리고 여러 가지 봉사도 하지만, 주일에 교회에 가는 일을 제외한 평일의 일은 자신의 신앙과는 아무런 상관이 없는 일이라고 생각하여 세상의 가치관에 따라 일하는 유형의 사람이다. 두 번째 형태의 기독교인은 자신의 신앙과 일은 관계가 있다고 생각하기 때문에 자신의 직장이나 학교에서 모범을 보이려고 열심히 일을 하는 유형의 사람이다. 그리고 틈이 나는 대로 하나님의 말씀을 전하는 것이 필요하다고 생각하여 이를 실천하려고 노력하는 사람이다. 예를 들면, 기독교인 유치원 교사가 일반적인 유아교육과정을 운영하면서 가끔 성경의 이야기나 찬송을 유아들에게 가르쳐 주려고 노력하는 경우이다. 세 번째 형태의 기독교인은 자신의 신앙생활은 곧 일반 생활이요, 일반 생활은 신앙생활이라고 생각하는 유형의 사람이다. 이런 사람은 하나님께서 자신에게 맡기신 문화적 명령을 감당하기 위해 자신의 영역에서 최선을 다해 일한다. 즉, 학문을 하는 사람이라면 자신이 전공하는 학문을 통해 하나님의 진리를 어떻게 드러낼 수 있을지를 고민하며 연구하는 사람이다. 기독교인 교사로서 유아를 대상으로 교육하는 사람이라면 유아교육에서 가르치는 모든 내용을 통하여 하나님과 그가 만드신 자연세계의

29) Vander Vennen(1982), 'What is the relation between the bible and science', *Christian perspectives on learning*, Grand Rapids, Michigan: Calvin College, pp. 195-205.

원리와 이치, 그리고 하나님과 자연과 유아와의 관계는 어떠해야 하는지를 증거하려고 최선을 다하는 사람이다. 그리하여 "모든 생각을 사로잡아 그리스도에게 복종케 하는"(고린도 후서 10: 5) 그리스도인의 소명을 감당하는 사람이다.

대부분의 교사들이 아마도 두 번째의 유형에 속할 것이다. 그러나 두 번째 유형은 엄밀히 말해 하나님 앞에 부름받은 그리스도인으로서의 태도가 아니다. 물론 첫 번째 유형의 사람들보다는 바람직하다고 볼 수 있지만, 그리스도인의 소명을 잘못 인식하는 면에 있어서는 첫 번째 유형의 사람과 다를 바가 없다. 첫 번째와 두 번째 유형의 교사들이 대부분인 이유는 이원론 때문이다. 기독교 유아교육의 범위에서도 언급하였듯이, 이원론이란 분열된 시각을 말한다. 영적인 것과 일반적인 것, 성과 속을 구분하여 생각함으로서 신앙생활과 자신의 학문이나 직장에서의 일은 별개의 것이라는 사고를 갖게 한다.

그리스도인의 생활이 신앙생활임을 부정하는 사람은 아무도 없을 것이다. 그러나 자신의 일과는 분리해서 생각하는 사람들이 많다. 신앙생활이라는 것은 교회에서의 예배와 기도생활, 찬양, 그리고 교사로서의 봉사만을 뜻하는 것이 아니다. 그리스도인으로서의 삶의 전체적인 측면, 즉 직장생활, 학교생활, 가정생활 등의 삶의 전 영역에서의 신앙생활을 의미한다. 따라서 그리스도인 교사들은 그들의 직장생활은 자신의 신앙생활의 연장이라는 인식을 해야 하며, 바른 신앙생활을 위해 그가 가르치고 있는 교육내용을 통해 하나님을 드러내며 유아들이 하나님과의 바른 관계를 맺도록 이끌어 주기 위해 끊임없이 노력해야 한다. 이 일은 하면 좋은 일이 아니라 하나님께 부름받은 자로서 당연히 해야만 하는 일인 것이다. 그러므로 기독교 유아교육은 유아를 대상으로 교육하는 그리스도인 교사들과 학자들에게 있어서는 마땅히 해야 할 일인 것이다.

제 2 장

기독교 유아교육의 성경적 기초

일반적으로 인지발달에 근거를 두고 인간의 신앙발달에 관하여 연구한 이론들에 의하면 유아들은 제한된 사고 능력을 가지고 있으므로 그들의 사고 능력이 어느 정도 발달될 때까지 기독교 교육을 연기하는 것이 좋다고 말한다.[1] 여기에서 어느 정도란 대략 10세 이후를 말한다. 과연 인지발달에 근거를 두고 신앙발달을 연구한 이론가들의 주장대로 교사나 부모들은 유아들에게 그들의 사고 능력이 충분히 발달된 이후에 기독교 교육을 실시해야 하는가? 아니면 아주 어린 시기부터 기독교 교육을 실시해야 하는가? 여기에 대한 대답을 성경에서 찾을 수 있다.

성경에서는 아주 어린 시기부터 말씀으로 유아들을 양육해야 함을 지적하고 있다. 신명기 6: 4-9, 신명기 31: 11-13, 시편 78편, 느헤미아 8: 1-18, 잠언 22: 6, 디모데 후서 3: 15-16, 에베소서 6: 4 등등. 이처럼 유아를 위한 기독교교육의 근거가 성경에 있음은 많은 학자들에 의해서도 이미 입증이 되었다. Hoffner는 비록 성경이 교육을 위한 논문으

1) Goldman과 Williams는 Piaget의 인지발달에 근거하여 인간의 신앙발달 단계를 연구한 학자들이다. Goldman은 대략 12세 이후에나 추상적인 사고가 가능하므로 그 이후에 기독교 교육을 하는 것이 효과적이라고 주장하였다. 또한 Williams는 9~10세 정도에 기독교 교육이 가능하다고 보았다. 이에 대하여 보다 자세한 것은 이 책의 제6장 유아와 신앙발달을 참고하시오.

로 작성되지는 않았지만 "최고의 질과 측량할 수 없는 가치를 지닌 교육적 진리의 보고"라고 주장함으로써 위의 사실을 입증한다.[2] 또한 Colson과 Rigdon도 성경은 기독교 교육의 근원이 되고 기준이 되며, 그리고 기독교 교육을 위한 도구가 된다[3]고 주장함으로써 유아를 위한 기독교 교육은 성경에 근거하고 있음을 언급하고 있다. 따라서 유아를 위한 기독교 교육의 기초는 성경에서 찾을 수 있다. 여기서는 이것을 구약성경과 신약성경으로 나누어 살펴보려고 한다.

Ⅰ. 구약성경에 근거한 기독교 유아교육

유아를 위한 교육에 관한 언급은 구약성경 전반을 통해 나타난다. 여기서는 신명기 6장 4-9절, 신명기 31장 11-13 절, 잠언 22장 6절, 사무엘 상 1장 11절, 그리고 구약 이스라엘 사람들의 절기[4]와 의식 가운데 나타난 교육 등을 통해 구약성경에 근거한 기독교 유아교육의 근거를 찾아보려고 한다.

> 이스라엘아 들으라 우리 하나님 여호와는 오직 하나인 여호와시니 너는 마음을 다하고 성품을 다하고 힘을 다하여 네 하나님 여호와를 사랑하라 오늘날 내가 네게 명하는 이 말씀을 너는 마음에 새기고 네 자녀에게 부지런히 가르치며 집에 앉았을 때에든지 길에 행할 때에든지 누웠을 때에든지 일어날 때에든지 이 말씀을 강론할 것이

---

2) Kenneth O. Gangel & Warren Benson(1992), *Christian education: It's history and philosophy*, Chicago: Moody Press, p. 65.

3) Howard Colson & Raymond Rigdon(1981), *Understanding your church's curriculum*, Tennessee: Broadman Press, pp. 105-106.

4) 이스라엘의 절기는 커다랗게 유월절, 오순절, 초막절 등 세 가지로 이루어진다.

며 너는 또 그것을 네 손목에 매어 기호를 삼으며 네 미간에 붙여 표를 삼고 또 네 집 문설주와 바깥문에 기록할지니라.

이것은 보통 Shema라고 불리우는 히브리 교육의 핵심을 이루는 신명기 6장 4-9절 말씀으로써 생활을 통해서 자녀들에게 전하고 가르쳐야 할 자녀교육의 근본 원리이다. 이러한 하나님의 자녀에 대한 교육의 내용은 신명기 여러 곳에서 나타나고 있다. 예를 들면 신명기 6장 20-25절에는 자녀들에게 가르쳐야 할 신앙고백이 기록되어 있으며 신명기 30: 2-3에는 어린이나 어른이 다같이 여호와께로 돌아와 마음을 다하고 성품을 다하여 율법에 순종함으로써 하나님의 백성이 될 수 있음을 명시하였다.

신명기 31: 11-13에서는 "온 이스라엘이 네 하나님 여호와 앞 그 택하신 곳에 모일 때에 이 율법을 낭독하여 온 이스라엘로 듣게 할지니 곧 백성의 남녀와 <u>유치</u>와 네 성안에 우거하는 타국인을 모으고 그들로 듣고 배우고 네 하나님 여호와를 경외하며 이 율법의 모든 말씀을 지켜 행하게 하고 또 너희가 요단을 건너가서 얻을 땅에 거할 동안에 이 말씀을 알지 못하는 그들의 <u>자녀</u>로 듣고 네 하나님 경외하기를 배우게 할지니라"고 말씀하고 있다. 여기서 밑줄 그은 '유치'라는 단어는 일반적으로 유아기의 어린이를 의미한다고 볼 수 있다. 영어 성경 New King James Version 이나 Revise Standard 성경을 보면 이것을 'little one'으로 표현하고 있으며 King James Version 이나 Living Bible에서는 'children'으로 표현하고 있다. 'children'이라는 용어가 때로는 10세 이상의 어린이를 가리키는 경우도 있지만 대개는 유치원 연령의 어린이를 의미한다. 또한 '자녀'라는 말속에는 아주 어린 연령의 어린이도 포함되어 있다고 볼 수 있다. 따라서 신명기 31장에서는 아주 어린 연령의 유아들에게도 기독교 교육이 필요함을 시사한다고 볼 수 있다.

잠언 22장 6절에서는 "마땅히 행할 길을 아이에게 가르치라 그리하면 늙어도 그것을 떠나지 아니하리라"고 말씀함으로써 어릴 때부터 교육을 실시해야 함을 강조하고 있다. 여기서 '마땅히 행할 길'이 NEB 영어 성경에서는 각 어린이의 독특한 성격에 따라 가르쳐야함을 의미한다고 해석되고 있다.[5] 이는 오늘날의 유아교육의 특성을 언급한 것이라고 볼 수 있다.

또한 '아이에게 가르치라'는 구절의 '가르치라'가 NIV 영어 성경에서는 'train'으로 표현되어 있는데 이것이 히브리어로는 챠낙(chanak)으로서 '바치다', '헌신하다', '정결하게 하다'의 의미를 지니고 있다.[6] 따라서 구약적인 의미에서의 교육이란 정결케 하여 하나님께 드리는 것을 의미한다고 해석할 수 있다.

사무엘 상 1장 11절에서는 교육이란 어린이가 태어날 때부터 시작되며, 그 의미는 '드리는 것'으로 표현되고 있다. 한나가 "만군의 여호와여 만일 주의 여종의 고통을 돌아보시고 나를 생각하시고 주의 여종을 잊지 아니하사 아들을 주시면 내가 그의 평생에 그를 여호와께 드리고 삭도를 그 머리에 대지 아니하겠나이다"라고 기도드린 내용 가운데 "그의 평생에" 라는 구절이 있다. 이 구절은 한나가 사무엘을 언제부터 교육시켰는지에 대한 실마리를 제공해 준다. 한나가 서원한 기도의 내용을 볼 때는 사무엘이 태어나는 순간부터 한나가 사무엘을 하나님께 바치겠다는 자세를 가지고 있었음을 알 수 있다. 그리고 사무엘이 젖을 뗀 다음부터 성전에서 엘리 제사장을 통해 교육시켰다(사무엘 상 1: 22-28).

---

5) Wes Haystead(1986), *Teaching your child about God*, California: Regal Books, p. 18.

6) Jack Fennema(1997), *Nurturing children in the Lord*, Grand Rapids: Michigan: Baker Book House, p. 105; Edward Hayes(1994), 「기독교 교육의 성서적 근거」, 신서균 편, 기독교 교육의 기초, 기 독교문서선교회, p. 69.

한나가 하나님께 기도할 때 '드리고'라는 단어를 사용하였는데 이 단어가 히브리어로는 챠낙의 의미를 지니고 있다. 따라서 자녀에 대한 교육은 태어나면서부터 시작되며 그 자세는 드리는 자세를 지녀야 함을 시사한다.

구약성경에 나타난 유아에 대한 교육은 또한 이스라엘의 절기와 의식을 통해서 이루어졌다.[7] 출애굽기 12장에는 유월절에 대하여 기록되어 있다. 무교병을 먹으며 애굽에서 탈출한 역사를 되새기는 의식은 매년 반복된다. 이러한 반복적인 이야기를 통해 유아들은 유월절에 대한 질문을 하게 되고 그 질문에 답변하면서 이스라엘인들은 그들의 역사와 그 속에 개입하시는 하나님의 뜻을 자녀들에게 들려주었다. 또한 출애굽기 13장 11~16절에는 동물의 첫 태생을 드리는 의식을 통해 그리고 민수기 4장 1~7절의 출애굽 사건 시에 세워진 두 개의 기념돌에 관한 이야기와 이것에 대한 유아들의 질문을 통해 하나님의 능력을 전하였다. 이와 같이 유아들은 가정에서의 의식을 중심으로 하는 생활과 율법을 통해서 교육을 받았다. 이것에 대해 보수주의 침례교 신학교(Conservative Baptist Theological Seminary)의 기독교 교육학과의 교수인 Edward Hayes는 이스라엘 사람들의 종교의식은 주로 교육을 위한 것이었다고 언급하고 있다.[8]

이상에서 살펴본 바와 같이 구약성경에는 자녀교육에 관한 근거가 여러 곳에서 제시되고 있으며 이외에도 무수히 많은 곳에서 자녀의 교육에 대해 언급하고 있다. 특별히 지혜의 문학이라고 불리우는 잠언, 욥기, 전도서에는 교육에 관한 내용이 집약되어 있다.

7) Wes Haystead(1986), *op. cit.*, p. 17.
8) Edward Hayes(1994), *op. cit.*, p. 68.

Ⅱ. 신약성경에 근거한 기독교 유아교육

신약성경에서 기독교 유아교육의 근거는 디모데 후서 3장에서 찾아 볼 수 있다. 디모데 후서 3장 15, 16절은 "또 네가 어려서부터 성경을 알았나니 성경은 능히 너로 하여금 그리스도 예수 안에 있는 믿음으로 말미암아 구원에 이르는 지혜가 있게 하느니라"라고 말씀하고 있다. 여기에서 밑줄 그은 '어려서부터'가 영어 성경 NIV[9])에서는 'from infancy'로 표기되어 있다.[10]) 'infancy'라는 단어가 Random House영어 사전에서는 "걸을 수 있는 능력이 있기 전" 혹은 "아기 시절"로 설명이 되어 있으며[11]), Longman영어 사전에서는 "말하고 걷기를 배우기 이전"이라고 설명되어 있다.[12]) 이것은 아주 어린 시절부터 성경을 알 수 있는 능력이 인간에게 있음을 알려 주는 구절이라고 볼 수 있다. 따라서 유아를 위한 기독교 교육은 매우 어린 시기부터 이루어져야함을 성경에서 명시하고 있음을 알 수 있다.

또한 "양육"이라는 용어를 통해서 신약성경에서는 교육에 대한 언급을 하고 있다.[13]) "양육"이란 헬라어로 파이듀오(paideuo)/파이데이아(paideia)이다. 이 단어가 사용된 중심되는 성경구절은 에베소서 6: 4 "또 아비들아, 너희 자녀를 노엽게 하지말고 오직 주의 교양과 훈계로 양육하라"이다. 여기서 자녀라는 말속에는 아주 어린 연령의 유아도 포함되므로 기독교 유아교육의 근거를 제시한다고 볼 수 있다.

---

9) NIV는 New International Version의 약자이다.

10) Korean English Bible Corporation(1992), *Korean-English Bible*, Korean Bible Society, p. 346.

11) Random House(1992), *The Random House Dictionary of the English Language*, 시사영어사, p. 977.

12) Longman(1992), *Dictionary of English Language and Culture*, Essex: Longman, p. 672.

13) Jack Fennema(1987), 「기독교 아동교육」, 정희영 역, 서울: 엠마오, pp. 96-102.

파이듀오/파이데이아는 신약에서 두 가지 의미로 사용되었다. 첫째는 도덕적 훈련의 의미로써 가르침 혹은 교육을 의미하였다. 이것에 대한 예가 사도행전 22: 3에 나온다. 여기서 양육과 같은 의미로 교훈을 받았고라는 단어를 썼는데 이것은 NIV영어성경에 trained라는 단어로 표현되어 있다. 이것을 살펴보면 다음과 같다.

> 나는 유대인으로 길리기아 다소에서 났고 이 성에서 자라 가말리엘의 문하에서 우리 조상들의 율법의 엄한 교훈을 받았고 오늘 너희 모든 사람처럼 하나님께 대하여 열심하는 자라.

양육에 대한 다른 의미는 징계 혹은 바르게 하는 일이다. 파이듀오와 가장 가까운 히브리 동의어는 "훈계하다, 바르게 하다, 훈육·징계하다, 가르치다"를 의미한다. 양육에 대한 의미가 징계로 표현된 예는 다음과 같다.

> 우리가 판단을 받는 것은 주께 징계를 받는 것이니, 이는 우리로 세상과 함께 죄 정함을 받지 않게 하려 하심이라. (고린도전서 11: 32)
>
> 마땅히 주의 종은 다투지 아니하고 모든 사람을 대하여 온유하며 가르치기를 잘하며 참으며 거역하는 자를 온유함으로 징계할지니 혹 하나님이 저희에게 회개함을 주사 진리를 알게 하실까 하며 (디모데후서 2: 24-25)

고린도전서 11: 32의 징계를 받는 것이니가 NIV 영어성경에서는 disciplined라는 단어로 사용되었으며, 딤후 2: 24-25의 징계할지니는 instruct로 표현되었다. 이처럼 신약성경 에베소서 6: 4에서는 교육이라는 의미를 양육이라는 말로 사용하였으며, 이것은 다시 도덕적인 훈련과 교정적 의미로서 징계하다라는 의미로 사용되었다. 이처럼 에베소서 6: 4은 부모들에게 그들의 자녀를 주의 교양과 훈계로 가르치며 징계해야 할 것을 분명히 명령하고 있다.

이외에도 복음서에서는 예수님께서 어린이에 대한 중요성을 강조함으로써 어린이에 대한 신학적인 가르침을 강조하고 이에 따른 기독교 유아교육의 근거를 제시하고 있다. 예수님께 오는 어린아이를 꾸짖는 제자들에게 예수님은 천국에 들어가기 위해서는 어린아이와 같은 순수한 마음으로 하나님을 섬겨야 한다(마태복음 19: 13; 마가복음 10: 13; 누가복음 18: 15)고 가르치셨으며, 어린아이 하나를 영접하는 것은 곧 그리스도 자신을 영접하는 것(마가복음 9: 36; 누가복음 9: 48)이라고 말씀하심으로 어린이에 대한 교육의 중요성을 시사하셨다.

Ⅲ. 언약사상에 근거한 기독교 유아교육

신, 구약성경이 기독교 유아교육의 근거가 됨을 앞에서 살펴보았다. 기독교 유아교육의 근거는 또한 언약사상을 통해서도 찾아볼 수 있다. 여기서는 언약의 개념, 언약사상과 유아세례, 그리고 유아세례와 교육적 의미 등을 살펴보려고 한다.

1. 언약의 개념

"언약"의 개념이 무엇인지에 대하여 Palmer Robertson은 언약이란 피로 맺은 약속으로 하나님과 그의 백성 사이의 관계를 의미한다고 설명한다.[14] R. C. Sproul은 언약이란 하나님께서 그의 백성과 맺으신 관계의 기본구조이며 하나의 계약과 같은 것이라고 주장한다.[15] 이처럼 언약이란 하나의 계약으로 볼 수 있으며 일반적으로 계약이란 쌍방 간의 지속적인 책임이 요구된다.

그러나 하나님께서 그의 백성과 맺으신 약속은 매우 독특하다. 창세기 17: 7에 보면 하나님께서 아브라함과 맺으신 언약의 내용이 나온다. "내가 내 언약을 세우리라" "내가 너의 하나님이 되리라"고 하나님 자신을 강조하신다. 하나님께서 그의 백성과 맺으신 언약은 그의 백성의 의지와 신실함에 의존하는 것이 아니라 하나님의 신실하심과 그의 의지에 근거한다. 한 예를 창세기 15: 7-21에서 찾아볼 수 있다. 여기에서 하나님은 아브라함과 약속을 하시고 그 약속의 징표로 아브라함에게 화목 제물로 동물을 번제로 드릴 것을 명령하신다. 그리고 이 약속의 이행의 표시로 하나님 자신만이 그 동물을 통과하신다. 당시의 풍습을 보면, 두 종족 간에 약속을 맺을 때, 동물의 중앙을 가르고 양 종족의 대표가 그 가운데를 통과함으로써 서로 피로 약속을 하였다. 그러나 하나님께서 그의 백성과 맺으신 언약은 당사자 간의 이행이 아니라 하나님이 주도권을 갖고 행하신다.[16] 따라서 이것을 "은혜 언약"이라고 부른다.

이 언약은 노아(창 6: 18), 아브라함(창 15: 8), 이삭(창 24: 8), 그리고 다윗(시편 89: 3)으로 연결된다.[17] 하나님께서 아브라함과 언약을 체결하셨을 때 그 언약은 단지 아브라함과만 맺으신 것이 아니다. "네 대대 후손의 사이에 세워서 영원한 언약을 삼고… 네 후손의 하나님이 되리라"고 말씀하신 바와 같이 언약백성의 자녀 또한 언약의

14) Palmer O. Robertson(1980), *The Christ of the Covenants*, Phillipsburg, New Jersey: Presbyterian and Reformed Publishing Co., p. 4.

15) R. C. Sproul(1992), *Essential Truth of the Christian Faith*, Wheaton, Illinois: Tyndale House Publishers Inc., p. 71.

16) *Ibid.*, p. 72.

17) *Ibid.*, p. 72.

백성, 언약의 참여자가 되는 것이다.[18]

언약의 참여자로서 하나님의 백성은 난지 팔일 만에 할례를 받았다(창세기 17: 10-12). "너희 중 남자는 다 할례를 받으라. 이것이 나와 너희와 너희 후손사이에 지킬 내 언약이니라. 너희는 양피를 베어라. 이것이 나와 너희 사이의 언약의 표징이니라. 대대로 남자는 집에서 난 자와 혹 너희 자손이 아니요 이방 사람에게서 돈으로 산 자를 무론하고 난지 팔일 만에 할례를 받을 것이라." 할례는 영혼의 언약에 대한 상징이요, 아브라함과 그의 후손에 대한 하나님의 신실하심에의 확실한 표시이다.[19]

2. 언약사상과 유아세례

구약 시대에는 언약백성의 상징으로서 할례를 받았다. 그렇다면 오늘날도 언약백성의 상징으로 할례를 받아야 하는가? 오늘날에는 유아세례가 그 맥을 같이 한다. 구약의 할례의식과 그 전통은 유아세례로 이어지고 있고 또한 성경 전반을 관통하는 언약사상에 근거하여 유아세례의 정당성을 무리 없이 주장할 수 있다. 그러나 교회사를 살펴보면 개인의 분명한 신앙인식에 근거하여서만 세례를 베풀어야 한다고 강조하면서 유아세례를 반대하는 사람들의 주장도 간단없이 이어져 오고 있다. 이처럼 유아세례에 대한 반대와 찬성의 입장을 살펴봄으로써 할례와 유아세례의 연관성에 대해 설명하려고 한다.

---

18) Andrew Murray(1975), *How to Raise Your Children for Christ*, Minneapolis: Bethany House Publishers, p. 36.

19) *Ibid.*, p. 41.

1) 유아세례 반대론자들

(1) 터툴리안(Tertullian, 160~225)

유아세례에 대해 명백히 언급한 최초의 사람이자 동시에 유아세례 반대론자로서는 카르타고(Cartage)의 감독인 터툴리안이 있다. 그는 자신의 세례론에서 유아에게 세례 주는 것에 대해 문제를 제기했다. 그는 어린아이가 자라서 신앙을 고백할 때까지 세례를 기다리는 것이 좋다고 다음과 같이 언급하였다.

> 세례를 베풀어야 하는 사람들은 세례를 분별없이 주면 안 된다는 것을 알아야 한다. 너희에게 요청하는 누구에게나 세례를 주라는 것이 적합한 주제이다. 그러나 거룩한 것을 개에게 주지 말며 너희 진주를 돼지 앞에 던지지 말라는 말씀이 고려되어야 한다. 그러므로 각자의 조건과 성격 및 그의 나이에 따라서 세례의 연기가 보다 유익한데 특히 어린아이의 경우에 그렇다. 왜냐하면 후원자들(Sponsors)이 위험에 빠질 수 있기 때문이다. 그들은 죽음으로 약속을 지키지 못할 수도 있고 어린아이의 악한 성격이 증명됨으로 말미암아 잘못될 수도 있다. 그러므로 그들이 자란 다음에 오도록 하자. 그들이 어디로 가고 있는 지 알 수 있게 될 때 그리스도를 아는 그리스도인이 되었을 때 오도록 하자.[20)]

(2) 나찌안주스의 그레고리(Gregory of Nazianzus, 330~390)

나찌안주스의 그레고리는 아동이 세례문답을 할 수 있을 때까지 세례는 연기되어야 한다고 생각하여 자신의 '세례에 관한 설교에서'다음과 같이 유아세례의 연기를 호소하였다. 그 때가 A. D 381년경이다.

---

20) 전성용(1991), 칼 바르트의 유아세례논쟁, 〈신학과 선교〉 제16집, 서울신학대학교, p. 211, 재인용.

> 나의 충고는 3살이 끝날 때까지나 혹은 그 전후까지 기다려서 그들이 성례전에 관한 것을 듣고 대답할 수 있게 하는 것이 좋겠다는 것이다. 비록 그들이 그것을 완전하게 이해하지 못한다 할지라도 그들은 어느 정도 대략은 알 수 있을 것이며…… 그러면 그들의 이성이 성숙한 다음에 그들의 삶을 위하여 책임질 수 있게 될 것이다.[21)]

(3) 재세례파(Anabaptists, 16세기)

16세기 종교개혁 당시 기독교의 부패를 개혁하고 종교개혁이 사회, 경제문제에 지나치게 보수적이라고 판단하여 종교개혁이란 사회개혁까지 동반해야 한다고 주장한 집단으로서 재세례파가 있다. 그들은 "믿고 세례를 받는 자는 구원을 얻으리라"는 막16: 16 말씀을 근거로 유아세례를 반대하고 재세례를 주장하였다. 즉 스스로의 결단에 근거한 세례를 주장하였다. 이들의 유아세례의 거부는 반대파에 의해서 재세례파라는 명칭을 얻게 하였다. 따라서 이들은 유아기에 헌신을 하고 후에 스스로 결단할 수 있는 연령이 되면 세례를 받도록 했다. 세례와 관련한 그들의 주장은 다음과 같다.[22)]

첫째, 회개 및 개심을 경험하고 자기들의 죄가 그리스도에 의해 다 소멸되었다고 진실로 믿는 이들에게 세례를 베푼다.

둘째, 재세래파들은 세례까지 받은 이들이 실수하거나 죄를 지었을 경우, 비록 부주의의 결과였다고 하더라도 파문시킨다.

셋째, 성례전에 참여하려는 이들은 우선 세례를 받아야 한다.

넷째, 세례 받은 사람들은 사탄이 이 세상에 심어놓은 악과 죄악으로부터 스스로를 성별해야 한다.

---

21) *Ibid.*, p.212, 재인용.
22) Lewis W. Spitz(1983), 「종교개혁사」, 서영일 역, 기독교문서선교회, p. 174.

(4) 칼 바르트(Karl Barth, 1886~1968)

바르트는 유아세례론자들이 제시한 유아세례의 성경적 근거와 신학적인 문제들을 분석, 비판하였다. 칼빈에 의하면 그리스도인들이 세례에서 받은 것과 같은 영적 약속을 조상들은 할례에서 받았으며 유아들도 이 언약에 참여한다는 것이다.[23] 다시 말하면 세례는 할례를 대신하며 유아들도 세례를 받아야 한다는 것이다. 그러나 바르트는 유아세례론자들이 세례와 할례를 동일시하는 입장을 비판하였다. 바르트에 의하면 구약의 할례와 신약의 세례는 그 정의와 의미가 서로 바뀔 수 없다고 주장한다. 구약에서의 할례는 다른 민족들로부터 언약백성인 이스라엘 자손을 12지파의 자손으로 구별하는 표시였으며 새 계약의 백성은 한 민족이 아닌 이스라엘과 모든 족속으로 자유롭게 부름 받아 모인 한 백성이다. “혈통으로나 육정으로나 사람의 뜻으로 나지 아니하고 오직 하나님께로서 난 자들이니라”(요1: 12-13). 따라서 바르트는 기독교 세례는 후보자의 육체적 혈통에 근거할 수 없으므로 이스라엘의 할례와 구별되어야 한다고 주장하였다.[24]

바르트는 또한 부모나 후원자, 또는 전체 기독교회의 대리적 신앙이 유아세례의 근거가 될 수 없다고 주장하였다. 그에 의하면 세례란 회개와 신앙의 성례전으로서 복음을 믿고 회개할 수 있는 자만이 세례를 받을 수 있다. 다시 말하면 후보자 개인의 신앙은 세례에 필수불가결하다는 것이다. 따라서 복음을 믿고 회개할 수 없는 유아들에게 세례를 준다는 것은 논리성이 없으며 신학적으로 그 근거가 너무나도 약하다고 바르트는 주장한다.[25]

23) 존 칼빈(1986), *op. cit.*, p. 635.
24) 전성용(1991), *op. cit.*, p. 221.
25) *Ibid.*, pp. 221-224.

2) 유아세례 찬성론자들

(1) 어거스틴(Augustine of Hippo, 354~430)

히포(Hippo)의 감독이었던 어거스틴은 이스라엘 백성이 받았던 할례와 유아세례를 동일하게 보았다. 그는 교회가 언제나 유아세례를 가르쳤다고 말했으며 세례 받지 않은 어린이는 결코 구원받을 수 없다고 주장했다.

> 나는 고대의 사도적 전통으로부터 그리스도의 교회는 세례 받지 않은 자는 성찬에 참여하지 않게 했으며 세례 받지 않는 자는 하나님의 나라와 구원과 영생에 이르지 못한다고 하는 입장을 자연스럽게 견지하였다고 생각한다. 만약에 그렇다면 세례와 주님의 살과 피가 없는 자는 구원과 영생의 소망이 없으며 그것들이 없는 유아들도 약속이 없다.[26]

어거스틴의 위와 같은 견해는 동방교회와 서방교회 모두에게 교회의 예식에서 유아세례를 보편화하는 데 중요한 역할을 하였다.

(2) 마틴 루터(Martin Luther, 1483~1546)

종교개혁자 루터는 세례란 우리의 신앙에 매여 있지 않고 하나님의 말씀에 매여 있으므로 부모의 신앙과 헌신의 결단으로 자녀를 하나님께 드리는 표지인 유아세례를 무효화하거나 가치가 없는 것이라고 여기는 것은 하나님의 말씀에 거역하는 것이라고 주장하였다.[27]

루터는 세례와 신앙의 관계에서 유아가 세례를 받을 때는 알지 못하지만 장성한 다음에 그 의미를 알게 되었을 때 믿음으로 신앙을

26) *Ibid.*, p.213, 재인용.
27) 지원용편(1983), 「루터 선집」, 제9집, 컨콜디아사, p. 523.

고백하면 세례는 여전히 유효한 것이라고 보았다. 세례란 하나님에 의해 인정되고 제정된 성례전으로서 신적 권위를 가지므로 인간에 의해 파괴될 수 없다고 보았다.[28)]

(3) 존 칼빈(John Calvin, 1509~64)

칼빈은 기독교 강요에서 "유아세례는 그 의미로 보아서 할례에 해당하며 아브라함과의 언약을 통해 그 정당성이 인정되었다"[29)]고 언급함으로써 하나님께서 그의 백성과 맺으신 언약이 유아세례의 근거가 된다고 주장하고 있다. 하나님께서 구약시대에 아브라함의 후손을 언약을 통해 자기 백성으로 택하신 후 그 언약을 확증하는 방법으로써 할례를 제정하셨다. 이 할례는 육을 죽이는 표징(신10 : 16)으로서 마음과 육신의 할례를 의미한다.[30)]

세례란 그리스도의 피에 의해 우리의 죄가 깨끗이 씻겨지고 그리스도의 죽으심에 참여함으로써 우리의 육을 죽인다는 것을 가르친다. 이것을 통해 신자들은 중생에서 새로운 생명과 그리스도와의 교제에 들어갈 수 있게 된다.

할례는 이스라엘 백성이 하나님의 백성과 가족으로 선택되었다는 것을 확증하는 표였으며, 그들로서는 하나님을 섬기는 일에 참여하겠다고 고백하는 표였다. 따라서 유대인들에게는 할례를 받는 것이 곧 교회에 처음으로 입문하는 것이었다.

할례와 세례는 하나님의 너그러운 은혜와 사죄와 영생의 약속이므로 내적인 면에서 그 의미는 모두 동일하다. 비록 보이는 의식은 다르다 할지라도 할례에 속한 모든 것이 세례에도 속해 있다. 따라서 칼빈은 할례와 세례를 외적인 형태와 시행방법에 있어서 둘의 모양은 다

28) *Ibid.*, p. 524.
29) 존 칼빈(1986), *op. cit.*, p. 635.
30) *Ibid.*, p. 639.

를지라도 그 실체(substance)는 같기 때문에 구약에서 하나님의 백성을 위해서 할례가 하던 일을 오늘날의 신자를 위해서는 세례가 그 일을 대신한다고 주장한다.[31)]

마찬가지로 오늘날 우리는 세례를 통해 하나님 앞에 성별되며 그의 백성으로서 인정되고 우리는 그 세례를 통해 하나님의 말씀을 따라 온전한 삶을 살 것을 다짐한다. 따라서 세례는 할례를 대신하며 할례가 한 일을 세례가 우리 사이에서 속행한다는 것은 의심할 여지가 없다고 칼빈은 다음과 같이 주장한다.[32)]

> 여호와께선 조그마한 유아들에게 행하는 할례가 언약의 약속을 확인하는 인을 의미한다고 분명히 선언하신다. 만일 이 언약이 지금 확고부동하게 유효하다면 구약시대 유대인의 유아들 못지 않게 오늘날 그리스도인의 자녀들에게도 적용될 것이다. 표징이 의미하는 것에 유아들이 참여한다면 그 표징에서 그들을 제외시킬 이유는 무엇인가? 그러므로 말씀으로서의 세례가 유아들에게 해당되는 데 말씀의 부속물인 표징을 거부할 까닭이 무엇인가?[33)]

오늘날 그 할례가 폐지된 후에도 주의 언약을 확증해야 할 이유는 변함이 없으며 세례가 이것을 대신한다. 따라서 유아세례는 타당한 것이라고 칼빈은 그의 기독교 강요에서 언급하고 있다.

칼빈은 유아세례의 성경적 근거로서 예수께서 어린아이들은 불러 축복하신 사건을 제시하였다. 유아들을 그리스도께 데려가는 것이 옳은 일이라면 왜 세례도 받게 하지 않는가? 천국이 유아들의 것이라면 왜 표징을 그들에게 주지 않는가? 그리스도께서 자기에게 부르시는 유아들을 우리가 쫓아낸다는 것은 얼마나 부당한 일인가?

31) *Ibid.*, p. 641.
32) *Ibid.*, p. 641.
33) *Ibid.*, p. 643.

라고 물으면서 그리스도께서 어린아이들을 불러 축복하셨으므로 우리도 그들의 세례의 표징과 은혜인 유아세례를 주어야 한다고 주장한다.[34)]

칼빈은 유아세례를 예정론 위에 구축하였다. 선악에 대한 지식이 없는 유아들이 어떻게 중생할 수 있는가 하는 재세례파의 질문에 대해 하나님께서는 세례요한을 모태에서 거룩하게 만드셨으며(눅1: 15) 다른 태아들에게도 같은 일을 하실 수 있기 때문에[35)] 구원받을 유아들은 주께서 먼저 중생시키신다고 보았다. 따라서 어린아이들도 그리스도 안에서 중생할 수 있으며 중생해야 하기 때문에 유아세례가 필요하다고 보았다.

유아들은 회개하거나 믿을 능력이 없다고 하는 재세례파의 주장에 대해 칼빈은 유아는 아직 회개와 믿음이 그들 안에 생기지 않았지만 성령의 은밀한 역사에 의해서 그 씨(Seed)가 그들 안에 숨어 있기 때문에 이러한 유아들의 장래의 회개와 믿음을 위해 유아세례는 필요하다고 보았다.[36)]

(4) 요아킴 예레미아스 (Joachim Jeremias)

예레미아스는 구약과 신약에서 "가족공식"(the Oikos Formula)을 추출하여 유아세례의 근거를 제시하였다. 그는 행16: 15에서 루디아의 온 집이 세례를 받은 것, 그리고 행16: 33에서 빌립보 간수의 온 집이 세례를 받은 것, 행18: 8에서 회당장 그리스보가 온 집으로 더불어 주를 믿은 것 등에서 온 가족이 세례를 받은 것은 유아에게도 세례를 주었다는 것을 의미한다고 보았다. 왜냐하면 온 집이라는 말은 전체, 전부라는 뜻을 지니고 있으며 이것은 어린 아이는 물론 종까지

34) *Ibid.*, p. 647.
35) *Ibid.*, p. 665.
36) *Ibid.*, p. 675.

도 포함하는 의미를 지니기 때문이다.[37)]

예레미아스는 고대사회에 있어서 가족의 결속의 특성을 통해 유아세례의 타당성을 주장하였다.[38)] 삼상22: 16에서 사울이 아히멜렉을 위협하면서 "네 아비의 온 집이 죽으리라"고 했으며, 놉의 제사장의 성읍이 유린되었을 때 한 사람의 도망자를 제외한 85인이 전멸하였으며 거기에는 젖먹이까지도 포함되었다. 창45: 18의 요셉의 가족이 애굽으로 갈 때 이삭의 손자와 손녀들까지 포함되었다. 이와 같이 고대사회에서의 가족이란 젖먹이부터 노인에 이르기까지의 구성원들을 의미했다.

그는 이러한 구약의 가족공식은 신약에서도 일찌기 나타난다고 보고 있다. 그 예로 고전1: 16에서 바울에 의해 A. D. 54년에 나타났다고 보았다.[39)] 현대의 개인주의적인 사고는 고대의 가족의 연대성의 강력함을 알 수 없으나 고대인들은 상호책임성과 집단의 통일성을 매우 중요하게 여겼다. 만일 가족의 아버지가 그리스도인이 되면 온 가족이 그를 따랐으며, 아버지의 회심은 온 가족의 구원을 의미하였다. 하나의 좋은 예가 사도행전 16장 30-34에 나온다. 예레미아스는 이러한 맥락에서 신약의 온 가족의 세례는 가정의 일원으로서 유아도 포함되므로 유아세례는 타당하다고 보았다.

위에서 살펴 본 바와 같이 유아세례에 대한 찬반의 논쟁은 터툴리안이 살았던 시대인 A.D 200년경부터 현대에 이르기까지 계속되어 왔다. 3세까지 유아세례는 연기되어야 한다고 하는 나찌안누스의 그레고리의 주장은 구약의 할례와 유아세례는 동일하다고 하는 어거스틴의 주장에 의해 소멸되었으며 어거스틴의 이러한 견해는 동방교회

---

37) Joachim Jeremias(1958), *Infant Baptism in the First Four Centuries*, London: SCM Press, pp. 19-20.

38) *Ibid.*, pp. 20-21.

39) *Ibid.*, pp. 21-22.

와 서방교회 모두에게 교회의 예식에서 유아세례를 보편화시키는 역할을 하였다.

재세례파에 의해 재기된 유아세례의 반대는 막16: 16 말씀에 근거한다. 즉, 세례를 받기 전에 믿음이 있어야 하는데 유아들은 믿을 수가 없기 때문에 유아세례를 받을 수 없다는 것이다. 이러한 견해는 세례란 우리의 신앙에 있지 않고 하나님의 말씀에 매여 있으므로 부모의 신앙과 헌신의 결단으로 자녀를 하나님께 드리는 표지인 유아세례를 반대할 이유가 없다고 주장하는 종교개혁자들에 의해 빛을 잃게 되었다.

바르트 역시 세례란 회개와 신앙의 성례전으로서 복음을 믿고 회개할 수 있는 자만이 세례를 받을 수 있기 때문에 복음을 믿고 회개할 수 없는 유아들에게 세례를 준다는 것은 타당하지 않다고 유아세례를 반대했다. 이에 대해 예레미아스는 가족공식(the Oikos Formula)의 역사적 연구를 통해 사도시대에 이미 유아세례가 실시되었다고 주장함으로써 유아세례의 타당성을 인정하였다. 오스카 쿨만(O. Cullmann) 역시 바르트의 세례에서의 믿음의 중요성을 인정하였으나 세례에 선행하는 믿음은 세례사건의 구성적 요소는 아니며 세례는 그리스도안에서의 하나님의 무조건적인 행위가 아니라 이차적 행위에 속한다고 봄으로써 세례에 있어서 하나님의 은총의 측면을 강조하였고 따라서 바르트의 유아세례 반대를 거부하였다.[40)]

위에 살펴본 바와 같이, 유아세례에 대한 견해는 찬반의 역사를 거듭해 왔다. 그러나 믿음은 하나님의 선물이라는 측면에서 볼 때 바르트의 주장과 같이 복음을 믿고 회개할 수 있는 자만이 세례를 받을 수 있다고 하는 논리는 마치 우리 자신이 믿음의 근거가 된다고 하는 주장으로 비약될 수 있는 여지를 남긴다. 비록 우리가 세례를 받지

40) O. Cullman(1950), *Baptism in the New Testament*, London: SCM Press, p. 8.

않았다 하더라도 하나님께서 믿음을 선물로 주신다면 우리는 구원을 받지 않는가? 따라서 루터와 칼빈의 주장처럼 세례는 우리의 신앙에 근거하는 것이 아니라 하나님의 말씀에 근거한다. 창세기 17: 7에서 하나님께서 그의 백성과 맺으신 언약이 유아세례의 근거가 된다. 칼빈의 주장처럼 유아세례는 그 의미로 보아서 할례에 해당되며 아브라함과의 언약을 통해 그 정당성이 인정된다고 볼 수 있다. 피에르 마르셀의 할례는 옛 언약의 표지이며 세례는 새 언약의 표지로서 할례와 세례의 의미는 같다고 하는 주장은 유아세례의 타당성을 뒷받침 해준다.[41)]

위에서 살펴본 바와 같이 할례는 오늘날의 유아세례와 같으며 하나님께서 아브라함과 맺으신 언약을 통해 유아세례의 정당성은 인정된다.[42)] 믿는 부모의 자녀는 유아세례를 받음으로써 아버지의 믿음을 계승한다는 보증을 갖는다. 자녀는 언약 가운데서 아버지와 같은 위치를 차지하며 언약의 보증에 대해 같은 권리를 가진다.

3. 유아세례의 교육적 의미

앞에서 언약백성의 자녀는 언약백성이 되며 언약의 참여자로서 언약 가운데서 아버지와 같은 위치를 차지하며 언약의 보증에 대해 아버지와 같은 진리를 가짐을 살펴보았다. 그러나 믿는 부모들의 자녀는 구원의 상속자가 아니라 언약의 상속자이다.[43)] 로마서 9: 6-8을

41) Pierre Marcel(1951), *The Biblical Doctrine of Infant Baptism*, London: James Clarke & Co. Ltd., p. 198.

42) *Ibid.*, p. 635.

43) Norman Haper(1981), *Making disciples*, Memphis: Christian Studies Center, pp. 42-43.

보면 "이스라엘에게서 난 그들이 다 이스라엘이 아니요 또한 아브라함의 씨가 다 그 자녀가 아니라 오직 이삭으로부터 난 자라야 네 씨라 칭하리라 하셨으니 곧 육신의 자녀가 하나님의 자녀가 아니라 오직 약속의 자녀가 씨로 여기심을 받느니라"고 말씀하므로 믿는 자의 모든 자녀들이 언약의 참여자이고 그런 자로서의 특권과 의무를 가지고 있으나 믿는 자들의 모든 자녀들이 이미 그리스도인이 되었다는 말은 아님을 의미한다. 이에 대해 Pierre Marcel은 다음과 같이 요약했다.

> 언약 아래서 태어난 아이들은 상속자들이다. 그러나 그들의 상속물은 성령께서 그 보증이 되시는 약속이란 의미에서의 상속이다. 이 아이들은 구원이나 영생을 상속받은 것은 아니다. 구원은 상속되지 않는다. 오직 약속만이 상속될 뿐이다.[44]

따라서 비록 언약백성의 자녀가 언약의 백성이 된다 할지라도 만약 그리스도인 부모의 자녀를 위한 신앙교육이 없다면 그 자녀는 언약의 길에서 떠날 수도 있다.[45] 그러므로 그리스도인 부모들은 그들의 자녀들을 생애의 초기부터 은혜언약의 참여자들로서 고귀한 약속(나는 그들의 하나님이 되고)을 인정하고 엄숙한 의무(그들은 내 백성이 되리라)를 수행해야 한다. 이것은 다시 말하면 그리스도인 부모가 그들의 자녀에게 하나님의 말씀을 잘 가르침으로써 자신의 자녀들이 기독교인으로서의 바른 삶을 살도록 인도해야 함을 의미한다고 볼 수 있다. 자녀의 신앙적인 양육의 책임은 일차적으로 그 부모에게 있는 것이다.[46] 이것은 이스라엘의 종교교육의 근거가 되는 쉐마에도 잘 나타나 있다(신명기 6: 4-9). 또한 Geoffrey Bromiley는 그리스도인 부모들은 세례를 받게 될 자녀의 영적인 양육을 위해 매우 진지하게

44) Pierre Marcel(1951), *op. cit.*, pp. 107-108.
45) *Ibid.*, p. 198.
46) Norman Harper(1981), *op. cit.*, p. 46.

준비되어져 있어야 하며 가정에서 말씀과 행동을 통해 자녀들을 가르쳐야만 한다고 주장하고 있다.[47] 부모의 자녀 양육의 책임을 강조하면서 청교도인 Thomas Cobbet도 "언약 당사자인 부모가 하나님, 그리고 자녀들에게 보여줄 수 있는 가장 큰 사랑과 신실함은 그들을 교육하는 것이다" 라고 언급하고 있다.[48]

유아세례 문답에서는 그리스도인 부모들이 자신의 자녀들은 유아세례를 받을 필요가 있음을 고백하며 그들을 주의 말씀으로 잘 양육하겠다고 하는 다짐을 다음과 같이 교회의 온 회중과 하나님 앞에서 서약함으로써 그리스도인 부모들에게 유아세례에 대한 의미와 그 교육적 책임의 중요성을 인식시키고 있다.

1. 당신들은 당신들의 아이가 예수 그리스도의 피로 씻음 받고 성령의 새롭게 하시는 은혜를 받을 필요가 있다고 인정하십니까?
2. 당신들은 당신들 자신을 위해서와 같이 자녀를 대신하여 하나님의 언약을 주장하고 주 예수 그리스도에 대한 신앙으로 자녀의 구원을 바라고 구합니까?
3. 이제 당신들은 아무런 주저 없이 당신들이 아이를 하나님과 그 언약에 맡기고 하나님의 은혜에 겸손히 의지하여 당신들의 자녀 앞에서 경건한 모범이 되며 자녀와 함께 또 자녀를 위하여 기도하며 그(그녀)에게 우리 거룩한 종교의 가르침을 가르치며 하나님께서 정하신 모든 수단을 통하여 그(그녀)를 양육하며 주의 교훈으로 가르침에 전력을 다할 것을 다짐합니까?[49]

이상에서 그리스도인 부모나 교사들이 자신에게 맡겨진 유아들을

47) Geoffrey Bromiley(1979), *Children of Promise*, Grand Rapids: Eerdmans Publishing Company, p. 110.
48) Leland Ryken(1995), 「청교도-이 세상의 성자들」, 김성웅 역, 생명의 말씀사, p. 175, 재인용
49) The Book of the Church of the P.C.U.S., pp. 204-5.

하나님의 말씀으로 가르쳐야 하는 근거가 언약사상에 있음을 살펴보았다. 언약사상과 맥을 같이 하는 세례와 이를 위한 교육의 중요성은 역사를 통해 잘 나타나 있다. 교회의 역사에서 세례 예비자에 대한 교육은 일찍이 확고하게 확립된 전통을 갖고 있었다. 2세기 초엽, 이미 알렉산드리아(Alexandria)에서는 세례 예비자를 위한 교리문답교육학교(Catechetical School)가 설립되어 운영되었다.[50] 그리고 그 후 교회의 역사를 살펴보면, 사도신경을 비롯한 고대의 신앙고백들이나 오늘날 우리들이 갖고 있는 신학의 기본적인 개념과 틀도 세례 문답교육을 효과적으로 시키기 위하여 만든 '세례의식문'(Baptismal Formula)에서 발전되어 나온 것을 볼 수 있다.[51]

종교 개혁기에는 유아세례를 받은 어린이를 신앙으로 교육한 후 입교(入敎)시키기 위해서 어린이를 위한 교리문답서가 작성되었다. 칼빈의 제네바 교리문답(Geneva Catechism)이나 웨스트민스터 요리문답(Westminster Catechism)을 비롯한 수많은 교리문답이 어린이의 신앙교육을 위해서 만들어졌다. 교회사에서 이런 전통이 확립된 배경에는 세례의 중요성과 유아세례와 그 후의 신앙교육의 중요성이 자리잡고 있다.

---

50) 한철하(1978), 「고대기독교 사상」, 대한기독교서회, pp. 58-60. 교회사의 자료에 의하면 Catechetical School의 초대 교장은 Pantaenus였으며, 그의 뒤를 이어서 유명한 교부 Alexandria의 Clement가 교장이 되었다.

51) J. L. Neve(1971), 「기독교 교리사」, 이장식 역, 대한기독교서회, p. 114.

제 3 장

기독교 유아교육의 철학적 기초

모든 학문은 어떤 철학적 패러다임을 전제하고 있다. 마찬가지로 모든 철학적 패러다임들은 어떤 종류의 종교적인 세계관을 전제하고 있다. 따라서, 유아교육은 어떤 철학적 패러다임을 전제로 하고 있으며, 그 철학적 패러다임은 어떤 하나의 세계관에 바탕을 두고 있다는 말이다.

세계관이란 사람들의 생각과 행동을 지배하는 일련의 전제를 말한다.[1] 다시 말하면 한 사람의 생각과 행동에 절대적인 영향을 미치는 신념의 배경을 말한다. 따라서 세계관이 다르면 똑같은 사물이나 상황을 다르게 보거나 다르게 해석하게 되며 이에 따라 다른 행동이 나타나게 된다. 즉 배경이 되는 신념은 어떤 사람이 한 사실을 바라볼 때 그 보게 되는 유형에 막대한 영향을 미친다. 똑같은 자료를 보면서 사람마다 가지고 있는 세계관의 차이에 따라 얼마든지 다르게 인지하게 된다. 이것을 George M. Marsden은 게스탈트 형상으로 설명하였다.[2]

1) 세계관에 대한 보다 자세한 설명은 '세계관의 개념' 부분에서 다루어진다.
2) George M. Marsden(2000), 「기독교적 학문 연구@ 현대 학문 세계」, 조호연 역, 서울: IVP, pp. 94-95.

[그림 3-1] 오리인가, 토끼인가?

위의 그림은 어떻게 보면 토끼 같고 어떻게 보면 오리 같다. 똑같은 그림이지만 이것을 보는 사람의 세계관이 어떠하냐에 따라 토끼로 보일 수도 있고 오리로 보일 수도 있다는 말이다.

따라서, 기독교 유아교육은 기독교 철학적 패러다임을 전제로 하며 기독교 철학적 패러다임은 기독교 세계관으로부터 출발한다. 이러한 논리는 Middleton과 Walsh의 '세계관에서 학문으로의 도표'를 통해 쉽게 설명된다. 이것을 그림으로 그리면 다음과 같다.[3)]

세계관 →	철학적 패러다임 →	학과
(실체의 전체성에 대한 전 이론적 견해)	(실체의 전체성에 대한 이론적 견해)	(실체의 어떤 특정한 측면에 대한 이론적 견해)

[그림 3-2]

기독교 세계관의 중심 주제는 창조, 타락, 구속으로 구성되어 진다.[4)]

3) Brian Walsh & Richard Middleton(1987), 「그리스도인의 비전」, 황영철 역, IVP, p. 212.

4) Albert Wolters(1992), 「창조, 타락, 구속」, 양성만 역, 서울: IVP, pp. 18-24; Brian Walsh & Richard Middleton(1996), *op. cit.*, pp. 49-112.

따라서 기독교 철학의 전 이론적 견해가 되는 기독교 세계관으로서 창조, 타락, 구속 등이 차례로 다루어진다.

Ⅰ. 기독교 세계관

1. 세계관의 개념

사람들은 누구나, 그가 정상적인 사람이라면, 생각할 수 있으며 자신이 생각한 내용을 말로 표현하며 그것을 행동으로 나타낸다. 그러나 누구나 똑같은 것을 생각하며 그것을 말하고 행동하지는 않는다. 또한 같은 생각을 했다고 하더라도 그것을 다 말하거나 그것에 대해 같은 행동을 하는 것은 아니다. 이는 사람들의 생각과 행동을 지배하는 일련의 전제들이 다르기 때문이다. 이처럼 사람들이 생각하고 말하고 행동하는 모든 것을 지배하는 근본 가정들을 세계관이라고 말한다.[5] 세계관은 한 사람의 삶에 대한 모든 견해를 나타내며, 현실에 대한 그 사람의 전제 내지는 신념들이 모여 이루어진다.

Wolters는 세계관이란 “한 사람이 사물들에 대해 갖고 있는 기본적 신념들의 포괄적인 틀”이라고 정의하면서[6] 여기서 사물이란 우리의 신념의 대상이 될 수 있는 것이면 무엇이든 지칭할 수 있는 말로서 세계, 인간의 삶, 고통의 의미, 교육의 가치, 사회 도덕성, 가정의 중요성 등을 포함하며 심지어는 하나님조차도 이 사물의 범주에 포함될 수 있다고 보았다. 또한 세계관은 한 개인의 확신과 관련된 것으로서

5) Andrew Hoffecker & Garry Scott Smith(1993), ‘머리말: 세계관 형성의 시각과 방법’, 김원주 역, 「기독교 세계관」, 생명의 말씀사, pp. 11-12.

6) Albert Wolters(1992), *op. cit.*, p. 13.

우리가 직면하게 되는 궁극적인 문제들, 즉 일반적인 원칙들과 관계가 있으며, 한 사람이 사물들에 대하여 가지고 있는 기본적인 신념들은 하나의 틀(frame work)이나 유형(pattern)을 이루는 경향이 있다는 것이다. 따라서 일반적으로 모든 사람들은 자신의 세계관을 명확히 표현 못하더라도 하나의 세계관을 가지고 있으며 이 세계관은 우리의 삶의 인도자의 기능을 하며, 우리의 견해나 논의뿐만이 아니라 우리에게 요구되는 모든 결정 과정에서 결정적인 영향을 미친다고 보고 있다.

Walsh와 Middleton은 세계관이란 '인식의 틀(perceptual frame-works)이며, 사물을 인식하는 방식'으로서 모든 사람들이 가지고 있는 것이라고 보았다.[7] 이 세계관은 가치기준을 결정하며, 우리 주위의 세계를 어떤 방식으로 해석하게 하며, 이 세계관에 의하여 중요한 것과 중요하지 않은 것을 구분하고, 가장 가치 있는 것과 무가치한 것을 구분하게 한다고 보았다. 따라서 하나의 세계관은 그 세계관을 가진 사람으로 하여금 세상에서 지향해 나갈 세계의 모델(model of the world)을 제공받을 수 있도록 하는 준거가 된다고 보았다. 또한 이 세계관은 공유되는 것으로 공동체적 성격을 지닌다고 보았다.

Walsh와 Middleton은 위의 성격을 지니는 세계관의 기초를 (1)나는 누구인가? (인간의 본성과 사명과 목적에 대한 질문), (2)나는 어디에 있는가? (인간이 살고 있는 이 세상과 우주의 본질에 대한 질문), (3)무엇이 잘못되었는가? (인간의 성취를 막는 근본적인 문제 혹은 장애, 혹은 악은 무엇인가에 대한 질문), (4)그 치료책은 무엇인가? (인간의 구원은 어떻게 이루어지는가에 대한 질문)와 같은 질문들에 대한 대답에서 비롯된다고 보았다.[8]

7) Brian Walsh & Richard Middleton(1987), *op. cit.*, p. 37.
8) *Ibid.*, p. 41.

Sire는 세계관은 모든 사람이 지닌 것으로서 이 세계의 근본적 구성에 대해 우리가(의식적으로든 무의식적으로든, 일관적이든 비일관적이든) 견지하고 있는 일련의 전제(전체적으로 혹은 부분적으로 옳거나, 아니면 전적으로 틀릴 수도 있는 가정)들이라고 보았다. 그는 세계관이 무엇인가를 이해할 수 있는 일곱 가지 질문을 다음과 같이 제시하고 있다. (1)참된 최고의 실재는 무엇인가? (2)우리를 둘러싼 세계의 본질은 무엇인가? (3)인간은 무엇인가? (4)인간의 사망 시에는 어떤 일이 일어나는가? (5)지식이 가능한 까닭은 무엇인가? (6)도덕의 기초는 무엇인가? (7)인간 역사의 의미는 무엇인가? 이상의 일곱 가지 질문에 대한 대답을 통해 한 사람의 세계관을 파악할 수 있다는 것이다.[9)]

이상의 여러 학자들의 세계관에 대한 정의 및 설명을 통하여 세계관에 대한 성격을 다음과 같이 정리할 수 있다. 즉, 세계관은 본인이 인식하든지 혹은 인식하지 못하든지 모든 사람들이 다 가지고 있는 생각의 전제들 혹은 인식의 틀(perceptual frameworks)로서 그 사람의 신념들이 모여 이루어진다. 세계관은 인간의 결정과정에서 결정적인 요인이 된다. 중요한 것과 중요하지 않은 것을 구분하게 하며, 가치있는 것과 무가치한 것을 구분하게 한다. 또한, 세계관은 인간이 세상에서 지향해 나갈 세계의 모델(model of the world)을 제공하다. 즉, 세상이 어떠해야 한다는 것을 규정하고, 그 세계관을 따르는 자는 이 세상에서 어떻게 살아야 하는지를 제시해 준다. 다시 말하면, 세계관은 실재, 인간, 세계, 지식, 도덕(혹은 선과 악)의 본질에 대한 질문과 답이다. 따라서 세계관은 인간 삶의 인도자의 역할을 한다.

위에서 살펴본 바와 같이 세계관은 매우 파급적이어서 인간생활의 모든 영역에 영향을 미치므로 교육에 있어서 지반과 골격의 역할을

9) Jame Sire(1995), 「기독교 세계관과 현대 사상」, 김헌수 역, 서울: IVP, pp. 19-23.

한다. 따라서 교육은 하나의 세계관으로부터 출발해야 하며 기독교 유아교육은 기독교 세계관으로부터 출발해야 한다.

2. 창조

"태초에 하나님이 천지를 창조하시니라"(창세기 1: 1)는 말씀으로 시작되는 성경의 창조 기사는 성경적 세계관의 기초가 된다. 창조에 대한 성경적 이해가 없이는, 죄와 구속에 대한 우리의 모든 이해는 당연히 왜곡되고 말 것이다. 기독교 세계관에서 언급된 우리는 누구이며 우리는 어디에 있는가 라는 질문을 먼저 제기하지 않고는, 무엇이 잘못되어 있는가와 무엇이 치유책인가에 대한 질문들에 답할 수 없을 것이다. 따라서 창조가 성경의 중심 메시지는 아니지만, 성경의 기초가 된다.

1) 창조의 의미

창조라는 말은 두 가지 의미를 갖고 있다. 하나는, 창조 기사를 말할 때 하나님의 세계를 만드시는 창조의 행위, 즉 '만들다'라는 의미를 말한다. 모든 것을 있게 하신 무에서 유의 창조를 말한다. 다른 하나는, 창조계의 아름다움을 말할 때 사용되는 단어로서 창조의 산물인 '우주'를 뜻하며, 이 우주는 헬라어 코스모스(kosmos)에서 유래된 말로서 '장식', '아름다운 배열'을 의미하는 창조 질서를 말한다.[10] 무에서 유의 세상을 만드신 하나님은 창조의 질서를 위해 만물을 다스리시고 섭리하신다. 하나님의 만물을 다스리심은 다음의 성경구절들에서 명확히 알 수 있다.

10) Albert Wolters(1992), *op. cit.*, p. 25.

> 이는 하늘이 옛적부터 있는 것과 땅이 물에서 나와 물로 성립한 것도 하나님의 말씀으로 된 것을 저희가 부러 잊으려 함이로다. 이제 하늘과 땅은 그 동일한 말씀으로 불사르기 위하여 간수하신 바 되어 경건치 아니한 사람들의 심판과 멸망의 날까지 보존하여 두신 것이니라(벧후 3: 5, 7)

> 또한 그가 만물보다 먼저 계시고 만물이 그 안에 함께 섰느니라 (골 1: 17)

> 이는 하나님의 영광의 광채시요 그 본체의 형상이시라 그의 능력의 말씀으로 만물을 붙드시며(히 1: 3)

위의 말씀 가운데 사용되어진 간수하신바와 섰느니라, 그리고 붙드시며의 의미를 N.I.V.영어사전으로 보면, 각각 have been kept, hold, sustaining등으로 모두 유지하다, 붙들다의 의미를 가지고 있다. 이는 하나님께서 그의 창조 세계의 보존을 위해 세상을 간섭하시고 다스리심을 말한다.[11] 따라서 하나님의 창조는 한번에 그리고 언제나의 의미를 지닌다. 다시 말하면 창조의 계속성을 의미한다. 하나님의 창조물의 보존은 계속되는 창조와 완전히 같은 것이다.[12]

창조를 믿지 않는 기독교인을 찾는다는 것은 매우 어려운 일일지도 모른다. 그러나, 창조의 의미를 위의 두 가지 의미에서 이해하고 믿는 기독교인은 그리 많지 않을 것이다. 왜냐하면, 대부분의 기독교인들이 하나님께서 세상을 만드신 창조의 사건은 알고 있으나, 하나님께서 모든 만물을 모양대로 만드시고 그때 발휘하셨던 그 전능하신 능

---

11) *Ibid.*, p. 26; Richard J. Edlin(1994), *The cause of Christian education*, Alabama: Vision Press, p. 29.

12) Albert E. Greene(1998), *Reclaiming the future of Christian education: A transforming vision*, Colorado Springs: Association of Christian Schools International, p. 92.

력을 창조계의 매순간마다 동일하게 작용하고 계시다는 사실은 모르고 있기 때문이다. 이처럼 하나님이 세상을 만드신 창조의 행위만을 알거나 강조하는 기독교인들은 자신들이 이신론자임을 고백하는 것이다. 이신론이란 마치 하나님께서 세상을 시계처럼 태엽을 감으시고는 하늘로 되돌아가셔서 세상이 스스로 활동하도록 내버려두신 것과 같다는 사상이다.[13]

2) 창조의 법

우주를 향한 하나님의 전체 행위를 가리키는 말로서 법이라는 단어를 사용할 수 있다. 하나님께서는 이 법을 통하여 태초부터 있었던 세계와 인간의 삶에 대한 하나님의 계획을 펼쳐나가신다. 하나님께서 창조하신 만물을 부과하시는 방법은 법을 통해서이며 이 법을 우주에 부과하시는 방법에는 두 가지가 있다. 첫째는, 매개자 없이 직접 법을 부과하시는 자연법이 있다.[14] 자연법은 중력의 법칙, 운동의 법칙, 열역학 법칙, 광합성의 법칙, 유전의 법칙 등과 물리학, 화학, 생물학, 그 외의 자연과학에서 발견되는 보든 자연의 법칙을 말한다. 하나님께서는 이상의 여러 가지 자연법을 통하여 세상을 유지하시고 통치하신다. 창조주로서 세계의 질서를 규정하시는 하나님에 대해 시편 147편에서는 다음과 같이 묘사하고 있다.

> 저가 구름으로 하늘을 덮으시며 땅을 위하여 비를 예비하시며
> 산에 풀이 자라게 하시며 들짐승과 우는 까마귀 새끼에게 먹을 것을 주시는 도다(시편 147: 8-9)

13) James Sire(1995), *op. cit.*, p. 60.
14) Albert Wolters(1992), *op. cit.*, pp. 26-29.

> 저가 그 명을 땅에 보내시니 그 말씀이 속히 달리는 도다
> 눈을 양털같이 내리시며 우박을 떡 부스러기같이 뿌리시나니
> 누가 능히 그 추위를 감당하리요 그 말씀을 보내사 그것들을 녹이시고
> 바람을 불게 하신 즉 물이 흐르는 도다(시편 147: 15-18)

둘째는, 일반법과 개별법이다. 자연을 제외한 인간이나 인간이 만들어 낸 사회에 대한 하나님의 의지는 일반법을 통해 나타난다. 일반법은 일반적으로 모든 시간, 모든 장소, 모든 사람에게 적용되는 법이다. 예를 들면, "살인하지 말라"는 계명은 모든 시간과 장소, 그리고 모든 사람에게 해당되는 법으로서 어떤 특정한 장소나 특별한 사람에게만 국한되는 것이 아니다. 이처럼 하나님께서는 일반법을 통해 인류가 유지될 수 있도록 하신다.

또한 인간을 향하신 하나님의 의지는 일반적일 뿐만 아니라 개별적이다. 하나님께서는 전통적으로 소명이나 인도라고 부르는 것을 통해 우리에게 간섭하시는데 이것은 매우 개별적이다. 개인의 성향이나 특성에 따라 사람을 부르시고 하나님의 대리인으로서 일하게 하신다.

하나님께서 혹성들을 그 궤도에 두시고 계절들이 제 시간에 오가게 하시며, 사과 씨에서는 사과나무가 자라 열매맺게 하시며, 동물들이 자연스럽게 번식하도록 하는 자연법을 통해 자연의 영역을 통치하신다. 반면에 도구를 만들고 정의를 실행하고 예술품을 만들고 학문을 추구하는 일은 인간을 개별적으로 불러내어 그들에게 맡기신다.

3) 창조의 영역

우리는 눈에 보이는 아름다운 산과 드넓은 황금 들판, 햇살에 반짝이는 아름다운 강과 바다를 보면서 하나님의 창조의 경이로움을 느낄 수 있다. 그리고 자석의 원리, 태양계의 운동, 동식물의 생태계를 보

면서 질서의 하나님을 생각할 수 있다. 이처럼 우리는 창조를 물리학, 지질학, 천문학, 생물학 등의 자연과학에 속한 물리적인 영역에만 제한하려는 경향이 있다. 그러나 하나님의 창조의 영역은 물리적인 것 뿐 아니라 비물리적인 실체에도 적용된다. 골 1: 16에서 "만물이 그에게 창조되되 하늘과 땅에서 보이는 것들과 보이지 않는 것들과 혹은 보좌들이나 주관들이나 정사들이나 권세들이나 만물이 다 그로 말미암고"라고 말씀하시므로 이를 분명히 증거한다. 따라서 인간 삶의 모든 영역은 하나님의 창조의 영역에 속한다.[15] 롬11: 36에서도 이를 명백하게 선포하고 있다.

국가, 경제, 교육, 예술, 문화 등의 모든 영역에서 하나님의 주권이 행사되고 있음이 성경의 전체적인 사상 가운데 흐르고 있다. 롬 13: 1-2은 국가의 권력에 대해 다음과 같이 말하고 있다. "권세는 하나님께로 나지 않음이 없나니 모든 권세는 다 하나님의 정하신 바라 그러므로 권세를 거스리는 자는 하나님의 명을 거스림이니" 벧전 2: 13은 "인간에게 세운 모든 제도를 주를 위하여 순복하되" 라고 말씀하고 있는데, 여기서 제도라는 단어를 Wolters는 창조계나 피조물을 뜻하는 헬라어의 번역이라고 말하고 있다. 따라서 국가의 권력은 하나님이 세운 창조의 질서에 속하며 하나님의 법에 근거한다고 Wolters는 주장한다.[16]

4) 창조와 우리의 관계

하나님께서는 자신이 만든 창조물을 통해 자신을 나타내시며 드러내신다.[17] 롬 1: 20은 이것을 다음과 같이 말씀하신다. "창세로부터

15) *Ibid.*, p. 37.
16) *Ibid.*, p. 37.
17) Albert E. Greene(1998), *op. cit.*, p. 93.

그의 보이지 아니하는 것들 곧 그의 영원하신 능력과 신성이 그 만드신 만물에 분명히 보여 알게 되나니 그러므로 저희가 핑계치 못할지니라". 이처럼 창조는 하나님께서 그 자신을 우리에게 나타내시고 그것을 통해 우리가 하나님에게 반응하도록 요구하신다. 따라서 창조는 하나님에게 찬양과 경배와 헌신으로 반응하게 하는 수단이 된다.[18)]

하나님의 창조는 앞에서 살펴보았듯이 한번에 일어난 일이며 동시에 언제나의 개념을 지니고 있다. 다시 말하면 하나님의 창조는 하나님이 만물을 창조하신 이후 계속해서 성장하고 개발되어야 한다. 하나님께서는 엿새 동안의 창조 사역을 마치신 후 "생육하고 번성하여 땅에 충만하라 땅을 정복하라"(창1: 26)고 아담과 하와에게 명령하셨다. 따라서 하나님의 만물 창조 이후 창조의 계속적인 성장과 개발은 우리 인간에 의해 이루어져야 한다. 이를 위해 하나님께서는 우리를 개별적으로 부르시고 일하게 하신다. 우리는 하나님의 계속되는 사역에 참여하여 하나님의 계획을 이루어 드리고 그분의 조력자가 되도록 부름받은 것이다. 따라서 우리가 하는 모든 일은 창조를 취급하는 일에 포함되며 하나님을 섬기는 행위가 되는 것이다. 고전 10: 31에서는 "그런즉 너희가 먹든지 마시든지 무엇을 하든지 다 하나님의 영광을 위하여 하라"고 말씀하시며, 골 3: 17에서는 "또 무엇을 하든지 말에나 일에나 다 주 예수의 이름으로 하고 그를 힘입어 하나님 아버지께 감사하라"고 말씀하심으로써 우리의 하는 모든 일이 하나님께 반응하는 것임을 밝히고 있다.

이처럼 우리가 하는 모든 일은 창조에 대처하는 일이며 비록 우리가 그것을 인식하든 아니면 인식하지 못하든 언제나 하나님께 반응하는 것이다. 교사로서 학교에서 수업을 진행하는 일은 단순히 그것이 직업이기 때문에, 또는 돈을 벌기 위해서 하는 일이 아니며, 학급의

18) Richard J. Edlin(1994), *op. cit.*, p. 31.

학생이나 유아를 위해서 또는 학부모를 위해서 하는 일이 아니라 바로 하나님을 위해서 하는 일인 것이다. 따라서 우리에게 맡겨주신 일에 대하여 최선을 다하는 자세를 가져야 한다. 마 25: 40에서 "내가 진실로 너희에게 이르노니 너희가 여기 내 형제 중에 지극히 작은 자 하나에게 한 것이 곧 내게 한 것이니라"고 말씀하시므로 우리가 하는 모든 일이 곧 하나님께 반응하는 일임을 증거하고 있다.

3. 타락

인간이 하나님의 말씀에 불순종하므로 말미암아 죄를 짓게 되고 인간의 범죄는 인간을 타락으로 이끌게 된다. 창 2: 15-17에 "여호와 하나님이 그 사람을 이끌어 에덴동산에 두사 그것을 다스리며 지키게 하시고 여호와 하나님이 그 사람에게 명하여 가라사대 동산 각종 나무의 실과는 네가 임의로 먹되 선악을 알게 하는 나무의 실과는 먹지 말라 네가 먹는 날에는 정녕 죽으리라 하시니라"고 말씀하시므로 하나님과의 언약의 파괴는 인간의 하나님에 대한 범죄행위이며 이는 곧 인간의 죽음을 의미한다고 선언하고 있다.

첫 사람인 아담이 불순종함으로써 하나님과 맺은 언약을 파괴하게 되고 이 언약의 파괴는 아담 한 사람에게만 그 영향을 미치는 것이 아니라 모든 사람에게 영향을 주게 된다. "이러므로 한 사람으로 말미암아 죄가 세상에 들어오고 죄로 말미암아 사망이 왔나니 이와 같이 모든 사람이 죄를 지었으므로 사망이 모든 사람에게 이르렀느니라" (롬 5: 12). 인간의 타락은 하나님과의 관계와 인격의 변화를 초래하였다. 이전의 하나님과의 의존적이던 관계가 독립적인 관계가 되었으며 불신앙과 교만이 가득 찬 존재로 인격에 변화가 일어났다.

아담의 불순종의 결과는 하나님과 인간, 인간과 인간과의 관계뿐만 아니라 인간과 자연과의 관계에도 심각한 영향을 미쳤다. 창3: 17-18에 "아담에게 이르시되 네가 네 아내의 말을 듣고 내가 너더러 먹지 말라한 나무 실과를 먹었은즉 땅은 너로 인하여 저주를 받고 너는 종신토록 수고하여야 그 소산을 먹으리라 땅이 네게 가시덤불과 엉겅퀴를 낼 것이라"고 말씀하시므로 인간의 타락의 결과는 자연계에도 심각한 영향을 미쳤음을 시사하고 있다. 인간의 범죄는 땅의 저주를 가져왔으며 이로 인해 토양 자체가 인간의 생존에 필요한 과실을 스스로 산출하지 못하게 되었다.[19)]

타락의 영향은 인간과 하나님의 관계, 인간의 인격, 그리고 자연계뿐만이 아니라 사회, 문화, 경제 등의 인간사의 여러 영역과 창조계의 전 영역에 미치고 있음을 쉽게 찾을 수 있다. 이혼, 연속적인 결혼(몇 년 동안 살다가 배우자를 바꾸는 형태), 물질주의의 파괴력 앞에 처참히 무너지는 가정, 천박한 예술 작품들과 음악, 시, 전체주의와 독재, 탐욕으로 인해 오염된 기업 윤리, 환경 자원 등의 낭비 등은 인간의 타락으로 인한 죄의 영향이 창조계의 곳곳에 자리잡고 있음을 보여주고 있다. 이를 성경에서는 다음과 같이 표현하고 있다. "피조물이 다 이제까지 함께 탄식하며 함께 고통하는 것을 우리가 아나니"(롬 8: 22).

4. 구속

인간의 범죄로 인한 타락은 창조계의 전 영역에 영향을 미쳤고 이로 인해 피조물이 탄식하며 고통하고 있음을 살펴보았다. 타락으로 인한 피조물의 탄식과 고통은 회복을 필요로 한다. 타락 이전의 손상되지 않은 창조계의 선한 상태로 돌아가는 것이 필요하다. 선한 상태

19) Albert Wolters(1992), *op. cit.*, p. 66.

로의 회복을 성경에서는 구원이라는 말로 표현하고 있다.[20] 구원은 구속, 화해, 새롭게 함, 그리고 거듭남 등으로 성경에 표현되어 있으며, 이들은 각각 '다시 사오다', '본래 상태로 돌아가다', '다시 새롭게 만들다', '죽음에 떨어진 후 다시 생명으로 돌아가다'를 의미함으로써 창조계의 삶에 이전에 없었던 영적인 혹은 초자연적인 차원을 덧붙이는 것이 아니라 이전부터 계속 존재하던 것에 새로운 생명과 생동감을 불어넣는 것을 의미한다.

회복은 그리스도로 말미암는다. 고후 5: 17에서 이를 다음과 같이 선언하고 있다. "그런즉 누구든지 그리스도 안에 있으면 새로운 피조물이라 이전 것은 지나갔으니 보라 새 것이 되었도다". 아담으로 인한 범죄는 전 인류와 우주를 타락시킨 반면 그리스도로 인한 구속은 그리스도 안의 인류를 회복시킨다. 또한 그리스도 안에 있는 인류를 통해 타락된 우주는 회복된다. 하나님의 부르심을 받은 백성은 창조계의 모든 영역에서 타락으로 인해 어두워진 것들을 새롭게 하는 일을 감당해야 한다. "모든 것이 하나님께로 났나니 저가 그리스도로 말미암아 우리를 자기와 화목하게 하시고 또 우리에게 화목하게 하는 직책을 주셨으니"(고후 5: 18), "이러므로 우리가 그리스도를 대신하여 사신이 되어 하나님이 우리로 너희를 권면하는 것같이 그리스도를 대신하여 간구하노니 너희는 하나님과 화목하라"(고후 5: 20)라고 말씀하시므로 하나님의 백성은 창조계의 모든 영역을 새롭게 하기 위해 부름 받았음을 시사하고 있다.

구속의 범위는 타락의 범위가 전 우주적이었던 것같이 전 창조계의 회복을 의미한다. 전 창조계가 타락에 의해 영향을 받았다면 전 창조계가 또한 그리스도로 말미암아 구속되어야 한다. 더럽혀진 결혼은 거룩하게 되어야 하며, 억눌려진 감정은 정화되어야 하며, 잘못된 정

20) *Ibid.*, p. 79.

치는 개혁되어야 하며, 세속적인 예술은 기독교적인 안목에서 새롭게 되어야 하며, 왜곡된 기업윤리는 바르게 세워져 다시금 하나님의 선한 뜻에 일치되도록 재조정되어야 한다. 이와 같은 맥락에서 교육 또한 하나님의 말씀 안에서 새롭게 조명되고 실천되어야 한다.

Ⅱ. 기독교 철학

철학적 패러다임을 위한 철학적 논제는 무엇인가를 알기 위해 철학의 정의를 살펴보면, 철학이란 "삶과 실재 혹은 그것들의 어떤 면에 대한 통합적이고 일관된 개인적 태도"[21] 혹은 "자연에 대한 지식과 이해 그리고 우주와 인간 삶의 의미를 찾는 것"[22]이라고 정의되어 있다. Peterson은 기독교 세계관에 직접적으로 관련이 되는 철학적 논제들은 실재, 지식, 그리고 가치들을 고려함으로서 설명될 수 있다고 주장하였다.[23] 이외에도 많은 학자들이 철학적 논제들이란 형이상학, 인식론, 그리고 가치론 등으로 나누어진다고 언급하고 있다.[24] 따라서 기독교 철학에서는 형이상학, 인식론, 그리고 가치론을 기독

---

21) *Webster's new international dictionary of the english language*(1960), Springfield, Mass: G & C Merriam, p. 1842.

22) A. P. Cowie(1995) (Ed), *Oxford advanced learner's encyclopedic dictionary*, Oxford: Oxford University, p. 671.

23) Michael Peterson(1986), *Philosophy of education: Issues and options*, Downers Grove: Inter-Varsity Press, p. 79.

24) George Knight(1980), 「철학과 기독교교육」, 박영철 역, 침례신학교 출판부, p. 30; Kenneth O. Gangel & Warren Benson(1983), *Christian education: its history and philosophy*, Chicago: Moody Press, p. 338; Cornelius Jaarsma (1985), *The educational philosophy of Herman Bavink*, Grand Rapids: Eerdmans Publishing Co., p. 49; R. T. Allen(1989), 'Metaphysics in education', *Journal of Philosophy of Education*, Vol. 23, No.2, p. 168.

교적인 입장에서 다룬다.

기독교적인 형이상학은 기독교적인 차원에서 우주론적인 측면으로 우주의 기원, 본질, 발달 등을 다루고, 신학적인 측면으로 신의 존재와 속성, 인류학적인 측면으로 인류의 기원, 본질과 발달 등을 다룬다. 기독교 형이상학에서는 신학적인 학문의 제한성과 이 책이 교육을 위한 것이므로 인간에 대한 이해에 강조점을 두어 인류학적인 측면만을 다루려고 한다. 기독교적인 인식론은 기독교적인 차원에서 지식의 근원은 무엇이며 그 본질은 무엇인가? 지식이 어떻게 습득되는가? 등에 대한 내용을 다룬다. 기독교적인 가치론은 기독교적인 가치의 본질은 무엇이며, 그것이 인간의 삶에 어떻게 영향을 미치는지, 그리고 기독교인이 추구해야 하는 최대의 가치는 무엇인지를 다룬다. 이들을 차례로 살펴보면 다음과 같다.

1. 성경적 인간관

여기서는 성경적 인간관을 살펴보기에 앞서 과거 고대로부터 현대에 이르기까지 인간에 대한 이해가 어떠했는지를 서양의 유아관의 변화를 통해 고찰하고, 이어서 하나님에 의해 창조된 인간, 하나님의 형상을 지닌 인간, 다차원적 존재인 인간, 죄인인 인간 등을 고찰하려고 한다.

1) 서양의 유아관의 변화

고대로부터 유아에 대한 견해는 많은 변화를 거쳐왔으나 기독교적 유아관이 확립되기 이전에는 유아가 바로 인식되지 못하였다. 그동안 역사적으로 부당하게 취급되어 온 유아관에 대하여 역사가 De Mause

는 "역사는 거슬러 올라갈수록 아동에 대한 관심은 낮고 아동들은 내버려지고, 매맞고, 두려워하고 또 性的으로 악용당하는 경향이 늘어난다"고 보고하였다.[25] 이는 古代의 유아관을 나타낸 것이다. 당시의 사람들은 그들의 자녀들을 性的인 관계로 인한 불가피한 소산처럼 여겼으며, 대부분의 문화권에서는 영아살해가 흔히 행하여 졌었다.

기독교가 발생하자 갓난아이도 영혼을 가진 존재라는 기독교 철학자들의 주장으로 영아살해는 살인이라는 비난을 받게 되었고, 이로 인해 영아살해에 대한 태도에 결정적인 변화를 가져오게 됐다. 그러나 영아살해는 여전히 계속되어 중세에는 영아살해와 유기(遺棄)를 구분하여 처벌하였다. 그러자 덮어씌우기(overlaying)[26]가 유행하였는데, 이는 그 의도의 유무를 판정할 수 없으므로 처벌의 대상이 되지 않았다. 1500년대에는 덮어씌우기가 큰 문제가 되었으므로 휘솔교황(Bishop Fisole)은 침대에서 아이와 함께 자는 부모에게 벌금을 부과하였다고 한다.[27]

근대에 이르러 Commenius, Locke, Rousseau, Pestalozzi, Fröbel 등의 학자들에 의해 유아는 성인들의 性的인 관계로 인한 불가피한 소산물이 아니며, 성인의 축소판이 아닌, 개성을 지닌 독특한 존재로서 나름대로의 세계를 가졌으며, 존중받아야 할 대상임이 밝혀졌다.

근래에는 워싱턴에서 아동대합실을 위한 제안이 토의될 정도로 역사적으로 유아에 대한 견해는 많은 변화를 겪어왔다.

이상의 서양의 유아관에서, 유아에 대한 견해가 어떠냐에 따라 유

25) Keith Osborn(1981), 「유아교육의 역사적 고찰」, 이 경우 역, 서울: 정민사, p. 5, 재인용

26) 덮어씌우기(overlaying)는 유아가 침대에 있을 때 이불로 덮어 씌어 질식시켜 죽이는 방법으로 중세에 유행하던 일이다. 이불로 유아를 덮어씌운 것이 고의로 했는지 아니면 잠을 자면서 부모도 모르는 사이에 그렇게 됐는지에 대해서는 판단이 애매하였다.

27) Keith Osborn(1981), *op. cit.*, p. 19.

아에 대한 태도가 달라짐을 살펴보았다. 이는 유아관에 따라 유아교육의 내용 및 방법이 결정됨을 말한다. 따라서 성경적 인간관의 나머지 부분에서는 인간에 대한 성경적 견해를 살펴봄으로서 기독교적인 유아관을 확립하여, 기독교 유아교육의 내용 및 방법에 대한 이론적 토대를 마련하고자 한다.

2) 하나님에 의해 창조된 인간

인류에 기원에 대한 견해는 성경이 엄숙하게 선포적으로 주장하는 창조론과 찰스 다아윈을 비롯한 일반 생물학자들이 주장하는 진화론으로 크게 구분된다. 진화론자들에 의하면 결국 인간은 목적없이 우연에 의해 생겨나서 발달된 존재에 지나지 않는다고 주장한다. 이러한 허구적인 가설이론에 근거하고 있는 진화론이 너무나 일반적인 원리로 받아들여지고 있으며, 이 진화론적 사상 하에서 이루어지는 교육이 인간을 너무 자율적이고 자기중심적인 존재로 취급하고 있음은 놀라운 일이다. 이러한 상황에서 인간이 하나님의 목적을 따라, 하나님에 의해서 창조되었음과 그 창조목적을 따라 유아를 성경적 원리에 의해 교육시켜야 한다는 점은 아무리 강조하여도 지나친 말이 아니다.

(1) 하나님이 귀하게 여기시는 존재인 인간

인간 창조에 대해 창세기 1: 27은 다음과 같이 언급하고 있다. “하나님이 자기 형상 곧 하나님의 형상대로 사람을 창조하시되 남자와 여자를 창조하시고”라고 말씀하시며 시편 139: 13에서 다윗은 “주께서 내 장부를 지으시며 나의 모태에서 나를 조직하셨나이다”라고 말하고 있다. 이는 인간이 하나님에 의해 창조되었으며 유아 역시 하나님의 피조물임을 말한다.

유아가 하나님에 의해 창조되었다는 것은 유아의 정체성이 하나님으로부터 옴을 의미한다.[28] 일반적으로 교사는 유아를 평가할 때 그 유아의 인지적 능력, 혹은 맡은 역할을 얼마나 잘 수행해 내느냐의 정도, 유아의 부모의 사회적 지위의 고하나 재산의 정도, 또는 유아의 외모의 수려함의 정도에 의해 평가를 하기가 쉽다. 이것은 사람을 그가 지닌 능력이나 환경에 의해 평가하는 것이며 다른 사람과의 비교를 통해 평가하는 것이다. 그러나 성경에 의하면 유아는 하나님에 의해 창조되었으며 하나님은 그가 만드신 모든 창조물을 귀하게 여기셨다. 창세기의 창조기사를 살펴보면 하나님께서 만물을 창조하신 후에 항상 "보시기에 좋았더라"라고 말씀하신다(창세기 1: 4, 10, 12, 18, 21, 25, 31). 이는 하나님께서 만드신 모든 것은 그 자체로 가치가 있으며 의미가 있음을 뜻한다.[29] 따라서 유아의 정체성은 하나님으로부터 오며, 유아는 그가 능력이 있던지 없던지, 환경이 좋던지 나쁘던지, 외모가 아름답던지 추하던지 다 하나님 앞에서는 귀한 존재이며 존중받아야 할 존재임을 나타낸다. 다시 말하면 인간의 존중성은 그의 능력 여하에 달린 것이 아니라 하나님에 의해 창조되었으며, 인간을 만드신 하나님이 귀하게 여기시기 때문이라는 것이다.

(2) 종교적 존재인 인간

인간이 하나님에 의해 창조되었다는 것은 인간이 독립된 존재가 아니라 의존적인 존재라는 것을 말한다.[30] 인간이 독립적 존재가 아

28) Jack Fennema(1998), *Who am I?: A Christian approach to the nature and spiritual development of children*, monograph, p. 13.

29) *Ibid.*, p. 16.

30) *Ibid.*, pp. 14-15; Jack Fennema(1979), *Nurturing children in the lord;* Grand Rapids, Michigan: Baker Book House, pp. 2-16; Albert Greene(1998), *op. cit.*, pp. 105-110.

닌 의존적인 존재라는 말은 인간과 하나님과의 관계성을 의미한다. 즉 인간은 하나님과의 끊임없는 관계를 가질 때만이 존재로서의 의미를 갖는다는 말이다.[31] 창 2: 7에 보면 "여호와 하나님이 흙으로 사람을 지으시고 생기를 그 코에 불어넣으시니 사람이 생령이 된지라"라고 말씀하신다. 이는 인간은 하나님께서 주신 생기를 갖고 계속해서 숨을 쉬어야 함을 의미한다. 다시 말하면 인간은 하나님과의 관계를 계속 유지해야 하는 종교적인 존재임을 말한다.[32] 인간은 종교적인 존재이기 때문에 인간 개개인의 사고와 언어, 행동에 있어서 종교적인 면을 띠게 된다. 고전 10: 31에서는 "그런즉 너희가 먹든지 마시든지 무엇을 하든지 다 하나님의 영광을 위하여 하라"고 말씀하시므로 인간의 본성 가운데 본질적으로 경배하고자 하는 욕구가 있음과 경배해야 함을 제시하고 있다. 인류학자들은 가끔 모든 사회는 참된 神이나 아니면 다른 인간, 또는 창조물의 한 종류에게 경배 드렸다고 말한다. 이것은 인간의 본성 가운데 본질적으로 경배하고자 하는 욕구가 있음을 뒷받침해 주는 말이다.

(3) 독특성과 다양성을 지닌 인간

하나님은 인간을 창조하시되 독특성과 다양성을 지닌 서로 다른 존재로 창조하셨다.[33] 고린도 전서 7: 7하반부에서 "각각 하나님께 받은 자기의 은사가 있으니, 하나는 이러하고 하나는 저러하니라"라고 말씀하시며, 로마서 12: 4-8에서는 인간의 여러 가지 재능에 대해 언급하고 있다. 마태복음 25: 25의 달란트 비유에서 예수는 "각자의

31) Christian Overman(1996), *Assumptions that affect our lives*, California: Micah 6: 8, p. 56.

32) Richard J. Edlin(1994), *op. cit.*, p. 26; Jack Fennema(1979), *op. cit.*, pp. 2-13; Michael Peterson(1986), *op. cit.*, p. 3.

33) Jack Fennema(1979), *Ibid.*, pp. 2-16.

능력에 따라" 일할 것을 말씀하신다. 고린도 전서 12장에서는 기본적인 단일성내에서의 다양성에 대한 개념과 재능의 다양성에 대해 명백한 설명을 하고 있다. 이와 같이 하나님께서는 인간을 창조하시되 종교적이며, 독특하며 다양한 존재로서 창조하셨다.

3) 하나님의 형상을 지닌 인간

창세기 1: 26-28을 보면, 하나님께서 인간을 독특한 방식으로 창조하신 기사가 나타난다. 인간창조는 모든 피조물들을 창조하신 후의 마지막 작업이자 그 성취로 보여진다. 그런데 이 인간 창조기사에서 유의해서 보아야 할 점은 다른 피조물들과는 달리 인간은 "하나님의 형상(Image of God)"을 따라 그 형상대로 지음 받은 존재라는 것이다. 앞선 피조물들도 모두 하나님에 의해서 창조되었지만 인간은 독특하게도 하나님이 지닌 그 형상을 본 따서 만들어진 존재라는 것이다. 그러므로 인간은 하나님과 특수한 관계를 지닐 수밖에 없으며 하나님이 주시는 "생기"를 통해서만 살아갈 수 있는 존재가 되었다.

(1) '하나님의 형상'에 대한 개념

'하나님의 형상'이란 무엇인가? 이에 대해서는 신학자들 사이의 견해가 각기 다양하다. 그러나 개혁주의의 일반적인 견해에 의하면, 하나님의 형상이란 인간이 물질적인 존재로서가 아니라 영혼의 기관으로서 영적 존재이며 인간은 하나님이 지니고 계시는 참, 지식, 선, 거룩함을 지니고 있다는 것을 의미한다. 또한 인간은 피조물을 지배하는데 있어서 하나님께서 위임하신 지배권을 행사한다는 것이다.[34] 창세기 1: 26의 내용을 자세히 살펴보면 하나님께서 그의 형상대로

34) R. C. Sproul(1992), *op. cit.*, p. 132.

인간을 만드시고 그로 모든 피조물을 다스리도록 하신 것을 알 수 있다. 또한 창세기 1: 28에서도 계속해서 말씀하시길 "바다의 고기와 공중의 새와 땅에 움직이는 모든 생물을 다스리라"고 하셨다. 즉 하나님의 인간창조와 인간의 피조물 지배사이에는 매우 긴밀한 관계가 있음을 보게 된다. 그래서 인간은 하나님께서 위임하신 창조사역, 보존 사역을 위하여 노동하게 되었다. 그러므로 인간은 에덴동산을 갈고 관리하는 책임을 맡아서 피조물 속에서 창조주의 영광을 나타내기 위해 일을 하게 된 것이다.[35] 이것을 마태복음 28: 29에서는 대위임(Great Commission)으로 설명하는데, 이 말씀은 아주 자연스럽게 창세기 1: 28에서 발견되는 문화적 사명으로 되돌아가도록 한다.

Greene은 하나님의 형상이란 활동적인 그 무엇이며 매일의 일상적인 사건 가운데 일어나는 어떤 일이라고 보았다.[36] 에베소 4장 24절과 골로새서 3장 10절에서 의와 거룩과 참된 지식은 사람들 가운데 있는 하나님의 형상을 새롭게 하는 것과 동일시되는 것으로 볼 때 하나님의 형상이란 창조된 인간의 생활, 즉 활동과 기능 안에 있는 것이라고 볼 수 있다. Berkouwer 역시 하나님의 형상이란 어떤 상태를 의미하는 것이 아니라 목적을 향해 움직이는 활동을 의미한다고 보았다.[37]

이상에서 살펴본 바와 같이 하나님의 형상이란 의, 지식, 거룩함을 의미하며, 유아는 이 형상을 소유한 자로서 하나님께로부터 위임받은 문화적 사명을 감당하기 위해 일상의 생활 가운데서 역동적이며 활동적인 기능을 수행하여야 하며 하나님께 영광 돌릴 임무를 지닌다.

---

35) Palmer O. Robertson(1980), *The christ of the covenant*, New Jersey: Presbyterian and Reformed Pubishing Co., pp. 55-56.

36) Albert E. Greene(1998), *op. cit.*, p. 105; Daniel L. Migliore(1991), *Faith seeking understanding: An introduction to Christian theology*, Grand Rapids, Michigan: Eerdmans, pp. 128-129.

37) Albert E. Greene(1998), *Ibid.*, p. 105, 재인용.

이러한 임무를 하나님으로부터 위임받은 인간은 그 임무를 수행할 수 있도록 몇 가지 독특한 특징과 능력을 하나님으로부터 부여받았다.[38] 그것을 살펴보면 다음과 같다.

(2) 이성적, 사회적 존재인 인간

먼저 인간은 이성적이라는 사실이다. 인간은 생각할 수 있는 능력과 이해할 수 있는 능력을 가지고 있으며 지적인 존재로서 그를 둘러싼 세계를 이성적으로 지각할 수 있다. 또한 인간은 삼위일체의 하나님이 성부와 성자와 성령 안에서 서로 상호작용 하시는 것처럼 상호작용하는 사회적 존재이다.[39] 행동주의자들은 인간은 수동적이며 단지 외부의 자극에 대해 반응할 뿐이라고 믿고 있으며 인간은 자율적인 존재로서 상호 작용적이라고 본다. 그러나 성경적 의미에서의 상호 작용적이라는 말은 그 의미하고는 다르다. 인간은 수동적인 존재가 아니라 능동적인 존재이며 하나님과의 관계에서 하나님에게 의존적이기는 하지만 하나님께 반응하는데 있어서는 하나님으로부터 부여받은 자유의지를 사용할 수 있는 능동적인 존재인 것이다. 상호작용적이라는 말을 Fennema는 의무감(responsibility), 선택할 자유, 책임감(accuntability)으로 설명하였다.[40] 인간은 진리를 알 수 있으며 그 진리에 반응하기 위해 부름 받았으므로 인간은 의무적이라고

---

38) George Knight(1980), *op. cit.*, pp. 164-165; Jack Fennema(1979), *op. cit.*, pp. 2-16; Jack Fennema(1998), *op. cit.*, pp. 15-17; John Murray(1994), 「조직신학Ⅱ」, 박문재 역, 크리스챤다이제스트, P. 49.

39) Jack Fennema(1979), *Ibid.*, p. 12; Jack Fennema(1998), *Ibid.*, pp. 29-30; Christian Overman(1996), *op. cit.*, p. 56.
유아교육에서 상호작용이란 용어는 일반적으로 유아나 성인, 또는 교구와의 상호작용이란 의미로 사용되어진다. 여기서 상호작용이란 용어는 하나님과의 관계, 다른 사람과의 관계, 그리고 하나님의 창조물과의 관계 속에서의 상호작용을 의미한다.

40) Jack Fennema(1979), *Ibid.*, pp. 12-15.

볼 수 있다. 이러한 의무를 지닌 인간이 그 과제를 수행하기 위해서 반응하는 것은 단순히 자극과 반응이라는 양식 안에서 이루어지는 것이 아니라 하나님으로부터 부여받은 선택할 수 있는 자유 속에서 이루어지는 것이다. 또한 선택에 대한 책임을 지어야 한다. 에덴동산에서 아담과 이브가 하나님을 불순종하는 그들의 선택의 자유에 관한 말씀은 좋은 예이다.

유아가 상호작용이어서 책임과 의무, 선택할 자유가 있다고 하는 견해에 반대되는 견해로서 Freud와 Skinner의 주장이 있다. Freud는 인간의 행동이란 그의 부모에 의해 원인이 되며, 특별히 생후 몇 년 동안에 더욱 영향을 받는다고 말한다. Skinner는 행동이란 환경에 의해서 결정된다고 말한다. 물론 인간의 행동이 부모와 환경에 의해서 영향받는 것은 사실이다. 그러나 이러한 사실은 인간이 선택할 자유를 가지고 있으며 의무적이라는 사실을 부정한다. 만일에 인간의 행동이 단지 그의 부모에 의해 원인이 되고 환경에 의해서 결정되어진다면 인간은 무엇을 할 것인지를 선택할 필요가 없으며, 따라서 그 행동에 대해 책임을 질 이유가 없게 된다. 그러나 인간은 환경의 희생물이 아니며 책임적인 존재라고 성경에서는 분명히 말씀하고 있다.[41] (로마서 3: 19의 "우리가 알거니와 무릇 율법이 말하는 바는 율법아래 있는 자들에게 말하는 것이니 이는 모든 입을 막고 온 세상으로 하나님의 심판아래 있게 하려 함이니라"라는 말씀에서 "온 세상으로 하나님의 심판아래 있게 하려 함이니라"를 영어성경에서 보면 "the whole world may be held accuntable to God"라고 되어있다). accountable은 '책임이 있는'이란 의미이다. 여기서 책임이라는 개념은 유아의 독특한 행동으로서 기대되어지는 통찰력과 반응할 수 있는 능력, 이 두 가지를 다 지닌 수준에서의 책임을 말한다.

41) Jack Fennema(1998), *op. cit.*, pp. 33-35.

(3) 도덕적 인식력을 지닌 인간

하나님으로부터 대위임과 문화적 사명을 임무로 부여받은 유아는 그 임무를 수행하기 위한 또 하나의 특징으로 도덕적 인식력을 지니고 있다. 유아는 옳은 것과 그른 것을 식별할 수 있는 능력을 갖도록 창조되었다.[42] 이 사실은 왜 유아가 그의 행동에 대해서 책임을 져야 하는지를 설명해 주는 열쇠가 된다.[43] 또한 옳고 그름에 대한 개념은 구원(Salvation)에 대한 기초를 형성하게 한다.[44]

(4) 창조성을 지닌 인간

또한 하나님의 형상을 소유한 유아는 하나님께서 세상을 창조하신 것처럼 창조적인 성격을 지니고 있다. 유아는 前에는 만들어지지 않았던 새로운 것을 만들어 낼 수 있는 능력을 지니고 있으며 누군가에 의해 만들어진 것과 비슷한 것을 만들어 낼 수도 있다. 그리고 창세기 2: 9에 보면 하나님께서 식물을 지으시고 "보기에 좋았더라"라고 말씀하시는데 이는 하나님께서 무에서 유를 창조하실 수 있는 능력을 나타낼 뿐만 아니라 또한 아름다운 것을 창조하시는 능력이 있음을 말한다. 따라서 유아의 능력은 제한되어 있기는 하지만 하나님의 형상을 소유한자로서 아름다운 것을 만들어 내며 그것을 감상할 수 있는 능력을 지니고 있다. 타락이 인간의 아름다움에 대한 인식을 빗나가게는 하였지만 인간은 무용, 문학, 자연, 조각 또는 이외의 다른 분야에서 아름다운 것을 만들어내며 그것을 감상할 수 있는 잠재능력을 가지고 있으며 개발할 수 있는 것이다.[45] 이러한 능력은 특별

42) Bonnidell Clouse(1993), *Teaching for moral growth*, Wheaton, Illinois: Victor Books, p. 47.
43) Jack Fennema(1979), *op. cit.*, p. 15.
44) Ruth Beechick(1980), *Teaching kindergartners*, Denver: Accent Books, pp. 34-37.

히 하나님께서 우리에게 주신 감각과 직관을 통해서 보다 잘 개발될 수 있다.[46]

3) 다차원적인 존재인 인간

인간은 또한 화학적, 물질적, 생물학적, 심리학적 측면을 가진 다차원적인 존재이다. 인간은 사고하고, 말하고, 사회적으로 상호 작용함으로써 역사를 만들고, 문화와 예술을 창조하며, 경제와 과학을 발전시키며, 공의와 신앙을 실천하는 존재이다. 이와 같은 인간의 다차원성을 다음의 15개의 국면(facets) 또는 양상(aspects)으로 나눌 수 있다.[47]

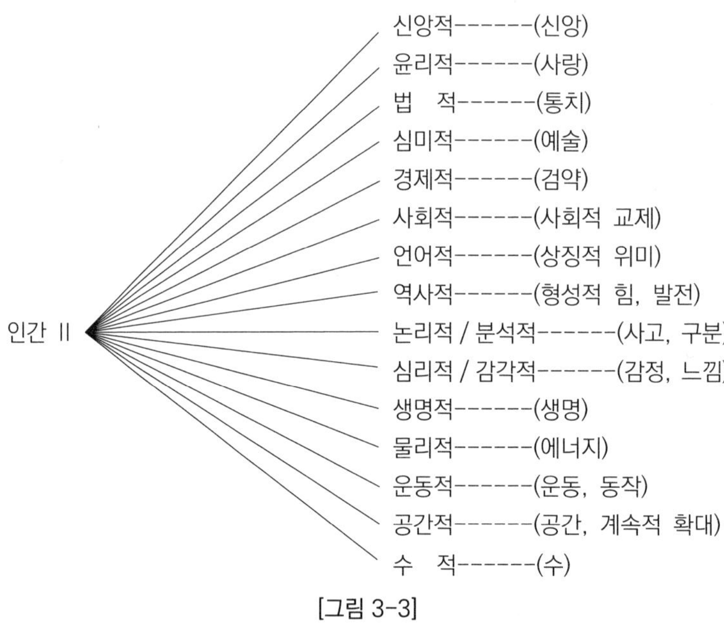

[그림 3-3]

45) Jack Fennema(1979), *op. cit.*, p. 17.
46) George Knight(1980), *op. cit.*, pp. 166-167.
47) Albert E. Greene(1998), *op. cit.*, pp. 100-101.

이상의 다양한 국면들은 물질, 식물, 동물, 그리고 인간을 구별하는 데 도움을 준다. 예를 들면 물질은 처음 네 가지 국면(수적 측면에서 물리적 측면)만을 보여주며, 식물은 물질의 국면에서 살아 있는 존재로서 생물학적 기능을 추가하며, 동물은 식물보다 더 복잡한 피조물로서 감각적 측면이 추가된다.

인간은 가장 복잡한 피조물로서 동물이 갖지 못하는 9가지 특징을 더 가진 존재이다. 동물과는 달리 논리적으로 사고할 수 있으며, 역사를 만들고 발전시키며, 상징적 의미로서 언어를 사용할 수 있으며, 사회적으로 상호작용하며, 경제적인 관계를 가지며, 예술을 창조하고, 법을 만들며, 윤리적으로 행동하며, 참된 하나님이나 아니면 거짓 신(들)에 대한 신앙을 가질 수 있는 존재이다.

그러나 역사를 살펴볼 때 인간이 15가지 국면에 의해 바르게 이해된 일은 매우 드물다. 때로는 물질적 존재나 이성적인 존재로서, 또는 도덕적 존재로서 이해되어지거나 아니면 감정적 존재, 좀더 광범위하게 이해되어진 때에는 이성적-도덕적 존재로 불리어져 왔다. 그래서 교육이 때로는 이성적인 면만을 강조하거나 아니면 도덕적이거나 감정적인 면만을 강조하기도 했다. 이것은 인간이 어떤 존재인지에 대한 잘못된 인식의 발상에서 비롯된 것이다. 인간은 다차원적인 존재(multi-dimensional being)인 것이다. 따라서 기독교 유아교육은 인간의 다차원적인 면이 고려되는 교육이어야만 한다.

4) 죄인인 인간

인간이 선한지 악한지, 아니면 그 중간적인 입장인지에 대해서는 많은 논란이 있어 왔다. 극단적인 인본주의자는 인간을 선한 존재로 보았으며, 행동주의자와 인본주의자는 인간을 중간적인 입장에서 보았다. 이들은 인간의 행동은 본질적으로 선함이나 악함으로

미리 결정되는 것이 아니라 그때의 상황이나 환경에 근거해서 결정된다고 보았다. 이러한 입장을 주장한 학자로서 영국의 철학자이며 교육학자인 John Locke(1632~1704)는 인간은 결코 선천적으로 선하거나 악하지 않으며, 선천적으로는 아무것도 아니라고 주장하였다. 그는 인간의 정신이 원래는 tabula rasa, 즉 백지상태로서 인간의 정신이 무엇이 될는지는 거의 전적으로 학습과 경험의 결과라고 하였다.[48)]

그렇다면 인간은 과연 어떤 존재인가? 선한 존재인가? 악한 존재인가? 아니면 중간적인 존재인가? 성경에서 인간은, 극단적인 인본주의자들이 주장하는 것처럼 선한 존재가 아니며 행동주의자들이 주장하는 것처럼 중간적인 존재가 아니라고 말한다. 사실상 성경의 에덴동산에 나타나는 인간은 선했었다. 창세기 1: 31에 보면, 하나님께서 만드신 모든 것을 보신 후 그것들이 매우 좋다고 말씀하신다. 이것은 인간이 선하게 창조되었음을 의미한다.[49)] 그러나 창세기 3장에 보면 아담과 이브가 죄를 지었고 그로 인해 그들의 본성은 타락하였다. 그리하여 아담과 이브는 죄인이 된다. 그러므로 아담의 후손인 인간은 죄인이며, 전적으로 타락한 존재인 것이다. 로마서 3: 23은 "모든 사람이 죄를 범하였으매 하나님의 영광에 이르지 못하더니"라고 말씀하고 있다. 따라서 유아 역시 죄인인 것이다.[50)] 이러한 사실에 대해 시편 51: 5에서는 "내가 죄악 중에 출생하였음이여 모친이 죄 중에 나를 잉태하였나이다"라고 표현하고 있다.

유아가 죄인이라는 사실에 대해 부모님이나 교사들은 유아의 책임감 있는 행동과 그들이 대하는 대로 좋은 행동을 하는 그들의 유아를 볼 때 유아가 죄인이라는 사실에 대해 의문을 품을 수 있다.

48) William Crain(1983), 「발달의 이론」, 서봉연 역, 중앙적성 출판부, pp. 16-17.
49) John Murray(1991), *op. cit.*, p. 78.
50) Jack Fennema(1998), *op. cit.*, p. 70.

그러나 인간은 비록 타락하였으나 그 후에도 하나님의 형상을 지닌 자로서의 모습을 부분적으로 지니고 있기 때문에 때로는 선한 행동을 할 수 있으며 부모나 교사들의 기대에 응하는 행동을 할 수 있는 것이다.[51)]

이처럼 유아는 그리스도 안에서 새로운 피조물이 되기 위해 하나님으로부터 개인적인 부름을 받기 이전에는 죄인인 것이다.

2. 성경적 인식론

지식을 다루는 철학의 분야를 인식론이라고 부른다. 인식론은 지식의 근원과 본질을 규명하고 지식의 범위, 지식의 습득과 검증하는 방법 등에 관한 것을 다룬다. 여기서는 일반적으로 인식론에 대한 견해가 시대적 흐름에 따라 어떻게 변화되어 왔는지를 살펴보고 이어서 성경적 의미에서의 지식의 본질, 지식의 근원, 그리고 지식의 습득 등에 대해 다루려고 한다.

1) 시대에 따른 인식론의 변화

그리스의 인식론은 플라톤과 아리스토텔레스의 사상에서 찾아볼 수 있다. 플라톤의 인식론에서 핵심을 이루는 것은 형상이다. 이 형상은 정확하게 정의하기는 어렵지만 아름다움과 정의의 개념들로서 규범을 말하며, 영원하고 변화하지 않는 것이다. 이 형상들의 절대적이고 변화하지 않는 규범 속에 확실한 진리가 머물러 있다. 플라톤에 의하면, 이 형상은 인간의 이성에 의해 발견되는데 그 방법은 기억,

51) Jack Fennema(1979), *op. cit.*, p. 20; R. C. Sproul(1992), *op. cit.*, p. 148.

변증, 그리고 에로스[52]이다.

플라톤은 영원하며 절대적인 형상 속에서 진리를 발견할 수 있다고 생각하였으나, 아리스토텔레스는 자연 대상 안에 진리가 존재한다고 보았다. 아리스토텔레스는 지식은 사실과 사실의 의미로 이루어져 있으며, 이 지식은 사실에 대한 관찰과 해석으로부터 얻어진다고 보았다. 해석은 추론과정을 통해 이루어지는데 그 추론방법을 변증적, 논쟁적, 그리고 증명적인 추론방법 등으로 나누었다.

플라톤과 아리스토텔레스 모두 인간의 자율성을 인정하였다. 그러나 플라톤은 인간의 이성을 통한 절대적이고 영원한 형상에 대한 인식의 연구가 지식의 원천이라고 보았으며, 아리스토텔레스는 자연세계에 대한 체계적인 관찰을 통하여 지식을 얻을 수 있다고 보았다. 이러한 이들의 견해는 한편으로는 합리론을, 그리고 다른 한편으로는 경험주의를 초래하는 원동력이 되었다.[53]

근대의 인식론은 합리주의와 경험주의 두 가지로 특징지을 수 있다. 합리주의자들은 지식의 근원은 인간의 이성이며, 인간의 이성능력을 사용하여 지식이 획득된다고 보았다. 합리주의자들은 지식의 객관성을 주장하며 합리적이고 이성적인 것들, 미리 찍혀있는 지성이 지식이라고 보았다. 합리주의의 대표적인 학자로서 데카르트를 들 수 있다. 데카르트는 지성을 '생득관념'으로 설명하였다. '생득관념'이란 처음부터 지성에 새겨져 있는 것으로서 인간이 태어나면서부터 소유하고 있는 관념, 즉 지성을 의미한다. James Mannoia는 이것을 지레

52) 일반적으로 에로스라고 하면 성적인 욕구와 신체적인 아름다움을 연상하는데, 이것은 에로스의 가장 낮은 모습을 말한다. 에로스의 가장 높은 단계는 플라톤이 말하는 최고의 형상을 의미하며 이것은 영혼으로부터 나온 바람직한 선을 말한다.

53) Charles Mckendge & Andrew Hoffecker(1993), '그리스의 인식론: 플라톤과 아리스토텔레스', Andrew Hoffecker & Gary Scott Smith 편, 「기독교 세계관」, 김원주 역, 서울: 생명의 말씀사, pp. 261-275.

에 비유하였다. 많은 일을 하는데 유용하게 사용되는 지레가 아무리 유용하게 사용될 수 있다고 하더라도 만일 지레의 받침점이 없다면 그 지레는 무용지물이 되고 말 것이다. 따라서 지레를 사용하는데 있어서 지레의 받침점은 매우 중요한 역할을 하는데 이때 받침점에 해당하는 것이 바로 이성이라는 것이다.[54)]

경험주의자들은 지식의 근원은 합리주의자들이 주장하는 것과 같이 이성이 아니며 인간의 감각 경험으로부터 나오는 것이라고 보았다. 경험주의의 대표적인 학자로서 John Locke를 들 수 있다. Locke는 합리주의가 지식의 근원이라고 주장하는 지성을 백지로 보았으며, 그 백지에 오감을 통한 여러 가지 경험을 복사하게 되는데, 이것이 바로 지식 또는 관념이라고 보았다. 따라서 경험주의의 핵심은, 지식의 확실성은 인간의 오 감각의 경험에 근거를 두고 있다. 다시 말하면, '어떤 것을 만지고 볼 수 있을 때, 그것을 믿을 수 있다'는 태도로서 인간의 감각이 지식의 궁극적인 보증자가 된다. 경험주의자들이 보는 지식은 주관적인 것으로 경험이나 관념을 넘어설 수 없는 것이다.

현대의 인식론으로서 실용주의를 들 수 있다. 실용주의는 플라톤이 주장했던 영원한 형상이나 절대적 진리를 거부했으며, 합리주의가 주장하는 생득적 관념도 거부하였다. 실용주의는 의심할 수 없는 절대적인 규범이나 확실한 원리란 존재하지 않는다고 보았다. 왜냐하면, 실용주의자들이 생각하는 진리란 끊임없이 움직이고 변하는 환경에 대한 인간의 경험으로부터 획득되기 때문이다. 인간의 환경과의 끊임없는 활동을 통해서 인식활동이 일어난다고 보고 있다. 또한 이 인식활동은 실험적 시험을 통해서만이 확증될 수 있다고 보았다. 따라서 실용주의자들에게 있어서 진리에 이르는 확실한 방법은 관찰과 실험과 기록과 통제된 반성뿐이었다.

54) James Mannoia(1993), '합리주의와 경험주의', Andrew Hoffecker & Gary Scott Smith 편, 「기독교 세계관」, 김원주 역, 서울: 생명의 말씀사, pp. 312-313.

2) 지식의 근원

기독교적인 지식은 위에서 주장하는 것과는 매우 다르다. 기독교에서 지식의 근원은 하나님이시다. Byrne은 "지식의 모든 방법들은 하나님으로부터 나온다", "하나님 자체가 진리이다"라고 주장하였다.[55)] Fekkema도 하나님은 지식의 근원이라고 주장하였으며[56)] Collins 역시 하나님은 모든 진리와 실재의 근원[57)]이라고 주장함으로써 하나님이 지식의 근원 되심을 밝히고 있다.

많은 학자들이 위와 같은 주장을 하는 근거는 성경이 진리의 하나님에 대해 말하고 있기 때문이다. 골로새서 1: 16-17은 "만물이 그에게 창조되되 하늘과 땅에서 보이는 것들과 보이지 않는 것들과 혹은 보좌들이나 주관들이나 정사들이나 권세들이나 만물이 다 그로 말미암고 그를 위하여 창조되었고 또한 그가 만물보다 먼저 계시고 만물이 그 안에 함께 섰느니라"고 말씀하시므로 하나님이 모든 존재의 근원이 되심을 선언하고 있다. 모든 존재의 속성과 법칙은 그것을 만든 이가 어떻게 만들었느냐에 의해 결정되어진다. 따라서 모든 것을 있게 하신 하나님께서 지식의 근원이 되신다. "주의 의는 영원한 의요 주의 법은 진리로소이다"(시 119: 142), "저희를 진리로 거룩하게 하옵소서 아버지의 말씀은 진리니이다"(요 17: 17), "...내가 곧 길이요 진리요 생명이니......"(요 14: 6), "그러하나 진리의 성령이 오시면 그가 너희를 모든 진리 가운데로 인도하시리니 그가 자의로 말하지 않고 오직 듣는 것을 말하시며 장래 일을 너희에게 알리시리라"(요

55) Herbert Byrne(1979), *A Christian approach to education*, Michigan: Matt Media, p. 63.

56) Mark Fakkema(1979), *Christian philosophy and its educational implications*, Chicago: Christian Schools Service. pp. 9-10.

57) Gary Collins(1980), *The rebuilding of psychology: An integration of psychology and Christianity*, Wheaton, Illinois: Tyndale House Publishers, p. 129.

15: 13)고 말씀하시므로 하나님 자신이 진리이시므로 지식의 근원이 됨을 밝히고 있다.

하나님은 일반계시와 특별계시를 통해 자신(권리)을 드러내신다. 일반계시는 자연과 물리적, 사회적 환경을 말한다. 특별계시는 성경을 말하며 일반계시보다 우선권을 가진다.

하나님 자신과 그를 드러내기 위해 창조된 피조물, 그리고 계시뿐만이 아니라 인간의 이성 또한 지식의 근원이 된다. 이성을 통한 자연과 사회에 관한 학습은 인간에게 자신을 둘러싼 외부세계를 명확히 이해하게 하고, 성경이 직접적으로 제공하지 못하는 답들을 찾게 해준다. 그러나 지식을 찾는 인간의 능력을 과대평가해서는 안 된다. 인간은 진리를 만들 수 없고, 오직 이미 존재하는 진리만을 발견할 수 있기 때문이다.[58] 인간은 창조자가 아닌 단지 발견자일뿐이다. 모든 과학적 체제는 이미 존재하는 원리를 따를 뿐이다.

사람이 진리를 이해하기 위해 이성을 사용할 때, 사람의 흥미와 호기심이 작동한다.[59] 왜나하면 하나님은 인간에게 임무 즉, 문화적 사명(창 1: 28)과 지상 명령(마 28: 19-20)을 주시고 그 임무를 수행할 수 있는 능력도 주셨기 때문이다. 그리고 그 임무는 인간의 자발적이고 독특하며 독창적인 반응에 의존한다.[60]

58) F. E. Gaebelein(1964), Toward a philosophy of Christian education, in J. E. Hakes(Ed), *An introduction to evangelical Christian education*, Chicago: Moody Press, p. 110.

59) Robert Pazmino(1988), *Foundational issues in Christian education: An introduction in evangelical perspective*, Grand Rapids, Michigan: Baker Book House, p. 87.

60) Jack Fennema(1979), *op. cit.*, p. 10.

3) 지식의 본질

성경적 의미로서의 지식이라는 말은 누가복음 1: 34에 마리아가 천사가 자신이 아들을 낳을 것이라는 말을 듣고 "마리아가 천사에게 말하되 나는 사내를 알지 못하니 어찌 이 일이 있으리이까"라는 말속에 잘 나타나 있다. 즉 "알지 못하니"에서 "알다"라는 말은 know로서 지식(Knowledge)을 의미하며 히브리어로는 yada라는 말로 사용이 된다. 이때 그 의미는 피상적인 의미로서의 아는 것을 뜻하는 것이 아니라 매우 내적이며 긴밀하며 행동적인 의미에서의 아는 것을 뜻한다.

이와 같은 의미를 지닌 지식의 본질은 다음의 세 가지로 특징지을 수 있다.[61] 첫째, 지식은 적극적이어야 한다. 참된 지식은 하나님에 의해 창조되고 유지되는 것으로서 하나님의 창조물 안에서 우리에게 말씀하시는 하나님께 반응하고 응답하는 것을 필연적으로 요구한다. "만일 우리가 하나님과 사귐이 있다하고 어두운 가운데 행하며 거짓말을 하고 진리를 행치 아니함이거니와"(요한 일서 1: 5). 따라서 지식은 적극적인 것이어야 한다. Fennema는 이것을 활동적인 것으로 표현하였다.[62]

기독교적 견해에서 참된 지식의 두 번째 특징은 사랑을 포기한 지식은 참된 지식이 아니라는 것이다. 그리스도는 지식을 "너희가 서로 사랑하면 이로써 모든 사람이 너희가 내 제자인줄 알리라"(요13: 35)는 말씀으로 표현하셨으며, 사도 바울은 빌 1: 9-10에서 모든 참된 "앎"은 성경에 계시된 그 사랑에 의존하고 있다고 가르친다.[63] "내가 기도하노니 너희 사랑을 지식과 모든 총명으로 점점 더 풍성하게 하

61) Albert E. Greene(1998), *op. cit.*, pp. 121-123.
62) Jack Fennema(1979), *op. cit.*, pp. 40-41.
63) Geraldine Steensma(1977), 'The scriptural view of knowledge and truth', in Gerald Steensma & Harro Brummelen(Eds.), *Shaping school curriculum: A biblical view*, Indiana: Signal Publishing Co., p. 6.

사 너희로 지극히 선한 것을 분별하며 또 진실하여 허물없이 그리스도의 날까지 이르고…"(빌 1: 9-10) "사랑하는 자들아 우리가 서로 사랑하자 사랑은 하나님께 속한 것이니 사랑하는 자마다 하나님께로 나서 하나님을 알고 사랑하지 아니하는 자는 하나님을 알지 못하나니 이는 하나님은 사랑이심이니라"(요일 4: 7-8). 창조된 사물에 대한 참된 인식은 마음과 영혼과 힘을 다해 하나님을 사랑하도록 부름 받은 우리가 하나님에 대한 사랑의 반응으로서의 특권과 책임을 이행하는 가운데 이루어진다.[64] 따라서 참된 지식은 사랑에 근거한 지식이어야 한다.

지식의 세 번째 특징은 지식은 인격적이라는 것이다. 지식의 근원이 되시는 하나님께서 그 자신을 우리에게 나타내실 때에만 우리는 하나님을 알 수 있다. 그 하나님과의 인격적인 만남을 통해 우리는 하나님을 알며 지식을 얻을 수 있다.

일반적으로 오늘날 사용되고 있는 지식에 대한 견해는 그리스에서 유래된 탐구에 의해 영향을 받아 왔다. 그리스인에게 지식은 고정된 소유물로서 지식과 인식하는 사람과의 관계에는 관심이 없었다. 그리스인들이 생각하는 지식은 어떤 인격적 의미도 없고 인격적 헌신도 요구하지 않는다.[65] 오늘날의 지식은 단순한 정보의 수집을 뜻하기도 한다. 그러나 기독교적 견해에서의 지식은 하나님과의 인격적인 만남과 그에 대한 인격적 헌신을 요구한다.

4) 지식의 습득

인간이 지식을 습득하는 방법은 크게 세 가지로 나누어서 생각할

64) Parker J. Palmer(1983), *To know as we are known*, Evanston, Illinois: Harper and Row, p. 8.

65) Geraldine Steensma(1977), *op. cit.*, p. 5.

수 있다. 첫 번째는 계시를 통한 지식의 습득이다. 여기서 계시란 하나님의 자기 계시를 뜻한다. 계시한다는 뜻은 베일을 벗긴다, 전에 감추어지고 알려지지 않았던 것을 보인다, 또는 드러낸다는 의미를 지닌다.[66] 지식의 근원이 되시는 하나님께서 자신을 계시함으로 인해 우리는 진리에 도달할 수 있다. 이때 하나님께서는 일반계시와 특별계시를 통해 자신을 계시하신다. 특별계시로서 성육신이신 예수와 성경을 들 수 있다. 하나님께서는 예수를 통해 자신을 우리에게 알리신다. 요한 복음 14: 9에서 예수님은 "나를 본 자는 아버지를 보았거늘"이라고 말씀하셨으며, 사도 요한은 요한 복음 1: 18에서 "본래 하나님을 본 사람이 없으되 아버지 품속에 있는 독생하신 하나님이 나타내셨느니라"고 예수님에 대하여 묘사하고 있다. 이처럼 하나님께서는 예수님을 통하여 자신을 계시하셨다. 또한 하나님은 성경을 통하여 자신을 계시하신다. 성경은 기독교 인식론에서 일차적으로 중요한 위치를 차지한다. 예수 그리스도의 성육신의 사건이나 하나님께서 세상을 창조하신 사건 등을 우리는 성경을 통해서 알 수 있다. 우리가 하나님에 대해 알 수 있는 가장 중요한 통로는 바로 성경인 것이다. 따라서 성경 연구를 통해 하나님에 대한 지식을 습득할 수 있다. 이때 성령의 역사가 없이는 하나님을 알 수 없다.

두 번째는 일반 계시를 통한 지식의 습득이다. 일반계시는 하나님이 만드신 자연과 사람의 양심을 의미한다. 로마서 1: 20에 "창세로부터 그의 보이지 아니하는 것들 곧 그의 영원하신 능력과 신성이 그 만드신 만물에 분명히 보여 알게 되나니 그러므로 저희가 핑계치 못할지니라"고 선포함으로써 하나님이 창조하신 자연계를 통해 하나님을 알 수 있음을 분명히 지적하고 있다. 그러므로 자연계에 대한 부지런한 연구를 통해 진리를 깨달을 수 있다. 또한 로마서 2: 14-15에서

66) Andrew Hoffecker(1993), '성경의 인식론', Andrew Hoffecker & Gary Scott Smith 편, 「기독교 세계관」, 김원주 역, 서울: 생명의 말씀사, p. 240.

"율법이 없는 이방인이 본성으로 율법의 일을 행할 때는 이 사람은 율법이 없어도 자기가 자기에게 율법이 되나니 이런 이들은 그 양심이 증거가 되어 그 생각들이 서로 혹은 송사하며 혹은 변명하여 그 마음에 새긴 율법의 행위를 나타내느니라"고 말씀하심으로 비록 죄로 인해 왜곡되긴 하였으나 우리의 양심 가운데 하나님의 계시가 반영되어 있음을 나타내고 있다.

세 번째는 하나님이 우리에게 주신 이성을 통해 지식을 습득할 수 있다.[67] 성경적 인간론에서도 언급하였듯이, 하나님의 형상으로 지음받은 인간은 본질적으로 합리적인 존재이다. 인간은 하나님이 주신 이성으로 인해 합리적이고 추상적이며 논리적인 사고를 할 수 있다. 따라서 기독교에서 지식을 얻는 방법은 하나님이 주신 인간의 이성을 사용하여 하나님이 창조하신 창조계의 원리를 찾고 하나님의 뜻을 찾는 것이다. 따라서 이성의 발전을 위해 고도의 훈련이 요구된다. 이때 이성을 통해서 발견된 모든 것들은 성경의 진리에 의해 언제나 점검되어야 한다. 그 이유는 성경이 모든 진리의 규범이 되기 때문이다.

3. 성경적 가치론

1) 시대에 따른 가치론의 변화

성경적 가치론은 성경에서 말하는 가치의 본질과 그것이 인간의 삶에 미치는 영향이 무엇인지를 다룬다. 가치의 본질이 무엇인지를 알기 위해 우선 시대에 따른 가치의 관점 변화를 살펴보면 다음과 같다.

---

67) George Knight(1980), *op. cit.*, pp. 176-177; Albert E. Greene(1998), *op. cit.*, p. 124.

자연주의자들에 의하면, 가치의 관점은 사물이 인간에게 유익을 주느냐 하는 측면에 의존하거나 혹은 역사가 진행되는 과정 중에 존재하는 사회계약에 의존한다. 합리주의자들은 이성의 빛에 의해 가장 합리적이고 의미있는 것만이 가치를 지닌다고 본다. 인본주의자들은 인간 그 자체의 본성과 이상을 실현하는 것이 최고의 가치이며 사회가 모든 가치를 통합하기 위한 최고의 기준이 된다고 본다.[68] 이들을 종합해 보면 가치의 기준이 인간의 본성과 이상을 실현하는 것이며 인간에게 얼마나 유익을 주는가와 사회가 어떻게 보는가가 가치의 기준이 된다. 따라서 자연주의자, 합리주의자와 인본주의자들에 의한 가치란 인간에게 중심을 두고 있으며 그 가치의 기준이 역사와 사회적인 맥락에 따라 바뀌고 있음을 알 수 있다.

2) 성경적 가치론

성경적 관점에서 가치는 하나님에 의해 창조되었으며 절대적인 것이다.[69] 골1: 17에 보면 "또한 그가 만물보다 먼저 계시고 만물이 그 안에 함께 섯느니라"라고 말씀하시며, 히 1: 3에 보면 "이는 하나님의 영광의 광채시오 그 본체의 형상이라 그의 능력의 말씀으로 만물을 붙드시며 죄를 정결케 하시는 일을 하시고 높은 곳에 계신 위엄의 우편에 앉으셨느니라"고 말씀하시므로 이 세상에 그 자체로서 존재하는 것은 아무 것도 없으며 하나님의 말씀의 능력에 의해 모든 것이 보존됨을 시사하고 있다. 따라서 참된 가치는 하나님에 의해 창조되었으며 하나님께 속하므로 하나님의 의지와 관계가 있으며 하나님이 가치의 중심과 기준이 되신다.

가치의 종류에는 도덕적, 심미적, 경제적, 심리학적, 정치적, 지적,

68) Herbert Byrne(1977), *op. cit.*, pp. 92-94.
69) Albert E. Greene(1998), *op. cit.*, p. 129.

그리고 종교적 가치 등이 있다. 이상의 여러 가지 종류의 가치 중 가장 중요한 가치로서 도덕적 가치를 들 수 있다. 오천석은 "교육의 핵심적인 주제는 도덕교육"이라고 주장하였으며[70] Tinus와 Smith는 "도덕에 관한 질문이 우리 시대의 중심 주제이다"라고 주장하였다.[71] 또한 Peterson은 "근본적인 도덕 원리의 형성에 따라 사람과 문화가 다르다"[72]고 주장함으로써 교육의 핵심 주제로서 도덕의 위치가 매우 중요함을 시사하고 있다.

이처럼 여러 가지 가치 가운데 가장 중요한 위치를 차지하는 도덕적 가치의 문제는 윤리학의 문제이다. 왜냐하면 윤리학이 도덕의 원리와 실제를 다루기 때문이다. 기독교 윤리는 실재의 창조자인 하나님은 온전히 도덕적이며, 그의 피조물인 인간이 그의 도덕성을 나타내 준다는 신념에 의존한다.[73] 선과 정의는 하나님에 의해서 목적된 것이며, 악과 불의는 하나님과 거리가 먼 것이다. 하나님은 궁극적인 도덕성의 근원이 된다. 이를 에베소서 4: 23-24에서는 "오직 심령으로 새롭게 되어 하나님을 따라 의와 진리의 거룩함으로 지으심을 받은 새 사람을 입으라"고 표현하고 있다.

도덕성의 규칙은 인간을 향한 하나님의 원리와 목적에 의한다. 인간은 하나님이 원하시는 가치들을 추구해야 하며, 하나님의 규칙은 인간과 인간과의 사이뿐만 아니라 인간과 자연과의 사이의 관계에서도 적용이 된다. 또한 이 가치는 시간과 공간을 초월한다. 따라서 성경적 관점에서의 가치관은 심미적, 경제적 심리학적, 정치적, 그리고 지적 가치 등의 일반적 가치의 기초를 제공한다.

70) 오천석(1972), 「교육철학과 신앙」, 서울: 교육연구회, p. 53.
71) George Knight(1980), *op. cit.*, p. 29, 재인용.
72) Michael Peterson(1986), *op. cit.*, p. 84.
73) *Ibid.*, p. 84.

제 4 장

기독교 유아교육의 사회 문화적 기초

교육은 사회 안에서 살아가고 있는 개인을 대상으로 하며, 그 개인은 필연적으로 그 사회와 문화의 특징에 영향을 받으면서 살아가게 된다. 그래서 Vygotsky는 인간을 사회적, 문화적 세계의 산물로 보았으며, 유아를 이해하려면 그들이 성장해 가는 사회, 문화를 함께 이해해야 한다고 주장하였다.[1] 이처럼 인간을 대상으로 실시되는 교육은 일정한 사회의 사회, 문화적 특성에 영향을 받게 마련이다. 한 사회가 어떤 특징을 가졌느냐에 따라 교육의 이념과 방향이 설정되며, 이에 따라 교육의 내용과 방법이 영향을 받는다.

고대 아테네가 페르시아 대전에서 성공하자 민주정치가 더욱 발전하게 되고 민주정치의 실현을 위해 다방면에서 많은 인재들이 필요하게 되자 지방의 청년들이 청운의 꿈을 안고 아테네로 몰려들게 된다. 이로 인해 사회적인 분위기는 인간의 내적인 반성보다는 외향적인 것을 중시하게 되고 행동의 규범은 귀족의 모범이나 도시 국가의 법률도 아닌 개인 자신이 부여하는 기준이어야 한다는 주장의 소리가 높아지게 되었다. 이러한 사회적 분위기는 개인적인 성공을 부추기게 되고 따라서 교육은 개인적 진보와 정치적 출세를 위한 기능을 발달

1) Berk & Winsler(1995), 「어린이들 학습에 비계설정(scaffolding): 비고스키와 유아교육」, 홍용희 역, 창지사, p. 13.

시키는 것에 초점을 맞추게 되었다. 이에 따라 웅변, 수사학, 백과사전적인 여러 가지 지식이 강조가 되었다. 신 중심의 중세에는 기독교가 중세의 봉건사상과 결탁하여 새로운 형태의 계급구조를 형성하였으며 지배계급을 정당화하기 위하여 인간의 눈을 현세에서 내세로 돌리게 되었다. 따라서 혁신이나 발전보다는 신중심의 문화를 지향하게 되었고, 그 결과 현실을 탐구하는 자연과학의 업적이 타 시대와 비교하여 현저하게 떨어지는 현상을 낳았다. 근대의 계몽주의 시대에는 이성이 모든 것을 할 수 있다는 신념 아래 세계의 보편적 규칙을 발견하려고 하였으며 여기에 영향을 받은 교육은 자연의 법칙을 과학적인 통로를 통해 발견해 내려는 것에 초점을 맞추게 되었다. 현대는 소련의 스포트닉 인공위성 발사와 함께 전환점을 맞이하게 된다. 소련이 인공위성을 발사하게 되자 미국이 자신들의 교육을 반성하게 되고 결국 국가의 미래는 자라나는 세대에게 있음을 깨닫고 국가의 예산을 교육을 위해 대량 투자하게 된다. 또한 여성도 자신의 능력을 개발, 발휘해야 한다는 신념이 여성들을 사회로 이끌었고, 여성의 사회 진출로 인한 가정에서의 육아의 역할은 사회의 몫이 되고 이러한 사회적 현상은 교육의 여러 가지 형태와 내용을 바꾸어 놓았다.

이처럼 교육은 사회, 문화적 특징을 반영하며 그 사회와의 상호작용을 통해 형성, 발전된다. 따라서 보다 바람직한 교육의 효과는 그 시대의 사회 문화적 특징에 대한 이해와 이것의 교육과의 상호연관성에 대한 연구에서 초래됨을 알 수 있다. 기독교 유아교육의 효과도 여기서 예외일 수는 없다. 현 사회의 문화적 특징에 대한 이해와 이것에 대한 기독교적인 안목이 기독교 유아교육의 바람직한 효과를 가져올 수 있다. Williams의 문화의 역사적 특징이 기독교적인 세계관으로 조명되어져야 한다는 주장[2)]이 이를 뒷받침한다. 따라서 이러한

2) Robert Pazmino(1988), *Foundational issues in Christian education: An introduction in evangelical perspective*. Grand Rapids: Baker Book House, p. 154, 재인용.

견해에 근거하여 기독교 유아교육을 위한 사회, 문화적 기초를 살펴보고자 한다.

James Loder는 기독교 교육의 사회 문화적 기초[3]를 위해 가족 제도, 교육제도, 그리고 종교적 구조에 대해 다루어야 한다고 보았다.[4] 오인탁은 가정과 집단과 직업, 그리고 매스커뮤니케이션 등을 다루어야 한다고 보았다.[5] 김성수는 21세기의 사회와 문화의 특징을 세속적 인본주의, 포스트모더니즘, 상대주의와 종교다원주의, 물질주의와 쾌락주의, 지식정보사회, 과학과 신비주의의 혼재, 가정의 붕괴 현상 등으로 보았다.[6] 이상의 세 사람의 견해는 서로 간에 공통점과 상이점을 지니고 있다. 여기서는 포스트모더니즘, 지식의 정보화, 가정의 붕괴, 물질주의의 팽배 등을 살펴보고자 한다. 이상의 특징들은 이미 우리의 사회 속에 깊숙이 자리잡고 있으며, 이와 더불어 현대 사회(21세기)를 특징지으라고 한다면 그것은 제4차 산업혁명이라고 볼 수 있다. 따라서 제4차 산업혁명에 대해서도 논하고자 한다. 이를 통해 현대의 사회, 문화적 특징을 이해하며 그것이 교육의 방향과 이념, 그리고 내용에 끼친 영향을 알아보고자 한다. 또한 이러한 사회적 특징을 통해 기독교 유아교육의 방향이 어떠해야 하며 무엇을 비판하고 수용하여 발전시켜 나가야 하는지에 대한 시사점을 찾아보고자 한다.

3) 사회와 문화는 떨래야 뗄 수 없는 관계이므로 여기서는 사회적 기초나 사회 문화적 기초를 동일한 것으로 취급하였다.
4) James Loder(1982), '기독교 교육의 사회 문화적 기초', Marvin Tayler(Ed.), 「기독교 교육학」, 송광택 역, 대한예수교 장로회 총회교육부, pp. 117-141.
5) 오인탁(1984), '기독교 교육의 사회 문화적 기초', 오인탁, 은준관, 정웅섭, 고용수, 김재은, 「기독교교육론」, 대한기독교교육협회, pp. 73-96.
6) 김성수(1999), '21세기 사회와 문화를 전망한다', 「교회와 교육」, 겨울호, 대한예수교 장로회 총회교육위원회, pp. 7-15.

Ⅰ. 지식의 정보화

21세기의 사회를 가리켜 흔히 '정보화 사회'라고 부른다. Toffler의 '제 3의 물결'이나 '권력의 이동'에서 언급되어진 '정보화 사회'에 대한 이해가 없더라도 우리는 이미 이것을 피부로 느끼고 있으며 정보화의 유익함을 누리고 있다. 미국교육협회(N.E.A.)의 발표에 의하면 현대 과학기술의 보급으로 인해 지식이 처음 배로 불어나는데 걸린 시간은 1750년이었고, 그 다음 배로 늘어나는 데는 약 150년이, 그 다음은 50년, 지금은 매 6년마다 지식의 양이 배로 늘어난다고 한다.[7] 이러한 지식의 가속현상은 21세기를 정보와 지식에 의해 모든 것이 통제된다고 해도 과언이 아닌 지식정보의 사회로 만들었다.

이런 시점에서 정보화란 단어의 의미에 초점을 맞출 필요가 있다. "정보화란 막힘없고 굴절 없는 수평적 사회의 진전을 의미한다."[8] 다시 말하면 지식의 정보화로 인해 각 개인의 인간관계, 학문의 여러 영역간의 관계, 개인의 사회와의 관계, 한 사회와 다른 사회와의 관계가 열린 관계가 되었다. 상담을 하기 위해서 시간 약속을 하거나 사무실을 방문해야 하는 번거로움에서 인터넷을 통해 상담을 함으로써 시간과 공간의 제약에서 벗어나게 되었으며, 하루에 2만 편에 해당되는 여러 영역의 논문이 인터넷에 발표됨[9]으로 인해 같은 영역에 대한 학문적 교류가 수월해졌을 뿐 아니라 상이한 학문 간의 교류도 용이해졌다. 또한 인터넷을 통한 쇼핑과 정보교환을 통해 국제적인 교류가 보다 활발하게 이루어졌다.

---

7) 김성수(1999), *op. cit.*, pp. 12-13, 재인용.

8) 김연종(1997), '정보화시대의 기독교교육: 언론학적 접근', 제23차 기독교교육연구소 학술 세미나, 「기독교교육과 뉴미디어」, 총신대학교 기독교연구소, p. 32.

9) 김성수(1999), *op. cit.*, p.13.

1. 정보화에 따른 기술적 변화

정보화시대의 특징의 핵심은 컴퓨터를 매개로 한 정보기술이다. 컴퓨터와 통신, 그리고 영상의 결합을 통해 멀티미디어 기술이 발전되고 있으며, 이러한 발전은 앞으로 더더욱 빠른 속도로 진행될 전망이다. 김연종은 정보화시대의 기술적 변화의 핵심을 초고속정보고속도로, 인터넷, 위성방송 등으로 설명하였다.[10] 초고속 정보고속도로는 빠른 속도로 다량의 데이터 전송과 다양한 멀티미디어의 전송으로 사람들의 상상을 넘어서는 편리성을 제공할 것으로 기대된다. 초고속 정보통신망을 통해 자신의 가정에서 외국 병원 의사의 처방전을 받을 수 있는 진료가 가능하며, 통신망을 통한 기업에서의 화상회의, 재택근무, PC를 이용한 세계 각국의 도서관이나 박물관 연결을 통해 필요한 자료의 수집과 자녀들의 교육에도 활용이 가능하다.

정보화시대의 기술적 변화의 다른 특징은 인터넷이다. 인터넷은 여러 가지 필요한 자료를 찾고 정보를 교환하며 채팅이나 영화보기 등을 통해 시간을 보내기도 하는 곳이다. 이미 많은 사람에게 있어서 일상의 한 부분이 되고 있다. 한 통계에 따르면 97년 말에 1억 2천만 명의 인터넷 사용자 수가 2000년 말에는 5억 5천만 정도가 될 것이라고 예상하고 있다.[11]

2. 정보화에 따른 사회적 현상의 변화

정보화시대의 기술적 변화의 특징에 따라 사회적인 변화가 초래된다. 우선 정보 통신 미디어의 발달로 인해 정치적 변화를 초래할 것으

10) 김연종(1997), *op. cit.*, pp. 57-60.
11) *Ibid.*, p. 58.

로 예측된다. 전자통신망을 통한 시민 상호간의 의견의 상호교환과 정부의 여론 수렴이 용이해질 뿐 아니라 국회의원이나 대통령의 투표도 통신망을 통해 이루어지는 소위 전자 민주주의 실현이 가능해질 것이다. 구체적인 예로 최근에 미국의 상원의원 투표가 인터넷을 통해 이루어진 사실을 들 수 있다.

정보화시대의 기술적 변화의 특징에 따른 다른 사회적인 변화는 생활양식의 변화이다. 가장 가까운 예로 핸드폰을 들 수 있다. 불과 10여 년 전 만해도 전화를 하기 위해서는 반드시 일정한 공간의 전화기를 필요로 하였으나 지금은 공간적인 제한을 초월하여 자동차 운전을 하면서도 전화를 할 수 있으며 수업을 하면서도 핸드폰에 장착된 인터넷 기능을 통하여 대화를 할 수 있게 되었다. 또한 홈쇼핑이나 홈뱅킹 등은 이미 우리의 일상생활의 일부가 되었다. 미국의 어느 병원에서는 이미 응급환자를 수송하는 앰블란스 속에서 병원과 접속하여 환자에 대한 응급처리를 실시함으로써 죽어 가는 생명을 살리기도 한다.

정보화시대의 기술적 변화의 특징에 수반되는 또 다른 사회적 변화는 가상 공동체의 등장이다. 이미 우리나라에도 컴퓨터와 통신을 결합한 미디어 기술의 발달로 전자우편, 채팅, 뉴스그룹, 동호회 등을 통해 가상공동체가 활동을 하고 있으며, 이러한 가상의 공간은 우리의 일상생활에 대한 시공간의 규정성을 약화시키며 현실 세계를 변화시키는 원동력으로서의 역할을 할 수도 있다. 또한 기존의 매스미디어가 의사소통 면에서 일방적인 특징을 갖은 반면 사이버스페이스는 서로의 대화와 참여를 기반으로 하는 양 방향적 의사소통 구조를 갖기 때문에 강압적 물리력 보다는 자유로운 여론형성의 장으로서의 역할을 할 수 있다.

이상에서 지식의 정보화는 여러 방면에서 지식의 양과 방법에서 엄청난 변화를 초래하였다. 이러한 변화는 유아를 위한 기독교교육의 방법론에 있어서도 변화를 요구하고 있다. 일반교육이 지식의 정보화에 따른 교육을 통해 지식의 양과 방법에 있어서 한참 앞서 가는데 반해 기독교교육은 전통적인 생각에 묶여 시대에 뒤떨어진 교육방법을 고수하고 있다면 카이퍼가 "자연이 은총을 먹어버렸다"고 하는 말처럼 기독교인 자녀들의 생각이 세속의 생각에 잠겨버리게 될 것이다. 따라서 효과적인 기독교교육의 시행을 위해 기독교인 교사들의 정보화에 대한 끊임없는 연구와 교육에의 적용이 요구된다.

Ⅱ. 가정의 붕괴

전통적으로 생각해 왔던 가정에 대한 기본적인 개념들이 점점 변하여 가고 있다. 최근 미국의 한 보고서에 의하면[12] 최근 결혼한 60%의 성인이 결혼 전에 임시동거를 하였으며 결혼하지 않고 동거하는 성인 가족들이 급성장하고 있다고 보고하고 있다. 또한 서양에서는 시험결혼이나 혹은 계약결혼이 이미 오래 전에 등장하였으며 이혼율이 매우 높으며 이혼 후에 재혼한 사람들의 60%이상이 재혼에 성공하지 못하고 있는 실정이다. 이러한 현상은 특수한 상황이나 나라에서만 일어나는 일이 아니라 보편적인 현상으로 받아들여지고 있다. 우리나라에서도 까다롭고 복잡한 재판이혼보다는 협의이혼이 20~30대 사이에서 급증하고 있는 실정이다. 중앙일보에 의하면 1995년 7만 여건에 달하던 협의 이혼이 2000년도에는 12만 여건으로 5년 사이에 5만 건가량이 증가한 것을 볼 수 있다.[13] 다음의 통계청 자료(2002)는 우리

12) 김국환(1997), '어린이 신앙교육론', 한국 기독교 교육학회, 「21세기 기독교 교육의 과제와 전망」, 한국 장로교 출판사, p. 217, 재인용.
13) 중앙일보, 2000년 6월 7일, 1면

나라의 이혼율에 대한 1993년부터 2002년까지 10년간의 변화를 잘 보여주고 있다.

〈표 1〉 1993~2002 우리나라 이혼율 통계

	이혼건수 (건)	이혼율 (천명당)	동거기간(%)				
			1~4년	5~9년	10~14년	15~19년	20년 이상
1993	59,313	1.3	34.7	26.1	21.3	10.7	6.7
1994	65,015	1.4	33.7	25.4	21.3	11.6	7.2
1995	68,279	1.5	32.6	25.1	20.6	13.1	8.2
1996	79,895	1.7	32.1	24.6	19.6	13.8	8.9
1997	91,159	2.0	31.0	24.3	19.5	14.6	9.8
1998	116,727	2.5	29.4	23.3	19.2	15.5	12.4
1999	118,014	2.5	29.2	22.8	18.9	15.6	13.5
2000	119,982	2.5	29.3	22.3	18.7	15.3	14.3
2001	135,014	2.8	28.2	23.0	19.0	14.8	14.9
2002	145,324	3.0	26.9	23.2	19.4	14.7	15.7

다행히 이상의 이혼 건수는 계속 감소하여 2019년 통계청 자료에 의하면, 2009년 124,000건의 이혼이 2019년에는 110,800 건으로 줄어든 것을 볼 수 있다. 그러나 여전히 이혼에 대한 인식이 일반화되어 가고 있는 실정이다.

어떤 경우에는 국가의 복지제도가 결혼이 아닌 동거를 조장하는 경우도 있다. 예를 들면, 스웨덴 같은 경우는 결혼을 하지 않고 동거를 하다 자녀를 낳았을 경우 그 자녀를 사생아로 취급하지 않고 그 자녀에 대한 양육을 국가에서 책임[14]짐으로서 결혼의 필요성보다는 동거의 편리함을 누림으로써 정식 결혼의 수가 줄어들고 있는 실정이다.

14) 조선일보, 1995년 9월 25일, 1면.

이처럼 정식 결혼이 아닌 시험결혼이나 계약결혼 또는 임시동거, 이혼, 복수결혼 등은 고전적인 가정의 형태가 아닌 새로운 가족의 형태의 구성 내지는 가정의 붕괴와 해체를 초래하고 구성원들간의 매우 복잡한 관계를 초래하게 된다. 스웨덴의 경우 매우 높은 이혼율로 인해 자녀들이 생모와 계부의 가정과 생부와 계모의 가정에서 1주일이나 2주일 씩 번갈아 생활하는데 익숙해져 있으며, 자신의 부모의 이혼을 아주 자연스럽게 받아들이며 심지어는 이혼한 것이 오히려 잘되었다고 생각하는 아이들도 많았다.[15]

이상과 같은 사회적인 현상은 기존의 전통적인 가정을 전제로 하여 유아를 이해하던 관점에서 벗어나 보다 폭넓고 다양한 의미에서의 유아에 대한 이해를 요구하며 유아교육기관에서의 교육의 내용에 대한 변화를 요구한다. 나아가 성경에서 말하는 가정의 개념을 어떻게, 그리고 얼마나 강조하여 가르쳐야할 것인지에 대한 시사점을 제공한다.

Ⅲ. 물질주의의 팽배

이 시대는 포스트모더니즘의 영향으로 절대적인 가치나 초월적인 가치가 없으며 이에 따라 모든 것이 상대화되는 특징을 지니고 있다. 모든 가치가 상대화되어 버리고 절대적, 초월적인 가치가 없어진 자리에는 물질이 그 자리를 대신하게 된다. 디모데 후서 3: 1-2에서 "네가 이것을 알라 말세에 고통하는 때가 이르리니 사람들은 자기를 사랑하며 돈을 사랑하며..."라고 말씀하심으로 이미 지금의 이 시대가

15) SBS(1996), 세계의 어린이: 스웨덴 편, SBS 비디오 제작팀.

지니고 있는 특징에 대해 언급하고 있다. Middleton과 Walsh는 이것을 경제주의-황금 머리라는 용어로 설명하고 있다.[16] 황금 머리는 인간이 숭배하는 우상의 마지막 단계로서 현대인의 궁극적 헌신을 이끌어낼 수 있는 동인이라고 보았다. 그래서 Middleton과 Walsh는 Walter Wink의 "우리의 경제조직은 전적으로 세속적인 모습을 하고 있지만 , 그것은 제사장적 종교의 가면을 쓰고 있다"[17]는 말을 빌려 현대인들의 황금이 인간의 모든 삶을 행복으로 인도해 줄 수 있다는 물질주의에 대한 신뢰를 보여 주고 있다. 돈 몇 만원 때문에 살인을 하고 명품을 사기 위해 원조교제를 하고 부모로부터 상속을 받기 위해 부모를 몰래 죽이는 행위 등은 현대 사회의 풍조를 잘 대변해 준다고 볼 수 있다.

이러한 사회적 풍조는 인간이 신뢰해야 할 대상은 물질이 아니라 절대 진리이신 하나님이며 그 하나님은 우리를 사랑하시며 그 사랑 때문에 헌신하고 살아야 할 이유가 있음을 어릴 때부터 가르쳐야 할 시사점을 제공한다.

Ⅳ. 포스트모더니즘

20세기 후반의 사회를 특징짓는 일종의 시대정신으로서 포스트모더니즘을 들 수 있다. 포스트모더니즘이라는 용어가 처음으로 사용되기 시작한 것은 건축분야에서였으며, 그 다음에 문학, 영화, 음악, 미술, 조각 등 거의 모든 예술 분야에서 이 용어가 사용되어 오고 있

16) Richard Middleton & Brian Walsh(1987), 「그리스도인의 비전」, 황영철 역, IVP, pp. 170-171.
17) *Ibid.*, p. 171.

다.[18] 또한 포스트모더니즘은 예술 분야에만 국한된 것이 아니라 심지어는 사회과학이나 자연과학, 철학, 교육학 분야에서도 나타남으로써 다양한 문화현상을 통틀어 지칭하는 말로서 사용하기까지 이르렀다.[19] 따라서 포스트모더니즘을 20세기 말엽의 시대정신을 표현하는 사회적, 문화적 현상이라고 말할 수 있다.[20]

포스트모더니즘에 관련된 많은 책들이 언급하고 있듯이 포스트모더니즘의 개념과 성격을 규정하기란 매우 어려운 작업이다.[21] 포스트모더니즘은 작품 안에서 예술가들에 의해 충분히 형상화되기 전에 비평가들과 이론가들에 의해 논의되기 시작하여 "일단 우리가 포스트모더니즘에 대해 이름을 붙이게 되면 예술가들은 더 이상 종전과 같이 예술 행위를 할 수 없게 된다."[22] 따라서 포스트모더니즘의 진정한 실체를 파악하기 어려워진다. 포스트모더니즘에 대한 이해가 어려운 또 다른 이유는 포스트모더니즘의 실체를 대변할 만한 하나의 단일하고 통일된 움직임이나 학파가 존재하지 않는다는 점이다. 그래서 Steven Best는 '구성되고 있는 그 무엇'으로 포스트모더니즘의 본성을 규정하고 있다.[23]

여기서는 포스트모더니즘의 특징을 살펴봄으로서 포스트모더니즘의 개념에 대한 이해를 돕고자 한다. 월터 카우프만은 포스트모더니

---

18) 김욱동(1996), '포스트모더니즘 논의의 문제점', 김욱동 편, 「포스트모더니즘의 이해」, 문학과 지성사, p. 18.
19) 오인탁(1996), '포스트모던의 교육학', 오인탁, 최종욱 외, 「해석학과 정신과학적 교육학」, 사회평론, p. 353.
20) 김성수(1999), *op. cit.*, p. 8.
21) 김욱동(1996), '포스트모더니즘의 개념과 본질', 김욱동 편, 「포스트모더니즘의 이해」, 문학과 지성사, p. 417; 김혜숙(1995), '사상운동으로서의 포스트모더니즘', 김혜숙 편, 「포스트모더니즘과 철학」, 이화여자대학교 출판부, p. 7; 이상화(1996), '비판으로서의 철학: 포스트모더니즘과 비판 이론', 김혜숙 편, 「포스트모더니즘과 철학」, 이화여자대학교 출판부, pp. 128-129.
22) 김욱동(1996), *Ibid.*, p. 419, 재인용.
23) 이상화(1996), *op. cit.*, pp. 128-129.

즘의 특징을 다원성과 상대성, 그리고 비결정성이라고 보았으며[24], Hassan은 비결정성, 파편화, 자아의 분산, 비제시성과 비재현성, 잡종화, 그리고 아이러니 등으로 나누었으며[25], 김성수는 보편적 진리의 부인, 해체주의, 그리고 다양성 등으로 보았으며[26], 김욱동은 탈중심화, 행위와 참여의 중시, 임의성과 우연성, 그리고 유희성, 탈 장르화, 그리고 자기 반영성 등을 포스트모더니즘의 특징으로 보았다.[27] 또한 김영한은 다원화 사고, 가치의 변화, 전체적인 조망, 현대에 대한 건설적 비판 등으로 보았다.[28] 이들을 비결정성, 보편적 진리의 부인, 탈중심화 등으로 묶어 설명하고자 한다.

1. 비결정성

비결정성은 불확정성으로 해석할 수 있으며 포스트모더니즘의 핵심을 이루는 철학적 기초에 해당된다.[29] 현재 우리가 살고 있는 시대를 가리켜 흔히 '불확실성의 시대'라고 부르는데, 그 이유는 Hassan의 주장대로 우리의 행동과 관념, 그리고 해석 행위에 불확정성이 녹아 있으며 이것이 우리의 세계를 구성하고 있기 때문이다.[30]

이러한 특성은 19세기 초엽의 문학과 20세기 초엽의 자연과학 분야에서 이미 이론적으로 논의되기 시작하였다. 19세기 초엽의 낭만주의

24) 김욱동(1996), *op. cit.*, p. 418.
25) Ihab Hassan(1987), 'Pluralism in postmodern perspective', in *The postmodern tern: Essays in postmodern theory and culture*, Columbus: Ohio State University Press, pp. 168-173.
26) 김성수(1999), *op. cit.*, pp. 8-9.
27) 김욱동(1996), *op. cit.*, pp. 432-456.
28) 김영한(1996), '21세기, 포스트모더니즘과 기독교', 한국기독교문화연구소 편, 「21세기, 포스트모더니즘과 기독교」, 숭실대학교 출판부, pp. 14-21.
29) 김욱동(1996), *op. cit.*, p. 423.
30) *Ibid.*, p. 423.

시인인 John Keats는 비이성적이고 초월적인 힘을 믿는 능력이야말로 예술적 업적과 직접적인 관계가 있다고 믿었으며, "한 인간이 조바심스럽게 사실과 이성에 의존하려고 하지 않은 채 불확실성이나 신비스러움 혹은 의구심과 더불어 살 수 있는 능력"[31]은 매우 중요한 것이라고 주장하였다. 20세기 초엽의 자연과학 분야에서는 베르너 하이젠베르그가 불확실성의 원리를, 닐 보어가 상보성 원리를, 쿠르트 괴델이 불완전성 정리 등을 발표함으로써 비결정성이나 불확실성에 대한 이론적 기초를 제공하였다.

2. 보편적 진리의 부인

불확정성의 특징은 필수적으로 다원화와 상대성의 문제를 수반한다. 불확실성은 일원론이나 절대성을 배격하고 동질성보다는 이질성을, 단일성보다는 복수성을, 그리고 객관적인 것보다는 주관적인 것과 내면적인 것을 주장한다. 이처럼 포스트모더니즘은 다원적이고 상대적인 것으로 모든 것을 파악하려고 한다. 이러한 특징을 니체는 "절대적인 것을 신봉하는 것은 병적(炳的)"[32]이라고 언급하였다. 절대적인 의미의 존재를 부정하고 상이한 관점과 태도에 대한 중요성을 강조하고 상이한 세계관의 다양성을 추구함으로써 포스트모더니즘은 어떤 정형(pattern)을 가지는 것을 부정한다.

이상과 같은 현상은 절대적인 신을 부정하는 종교의 다원주의를 낳았으며 절대적인 진리를 부인하고 상대성을 강조하는 윤리적, 도덕적 상대주의를 초래하였다. 이러한 상대주의와 다원주의는 보편적, 절대적 진리가 존재하지 않는다는 생각들을 사회전반에 흐르게 하였

31) *Ibid.*, p. 424, 재인용.
32) *Ibid.*, p. 425.

다. 따라서 어느 누구도 타인의 신에 대한 절대성을 부인하는 것에 대해 비난할 수 없으며 윤리적, 도덕적 타락에 대한 비판을 가할 수가 없다. 객관적으로는 잘못될 수도 있으나 주관적으로는 타당한 것이 될 수도 있기 때문이다. 다시 말하면 사회에서 공통적으로 인정되는 보편적인 진리가 존재하지 않는다는 것이다. 이러한 생각은 현대인을 극도의 개인주의와 윤리적 타락으로 내몰고 있다.

3. 탈 중심화

포스트모더니즘의 다른 특징은 탈 중심화이다. 탈 중심화는 탈 정전화(脫正典化)라는 말로 설명할 수 있다. 탈 정전화는 정전으로부터의 탈출을 의미한다. 정전이란 기독교적 신앙과 행위의 기준, 혹은 교회의 법규와 같은 정통 정전을 가리키는 말이다. 그러나 시간이 지나감에 따라 이 용어는 세속적인 의미로 사용하게 되었다. 즉, 원래의 의미로서보다는 '초서나 세익스피어 정전'이라는 어느 한 작가의 진짜 작품으로 판명된 작품을 가리키는 말로 사용이 되었다.

이러한 탈 정전화의 현상은 신의 죽음에서부터 시작하여 작가의 죽음, 학교 교육의 교육과정의 수정에 이르기까지 확산되어 있다. 무엇보다도 자아와 주관성에 대한 탈 정전화 현상이 심각하게 대두되었다. 자아의 중요성이나 총체성의 문제보다는 자아의 분산이나 자아의 상실 문제가 더 중요한 문제로서 주목받게 되었다.

자아에 대한 개념은 인간의 본질을 규명하는 문제라고 볼 수 있다. Decart는 인간의 본질을 인간의 사고의 특징에서 찾았다. 그러나 포스트모더니즘의 선구자라고 할 수 있는 Nietzsche는 "인간의 본질을 의식으로 규정하는 것은 일종의 도치된 인간이해"[33]라고 비판한다.

---

33) 한자경(1995), '니체 철학에서 자아의 문제', 김혜숙 편, 「포스트모더니즘과

니체는 의식이란 인간의 본질적인 힘이나 생의 힘이 아니라 생의 비본질적인 부분으로서 가장 표피적이며 병든 부분이라고 보았다.[34] 스스로를 사유할 수 있는 존재로 규정하고 반성적 자기의식 안에서 절대적 주관성으로 자리잡고 있는 근대 형이상학적 자아[35]를 포스트모더니즘에서는 스스로를 스스로로부터 분리시키고 소외시킬 수 있어야 하며 궁극적인 자기에로의 되돌아감은 곧 자기의식의 철수라고 보았다.

이상에서 살펴본 바와 같이, 보편적 진리의 부인, 상대주의, 다원주의, 자아의 해체 등은 사회전반에 절대적 진리가 존재하지 않는다는 생각을 갖게 하였으며, 현대인을 철저하게 개인주의적이며 자신이 좋아 하는 것은 다 진리라고 하는 경향을 낳게 하였다. 따라서 이러한 사회적 흐름은 유아들에게 절대 진리이신 하나님은 존재하시며 그 하나님은 어떤 분이시며 우리는 어떤 존재인지, 그리고 그 하나님 앞에 우리는 어떻게 반응하여야 하는지에 대한 교육의 필요성과 중요성에 대한 시사점을 제공해준다.

V. 제4차 산업혁명

그 동안 세계는 제1, 2, 3차 산업혁명의 시대를 거쳐 발전되어 왔다. 제1차 산업혁명은 유럽과 미국에서 18세기와 19세기에 걸쳐 일어난 것으로 생산기계의 발명과 증기엔진의 발명으로 농경사회에서 산업

철학」, 이화 여자대학교 출판부, p.150.

34) *Ibid.*, p. 152.

35) 김혜숙(1995), '해체 논리, 해체 놀이: 데리다를 중심으로', 김혜숙 편, 「포스트모더니즘과 철학」, 이화여자대학교 출판부, p. 31.

화와 도시화를 가져왔다. 제2차 산업혁명은 제1차 세계 대전 직전인 1870년에서 1914년 사이에 전기 동력의 사용으로 인해 철강, 석유, 전기 분야의 신규 산업의 확장과 대량생산이 이루어졌으며 이로 인해 노동의 분화가 이루어졌다. 제3차 산업혁명은 1969년대에 컴퓨터를 이용한 생산의 자동화로 인해 대량생산이 진화되었으며 인터넷을 통한 정보통신 기술의 발전으로 사이버 상에서의 문제 해결이 가능하게 되었다. 이를 통해 생산성은 향상되었으나 블루칼라 노동자의 지속적인 감소를 초래하였다. 이러한 특성을 지니는 제3차 산업혁명은 제4차 산업혁명의 주춧돌을 놓는 역할을 하였다.[36)]

제4차 산업혁명이란 용어는 독일에서 미래 사회를 선도하기 위해서 기업, 노동조합, 대학이 행정부를 중심으로 제휴하여야 한다는 의미에서 사용되었다고 하는 주장[37)]도 있고. 2016년 스위스 다보스에서 열렸던 세계경제포럼에서 처음으로 언급되었다는 주장[38)]도 있다. 여러 학자들은 후자의 주장을 대개 채택하고 있다. 제4차 산업 혁명의 특징은 초연결성, 초지능성, 예측 가능성 등으로 볼 수 있다. 초연결성은 사람과 사물, 사물과 사물이 인터넷 통신망으로 연결되는 것을 의미하며, 이러한 초연결성으로 인해 막대한 테이터를 갖게 됨으로써 초지능성을 지니게 된다. 막대한 데이터를 분석하여 일정한 패턴을 파악하고 그 분석 결과를 토대로 인간의 행동을 예측하게 되는 예측 가능성을 지니는 것이 제4차 산업혁명의 특징이다. 그 예로 빅데이터, 인공지능, 로봇 공학, 나노 기술, 생명공업의 혁명 등을 들 수 있다.

---

36) 성태제(2017), 제4차 산업혁명시대의 인간상과 교육의 방향 및 제언, 『교육학연구』, 제55권 제2호, p. 4.

37) *Ibid.*, p. 5.

38) 조정호(2019), 4차 산업혁명시대 교육의 개선 방향: 인성교육과 인공지능을 중심으로, 『인격교육』, Vol 13, No. 2, p. 78.; 오은순, 김윤희(2019), 4차 산업혁명 시대 유아 핵심역량과 유아교육 방향, 『디지털콘텐츠』, Vol. 20, No. 5, p. 1013.

빅 데이터는 인공지능을 중심으로 한 소프트웨어와 방대한 데이터를 처리하는 기술, 최신 로봇 기술이 합쳐져서 근로 형태의 혁신적 변화를 가져왔다. 인공지능은 스스로 알아서 동작하는 약한 인공지능부터 생태계 전체의 생활 및 환경으로부터 최적의 해법을 제시하는 강한 인공지능을 이용하여 인간의 생산성을 최대한 올려주는 도구가 되었다. 로봇 공학을 통해 사회 전체의 생산성을 향상시켜 주었다. 예를 들면, 드론, 로봇 청소기, 노인 보조 로봇, 자동차 기계 부품 조립 로봇, 음식점에서 서빙하는 로봇, 심지어는 노인 치매를 위한 상담 내지는 운동까지 시키는 로봇을 통해 사회 전반에 걸쳐 많은 변화를 가져왔다.

이상의 여러 산업혁명에 대한 내용을 정리하여 도표화하면 다음과 같다.

〈표 2〉 제 산업혁명의 기간, 에너지원, 특징, 그리고 주요기술

산업혁명	제 1차	제 2차	제 3차	제 4차
기간	1760~1900	1900~1960	1960~2010	2010~
에너지원	석탄(증기)	철강, 전기, 석유	컴퓨터	친환경에너지
특징	생산기계발명	대량생산 노동의 분화	자동생산	초연결성, 초지능성, 예측가능성
주요기술	증기기관	내연 연소기관	인터넷, 정보통신 기술	빅 데이터, 인공지능, IoT, 3D프린터, 나노기술, 생명공업

제4차 산업혁명에 대해 논의하였던 다보스포럼에서 Schwab은 제4차 산업혁명을 물리적, 디지털, 생물학적 대격변을 가져왔다고 보고 있다. 무인 운송기구, 첨단로봇, 머리카락의 백만분의 1보다 가는 신소재 개발 등이 물리적 대격변이며, 사람과 사물을 디지털로 연결하

는 IoT와 센서 개발 등이 디지털 대격변이며, 그리고 바이오 프린팅으로 인한 인간의 뼈, 심장, 피부 등을 만드는 것을 생물학적 대격변으로 설명하고 있다.[39)]

또한 제4차 산업혁명은 기존의 사고 방식에서 벗어나 창의적 문제해결 능력을 필요로 하며 첨단 기술발달로 인해 기계와 인간의 경계가 모호해질 수 있기 때문에 윤리적 인성의 발달에 힘을 기울여야 한다. 또한 제4차 산업혁명시대는 인간과 기계가 공존하는 특징을 지니기 때문에 인간과 기계와의 소통과 협업뿐만 아니라 인간과 인간의 소통과 협업능력을 배양해야 한다.

이처럼 제4차 산업혁명으로 인한 여러 방면의 기술의 발전은 사회뿐만 아니라 인간에 대한 이해에도 새로운 방식으로 변화를 초래하여 인간의 생각과 신념, 생활에 변화를 가져왔다. 인터넷의 사용은 인간의 사색능력을 감소시켰으며 생각의 깊이와 감정의 깊이까지 바꾸어 놓았다. 제4차 산업혁명으로 인한 의학의 발전은 인간이 건강하게 오래 사는 것에 대한 인식에서 영원히 살 수 있다는 소망을 갖게 하였으며 죽음은 인간이 지닌 운명 내지는 숙명이라고 생각하던 것에서 죽음을 조절할 수 있는 신의 경지에 인간을 내몰 수도 있게 하였다. 따라서 인공지능으로 인한 로봇이나 컴퓨터 중심의 산업화는 인간 중심의 삶이 비인간화될 수 있음을 많은 학자들이 우려하고 있다. 인간이 기술을 창조하였으나 그 기술에 의해 인간이 변화되고 인간관이 재구성되는 결과를 낳아 많은 문제를 야기할 것이다. 이에 대해 Prisecaru는 제4차 산업혁명의 결과가 낳은 비인간화로 인해 도덕성과 윤리적 문제가 심각해 질 것을 경고하였다.[40)]

이상에서 살펴본 바와 같이, 제4차 산업혁명의 특징은 우리의 삶

39) 성태제(2019), *op. cit.*, p. 6.

40) Prisecaru(2016), Challenges of the fourth industrial revolution, *Knowdge Horizons Economics*, 8(1), pp. 57-62.

속에 깊숙이 들어와 있으며 거스를 수 없는 현상이다. 그러나 이러한 특징은 인간의 비인간화를 불러 올 수 있다. 인본주의 입장에서조차 인간이 어떤 존재이며 무엇을 위해 살아야 하는지에 대한 왜곡된 생각을 할 우려가 있다. 또한 기독교적인 측면에서는 인간이 신적 지위를 갖게 되는 매우 위험한 지경에 이를 수 있다. 따라서 기독교적 입장에서 제4차 산업혁명이 가져올 위험에 대한 연구와 비판적 논의가 필요하다.

제 5 장

기독교 유아교육의 발달 심리적 기초

기독교는 하나님께서 모든 만물과 인간을 창조하신 분(창세기 1장)이심을 선포하는 계시의 종교이다. 창조자 하나님은 그의 성품을 창조사역 가운데 드러내시며(시편 19: 1) 인간에게 두 가지의 방법으로 자신을 드러내신다: 즉 특별계시(성경)와 일반계시(자연)가 바로 그것이다.[1)] 인간은 성경을 체계적으로 연구하고 해석함으로써 특별계시의 진리를 알 수 있으며 또한 우리가 살고 있는 세계를 체계적으로 연구하고 해석해 봄으로써 일반계시의 진리를 깨달을 수 있다.

하나님의 말씀과 하나님의 세계는 이 세상의 진리의 근원되시는 "하나님 자신"에 의해 형성된 것이다. 따라서 모든 진리는 하나님의 진리이며[2)] 하나님의 말씀과 그의 세계는 완전한 조화를 이루어 이해될 수 있다.[3)] 하나님의 말씀은 그 말씀의 본질과 세계를 연결시키고 세계를 이해하는 방법을 제시해 줄 수 있다. 특별 계시는 인간의 본질

1) Alan Richardson(1948), *Christian apologetics*, London: S.C.M. Press, Ltd., pp. 118-132.
2) Arthur Holmes(1993), 「모든 진리는 하나님의 진리다」, 서원모 역, 크리스챤 다이제스트, pp. 18-26.
3) Gary Collins(1980), *The rebuilding of psychology: An integration of psychology and Christianity*, Wheaton, Illinois: Tyndale House Publishers, p. 132.

과 세계 가운데 통찰력을 제공해 준다. 반면, 자연과 과학의 연구를 통해 일반계시는 성경의 진리들을 명백하게 조명해준다. 성경의 내용과 일반계시의 확실한 결론들은 완벽한 조화를 이루어야만 한다.

그러나 많은 그리스도인들은 과학과 성경은 별개의 것이기 때문에 그 둘 사이의 연관성에 대해 아무런 관심을 기울이지 않는다. 그리스도인 학자들이 자신의 전공에 대한 연구에는 많은 시간과 정열을 기울이지만 성경연구의 중요성에 대한 인식은 없으며, 신학자들의 자연과학에 대한 관심이 없는 것을 볼 수 있다. 이로 인해 기독교 교육에서의 과학적 발견들에 대한 연구나 활용이 미진한 편이다. 이것에 대해 복음주의 신학자 Norman De Jong은 "지식은 본래 통합된 하나의 유기적 단일체"[4]임에도 불구하고 "지식의 폭발" 때문에 우리가 지식을 산산조각 내었으며 이러한 단편화로 인해 지식의 통일성이 모호하게 되었다고 주장한다. 그 결과 지식의 필수적인 특성을 인식하지 못하게 되었으며 이로 인해 신앙은 과학과 무관하며 지식은 종교와 무관한 것처럼 "신앙"이라는 개념을 종교와 관련시키고 "지식"이라는 개념을 과학과 연관시키는 이분법적인 사고를 양산해 냈다고 지적한다. 따라서 De Jong은 "오늘날 기독교 교육이 직면한 최대의 과제는 모든 지식의 통일성을 발견해 내고 우리 아이들의 온전한 성장을 위해 단일의 정신적 비전을 형성하고 모든 진리들에 대한 해석을 제공하며 모든 이론들을 그리스도에게로 귀속시키는 일이다."[5]라고 주장한다.

이러한 견해는 다른 여러 학자들에 의해서 다시 확인되어왔다. Tyrus Hillway 역시 유사한 입장을 취하고 있는데 그는 "지식은 인위적으로 연결된 이음새가 없는 완전한 통일체"라고 주장한다.[6] 철학자

---

4) Norman De Jong(1969), *Education in truth*, New Jersey: Presbyterian and Reformed Publishing Company, p. 38.

5) *Ibid*., p. 38.

이자 수학자인 Alfred North Whitehead도 "이음새가 없는 배움은 분리될 수 없으며, 현대의 교육과정의 생명을 말살하는 주제사이의 치명적인 단절은 사라져야만 한다"[7]고 주장했다.

이상의 여러 학자들의 의견과 성경의 사상을 종합해 볼 때, 성경의 내용과 과학의 확실한 결과들은 함께 고찰되어야만 한다는 결론을 내릴 수 있다. 성경적인 안목을 통해 과학적 발견들이 재조명되어야 한다. 그렇지 않으면 우리가 가정한 진리나 우리의 해석이 잘못될 수밖에 없다. 따라서 기독교인 학자들은 이러한 두 가지 지식의 본체를 조화시키려고 노력해야만 한다. 예를 들면 기독교인 심리학자들은 다른 심리학자처럼 가능한 한 자연세계를 잘 이해하려고 노력해야할 뿐만 아니라, 가능한 한 특별계시를 통해 자연세계를 이해하기 위해서 노력해야만 한다. 이러한 원리를 Collins는 다음의 그림으로 설명하였다.[8]

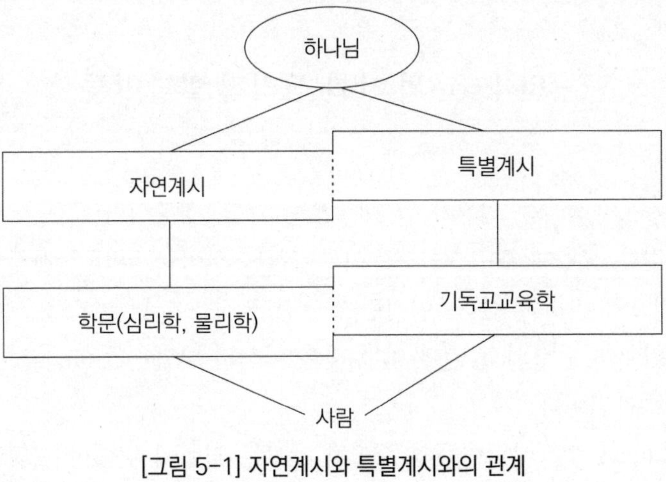

[그림 5-1] 자연계시와 특별계시와의 관계

---

6) Norman De Jong(1969), *op. cit.*, p. 38.
7) Alfred North Whitehead(1959), *The aims of education and other essays*, New York: Macmillan Company, p. 10.
8) Gary Collins(1980), *op. cit.*, p. 137.

이상의 그림이 제시하듯이, 기독교인 유아교육자들 역시 유아들을 잘 이해하기 위해 심리학적인 연구를 열심히 해야 할 뿐만 아니라 성경 연구를 통해 심리학적인 발견을 이해하려는 노력이 필요하다. 이러한 맥락에서 기독교 유아교육의 효율성을 위해 발달심리학적 연구가 요구되며 이를 위해 Erikson, Piaget, Vygotsky의 이론 등을 살펴보고자 한다. 이때 제3장에서 설명된 기독교 철학이 기본적인 전제가 되어야 한다. 이것을 그림으로 나타내면 다음과 같다.

Erikson	Piaget	Vygotsky
기독교 철학		
하나님은 존재, 모든 진리의 근원이시다		

[그림 5-2] 발달 심리학적 이론과 기독교교육과의 관계

Ⅰ. Erikson의 사회 심리적 발달이론

교육은 성장하는 인간을 그 대상으로 한다. 성장이란 모든 연령층에서 같은 모양과 같은 속도로 이루어지는 것이 아니라 점진적이며 구조적으로 발달해 간다. 이처럼 발달적 특징을 지닌 인간을 교육하는데 있어서 인간의 발달에 대한 깊은 이해는 바람직한 교육을 위해서 필수조건이다.

Goldman[9)]은 "어린이들의 종교적 사고는 경험에 비례한 지적발달에 따라 성장하게 된다. 만일 지적발달의 단계에 맞지 않는 대상에게 그 이상의 종교적 사고를 요구한다면 아동에게는 혼란을 초래할 것이

9) 은준관・최임선(1985), 「신앙의 발달과정」, 종로서적, p. 4.

다. 너무 일찍 많은 것을 자주 가르치는 것은 오히려 사고력을 퇴화시킨다"고 주장함으로써 신앙이 반드시 지적발달의 단계에 따라서만 성장되는 것은 아니지만, 유아의 지적발달에 대한 깊은 이해가 있어야 신앙교육이 올바르게 이루어질 수 있음을 시사하고 있다.

그러므로 전인적 인간화와 작업이 이루어져야 하고 또 교육의 대상인 인간에 대한 바른 이해가 있어야 하는 기독교 유아교육에서 발달의 이론을 연구함으로 유아에 대한 이해를 깊게 하여 기독교 유아교육의 효율적인 방법을 유도하는 일은 매우 중요하다.

따라서 본 책에서는 인간의 성장을 환경적 상호작용 속에서 설명하여 인간 이해에 기여한 Erikson의 심리 사회적 발달이론을 연구하므로 유아의 발달에 대한 이해를 깊게 하며, 그 이해를 유아의 신앙교육에 어떻게 적용시킬 것인지에 대해 논하고자 한다.

또한 이것은 Collins[10]가 주장한 바 있는 일반 학문과 기독교와의 관계에서도 매우 의의있는 일이다.

1. Erikson의 심리 · 사회적 발달이론

Erikson에 의하면, 한 인간의 발달은 점성원리(epiginetic principle)[11]

10) Gary Collins는 그의 책 *The rebuilding of psychology: An integration of psychology and Christianty*, Wheaton, Illinois: Tyndale House Publishers, Inc., 1977에서 특별 계시의 진리와 일반 계시의 진리는 부정할 수 없는 관계이므로 성경과 학문이 서로 완전한 조화를 이루어야 함과 같이 기독교와 일반 학문과의 관계도 서로 조화를 이루어야 할 관계임을 주장하고 있다. 자세한 것은 위의 책 Chapter 7장을 참고하시오.

11) 점성원리(epigenetic principle): Erikson은 그의 저서 *Identity: Youth and crisis*, New York: Norton, 1968에서, 모든 성장은 기본형(ground plan)을 가지고 있으며, 이 기본형에서 부분이 발생하며, 한 부분이 기능총체를 형성하기 위하여 다른 부분이 생길 때까지 각 부분은 독특한 지배적 기간을 가진다고 주장하고 있다.

에 따라 이루어진다. 즉, 한 인간의 발달은 어느 일정 기간에 이루어지거나 완결되는 것이 아니다. 그것은 한 인격체와 그의 환경 사이에서 점진적으로 일어나며, 환경적 영향과 인격체의 능력에 따라 다르게 일어날 수 있다고 보고 있다. 이러한 전제 하에서 그는 인간의 발달단계를 8단계로 구분하였으며 이것을 인생주기(life cycle)라고 명명했다. Erikson이 구분한 8단계는 다음과 같다.

- 1단계: 영아기, 기초적 신뢰감 대 불신감
- 2단계: 유아기, 자율성 대 수치심
- 3단계: 학년전기, 적극성 대 죄책감
- 4단계: 학동기, 생산성 대 열등감
- 5단계: 청소년기, 자아동일성 대 동일성 확대
- 6단계: 청년기, 친밀성 대 고독감
- 7단계: 성인기, 생산성 대 정체감
- 8단계: 노년기, 자아통합 대 절망감

위와 같은 심리 사회적 발달이론을 이해하기 위해 몇 가지 기초적 원리를 제시하면 다음과 같다.[12)]

첫째, 각 단계에 있어서 위의 양극 사이의 (A 대 B) 대립 가운데 적극적 요소인 "A"를 획득한 경우, 그 사람은 그 시기에 알맞은 심리 사회적 발달을 한 것이 된다. 그리고 하나 하나의 단계에서 바람직한 발달을 할 수 있는 자는 그 다음 단계에서 그렇지 못한 자보다 훨씬 용이하게 심리 사회적 발달을 할 수 있다.

둘째, 심리 사회적 발달 과정에서 그것을 저지하는 부정적인 요소들 즉, B가 개인의 생산과정 안에 전혀 존재하지 않을 수 있는 것은 아니다. 또한 전혀 존재하지 않게 되는 것이 반드시 가장 바람직한

12) 정웅섭(1981), 「기독교 교육의 이론과 실제」, 대한기독교출판사, pp. 23-38.

인간의 모습도 아니다. 인간에게 있어 부정적 요소인 불신, 의혹, 죄책감 등이 있다는 것은 자연스러운 일이다. 다만 심리 사회적 발달에 장애가 되는 요소가 자기 속에 존재함을 아는 동시에, 그럼에도 불구하고 그것과 갈등하면서 신뢰감, 자율성, 적극성 등 긍정적인 요소를 획득해 가는 것이 필요하다.

셋째, 인간의 그 전 생애에 걸친 갈등을 극복하기 위해서 기초가 되는 것은 인생의 제1단계인 영아기에서 맞는 인생 최초의 과제인 "기본적 신뢰"(Basic Trust)를 획득하는 것이라는 이해이다. 기본적 신뢰라는 것은 인간이 살고 있는 이 세계가 불신적 현실임에도 불구하고 세계를 긍정하고 신뢰할 만한 가치가 있다고 받아들이는 능력을 뜻한다.

이 책은 유아교육을 위한 것이므로 인간 발달의 8단계 중 1단계에서 3단계까지만 다루려고 한다.

1) 영아기: 기본적 신뢰감 대 불신감, 0~2歲

이 시기는 정신과 신체가 아직 미분화된 채로 있기 때문에 이 시기의 유아들이 경험하는 것들은 그들의 심신에 모두 깊은 영향을 준다. 이 시기의 유아들의 경험은 인간으로서의 가장 깊은 경험이다. 또한 유아에게 갖가지 자극이 끊임없이 주어지는 시기로서 유아들은 그저 그것들을 받아들일 뿐이다. 유아가 가장 좋다고 느낀 것에 대해서는 그저 받아들인다. 그러므로 이 단계 유아들의 심리적·사회적 의식은 '받아들이는 일'이다.

이와 같은 특징을 지닌 유아들이 자기가 필요로 하는 것을 취하려할 때, 자신을 돌보는 이들과 상호작용하게 된다. 이때 이 돌보는 이들은 그들의 문화적 양식에 따라 행동하게 되며, 이때 가장 중요한 것은 돌보는 이의 행동에서 어떤 일관성·예언성·신뢰성을 발견할

수 있어야 한다는 것이다.[13)]

유아가 무엇인가를 필요로 할 때 즉각적으로 보살펴 주는 부모도 있고 그 나름대로의 계획에 따라 보살펴 주는 부모도 있다. 이때 어떤 경우이건, 유아들은 자기의 부모에게 의지할 수 있고 따라서 신뢰를 할 수 있다는 것을 배우게 된다. 부모를 일관성 있고 믿을 수 있다고 느낄 때 유아들은 그들의 부모에 대해 기본적인 신뢰감을 발달시킨다. 그러나 이와는 반대로 부모의 행동을 전혀 예측할 수 없고 유아가 필요로 할 때 부모가 거기 없을 것이라고 느끼면 유아가 부모에 대해 불신감을 발달시키게 된다.[14)]

유아가 돌보는 이에게 신뢰감을 갖게 되면, 그의 행동에서도 그것이 나타난다. Erikson에 따르면, 아기가 엄마에 대한 신뢰감을 나타내는 첫 번째 표시는, 엄마가 보이지 않더라도 지나친 불안이나 걱정은 보이지 않는다는 것이다.[15)] 여기서 '지나친'이란 말은 중요한 의미를 갖는다. 왜냐하면 Bowlby의 연구에서 알려진 바와 같이, 대부분의 아기는 어느 정도의 격리 불안을 경험하기 때문이다. 그러나 부모를 신뢰하게 되면 아기는 부모가 함께 없더라도 잘 견뎌내며, 만일 돌보는 이가 믿을 만하지 못하면, 아기들은 엄마에게서 떨어지지 않으려 할 것이며, 떨어지면 공포를 느끼게 될 것이다.[16)] 이처럼 유아가 그를 돌보는 이에 대한 신뢰는 그 후 인생에 있어서 건전한 인격을 발달시키기 위해 매우 중요한 일이다. 그러므로 김재은(1983)은 적어도 9~12개월 정도까지는 전적으로 혼자서 유아 양육을 담당해야 한다고 주장하고 있다.[17)]

---

13) William C. Crain(1983), 「발달의 이론」, 서봉연 역, 중앙적성출판부, p. 248.
14) E. H. Erikson(1950), *Childhood and society*, N.Y.; Norton, p. 247.
15) *Ibid*, p. 47.
16) William C. Crain(1983), *op. cit.*, p. 249.
17) 김재은(1983), 「인간 발달의 과정」, 전망사, p. 38.

그러나 이것은 유아에게 신뢰감은 발달시켜야 하지만 불신감은 발달시켜서는 안 된다는 뜻은 아니다. Erikson은 모든 유아들은 위의 두 가지 태도를 다 경험하게 되며, 불신 역시 성장에 필요하다고 보고 있다. 그는 "유아가 분별있는 신뢰를 갖기 위해서는 상당한 정도의 불신을 경험해야 한다……고" 주장함으로써 건강한 발달에 있어서 중요한 것은 신뢰와 불신 사이의 적당한 비율임을 시사하고 있다. 물론 전자가 후자보다 큰 비중을 차지해야 한다.[18)]

신뢰는 Benedek가 말한 확신[19)]과 유사하다. 만약 아기가 엄마를 신뢰하게 되면 욕구가 생기는 즉시 그의 욕구를 채우기 위해 보채지 않고 기다릴 수 있게 된다. 이와 같이 신뢰는 다른 사람을 믿을 수 있고 또 그들의 행동을 예측할 수 있다.

이러한 신뢰는 부모의 자기 확신에 의해서도 영향을 받는다. 즉 부모가 자신이 하는 일에 대해 확신을 갖고 있느냐 그렇지 않느냐에 의해 영향을 받는다는 것이다. 정신의학자인 Sullivan에 의하면 생후 몇 개월 동안의 유아는 엄마에 대한 특수한 신체적 공감능력을 가지고 있기 때문에 자동적으로 엄마의 긴장 상태를 느낀다고 한다. 엄마가 불안감을 느끼면 아기도 불안해하고, 엄마가 안정감을 느끼게 되면 아기도 마음을 가라앉히게 된다는 것이다.[20)] 이러한 초기의 상호작용은 유아의 후기 태도에 영향을 미친다. Erikson이 돌보는 이의 자기 확신을 강조한 것은 문화적지지 곧 "우리가 하는 방식이 우리 자녀들에게 유익하다"는 신념을 필요로 한다. 이러한 신념은 유아에

18) E. H. Erikson(1950), *op. cit.*, pp. 273-74.
19) Benedek에 의하면, 처음에 유아들에게 가장 적합한 대인 환경은 일관성 있게 만족을 주는 환경이라고 한다. 돌보는 사람들이 일관성 있게 아기를 사랑해주면, 아기는 그들에게 관심을 갖고 또, 다른 사람들이 있는 외부 세계에 관해 배우게 된다. 이때 아기는 그를 돌보는 사람들을 확신하게 된다. 따라서 아기는 자신의 사소한 욕구가 얼마간 충족되지 않더라도 참을성 있게 기다릴 줄 알게 된다. 아기는 자기를 돌보아 줄 사람이 곧 온다는 것을 알고 있기 때문이다.
20) William C. Crain(1983), *op. cit.*, p. 249.

게 전달되어 유아들은 세계에 대한 신뢰감을 느끼게 된다.[21)]

2) 유아기: 자율성 대 수치심, 2~4勢

이 시기의 특징은 활동성이다.[22)] 항상 움직이며 무엇인가 바쁘게 하고 있다. 또한 이때는 자기중심적 사고에서 자기 의식적인 차원으로 변하는 시기이기도 하다.[23)] 이때는 엄마의 젖을 떼고 차츰 정신적으로도 이유를 하기 시작한다.[24)] 즉 자기가 할 수 있는 일이면 스스로 하게 되고, 자기 의지로 하고 싶지 않아도 노력하려고 한다. 점차 자기주장이 강하게 나타나며, "나" 또는 "내꺼야", "싫어"와 같은 말을 많이 사용한다. 기억력이 급격히 발달되고 언어 능력이 매우 발달하며, 자기의 감정이나 정서를 매우 솔직하게 나타내므로 제멋대로 하고 싶어 한다. 즉 자신의 생각과 느낌을 숨김없이 표현하는 시기이다. 여러 가지 놀이가 가능한 시기이기도 하며 손가락의 활동도 잘 할 수 있게 된다. 종이접기, 가위질하기, 적목 쌓기, 찰흙으로 여러 가지 모양 만들기 등의 활동을 잘 할 수 있게 된다. 따라서 자율성도 생기게 되고 질문도 많이 하며, 자기가 할 일은 자기 스스로 할 수 있게 된다.[25)]

유아가 자신에 대한 통제력이 커져 자기 멋대로 하려 할 때 사회는 부모를 통하여 그가 올바로 행동하도록 가르치기 시작한다. 그 대표적인 것으로 '용변가리기'(toilet training)가 있다. 부모들은 유아가 마음대로 변을 보도록 허용하지 않는다. 대신 사회적으로 적합하게 행

21) E. H. Erikson(1950), *op. cit.*, p. 249.
22) B. M. Newman & P. R. Newman(1983), 「현대 발달 심리학」, 박아청 역, 형성출판사, p. 34.
23) *Ibid.*, p. 35.
24) 김재은(1983), *op. cit.*, p. 45.
25) *Ibid.*, pp. 48-51.

동하도록 유아를 훈련시킨다. 부모들은 유아에게 지저분한 배변 행동에 대해 수치심을 느끼게 함으로써 배변훈련을 시킨다. 유아는 한동안 이 훈련에 저항하기도 하지만 결국 따르게 된다.

Erikson은 이러한 훈련이 도처에서 일어난다고 주장하고 있다(예: 예의바르게 밥먹기, 대답 바르게 하기 등). 이때 유아에게 생기는 갈등을 Erikson은 자율성과 수치심・회의의 갈등이라고 규정짓고 있다. 자율성은 내부에서 생기며, 생물학적 성숙이 스스로 어떤 일을 할 수 있는 능력, 즉 자신의 괄약근 통제, 자기 발로 서기, 혼자 숟가락질 해보기 등의 능력을 말한다. 반면에 수치심은(회의심) 사회의 기대와 압력을 의식함으로써 생겨난다.[26] 수치란 타인의 눈에 자신이 좋게 보이지 않는다는 느낌이다. 회의는 자신이 결국은 그렇게 강력하지 못하기 때문에 다른 사람들이 자기를 통제할 수 있고 자기 보다 더 나은 행동을 수행할 수 있다고 깨닫는 데서 시작된다. 만일 이런 감정이 유아에게 계속 생긴다면 그 유아는 커서 어떤 의사결정을 독단적으로 하지 못하고 남이 하라는 대로 행동하는 비능률적 인간이 된다. 그러므로 이때 부모는 유아의 환경을 유아가 스스로 익혀 나가도록 조장함으로써 공연한 부끄러움이나 의심을 경험하지 않도록 유아를 보호해야 한다.[27]

유아기에 자율 감각이 확립되게 하기 위해서는 유아자신의 굉장한 노력이 필요하며, 부모의 인내력과 조력도 필요하다. 수치심과 자기 의혹감은 유아가 시도한 활동이 실패했을 때 혹은 부모가 도중에서 여러 번 실망시키고 비판했을 때 또는 이 두 가지 모두가 일어날 때 생기게 된다.[28]

일반적으로 대부분의 유아들은 성공을 향한 활동에서 실패를 경험

26) William C. Crain(1983), *op. cit.*, p. 253.
27) E. H. Erikson(1950), *op. cit.*, p. 252.
28) *Ibid.*, p. 253.

하곤 한다. 자율성을 획득한 유아라 하더라도 자신이 해낼 수 있을 것인지에 대해 의문을 갖게 되지만 그래도 여러 가지 활동에 참여해 나간다. 그러나 부끄러움과 의혹을 갖게 된 유아는 새로운 활동을 피하고 이미 그가 알고 있는 것에만 집착하게 된다.[29)]

이때 부모는 유아의 독립심을 허용하고 격려해 줌으로써 자율성을 키워줄 수 있다. 또한 부모들이 그들의 자녀들에게 줄 수 있는 자율성에 대한 감각의 전도와 종류는 부모 자신의 생활에서 이끌 수 있는 위엄과 인간적 자립의 감각에 위해 좌우된다.[30)] 즉 신뢰에 대한 감각이 부모들의 건전하고 현실적인 신념의 반영인 것처럼, 자율성에 대한 감각은 개개인으로서의 부모들의 존엄성의 반영이다. 정당한 존엄성과 합리적 독립성을 지닌 태도로서 자신들의 자녀를 대하고 양육할 때 유아 역시 자율적인 인격체로 성장해 갈 수 있다.

3) 학령전기: 적극성 대 죄책감, 5~7歲

이 시기의 유아는 독립적이고 활발히 움직인다. 이때의 유아들의 관심은 자기 신체에만 머물지 않고 주위 사람들에게 확대되는 시기이다. 특별히 성적 차이점(sexual difference)에 대해 지대한 호기심을 발달시키는 시기이다.[31)]

또한 이때는 도덕의식이 싹트는 시기이기도 하다.[32)] 뉴만은 학년기 아동의 도덕성은 내재화된 기준에 의해 자기의 행동을 통제하는 능력이라고 정의하고 있다.[33)]

5세아는 감각과 운동의 협응이 발달하여 본을 보고 그림을 그릴

29) *Ibid.*, p. 254.
30) *Ibid.*, p. 254.
31) *Ibid.*, pp. 255-56.
32) 김재은(1983), *op. cit.*, p. 73.
33) B. M. 뉴만 & P. R. 뉴만(1975), *op. cit.*, p. 139.

수 있고 추상능력은 아직 미약하나 사회성이 상당히 발달하며 이해력도 발달한다.[34] 공동 사회의 경험이 어느 정도까지 가능해질 만큼 자란다. 어휘력도 풍부하게 발달하며 공간 지각도 발달한다. 이때는 전체로서의 "자기"를 알기 시작하는 시기이다. 이때 유아에게 영향력을 미치는 영향 요소는 가족만이 아니다.[35]

위와 같은 발달적 특징을 지닌 학년전기의 유아는 외적 환경의 탐색에 주의를 향하게 되며 자기 내부에서 발견한 것과 동일한 안정성, 강함, 규칙성을 외적 세계 속에서 발견하려고 노력한다.[36] 환경을 탐색할 때의 동기 및 능력은 자율성에 의존한다.

유아는 자신이 남자인지 여자인지 알게 되고 양성의 상징인 아버지나 어머니를 모델로 자기 나름의 인생에 대한 계획과 목표를 세우기 시작한다. 이 시기에 유아들이 "난 아빠 색시가 될래", "난 엄마하고 결혼할거야." 등의 말을 하는데, 이것은 유아가 나름대로의 계획과 목적을 갖게 되기 시작했음을 말한다. 또한 유아는 이성의 양친에게 애정을 기울이며 동성의 부모는 절대자인 동시에 다른 한편 너무나도 거대한 경쟁 상대자로 인식한다. 이때 유아는 모순 속에 빠지게 된다.

이와 같은 특징은 Freud가 말한 Oedipus complex age라는 말로 설명이 된다. 이 경우 남아는 모친에 대해 애정욕구를 보이면서 부친에 대해서는 소외와 애정의 욕구가 동시에 존재하게 된다. 이와 같은 갈등 속에서 남아는 모친과의 애정 관계를 강화하기 위해 부친에게 동일화하여 남자다움을 배우려고 한다. 이런 기본적인 경향을 Erikson은 '침입성'(intrusive mode)이라고 부르고 있다. 한편 여아는 모친을 경쟁자로 보는 경향을 나타내면서 부친에게 사랑받기 위한 여러 형태의 경향을 발달시킨다. 이때 여아에게는 여자다움이 강조되

34) 김재은(1983), *op. cit.*, p. 57.
35) *Ibid.*, p. 66
36) B. M. 뉴만 & P. R. 뉴만(1975), *op. cit.*, p. 150.

어 이른바 '포괄성'(inclusive mode)이 촉진된다고 한다.[37]

Erikson은 이와 같은 양친과의 관계에서 과제가 잘 풀리지 않는 경우 유아에게 자발성 대 죄책감 등의 갈등이 생긴다고 본다. 이 시기에 획득되는 적극적인 특질을 적극성이라고 한다. 질투와 경쟁은 쓸데없이 유아를 격분시키고, 확고한 특권까지 분리시키려 하며, 마침내는 부모 중의 어느 한 쪽을 독차지하려고 하는 등 극치에 달하며 이때 초래되는 실패는 유아로 하여금 죄책감과 불안을 느끼게 한다.[38]

바로 이 발달 단계에서 적극성을 불러일으키는 '양심'이 굳건히 성립된다.[39] 유아들은 남이 볼까 부끄러움을 느낄 뿐 아니라 보여지고 있을까봐 두려워한다. 더욱이 아무도 감시하지 않는 행동이나 단순한 생각에 대해서도 스스로 죄책감을 느끼기 시작한다. 이때 형성되는 감정은 도덕률과 양심의 기초가 된다.

적극성과 죄책감 사이에서 일어나는 갈등의 긍정적인 해결은 유아가 환경에 대한 적극적인 인지적 탐색을 통해 얻는 즐거운 경험의 발달과 관계가 있다.[40] 이 발달단계 동안 보다 더욱 빠르고 열심히 배우는 때가 없다. 이때의 유아는 책임감 규율, 일의 수행 등을 충분히 감당할 수 있을 만큼 감각이 성장하며 이에 대해 만족을 느낀다. 이때 만일 부모가 간섭하거나 호기심을 말살시키거나 유아의 대답에 무관심하면 유아는 자발성과 호기심을 잃고 죄책감에 사로잡혀 정서적으로 불안하게 된다. 또 새 경험을 두려워하게 되고 계속 어른들에게 의존하며 내향적으로 된다. 그러므로 부모는 유아가 어떤 일을 스스로 할 수 있도록 격려해 주며 유아의 질문에 관심을 갖고 친절히 대답해 주어야 한다.

---

37) 정웅섭(1981), *op. cit.*, p. 243.
38) E. H. Erikson(1950), *op. cit.*, p. 256.
39) *Ibid.*, p. 119.
40) *Ibid.*, p. 118.

2. 심리 · 사회적 이론의 기독교 유아교육에의 적용

본 장에서는 앞에서 살펴본 Erikson의 심리 사회적 발달이론에 근거하여 각 발달단계(1단계~3단계)에 알맞는 기독교 유아교육의 실천적인 방안을 고찰하고자 한다.

1) 영아기: 양육자와의 상호관계성

생후 1~2년의 시기는 유아가 그와 접촉하는 인간관계에서 그를 돌보는 이에게 신뢰감을 가질 수도 있고 그와는 반대로 불신감을 가질 수도 있는 시기이다. 이때 부모에게서 신뢰감을 느낄 수 있는 유아는 타인에 대해서 신뢰감을 가질 수 있게 되고 인간에 대한 기본적인 신뢰감을 형성하게 된다. 이 기본적인 신뢰감은 종교적인 차원에서의 신뢰로 심화되어질 수 있다. 긍정적인 측면을 기독교 유아교육에 적용한다면 이 시기의 유아가 하나님과 예수님을 체험할 수는 없어도 그의 부모로부터 느끼는 신뢰감을 통하여 하나님을 느끼게 할 수 있으며, 그것은 믿음(faith)의 기초를 마련해 줄 수 있다.[41] 그러므로 유아와의 관계에서 신뢰감을 줄 수 있도록 부모가 유아의 요구에 적절히 응하여야 하며 보다 나은 관계를 위해 유아와의 바람직한 상호작용이 필요하다.[42]

또한 유아로 하여금 하나님에 대한 전 이해를 형성하게 하는 신뢰감은 부모의 자기 확신에 의해서도 영향을 받는다. 부모의 정서적 안정과 자신의 양육방식이 그의 자녀에게 유익하다고 생각하는 신념

41) Ruth Beechick(1980), *Teaching kindergartners*, Denver, Accent Books, pp. 34-37.

42) L. Y. Yarrow and M. S. Goodwin(1979), 'Some conceptual issues in the mother-infant of interaction,' *American Journal of North psychiatry*, 35.

등의 여부에 따라 유아의 신뢰감 형성에 영향을 미친다고 하는 이 사실은 유아에 대한 기독교 교육은 곧 부모에 대한 기독교 교육이 되어야함을 시사해 준다. 그러므로 주일학교에서의 교육은 영아를 위한 교육으로부터 시작되어야 함과 동시에 이 영아의 부모를 대상으로 한 부모 교육이어야 한다.

또한 가정은 기독교 교육을 위한 최초의 장소이며[43] 이 가정은 부모가 중심이 되어 구성된다. 따라서 유아의 신뢰감 형성에 중요한 역할을 하는 유아와 부모와의 상호 관계성은 유아가 기독교적 인격체로 성장하는데 최초의 경험을 제공해 줄 수 있다는 점에서 매우 중요한 의미를 지닌다. 그러므로 부모는 그리스도 안에서 기쁨과 소망 가운데 안정된 생활을 하도록 노력하여야 하며 복음을 삶으로 사는 진지한 자세가 요구된다.[44]

이 시기의 유아를 위해 교회에서는 유아를 대할 때 따뜻하고 수용적이고 유아가 안정감과 사랑을 느낄 수 있도록 대해주어야 한다.[45]

2) 유아기

이 시기는 유아의 생물학적 성숙이 스스로 어떤 일을 할 수 있는 단계이므로 독립적이고 기본적인 생활습관이 생길 수 있는 시기이다. 이 시기에 유아로 하여금 기독교적인 생활습관을 가질 수 있도록 유도할 수 있다. 전 단계에서 형성된 신뢰감에 의해 유아는 그의 부모님을 믿고 신뢰하는 하나님의 모습을 통하여 하나님 경외하는 것을 배우게

43) Oscar E. Feucht(1975), 'Social influences on children,' in Roy B. Zuck and Robert E. Clark(Eds), *Childhood education in the church*, Chicago: Moody Press, p. 34.

44) 정웅섭, (1981), *op. cit.*, p. 246.

45) David Ng and Virginia Thomas(1983), *Children worshipping community*, Atlanta, John Knox Press, pp. 37-38.

된다. '하나님, 예수님 고맙습니다.'하는 부모의 말이나 태도, 유아가 하나님을 되풀이하며 부를 때 부모님이 만족해하는 태도를 통해서 하나님은 유아가 좋아해야 하는 특별한 분임을 어렴풋이 알게 할 수 있다.

이때는 자기 것, 내 것을 갖고 싶어 하므로 성경 그림책을 갖게 해주어 보고 또 보게 함으로써 효과적으로 성경의 내용을 전달할 수 있다.

이 단계의 유아의 많은 행동은 성인의 감정에 의해 규제된다. 유아는 부모의 부정적인 반응에 매우 민감하여 수치심에 빠질 우려가 있다. 유아가 자주 수치심에 빠지면 빠질수록 그는 두려움에 쌓이게 되며 이같은 두려움은 유아를 자율적이지 못하게 한다. 또한 이러한 감정은 유아의 하나님에 대한 이해에도 부정적인 영향을 미치게 한다. 그러므로 옳고 그름에 대한 분명한 기준은 가르쳐 주되 사랑과 용납의 자세로 유아를 수용하는 것이 필요하다. 이러한 분위기 속에서 유아는 하나님께서 자신을 사랑하신다는 사실을 인지하게 되며 자율적으로 행동할 수 있게 된다.

유아는 모방을 좋아하므로 유희를 통해 성경의 내용을 전달할 수도 있으며 성경이야기를 되풀이함으로 암기하게 할 수도 있다. 또한 교사와 부모는 언행이 일치하는 기독교인의 생활로 본보기가 되어 유아가 신앙적인 삶을 교사와 부모를 통해 배울 수 있도록 해야 한다.

3) 학령전기: 도덕적 가치의 내면화

도덕적 의식이 싹트는 이 시기는 부모의 행동에 나타나는 몇 가지의 특징을 자기 자신 속에 받아들이려고 노력하는 시기이다. 정신분석가인 Bronfenbrenner는 도덕성 발달은 부모와의 강한 동일시에서 생긴다고 주장하고 있다.[46] 부모에 대한 강한 동일시의 긍정적인 성

46) Urie Bronfenbrenner(1960), 'Freudian theories of identification and their derivatives', *Child Development*, 31, pp. 15-40.

취는 유아에게 적극성을 가져다주며 그 반대가 될 때 유아는 죄책감을 느끼게 된다. 유아가 죄책감을 느낄 때 절대적인 역할을 하는 것이 부모의 유아에 대한 교육적이고 기독교적인 배려이다.[47] 부모 자신들의 신앙적인 생활 태도가 유아로 하여금 죄책감을 극복하고 신앙적인 삶을 살도록 유도한다. 죄책감으로 해서 생기는 불안에도 불구하고 예수 그리스도에 의해 받아들여지고, 가치있는 존재로서 살도록 부름 받았다는 것을 유아에게 인식시켜 주는 일이 유아를 신앙으로 이끄는 데 매우 중요한 역할을 한다.

또한 이 시기의 옳고 그른 것에 대한 도덕적 판단은 구원이라는 내적 경험을 쉽게 이루게 한다.[48] 유아 자신이 하나님을 기쁘게 할 수 없는 일을 했을 경우, 그것이 죄라는 것을 깨닫는다. 이 단계의 유아는 착한 사람이 되고자 하는 갈망이 크므로 교사나 부모는 성경 말씀을 인용하여 유아가 죄책감으로부터 풀려날 수 있도록 해야 하며 선한 행동을 하도록 격려하며 인도해 주어야 한다.

유아에게 타인을 생각해 볼 수 있도록 하는 사회성을 갖추도록 유도할 수 있으며 흡사한 예로 양심의 문제와 기독교 교육에서 말하는 이웃 사랑의 개념을 알게 할 수 있다.

유아의 특징인 풍부한 상상력과 역할놀이, 창조적인 행동 등을 기독교 유아교육에 적용하여 유아의 상상 속에 존재하는 하나님과 예수님에 대한 이야기를 역할 놀이를 통해 구체화시킬 수 있으며, 기도를 혼자 해 보게 함으로써 독립적인 신앙심을 키워줄 수 있다.

앞에서 Erikson의 심리 사회적 발달의 이론을 3단계까지 살펴보고 기독교 유아교육에 적용시켜 보았다. 여기서는 책의 성격상 일부만을 다루었으나 Erikson의 이 이론은 발달의 전 과정을 포괄적으로 다루

47) 정웅섭(1981), *op. cit.*, p. 247.
48) Ruth Beechick(1980), *op. cit.*, pp. 34-37.

고 있다는 점에서 그의 이론의 효율성을 나타낸다.[49] 또한 그는 발달의 요인으로서 성숙과 환경을 정당하게 평가하고 있으며 성장을 언제나 상호성을 지닌 전체적인 맥락(context) 속에서 취급하기 때문에 이 이론은 더욱 더 그 가치를 높이 평가받고 있다.

Erikson은 그의 저서 「Identity: Youth and Crisis」에서 나치 독일군이 그의 자녀가 아주 어린 시기에 미국으로 이주하였다고 한다. 이 독일군의 자녀는 처음에는 미국의 문화와 환경에 익숙하게 적응하는 듯하였다. 그러나 점점 이 아이는 모든 권위에 반항을 하였으며 그의 행동은 그 내용과 방법에서 나치의 출판물에서 얻은 것과 같은 무의식적인 반응을 하였다고 한다. 그가 청년이 되었을 때는 전제적인 습관과 제복에 더 매력을 느꼈다고 한다. 이것은 유아기의 경험이 무의식에 남아 있으며, 이 무의식이 청년기에 재정립된다고 주장하고 있다. 다시 말하면 유아기의 종교적 경험이 매우 의미 있음을 시사해 준다고 볼 수 있다.[50] 따라서 Erikson의 심리 사회적 이론의 연구에 의해 유아의 생물학적인 자연스러운 성숙을 기독교적인 교육 방법과 환경 속에서 상호 작용시킴으로써 유아의 기독교적 인격 발달에 기여할 수 있다.

Ⅱ. Piaget의 인지발달이론

본 장에서는 Piaget의 인지발달이론을 보다 명확하게 이해하기 위해 용어의 정의, 감각 운동기, 전조작기에 대해 다루어 보고자 한다.

---

49) William C. Crain,(1981), *op. cit.*, p. 243.
50) Erikson(1968), *op. cit.*, p. 54.

1. 용어의 정의

이 부분에서는 Piaget의 인지발달이론을 설명하는데 사용되는 기본적인 용어들에 대해 정의를 내릴 것이다. 어떻게 그리고 왜 인지발달이 일어나는가를 이해하기 위해서는 이러한 용어들의 의미를 이해하는 것이 필수적이기 때문이다. 도식, 동화, 조절, 평형화가 바로 이에 해당하는 용어들인데 이러한 용어들의 정의들을 차례로 살펴보면 다음과 같다.

1) 도식

도식이란 개개인들이 인지적으로 환경에 적응하고 그 환경들을 조직하는 인지적 구조이다. Piaget는 "일련의 활동, 사고 행동 안에서 반복, 일반화가 가능한 것은 무조건 도식이다"[51] "도식은 인지적 발달 단계에서의 구조들이다"[52]라고 했다. 다시 말해, "도식은 일반화의 도구이며, 사고의 수단"[53]이라 할 수 있다.

2) 동화

동화란 과거 경험의 입장에서 사건을 경험하는 인지적 과정이다. 예를 들면, 새로운 자극에 직면했을 때 영아들은 자신이 이미 소유한 도식에 새로운 자극을 끼워 맞추려고 한다. 만약 새로운 자극이 기존 도식에 적합하지 않다면 그 자극들은 수용되지 못한다. 인지능력은

51) R. I. Evans(1973), *Jean Piaget: The man and his ideas*, N.Y.: Dutton, p. 118.
52) Jean Piaget(1968), *Six psychological studies*, N.Y.: Vintage Books, p. 1.
53) H. W. Maier(1978), *Three theories of child development*, N.Y.: International Universities Press, p. 7.

새로운 경험을 이미 존재하는 구조에 적합하도록 변환시킴으로써 새로운 경험을 기존 도식에 동화시킨다. 따라서 동화란 "새로운 요소를 이전 도식으로 통합시키는 것"이라 할 수 있다.[54)]

3) 조절

조절은 새로이 경험하는 실제 사건의 요구를 보다 더 정확히 만족시키기 위해 이전 개념을 조정하고 변형시키는 것이다. 새로운 자극에 직면했을 때 새로운 경험을 받아들이기 위해서는 기존의 구조들을 수정하거나 새로운 도식을 만들 필요가 발생하는데 조절은 이렇게 새로운 도식을 형성하거나 이전 도식을 수정하는 인지적 수행이라 할 수 있다.[55)]

4) 평형화

Piaget에 따르면 평형화는 동화와 조절간 균형을 이루어주는 것이라고 한다. 동화와 조절간의 균형은 인지발달 및 성장에 매우 중요한 역할을 한다.[56)] 만약 어떤 사람이 조절 없이 자극을 항상 동화만 시킨다면 그 사람은 아주 많은 도식을 갖게 되며 사물간의 차이를 발견할 수 없게 될 것이다. 한편 동화 없이 늘 조절만 한다면 그 사람에게는 매우 작은 도식들이 굉장히 많아질 것이며 사물간에 존재하는 유사점

---

54) Jean Piaget(1952), *The origins of intelligence in the child*, N. Y.: International Universities Press, p. 6.

55) B. J. Wadsworth(1979), *Piaget's cognitive development*, N. Y.: Longman, p. 15.

56) Jean Piaget(1964), 'Development and learning' in Richard E. Ripple & Verne N. Rockcastle(Eds.), *Piaget rediscovered: A report of the conference on cognitive studies and curriculum development*, Ithaca, N.Y.: Cornwell University Press, p. 14.

을 인식할 수 없을 것이다. 그러므로 동화와 조절간의 균형은 인지구조 발달에 있어 필수적이다.

2. Piaget의 인지발달론

Piaget는 인지발달을 감각 운동기(출생~2세), 전 조작기(2~7세), 구체적 조작기(7~11세), 형식적 조작기(11세 이상) 등의 네 시기로 나누고 있다. 본 서에서는 이 단계들 중 유아(0~7세)와 관련된 첫 번째 단계와 두 번째 단계를 다룰 것이다.

1) 감각 운동기

인지발달의 첫 번째 단계는 감각 운동기라고 불린다. 왜냐하면 문제를 해결함에 있어 다른 세 시기의 경우는 상징적 과정을 사용하는데 반해 이 시기 유아들은 감각체계와 운동활동을 사용하기 때문이다.

Piaget는 감각 운동기를 복잡한 인지적 행동이 나타나는 정도에 따라 또 다시 6단계로 세분화했다 1) 반사(0~1개월), 2) 1차 순환반응(1~4개월), 3) 2차 순환반응(4~8개월), 4) 2차 도식의 협응(8~12개월), 5) 3차 순환반응(12~18개월), 6) 표상(18~24개월) 등이 바로 그것들인데 각 단계들은 유아들의 사물에 대한 개념, 인과개념, 모방의 발달이 어느 정도 진전되고 있느냐를 포함한다.[57] 이러한 단계들을 하나하나 살펴보면 다음과 같다.

57) J. H. Flavell(1977), *Cognitive development*, New Jersey: Prentice-Hall, p. 81.

(1) 1단계 (0~1개월: 반사)

첫 단계는 반사작용으로 특징지어진다. 선천적인 기본적 반사는 빨기, 잡기, 울기와 팔, 몸통, 머리의 움직임 정도이다. 영아들은 자극을 받으면 그 자극이 무엇이냐에 상관없이 학습된 적이 없는 자동적인 빨기 반응을 나타내게 된다. 사물이 영아의 손바닥에 닿으면 그들은 대상에 관계없이 그 사물을 손으로 쥔다. 이러한 초기 경험들은 인성 발달의 시초를 이루게 된다. 1단계 말기가 되면 더 이상 빨기가 유전에 의한 자동적인 행동양식으로 나타나지 않으며 보다 정밀해지고 상당히 복잡한 심리적 구조로 발전하게 된다.

(2) 2단계 (1~4개월: 1차 순환반응)

2단계는 우연히 하게된 행동양식을 반복하는 것으로 특징지어진다. 영아는 여러 번 시도 끝에 얻게된 결과를 반복하게 되는데 이러한 행동의 연속은 "습관"이 되는 것이다. 따라서 이 단계는 "1차 순환반응"이라고 불려진다.[58)]

이 단계에서는 손가락 빨기, 눈의 협응(움직이는 물체를 눈으로 따라가기), 눈-귀 협응(소리가 나는 쪽으로 고개 돌리기) 등 여러 새로운 유형의 행동들이 나타나게 된다. 그 중에서도 이 단계의 전형적인 행동유형은 손가락 빨기이다.

청각과 시각간의 협응 역시 본 단계에서 발달하기 시작한다. 또한 이 시기의 영아들은 사람의 목소리와 얼굴 생김새를 연결시키기도 하며 시각과 손의 협응 또한 발달하기 시작한다.

이 시기의 또 하나의 특징은 초보적인 예견을 한다는 점이다.[59)]

---

58) Jean Piaget(1952), *op. cit.*, p. 47.

59) Herbert Ginsburg & Sylvia Opper(1988), *Piaget's theory of intellectual development*, New Jersey: Prentice-Hall, p. 36-37.

수유상황에서 처음에는 젖꼭지만이 빨기에 대한 신호로써 작용하나 나중에는 엄마 품에 안기는 것만으로도 젖꼭지를 대신해서 빨기에 대한 신호로 작용한다는 사실을 알 수 있다. 이는 유아들이 수유에 대한 초보적인 예견을 하고 있음을 의미한다.

(3) 3단계 (4~8개월, 2차 순환반응)

2단계에서는 영아들의 행동이 자신의 신체에 집중되는 것이 특징이었으나 3단계에서는 자신의 신체를 넘어서서 점차적으로 사물과 사건을 지향해간다. 예를 들면, 영아는 시각과 촉각의 협응을 보이면서 손에 닿는 모든 사물들을 잡고 만지작거린다. 이들은 선천적인 반사작용이 아니며, 반복되는 행동들에 의해 획득되는 것이다.

그리고 이 시기의 영아들은 외부환경에서 우연히 발견한 흥미 있는 사건들을 재현하게 된다. 흥미 있는 경험이 일어나게 되면 그것을 반복하려고 노력하는 것이다. 따라서 Piaget는 본 3단계를 "2차 순환반응"[60]이라고 언급했다. 이 시기에 속하는 영아들은 외부환경에 흥미를 가지고 있으며 여러 목적을 달성하기 위한 수단으로써 작용하는 행동들을 사용할 수 있게 된다.

(4) 4단계 (8~12개월, 2차 도식의 협응)

영아들은 출생한 첫 해 말 즈음에 무언가 자신이 원하는 목적을 이루기 위해 수단을 사용하기 시작한다. 즉 유아들은 하나의 행동을 이루어 내는데 있어서 자신들에게 친숙한 두 가지 도식을 협응하기 시작하는 것이다.

본 단계 또 하나의 특징은 영아들이 사건에 대한 예견능력을 명확히 드러낸다는 점이다. 어떠한 "표시"는 그것에 뒤따르는 어떤 활동과

60) Jean Piaget(1952), *op. cit.*, p. 153.

연결되는 것으로 이해될 수 있다. 이러한 행동은 어떠한 사건의 예견과 "의미"를 설명해 준다. 예를 들면, 수프의 싫은 맛으로 하여금 수프를 보거나 수프와 관련된 소리를 들었을 때 불쾌한 경험을 떠올리게 되어 구태여 수프를 맛보지 않았을 경우라 할지라도 입을 꼭 다물게 되는 것이다.

(5) 5단계 (12~18개월: 3차 순환반응)

5단계는 "탐구활동을 통한 새로운 수단의 발견"으로 특징지어진다.[61] 영아들은 던지기, 사물 굴리기, 상자 기울이기, 물에 사물 띄워 보기, 물 쏟아 붓기 등과 같은 활동탐색을 통해 목적에 부합되는 수단을 발달시킨다. 이러한 행동의 진정한 의미는 새로운 것을 추구하기 시작했다는 데 있다.

일반적으로 "탐구활동을 통한 새로운 수단의 발견"은 친숙한 도식의 협응 뿐만 아니라 새로운 관계의 구성을 포함하는데 이러한 관계의 구성은 "3차 순환반응"과 유사한 방법으로 획득된다.

(6) 6단계 (18~24개월, 표상)

6단계는 "추론 혹은 인지적 조합을 통한 새로운 행동유형의 발명"으로 특징지어진다.[62] 5단계에서는 실제 활동을 통한 실험으로써 문제해결을 위한 새로운 수단을 습득했다고 볼 수 있다. 6단계에서도 5단계와 마찬가지로 새로운 수단을 발달시키지만 5단계에서처럼 실험에 의존하지는 않는다. 대신 6단계의 유아들은 인지적인 표상을 통해 문제를 해결하려고 한다. 실험은 행동이나 움직임을 통해서 보다는 오히려 활동의 표상을 통한 사고 안에서 이루어진다.

---

61) *Ibid.*, p. 263.
62) *Ibid.*, p. 331.

2) 전 조작기

전 조작기에는 2~7세까지의 유아들이 속한다. 인지적 상징, 상징놀이, 언어, 자기 중심성, 중심화, 가역성, 보존개념, 분류 등은 바로 전 조작기 유아들의 사고가 지니는 특징들이다. 이 중에 2~4세에 해당하는 시기에서는 인지적 상징, 상징놀이, 그리고 언어가 나타나기 시작한다. 이러한 전 조작기 유아들의 특징들을 차례로 살펴보면 다음과 같다.

(1) 인지적 상징

인지적 상징은 사물과 과거의 지각된 경험을 내적으로 표상하는 것을 말한다. 지연된 모방이라든가 대상개념 발달에 필수적인 숨겨진 물건을 찾아내는 능력 등은 인지적 상징을 사용하는 예로 볼 수 있다.

(2) 상징놀이

상징놀이는 상징적 기능의 한 예로 이는 감각 운동기 유아들에게서는 발견할 수 없는 놀이이다. 상징놀이의 본질은 모방에 있는데 이는 자기 표현의 수단일 뿐 의도적인 것은 아니다. 상징놀이를 통한 모방은 다른 사람과 의사소통 하려는 의도를 담고 있지 않다는 것이다. 상징놀이에서 유아들은 자신이 바라는 것을 표현할 수 있는 방법들을 구성하게 된다. Piaget는 "상징놀이의 기능은 현실을 자신이 바라는 대로 바꿈으로써 자기만족을 하는 것"[63]이라고 말하였다.

(3) 언어

전형적인 유아들은 대개 2세 경에 상징으로서의 언어를 사용하기

63) Jean Piaget(1968), *op. cit.*, p. 23.

시작한다. 언어는 사물을 표상하는 것으로 언어사용 초기 때 유아들은 "한 단어" 문장을 사용하지만 그들의 언어능력은 빠르게 확장된다. 그래서 대부분 4세 경의 유아들은 구어의 사용을 거의 습득하게 된다. 또한 이 시기의 유아들은 대부분의 문법적인 규칙들을 사용하여 말할 수 있으며, 친숙한 어휘의 경우 듣는 것을 이해할 수 있게 된다.

Piaget에 의하면 언어발달은 자기중심적 언어로부터 사회화된 언어로 발달된다고 한다. 자기중심적 언어는 세 가지의 유형으로 분류되는데 반복, 개인적인 독백, 집단적 독백이 바로 그것들이다.[64] 이러한 언어 양식 모두는 자기중심적인 특성을 가지고 있다.

사회적 언어는 유아들이 다른 사람 즉 청자의 관점을 고려하고 그들에게 정보를 전달하려고 할 때 발생한다. 예를 들면 유아들이 장난감을 사용하는 방법과 같은 단순한 사실들을 다른 유아에게 얘기해 주거나, 다른 아이를 흉보거나, 질문을 하는 상황을 생각해 볼 수 있다. 그러나 그러한 언어 역시도 완전히 의사소통의 기능을 가진 것은 아니다. 종종 청자의 관점을 고려하지 않아서 혼잣말이 될 수도 있다.

6, 7세 경 즈음에 이르러서야 유아들의 언어는 상호적인 의사소통의 성격을 띠게 된다. 서로의 생각들을 교환하는 대화를 하게 되는 것이다.

(4) 자기중심성

자기중심성은 다른 사람의 입장을 취할 수 없거나 혹은 다른 사람의 관점을 볼 수 없는 유아들의 경향을 말한다. 유아들은 모든 사람들이 자기가 생각하는 방식으로, 자기와 똑같은 생각을 한다고 믿는다. 따라서 유아들은 자기의 생각이 항상 논리적이고 옳다고 확신한다.

64) Mary Ann Spencer Pulaski(1982), 「피아제 이해하기」, 이기숙, 주영희 역, 서울: 창지사, p. 113.

발달이 이루어짐에 따라 자기중심성은 점차 감소하게 된다.

(5) 중심화

중심화는 자극을 제한된 인식의 측면에 주의를 집중시키는 유아들의 경향을 말한다. 4~5세의 유아들에게 한 줄에는 9개의 사물을 놓고 또 다른 한 줄에는 7개의 사물을 길게 늘어놓은 두 줄 중에서 어느 것이 더 많으냐고 물어보았을 때, 대체적으로 유아들은 길게 늘어뜨린 줄이 더 많다고 선택한다. 유아들은 인지적으로 9가 7보다 더 많다는 것을 "알았을"때 조차 이 같은 반응을 보이는데, 이것은 지각적인 평가가 인지적인 평가보다 더 우세하게 작용하기 때문이다. 6~7세 이후에야 유아들은 눈으로 본 것을 인지력을 사용해 적절하게 사고하여 판단할 수 있는 지점에 이르게 된다.

(6) 가역성

가역성은 어떠한 사물이 위치, 순서, 모양이 변한다 할지라도 그 원래의 형질은 변하지 않는다는 것을 인식하는 능력을 뜻하는 용어이다. 모든 인지활동에 있어서 전 조작기 유아들은 조작을 다시 거꾸로 번복해보는 능력을 소유하고 있지 않다. 인지발달이 이루어짐에 따라 이러한 특성들은 점차적으로 감소한다.

(7) 보존개념

보존이란 유아들이 둘 중 하나의 사물에 지각적인 변화가 일어났음에도 불구하고 두 사물간의 양적 관계는 변화하지 않음을 이해하는 것을 말한다. 보존에는 여러 종류가 있는데 수, 면적, 부피의 보존이 바로 그것들이다. 그러나 전 조작기 유아들은 사건의 한 측면에만 초점을 맞추고 중심화하여 인지적 반응대신에 지각적인 반응을 하는 경향이 있다. 따라서 이 단계에 속한 유아들은 보존개념을 소유하지 못했다고 할 수 있다. 전 조작기의 후반(7세)에 이르러서야 어느 정도 보존개념의 구조가 발달하게 되는데 이때 수의 보존개념이 항상 다른 종류의 보존개념보다 먼저 획득된다. 대개 부피에 관한 보존개념이 가장 나중에 나타나게 된다.

(8) 분류

분류는 사물을 하나 혹은 그 이상의 특성에 따라 범주로 나누는 것이다. 우리는 어떤 사물을 분류할 때 사물의 모양, 색깔, 크기에 따라 나누어 볼 수 있다. 예를 들면, 어떤 사물을 모양에 따라 분류하게 되면 삼각형, 원, 혹은 사각형 등등의 모양을 한 사물집합으로 나눠게 된다. 혹은 색깔에 따라 분류한 경우라면 푸른색, 빨간색, 초록색, 혹은 오렌지색 등등의 집합으로 나눠게 된다.

2~5세의 유아들은 사물간의 유사성을 인지할 수는 있으나 아직은 어떤 사물을 어느 집합에 포함시켜야 할지를 완벽하게 판단할 수는 없다. 5~7세 경이 되어서야 유아들은 진정한 의미의 집합을 만들 수 있게 된다.

이상을 통해 살펴본 유아들이 어떻게 학습하고 인지발달을 이루느냐에 대한 Piaget의 견해는 다음과 같다: 첫째, 유아들은 성인의 것과는 구별되는 나름대로의 인지구조를 가지고 있다.

둘째, 유아들의 인지발달은 모든 유아들에게 똑같이 일정한 순서대로 발생하는 동일한 단계를 통해 진보된다. 그러나 유아들간의 개인차는 존재한다.

셋째, 인지발달은 4가지 요소 즉 성숙, 경험, 사회적 상호작용, 평형화에 영향을 받는다. 이 4가지 요소 모두는 나름대로의 역할을 가지고 있으며 어느 하나도 유아들의 인지발달에 있어 간과될 수 없다.

넷째, 지식은 유아들에게 주어질 수 있는 것이 아니라 유아들 스스로의 활동을 통해 발견되고 구성되어야 하는 것이다.

마지막으로, 유아들의 사고는 구체적인 경험을 통해 발달하기 때문에 놀이와 게임이 강조된다.

3. Piaget이론의 교육적 시사점

본 장의 목표는 Piaget이론의 교육적인 시사점을 조사해 보는 것이다. 이는 1) 교육과정의 순서, 2) 교육과정 내용, 3) 교수방법 등 광범위한 3개의 범주로 묶여질 수 있는데 이 세 가지 범주들을 차례로 살펴보면 다음과 같다.

1) 교육과정 순서

일정한 연령 수준의 유아들에게 무엇을 가르칠 수 있는가에 대해서 2가지 극단적으로 상반되는 견해가 존재한다. 하나는 어떠한 연령대의 유아들이라 할지라도 우리가 바라는 것들을 가르칠 수 있다고 하는 반(反)준비도 입장이고, 다른 하나는 유아들이 배울 준비가 되기 전까지는 아무 것도 가르칠 수 없다고 주장하는 준비도 옹호주의자들의 입장이다. Piaget는 준비도를 옹호하는 입장을 취하고 있다. 따라서, 교사들은 특정시기에 어떠한 주제를 소개할 것인가를 결정할 때 발달단계의 차례를 참작해야만 하며 유아들의 현 인지발달 단계를 넘어선 요소들을 가르치려 해서는 안 된다는 것이 Piaget의 주장이다.

따라서 교사들은 진단자와 교수자로서의 역할을 감당해야 한다. 각 유아들의 현 인지 단계를 규명하고 각 유아들에 대한 포괄적인 진단을 하는 것은 매우 중요한데, 이때 유아가 가르침을 받고 있는 각 영역에 대해 개별적인 진단을 하는 것이 필요하다. 따라서 교사들은 교수를 위한 기술 뿐 아니라 진단기술을 증진시키기 위한 훈련을 받아야만 한다.

2) 교육과정 내용

Piaget이론이 유아 교육과정에 기여할 수 있는 수학, 물리적 지식활동, 그룹게임, 그리고 교수를 위해 사용되는 교구들에 대해 설명하면 다음과 같다.

(1) 수학

Piaget와 그의 동료들은 유아들의 수개념 구조가 논리적 발달과 함께 이루어진다는 것을 보여주며 수학적인 질문들이 심리적인 구조들이 발달된 이후에 소개되어야만 한다고 주장한다. DeVries에 따르면 이러한 원리들이 "교육자들은 보다 특수한 수학적 활동의 기초가 되는 유아들의 일반적인 논리능력을 발달시키는데 초점을 두어야 함을 강조"하고 있다고 한다.[65]

Piaget의 이론에서 유아들은 개인적으로 흥미를 가지고 있는 문제에 직면했을 때 자신에게 의미 있는 새로운 것을 발견할 기회를 가지게 된다고 주장한다. 이때 교사들은 유아들이 자신의 개별적인 요구와 흥미의 범주 안에서 수학적인 논제를 가지고 고심해보도록 해야한다고 말하고 있다. 이를 위해 교사들은 교구들을 제공함으로써, 그리고 근사치에 대해 사고하고 스스로 확인하며 수정하는 유아들의 노력이 아주 중요함을 강조함으로써 유아들의 개별적인 연구들을 도울 수 있다.

---

65) Rheta DeVries(1987), *Program of early education*, N. Y.: Longman, p. 206.

(2) 물리적 지식활동

유아들은 장차 일어날 일들을 보기 원하고, 앞으로 일어날 일에 대한 예상을 확인하기 원하는 경향을 가지고 있다. 이러한 경향은 유아들로 하여금 물리적 세계 안에서 직접 활동해보고 사물의 반응을 관찰해보도록 한다. 이러한 과정에서 유아들은 작용과 반응간의 대응관계를 구성할 수 있게 되는데 이러한 물리적 행동과 사물간의 관계를 확립하는 것은 유아들의 인지발달에 아주 중요하다.

Kohlberg와 함께 DeVries가 제시한 바람직한 물리적 지식활동의 기준은 다음과 같다.[66] 첫째, 유아들은 자신의 활동으로 어떤 현상을 만들어낼 수 있어야 한다. 둘째, 유아들은 자신의 행동을 변경할 수 있어야 한다. 셋째, 유아들은 사물의 반응을 관찰할 수 있어야 한다. 마지막으로, 사물의 반응은 즉각적이어야 한다.

따라서 교사들은 유아들에게 활동을 소개할 때 유아들의 동기유발을 최대화하고 교사들의 권한을 최소화하는 방법을 사용해야만 한다. 교사들은 유아들이 생각하고 있는 것들을 이해하고 그들의 관점에서 관대하게 반응하며, 유아들간의 활발한 상호작용이 일어나도록 격려해야만 한다.

(3) 그룹게임

유아들의 사고는 자기중심성, 중심화, 비가역성, 보존능력 등의 여러 특성을 지니고 있다. 자기중심성과 중심화는 유아들로 하여금 다른 사람의 견해를 볼 수 없도록 함으로써 자극에 대해 제한된 지각 양상을 갖도록 한다. 탈 중심화하고 여러 다른 사람의 관점에 조화될 수 있도록 하기 위해서는 다른 유아와의 상호작용이 필요하다. 다른 유아, 성인과의 상호작용은 유아들의 사회성, 인지, 도덕성 발달에

66) *Ibid.*, pp. 92-93.

필수적인데 유아들로 하여금 사회적인 상호작용을 할 수 있도록 하는 가장 좋은 방법 중에 하나가 바로 그룹게임이다. 그룹게임은 유아들이 규칙에 따라 다른 사람과 자발적으로 관계를 맺을 수 있는 상황을 제공해 준다. 이러한 그룹게임의 상황을 통해 유아들은 다른 사람의 견해를 인식할 수 있게 되고, 외적인 사회 규칙을 적용할 수 있게 되며, 그것을 준수해야만 하는 의무감을 형성할 수 있게 된다. 따라서 그룹게임을 통해 유아들의 사회성 발달과 인지발달, 도덕성 발달이 촉진된다고 볼 수 있다.

(4) 교구

내용에 관해 마지막 항목은 주제들을 가르칠 때 사용하는 교구들의 본질에 대한 것이다. 일반적으로 유아들은 형식적 조작기에 이르기 전까지는 추상적 언어로 된 개념들을 이해할 수 없기 때문에 교사들은 다양한 구체적인 실물을 가지고 언어적 관념들을 설명하려고 노력해야만 한다. 구체적인 실물 교구들은 2가지로 나뉠 수 있다. 첫째는 책 속의 그림, 영화, 교사들만이 사용할 수 있는 녹음기, 슬라이드 투사기, 비디오 등의 장치 등의 유아들이 스스로 조작할 수 없는 교구들이다. 둘째는 유아들이 스스로 조작할 수 있는 교구들이다. 유아들은 수동적인 관찰을 통해 배우는 것이 아니라 활동을 통해 배우기 때문에 유아들이 직접 조작할 수 있는 교구들은 지식을 구성하는데 가장 효과적인 요소라고 할 수 있다.

3) 교수 방법론

Piaget이론에 근거한 교육 법칙에서 가장 많이 사용되고 인용될 수 있는 것은 교수 방법론의 영역이다. 교수 방법론에는 자기 발견 방법,

사회적 상호작용 방법(또래 학습), 갈등교수방법, 교사의 역할 등의 4가지의 주제가 있다. 이러한 주제들을 하나하나 차례로 살펴보고자 한다.

(1) 자기 발견 방법

Piaget이론과 연구에 따르면 지식과 인지는 활동으로부터 나온다. Piaget는 "사물에 대해 안다는 것은 사물을 가지고 작용해 보는 것을 뜻한다"[67]고 말했다. 물리적 지식활동 부분에서 주지된 바와 같이 사물을 가지고 활동하는 것은 앎의 도구로서 유아들의 인지발달에 아주 중요한 역할을 한다. 때때로 이러한 방법은 전통적인 방법보다 더 많은 시간을 필요로 한다. 그러나 유아들이 자기발견에 의해 학습했을 때 그 결과는 질적으로나 양적으로 전통적인 교수보다 월등히 우세한 효과를 낳게 되므로 교사들은 유아들이 능동적인 자기 발견을 할 수 있도록 격려해야만 하며 이에 적절한 상황과 자료들을 제공해야만 한다.

(2) 사회적 상호작용 방법

Piaget는 또래와의 상호작용이 유아들의 인지발달의 출처로서 중요한 역할을 한다고 강조했다. 다른 유아와 이야기를 나누면서 유아들은 자신의 관점이 사물을 바라보는 유일한 관점이 아니라는 것을 깨닫게 된다는 것이다. 따라서 교사들은 유아들이 함께 대화하고 경험을 나누며 논의할 수 있도록 유도해야 한다. 이는 지식습득의 주된 도구이기 때문이다.

---

67) Jean Piaget(1964), 'Development and learning', in R. Ripple & V. Rockcastle (Eds.), *Piaget rediscovered: A report of the conference on cognitive studies and curriculum development*, Ithaca, N, Y.: Cornell University Press, p. 8.

(3) 갈등교수방법

갈등교수방법은 유아들이 품고 있는 신념에 대해 중대한 모순에 직면함으로써 새로운 것을 학습하게 된다는 견해에 근거하고 있다. 유아들이 환경과 상호작용 할 때 그들은 자연적으로 자신과 친숙하지 않은 사물들, 상황들에 직면하게 되는데 이러한 상황들은 유아들을 어리둥절하게 만들거나 인지적 불평형 상태를 느끼도록 한다. 이러한 상황을 해결하기 위해 유아들은 자극을 이미 존재하고 있는 도식 안으로 동화시키려고 노력하게 된다. 이러한 동화가 성공적이라면 평형화를 성취할 수 있게 된다. 따라서 교사들은 갈등상황을 제공해줌으로써 유아들이 인지구조발달을 이룰 수 있도록 도울 수 있으며 유아들의 잠재적인 사고 구조에 갈등을 일으키도록 고안된 문제를 제시할 수도 있다.

(4) 교사의 역할

교사의 역할은 Piaget의 교육과정에서 효과적인 교수방법의 본질을 논의할 때 고려되어져야 할 가장 중요한 요소 중에 하나이다. 교사의 역할은 "유아들이 사물들의 직접적인 피드백으로부터, 그리고 사물에 대한 자신의 추론을 통해서 스스로 지식을 구성할 수 있도록 돕는 것"[68]이다. 이러한 교사의 역할은 진단자, 촉진자, 학습환경 구성자로 요약될 수 있다. 따라서 교사들은 유아들의 발달단계에 대해 잘 알고 있어야 하며 유아들과 놀이상황 가운데 상호작용하는 방법과, 유아들이 흥미를 가지고 주도적으로 참여할 수 있도록 하는 학습환경을 제공하는 방법에 대한 지식을 갖고 있어야 한다.

---

68) Constance Kamii(1973), 'A sketch of the Piaget-derived preschool curriculum developed by the Ypsilanti early education Problem', in J. Frost(Ed.), *Revisiting early childhood education*, N. Y.: Holt, Rinehart & Winston, p. 117.

4. Piaget이론에 대한 평가

Piaget이론을 기독교 교육에 적용하기 위해서는 기독교적 관점에서 그의 이론을 비평해 보고 그 기여도를 평가해보는 것이 필수적이다. 이에 Piaget이론의 비판적인 견해와 실제적인 공헌을 살펴보면 다음과 같다.

1) Piaget이론에 대한 비평

Piaget이론에 대한 비평에서는 Piaget가 개인차를 간과한 것과 Piaget 연구에 있어서의 문제점이 다루어질 것이다.

(1) 개인차 간과

유아들의 인지발달은 유전적, 환경적 요소들의 영향을 모두 받는다. Schaffer[69]David E. Barret, Marian Radke-Yarrow, Robert Klein.,[70] David Cohen,[71] Golden과 Birns,[72] Ireton, Thwing, Gravern,[73] Vernon[74] 등 많은 학자들의 연구들은 유아들의 사회적, 경제적, 문화

69) David R. Schaffer(1985), *Developmental psychology: Childhood and adolescence*, California: Brooks/Cole Publishing Company, p. 159.

70) David Barrett, Marian Radke-Yarrow, and Robert Klein(1982), 'Chronic malnutrition and child behavior: Effects of early caloric supplementation on social and educational functioning at school age', *Developmental Psychology*, Vol. 18, No. 4, pp. 541-556.

71) David Cohen(1983), *Piaget: critique and reassessment*, London and Canberra: Croom Helm Ltd., p. 88.

72) Edmund Sullivan(1967), *Piaget and the school curriculum: A Critical Appraisal*, The Ontario Institute for Studies in Education, p. 15.

73) Agneta Bergsten-Brucefors(1976), *Intelligence patterns and their relation to social background: A longitudinal study*, CWK Gleerup, p.62.

74) Philip E. Vernon(1965), 'Environmental handicaps and intellectual develop-

적 차이가 그들의 인지발달에 지대한 영향을 미친다는 사실을 증명해 주고 있다.

그러나, Piaget의 연구에서는 유아들간의 그러한 사회적, 경제적, 문화적 차이들이 간과되었다. 그의 연구에는 부유하고 가난한 유아들, 특권계급의 유아들과 그렇지 못한 유아들, 다른 문화권 출신의 유아들에 대한 비교라든지, 수준 혹은 정도에 관한 언급이 전혀 없다. 이에 대해 Ginsburg[75] Brown과 Desforges[76]는 Piaget가 개인차와 같은 요소를 감안하지 않았기 때문에 학습의 역할에 대한 그의 설명은 부적절하다고 비판했다.

(2) 실험상의 문제들

측정도구를 선택하거나 고안하는데 있어 측정도구의 타당도, 신뢰도, 유용도는 확보되어야만 한다. 여기에서 측정의 타당도라 함은 측정도구가 의도한 목적을 얼마나 만족시키느냐의 정도를 나타낸다. 또한 측정의 신뢰도는 점수의 정확성 혹은 산출 점수의 일관성과 관련되며 유용도는 검사가 사용될 수 있는 정도를 말한다. 즉, 유용도는 비용, 자료의 기술적인 질, 집행, 점수산출, 해석의 문제이다.[77] 그러나 Piaget는 그의 실험에 있어 타당도, 신뢰도, 유용도 모두를 고려하지 않았다. Ginsburg, Opper, Flavell, Cohen, Donaldson, Boyle[78]과

ment: Part II', *British Journal of Educational Psychology*, V. 35. pp. 117-126.

75) Herbert Ginsburg(1981), 'Piaget and education: the contributions and limits of genetic epistemology', in Irving Sigel, David Brodzinsky, and Roberta Golinkoff (Eds.), *New directions in Piagetian theory and practice*, New Jersey: Lawrence Erlbaum Associates, p.326.

76) Geoffrey Brown & Charles Desforges(1979), *Piaget's theory: A psychological critique*, London: R.K.P., p.326.

77) Geoffrey Brown & Charles Desforges(1979), *op. cit.*, pp. 528-530.

78) Gerbert Ginsburg & Sylvia Opper(1979), *Piaget's theory of intellectual development*, New Jersey: Prentice Hall; John Flavell(1963), *Developmental psy-*

같은 많은 학자들은 Piaget가 이러한 요소들을 고려하지 않았음을 비판했다. 또한 Ginsburg는 Piaget의 연구과정이 다음과 같은 단점을 가지고 있다고 주장한다. 첫째, Piaget는 결과를 일반화시키기에는 불충분한 단 3명의 유아들을 표본으로 결론을 내렸다는 점, 둘째, 그는 확실한 인과관계를 규명하는 것이 불가능한 자연주의적 관찰방법을 사용했다는 점. 더군다나 일반적으로 조사에 있어 필수적인 수단으로 간주되는 통계검사를 사용하지 않았다는 점[79) 등이 Piaget의 연구가 지니는 단점이라고 지적하고 있다.

2) Piaget이론의 공헌

Piaget의 인지발달 이론은 아동심리학 영역, 특히 유아교육의 교육과정에 크게 기여해 왔다. Piaget의 공헌을 고찰보기 위해 개개 유아들의 독특함의 요소, 활동의 중요성, 관찰의 장점에 대해 살펴보면 다음과 같다.

(1) 개별적 유아들의 독특함

Piaget에 따르면 유아들은 실제에 접근하는 방법, 세계관, 언어사용 등 여러 면에 있어 성인과 차이가 있다고 한다. 유아들은 성인과는 질적으로 다른 독특한 인지구조를 소유하고 있는 존재로서 그들 나름대로의 사고방식과 감정양식을 가지고 있다는 것이다. 이러한 발견은 Piaget의 가장 중요한 공헌 중에 하나이다. Ginsburg와 Opper는 유아

---

chology of Jean Piaget, Princeton, New Jersey: D. Van Nostrand Company; David Cohen(1983), *Piaget: Critique and reassessment*, London & Canberra: Croom Helm Ltd; Margaret Donaldson(1978), *Children's minds*, London: Fontana Press; D. G. Boyle(1969), *A students' guide to Piaget*, Guildford: Pergamon Press.

79) *Ibid.*, p. 27.

와 성인간의 사고 차이에 대한 Piaget의 연구가 유아에 대한 이해 방식에 변화를 가져왔다고 주장했다.[80] 사실 Boepple, Spiro, Modgil & Modgil, Beilin, 그리고 Kuhn과 같은 학자들은 Piaget 사상에 응하여 유아들을 이해하기 시작하고 그에 따른 이론을 발달시켰으며, 이러한 연구결과들은 교수방법의 향상과 유아들을 위한 교육과정 내용 구성에 도움이 되었다고 주장한다.[81]

(2) 활동의 중요성

경험(활동)에 대한 Piaget의 강조는 유아발달을 이해하는데 공헌했다고 볼 수 있다. Ginsburg는 "유아들이 자기주도적인 활동으로부터 가장 잘 학습할 수 있다는 개념은 교육에 있어 매우 중요한 지침이 된다. 지식의 본질은 활동이다"[82]라고 주장하였다. Oslo대학 심리 연구소 교수인 Smedslund는 Piaget 80세 기념논문에서 "Piaget가 활동의 역할을 강조한 것은 아주 중요한 의미를 지닌다"[83]라고 말하고 있다. 이와 같이 활동에 대한 Piaget의 강조는 유아교육에 많은 영향을 미쳤으며 구체적으로 교육과정의 내용과 교수방법의 변화를 가능케 했다.

---

80) *Ibid.*, p. 237.

81) George E. Forman & Catherin Twomey Fosnot(1982), 'The use of Piaget's constructivism in early childhood education programs', in Bernard Spodek (Ed.), *Handbook of research in early childhood education*, N. Y.: The Free Press, pp. 192-193.

82) Herbert Ginsburg & Sylvia Opper(1979), *op. cit.*, p. 239.

83) J. Smedslund(1977), 'Symposium: Practical and theoretical issues in Piagetian psychology-3, piaget's psychology in practice', *British Journal of Educational psychology*, 47, p. 6.

(3) Piaget 관찰의 장점

앞서 살펴본 바와 같이 Piaget의 실험은 여러 가지 문제점을 가지고 있다. 그러나 이러한 결함에도 불구하고 Piaget의 관찰은 많은 장점을 지니고 있는데 무엇보다도 Piaget의 관찰은 예견적, 진단적 평가 모두를 제공해 줄 수 있다는 장점을 가지고 있다. Piaget의 관찰은 유아들의 짧은 말 혹은 판단의 잠재적인 원인을 규명해주도록 하는 적합한 질문을 사용함으로써, 또한 유아들의 주장과 반대되는 제안을 제시함으로써, 그리고 갈등상황을 제공해줌으로써 교사들은 유아들의 인지기능에 대해 많은 것들을 발견할 수 있게 된다.

더군다나 Piaget는 매우 민감한 유아관찰자였다. 그의 관찰 절차는 그로 하여금 실험실에서는 관찰되지 못하거나 간과될 수 있는 현상들을 발견하도록 했다. Smedslund는 Piaget의 관찰이 전통적인 실험실의 경직된 객관주의를 탈피하도록 하는데 주요한 역할을 했다고 언급했으며[84)]또한 오랜 기간에 걸쳐 대상을 관찰할 수 있었다고 말했다.[85)] 이러한 요소들로 인해 관찰대상이 단 3명의 유아들임에도 불구하고 Piaget의 이론이 일반화될 수 있었던 것이다.

마지막으로 Piaget 관찰의 정확성에 대한 부분인데 Mehrabian, Williams, Uzgiris와 Hunt와 같은 독자적인 연구자들에 의해서도 Piaget의 관찰의 정확함이 확인되었다. 그들은 자신들의 연구에서 Piaget의 연구와 유사한 결과들을 성공적으로 수행해낸 것이다.[86)] 따라서 Piaget의 관찰은 연구문헌에 중요한 공헌을 하였다고 할 수 있으며, 향후 발달에 대해 완벽한 기초가 된다고 볼 수 있다.

---

84) Herbert Ginsburg and Sylvia Opper(1979), *op. cit.*, p. 28.
85) J. Smedslund(1977), *op. cit.*, p. 5.
86) Ina C. Uzgiris(1976), 'Organization of sensorimotor intelligence', in Michael Lewis(Ed.), *Origins of intelligence*, New York: Plenum Press, pp. 123-164.

5. Piaget이론의 기독교 유아교육에의 적용

본 장에서는 앞에서 논의된 Piaget이론의 공헌을 토대로 기독교 교육에 Piaget이론을 적용해 보면 상호작용주의, 교육과정 순서, 교육과정 내용, 교수방법 등으로 종합될 것이다. 이를 차례로 살펴보면 다음과 같다.

1) 상호작용주의

Piaget에 따르면 유아들은 그들 나름대로의 감정, 사고양식을 가지고 있으며 그들의 인지는 유전적 특성과 환경과의 상호작용을 통해 발달한다고 한다. 이러한 견해는 성경적 관점을 일부 지지해준다. 성경말씀에 따르면(창세기 1: 27) 인간은 하나님의 형상을 따라 창조된 존재이다. 삼위일체이신 하나님은 삼위 안에서 관계를 맺고 계시며 또한 피조물들과도 관계를 맺고 계시다. 따라서 하나님의 형상에 따라 지음을 받은 유아들 역시 상호작용의 존재가 된다.[87)88)] 유아들의 발달은 그들 자신과 타인(부모, 교사, 친구들)간의 상호작용을 통해, 그리고 그들 자신과 자연 피조물(자연세계, 문화)간의 상호작용을 통해 발생한다고 할 수 있다. 이러한 측면에서 볼 때 Piaget의 상호작용주의는 기독교교육의 효율을 위해 사용할 수 있는 유아발달이론이라 할 수 있다. 따라서 유아들의 상호 작용적 활동들이 강조되는 것은 당연하다.

---

87) Jack Fennema(1979), *Nurturing children in the Lord*, Grand Rapid, Michigan: Baker Book House, p. 12.

88) Philip Edgcumbe Hughes(1989), *The true image: The origin and destiny of man in Christ*, Grand Rapids: Eerdman Publishing Company, pp. 51-54.

2) 교육과정 순서

Piaget는 유아들의 신앙발달이 인지발달에 의존한다고 보았기 때문에 전 종교기의 유아들은 추상적이고 유아들의 사고 능력을 넘어서는 종교적 개념을 이해할 수 없다고 주장한다. 다시 말해 유아들이 종교적 개념을 다루는 기독교 교육을 받아들이는 것은 불가능하다는 것이다. 그러나 Piaget가 지적한바와 같이 비록 전 조작기 유아들이 종교적 사고에 있어 발달적 한계를 가지고 있기는 하나 신앙은 하나님으로부터 성령의 역사를 통해 주어지는 것이기 때문에 유아들의 인지능력으로 인해 제한될 수 없다. 그러므로 기독교 교육에서 성령의 역할은 강조되어야 하며 교사들은 성령 안에서 수업준비를 해야하고 수업동안에 성령의 인도하심을 받을 준비가 되어 있어야만 한다.[89] 다만 유아들의 신앙은 인지발달, 정신적 능력, 환경적 요소에도 영향을 받으며 발달한다고 여겨지기 때문에 교육과정의 순서를 결정함에 있어 준비도에 대한 Piaget이론을 참고할 수 있다. 그러므로 기독교 교육과정에 참여하여 교육을 담당하는 교사들은 유아들의 인지발달에 관한 Piaget이론을 잘 이해하고 있어야 할 뿐 아니라 성경을 잘 알고 헌신된 기독교인이어야 한다.

3) 교육과정 내용

Piaget는 단순한 지식을 주입하는 것보다는 삶의 상황 가운데 유아들 스스로가 경험을 통해 배우도록 해야한다고 주장한다. 이러한 원리는 기독교 교육에도 적용될 수 있는데 기독교교육은 단순히 성경을 가르치는 것을 의미하지는 않는다. 기독교 교육은 성경과 일반적 지

89) Lois E. Lebar(1989), *Education that is Christian*, Illinois: Victor Books, p. 302.

식 모두를 가르치는 것을 말한다. 성경이 다루어질 때 유아들은 반드시 실제적인 삶의 상황가운데에서 학습할 수 있어야 한다는 것이다. 이와 같이 삶과 성경은 분리될 수 없으며 서로 융합되는 것이다. 그러므로 기독교 교육을 통해서 성경뿐만 아니라 일상적인 삶의 정황으로부터 유도된 지식을 가르쳐야만 한다. 이러한 일상적인 경험은 종교적 개념을 이해하는데 도움이 되기도 하는데 이러한 주장은 종교교육자 Philip Cliff에 의해 뒷받침된다. 그는 유아들이 예수 그리스도께서 자신의 목자가 되심을 진정으로 이해하고 받아들이기 위해서는 먼저 목자의 역할이 무엇인지를 바로 알아야 한다고 주장한다.[90] 따라서 기독교 교육에 있어 성경적 지식, 일반적 지식은 모두 강조되며 이들은 서로 분리된 것이 아니라 하나의 통합체로서 인정되어야 한다.

4) 교수 방법론

Piaget이론의 방법론으로부터 기독교의 교수방법이 다음과 같이 도출될 수 있다.

첫째, 자기발견 방법이다. 자기발견 방법에서는 유아들의 흥미가 강조된다. 흔히 유아들의 자발적 흥미를 유도해내는 활동들을 놀이라고 부르는데, 상징놀이, 규칙을 수반하는 게임과 같은 유아들의 놀이는 이러한 교육과정에서 중요한 역할을 한다. 또한 유아들 자신이 직접 주도하는 탐구, 실험 역시 강조된다.

둘째, 또래, 성인과의 사회적 상호작용을 들 수 있는데 이는 인지발달, 도덕성발달의 출처가 될 수 있다. 유아들은 협동놀이를 통해 또래와 관계를 맺음으로써 상호존중 관계를 경험하게 된다. 또한 상대를 자신과 동등한 한 인간으로서 인식할 수 있게 되며 다른 사람이 자신

90) Philip Cliff(1968), 'The significance of goldman for curriculum materials', *Religious Education*, Vol. 23, Part No.6, p. 427.

을 존중해 주는 것도 경험할 수 있다.

셋째, 유아들에게 인지적 통찰력을 길러주는 갈등교수방법이 본 교육과정 모델에서 사용될 수 있을 것이다.

넷째, 유아들은 구체적인 것에서부터 추상적인 것으로 이동하며 학습한다는 Piaget이론에 따라 기독교 교육을 할 때도 쉬운 것에서 어려운 것으로, 그리고 단순한 것에서 복잡한 것으로 진행하는 방법이다. 이를 위해 그림, 슬라이드, 도표, 영사슬라이드, 비디오와 같은 구체적인 자료들이 사용될 수 있다.

Ⅲ. Vygotsky의 사회 문화적 발달이론

유아교육에 대한 교육적 관점은 시대적 흐름에 따라 여러 가지 모양으로 영향을 받으며 변화되어 왔다. 유치원이 창설된 그 시대에는 철학적 이상주의가 유아교육에 영향을 미쳤으며 19세기 후반에는 아동 연구 운동에 기초한 심리학적 경향이 유아교육의 교육적 사고에 영향을 미쳤다.[91] 20세기 중반 이후 유아교육에 가장 영향을 많이 끼친 이론은 Piaget의 이론이다. 그의 발생학적인 인식론은 유아교육에 있어서 인지발달의 중요성을 강조하였으며 아울러 상호작용의 중요성에 대한 인식을 불러일으켰다. 이러한 변화를 거치면서 영향을 받아 현대의 유아교육은 오늘날의 모습을 지니게 되었다.

Kohlberg와 Mayer[92]는 이러한 변화의 과정을 성숙주의－낭만주

91) 이기숙(1989), '유아교육과 교수방법', 한국 교육학회 유아교육연구회편, 「유아교육의 본질과 방향」, 서울: 양서원, p. 33.

92) L. Kohlberg & R. Mayer(1987), 'Developmant as the aim of education', *Child psychology and childhood education*, N. Y.: Longman, pp. 46-50.

의, 문화훈련-행동주의, 인지발달-상호작용주의 등의 세 가지 흐름으로 분류하여 설명하고 있다. 낭만주의적 관점을 따르는 유아교육은 발달에 대해 성숙주의적 관점을 따르며 따라서 학습에 있어서 유아의 내적 본성의 전개가 중요한 역할을 한다고 본다. 행동주의적 관점을 따르는 유아교육은 유아의 발달은 주로 외부에 의해서 영향을 받으며 인지 문화적 지식을 직접 가르침으로써 발달이 가장 잘 일어날 수 있다고 본다. 상호작용주의는 Dewey의 진보주의 교육과 Piaget의 인지발달 이론에 기초한 관점으로서 교육은 유아와 환경과의 상호작용에 의해 이루어질 수 있다고 본다. 이러한 인지발달의 영향은 현대 유아교육과정에 매우 중요한 영향을 미쳤다.[93]

Piaget의 인지발달 이론이 1960년대 이후 유아교육에 가장 많은 영향을 미친 이론으로 주목받고 있는 것과 함께 주의를 기울여야 할 이론으로서 Vygotsky의 이론이 있다. Piaget가 인지발달 이론으로 유아교육에 영향을 미쳤다면 Vygotsky는 사회 문화이론으로 현대의 유아교육에 영향을 미쳤기 때문이다. 지난 10년 동안 아동 발달의 모든 측면에 영향을 미치는 요인으로서 사회, 문화적 요인에 대한 관심이 확산되어 왔으며, Vygotsky의 이론은 이러한 경향에 원동력이 되어 오고 있다. 특별히 Vygotsky의 이론은 전통적인 유아교육 프로그램이 안고 있는 문제와 아동중심 프로그램이 안고 있는 문제를 동시에 해결할 수 있는 방안을 제시하고 있다는 평가를 받고 있다.[94] 이와 같은 Vygotsky의 이론은 1980년대에 미국의 심리학자들과 교육학자들에게 영향을 미쳤으며 1990년대에는 한국의 심리학자와 유아교육학자들에게 많은 영향을 미쳤다.

따라서 Vygotsky의 이론의 핵심은 무엇이며 그것이 어떻게 유아교

93) 이기숙, *op. cit.*, p. 34.
94) L. E. Berk & A. Winsler (1995), 「어린이들의 학습에 비계설정」, 홍용희 역, 서울: 창지사, p. 200.

육에 영향을 미쳤으며 이러한 이론이 과연 기독교적으로는 어떻게 해석되어질 수 있을지, 그리고 기독교 유아교육에의 적용은 가능한지에 관해 연구해 볼 필요가 있다. 이를 위해 Vygotsky의 사상적 배경, Vygotsky의 이론, Vygotsky이론의 기독교적 비판, 결론으로 Vygotsky 이론의 기독교 유아교육에의 적용 등을 차례로 살펴보고자 한다.

1. Vygotsky 이론의 사상적 배경

Vygotsky의 이론을 이해하기 위해서는 그의 이론의 핵심 가운데 하나인 "인간은 사회적(social), 문화적(cultural)세계의 산물"[95]이라는 주장을 이해해야만 한다. Vygotsky는 어린이들에 대한 이해는 어린이들이 속해 있는 사회와 문화, 그리고 관습적 맥락들에 대한 이해에 의해 이루어진다고 믿었다. 이와 같은 Vygotsky의 발달에 대한 사회 문화적 접근(sociocultural)은 Marx주의에서 그 기원을 찾을 수 있다.[96] Vygotsky의 Marx의 원리에 대한 신뢰는 대단히 깊었다. 그가 얼마나 Marx의 이론에 믿음을 가졌는지에 대해 그의 동료였던 Luria는 "Vygotsky는 우리들 중 선도적인 Marx 이론가였으며, Marx의 분석 방법이 우리의 코스를 정형화하는 중추적인 역할을 하였다"[97]고 서술하고 있다. 따라서 Vygotsky의 이론을 이해하기 위해서는 그에게 많은 영향을 준 Marx의 이론을 살펴보는 것이 필요하다.

또한 Vygotsky의 이론을 이해하기 위해서는 그가 살았던 사회의 문화적, 사상적 배경에 대한 이해가 필요하다. 왜냐하면 Vygotsky는

95) *Ibid.*, p. 13.
96) M. Cole & S. Scribner(1978), 'Introduction', In L. S. Vygotsky, *Mind in society*, Cambridge: Havard University Press, p. 7.
97) J. V. Wertsch (1995), 「비고츠키: 마음의 사회적 형성」, 서울: 정민사, p. 21, 재인용.

그가 몸담고 있던 소련을 위해 소련의 심리학과 교육학 분야를 소련의 사회, 문화적 변화와 일치하는 Marx주의 이론과 합치는 방향으로 이끌어 가야 할 책임을 맡았었기 때문이다.[98] 따라서 이 장에서는 Vygotsky의 이론을 바르게 파악하기 위해 Marx 주의에 대한 고찰과 Vygotsky가 살았던 사회의 문화적, 사상적 배경을 살펴보고자 한다.

1) Marx주의에 대한 고찰

Marx의 사상은 노동가치설, 유물변증법, 유물사관, 그리고 국가관 등의 이론으로 구분할 수 있다. 이 모든 이론을 다 설명하기 위해서는 많은 지면을 필요로 하는 매우 방대한 일이며 이 책이 Marx에 대한 책이 아니므로 여기서는 Vygotsky 의 이론에 직접적인 영향을 미친 유물사관에 대하여서만 언급하고자 한다.

Marx는 법률관계와 국가형태는 그 자체에서 혹은 인간 정신의 보편적 발전에서 이해되는 것이 아니라 오히려 그것은 물리적 생활 관계에 의존하는 것이라고 보았다. 이러한 그의 유물사관의 개념을 최일운[99]의 저서를 중심으로 개괄해 보면 다음과 같다. 첫째, 역사의 원동력은 물질적 생산력과 그 생산력에서 빚어지는 생산관계라고 본다. 만일 생산력의 발달이 그에 적합한 생산관계를 가지지 못한다면 물질적 생산력은 점차로 그것을 기초로 하여 이루어진 법률적, 정치적, 상부구조를 무너뜨리고 거기에 적합한 사회적인 여러 관계를 맺게 된다고 보고 있다. 즉 경제적인 토대가 실재적인 것으로 그것의 변동에 따라서 사회적 상부구조가 변하게 되며 여기에 혁명이 뒤따르게 된다는 것이다. 따라서 인간은 그들의 사상에 의존하지 않고 생산

---

98) L. E. Berk & A. Winsler, *op. cit.*, pp. 16-17.

99) 최일운(1982), 「헤에겔과 대비한 마르크시즘의 비판」, 서울: 형설출판사, pp. 224-227.

력의 발달에 따른 일정한 사회적인 여러 관계를 맺게 되며 거기에 의존하게 된다. 여기에 대해서 Marx 의 제자였던 엥겔스는 그의 논문 '사적 유물론에 대하여'에서 유물사관이란 생산력 및 생산에 따르는 생산물의 교환이 모든 사회적 질서의 기초가 된다는 명제에서 출발한다고 언급함으로서 Marx 유물론의 요지를 말하였다.

둘째, 경제적인 구조 위에 정치적, 법률적 구조가 서고 그 위에 다시 사회적인 의식형태가 형성되기 때문에 인간의 의식이 사회적 존재를 규정하는 것이 아니라 사회적 존재가 인간의 의식을 규정한다고 보고 있다. "사회적인 인간의 정신형태는 그들이 생활하고 있는 사회적 환경에 의하여 결정된다는 것이다."[100] 다시 말하면, 사람의 의식이 그들 자신의 존재를 결정하는 것이 아니라 반대로 그들의 사회적 존재가 사람들의 의식을 결정한다는 것이다.

셋째, 물질적인 생산력과 생산관계의 모순은 변증법이라는 발전의 법칙에 의해 설명될 수 있다. 원시사회에서 노예사회로, 노예사회에서 봉건 사회로, 봉건사회에서 자본주의 사회로의 발전은 동일한 법칙 하에 이루어져야 한다고 본다. 또한 여러 사회의 물질적인 생산력과 생산관계 사이의 모순의 요인은 공산주의 사회에서는 완전히 해소되어 모순없는 사회가 된다고 본다. 공산주의 사회에서의 혁명은 그 사회의 경제적 조건이 일정한 단계에서 생산력과 생산에 대한 여러 관계에 모순이 나타날 때 이루어지며 이때 주동적 역할을 하는 것이 노동자 계급이라고 보았다.

이상에서 살펴본 바와 같이 Marx는 역사의 원동력은 물질(matter)이며 그 물질에 의해 사회는 구성되며 인간의 존재는 물질에 의해 구성된 사회에 의해 결정된다고 보았다. 공산주의의 아버지인 Marx는 존재하고 있는 모든 것을 물질에 관련하여 설명하고 있다.

---

100) *Ibid.*, p. 228.

2) Vygotsky이론의 문화적, 사상적 배경

Vygotsky의 사상에 영향을 주었던 사람들은 그보다 나이가 많은 동료였던 Blonsky와 Thurnwal와 Levy-Bruhl 등을 들 수 있다. Vygotsky는 Blonsky의 행동은 그 행동의 역사로서만 이해될 수 있다고 하는 주장을 일찍이 받아들였으며 서구 유럽의 사회학자이자 인류학자인 Thurnwal와 Levy-Bruhl의 지적 활동은 역사를 통해 이루어진다고 하는 견해를 받아들여 자신도 지적 발달의 과정은 역사적으로 이해되어진다고 하는 생각을 갖게 된다. 그리고 이러한 생각은 Luria와 함께 1930년에 '행동의 역사에 관한 연구'(*Studies in the History of Behavior*)라는 책을 출판하게 한다. 이와 같은 역사에 대한 강조는 그 당시 소련의 언어학계에도 일반적인 일로서 언어의 기원에 대한 문제에 관심의 초점을 모으고 있었으며 언어는 사고의 발달에 영향을 미친다고 하는 견해를 지니고 있었다. 이러한 견해는 정신발달에 있어서 언어의 작용에서 언급되는데 Vygotsky에게 그대로 영향을 미친 것을 알 수 있다.

또한 Vygotsky 에게 영향을 미친 사람이 있다면 그는 Kornilov였다. Vygotsky가 Moscow 대학의 중견학자로서 소속되기 1년 전에 이 학교의 학장이었던 Chelpanov가 관념론자로 분류되면서 그는 이 학교를 떠나게 되고 그 대신 Marx주의적 심리학을 발전시키는데 헌신적인 인물이었던 Kornilov가 학장자리를 승계받게 된다. Kornilov의 학장승계는 학자들이 심리학을 연구할 때 Marx주의 원리에 입각하여 연구해야 할 것을 암시한 것이라고 볼 수 있다. 따라서 Kornilov와 함께 일했던 Vygotsky가 Marx의 원리를 심리학에 적용했음은 두 말할 필요가 없다.[101]

---

101) J. V. Wertsch(1998), *op. cit.*, p. 20.
M. Cole & S. Scriber(1978), *op. cit.*, pp. 4-5.

Vygotsky가 Marx의 이론에 의해 그의 사상적 기초를 형성했다고 하는 생각은 그가 살았던 격동의 1920년대의 사회 상황의 특징을 소개함으로서 입증된다. 1922년 내란이 끝난 후의 소련은 사회, 정치적으로 놀랄만한 격변과 열광, 힘의 시기를 맞이하게 되며 Marx 와 Lenin 주의 원리에 기초한 사회주의 건설이 성공할 것이라는 분위기가 고조된다. 이것을 확신하는 Vygotsky와 그의 추종자들은 사회주의 건설을 위해 그들의 삶의 모든 시간을 헌신하게 되고 이에 따라 Vygotsky는 Marx의 사상에 몰입하게 된다.[102)]

2. Vygotsky의 사회적 상호작용이론

Bodrova와 Leong[103)]는 Vygotsky 이론의 기본 원리를 유아들의 지식 구성능력, 발달과 사회적 맥락과의 밀접한 관계, 학습의 발달 주도, 그리고 언어의 정신 발달에 있어서의 핵심적 역할 등이라고 보았다. Wertsch[104)]는 Vygotsky의 이론적 골격의 핵심은 첫째, 발생적 접근 방법에 대한 신뢰, 둘째, 개인의 고등정신 과정의 사회적 기원, 셋째, 기호나 도구의 이해를 통한 정신과정의 이해 등이라고 주장하였다. Berk와 Winsler[105)]는 Vygotsky의 사회문화 이론은 인지는 사회적이며 사회 문화적 세계와 개인의 정신 기능을 연결시켜 주는 중요한 매개체는 언어라고 보는 관점에 의해 이루어진다고 보고 있다. 이들의 주장은 대체로 발달과 사회적 맥락과의 밀접한 관계, 학습과 근접발달지대, 그리고 정신발달에 있어서 언어의 역할의 중요성 등으로

102) J. V. Wertsch(1998), *op. cit.*, p. 20.
103) E. Bodrova & D. J. Leong(1996), 「정신의 도구: 비고츠키 유아교육」, 서울: 이화여자 대학교 출판부, p. 30.
104) J. V. Wertsch(1998), *op. cit.*, pp. 24-25.
105) L. E. Berk & A. Winsler(1995), *op. cit.*, p. 26.

정리될 수 있다. 따라서 이들을 차례로 살펴보고자 한다.

1) 발달과 사회적 맥락과의 관계

Vygotsky는 앞의 사상적 배경에서 언급하였듯이 Marx의 사상을 거의 그대로 받아들여 인간의 모든 특성은 선천적인 것이 아니라 사회적 환경에 의해서 만들어진다고 보았다. 따라서 지식은 인간이 속한 사회에서 만들어지며, 모든 인간의 정신 활동의 형태들은 바로 지식의 근원인 사회적이고 문화적인 상황과의 접촉을 통해서 이루어진다고 보았다. 그러므로 Vygotsky는 개인의 발달을 이해하기 위해서는 개인이 속해 있는 사회적 관계들을 이해하는 것이 필수적인 일이라고 보았다. 다음의 Vygotsky의 견해에 대한 인용은 이러한 그의 주장을 잘 나타내 주고 있다.

> 유아의 문화적 발달에서는 어떤 기능이라도 두 번 또는 두 수준에 걸쳐 나타난다. 첫째, 사회적 수준에서, 그 다음에는 심리적 수준에서 나타난다. 첫째는 사람들 사이에서의 상호 심리적인 범주로서, 그 후에는 내부 심리적인 범주로서 유아의 내부에서 나타난다. 이 현상은 자발적인 주의, 논리적 기억, 개념의 형성, 의지력의 발달 등에서 동등하게 적용된다. 우리는 이를 문자 그대로 하나의 법칙으로 간주할 수 있다.... 사회적 관계들 또는 사람들 사이의 관계들은 유전학적으로 모든 수준 높은 기능들과 그들의 상호관계들에 기초가 된다.[106]

이와 같은 인간의 발달에 있어서 사회적 상호작용의 중요성에 대한 Vygotsky의 주장을 뒷받침해 주는 여러 가지 예들이 있다. 어린이들

---

106) *Ibid.*, p. 163, 재인용.

의 보존 개념의 획득 시기를 볼 때 서구 사회의 어린이들과 비서구 사회나 부족사회 어린이들의 보존 개념 획득의 시기가 매우 다름을 알 수 있다. 예를 들면, 농경 부락지에 사는 나이지리아의 Hausa족들은 자녀들을 거의 학교에 보내지 않는데 그들의 자녀들은 11세나 그 이후에도 수, 길이, 액체에 대한 보존의 개념을 이해하지 못한다고 한다.[107] 보존성을 이해하는 연령에 있어서 나이지리아의 Hausa족의 어린이들과 서구 문화권에 사는 어린이들간에 나타나는 차이는 보존성에 대한 사고 방법을 증진시키는 매일의 활동 방법의 유무에서 기인한다. 서구 사회의 대부분의 어린이들은 그들의 문화에서 공평함이란 자료의 동등한 분배라고 배우며 이를 위해 크레용이나 사탕들을 똑같이 나누어 갖는 일들을 많이 경험한다. 이러한 기회를 접하므로 서구 사회의 어린이들은 같은 분량이 다른 방법으로 조절되는 장면을 자주 보게되며 이를 통해 보존의 개념을 깨닫게 된다. 반면에 이러한 경험들을 증진시키는 활동들을 거의 하지 않는 나이지리아의 Hausa족의 어린이들은 서구 문화에서 기대하는 연령에 보존의 개념을 깨닫기가 어렵다. 이는 어린이들의 인지적인 발달은 사회적 맥락 속에서 그 사회가 제공하는 활동에 의해 대부분이 영향을 받는다는 것을 보여준다. 다시 말하면 어린이들의 사고의 발달은 특정한 상황과 문화적 조건의 산물임을 말한다.

어린이들의 사고의 발달에 영향을 주는 그 사회, 문화적 맥락의 형태는 사회적 상호작용, 과제와 주위환경 조건들, 사회적 참여 등으로 나누어 살펴볼 수 있다.[108] 어린이들은 사회적인 상호작용을 하면서 상대에 의해 주어진 인지적 과제를 이해하려고 애쓰는 과정과 과제가 제시되고 있는 상황에서의 사회적 관계를 알아내기 위해 노력하는 과정 중에 사회적으로 조건화된다. 예를 들면, 중산층 부모들이 그들

107) *Ibid.*, p. 31.
108) *Ibid.*, pp. 28-37.

의 자녀들에게 주로 사용하는 '교수적 질문들'은 학교에서 교사와 어린이들이 주고받는 대화의 유형과 비슷하기 때문에 부모와의 상호작용 속에서 사회적으로 조건화되었던 것이 교실의 상황에 적용되어 그 자녀들이 교실의 상황에서 성공적인 의사소통을 할 수 있도록 준비시켜 준다.

사회, 문화적 맥락의 다른 형태로서 과제와 주위의 환경을 들 수 있다. Vygotsky에 의하면 어린이들의 인지는 주어진 상황에 의해 영향을 받으며 "이는 특정한 활동들과 사회적 경험들에서 얻어진 의미로부터 생기는 것이다"[109] 예를 들면, 특정한 지적 기술을 증진시키는 어떤 게임들과 사물들과의 경험을 자연스럽게 접할 수 있는 환경에서 자란 어린이들이 학교에서 이와 관련된 어떤 과제를 풀 때 위와 같은 경험들이 매우 제한적이며 잘 제공되지 않는 환경에서 자란 어린이들보다 그 과제를 보다 잘 풀 수 있다는 것이다. 즉, 주어진 상황(환경)으로부터 어린이들이 인지를 발달시켜 나간다는 것이다.

사회적 참여는 사회, 문화적 맥락의 또 다른 형태가 된다. Vygotsky는 어린이들이 사회참여를 통해 어떤 과제에 도전하면서 그들의 사회에서 보다 지식이 많은 사람들과의 협력적인 대화를 통해 그들이 속한 사회의 문화를 반영하는 사고와 행동을 배운다고 보고 있다. 사회 참여 가운데 접하게 되는 성숙한 협력자들의 도움말은 어린이들의 사고의 일부분이 되며 자신들의 행동을 이끌고 가는 전략과 기술들이 된다. 따라서 어린이들은 사회참여를 통해 인지적인 발달을 꾀하게 된다.

2) 학습과 근접발달지대

근접발달지대(zone of proximal development)는 Vygotsky가 어린

109) *Ibid.*, p. 34.

이의 지적 능력의 평가와 교수활동의 평가를 다루려는 노력에서 소개한 개념으로서 "학습과 발달 사이의 관계를 개념짓는 방법이다"[110) Vygotsky에 의하면 근접발달지대란 "아동이 독립적으로 문제 해결을 하는 실제적 발달 수준과 성인의 안내나 더 능력있는 동료와의 협동을 통해서 문제 해결을 하는 더 높은 잠재적 발달 수준 사이의 거리"[111)]로서 정의된다.

Vygotsky는 일반적으로 어린이의 정신 연령을 결정하는데 있어서 대부분 어린이의 실제적인 발달 수준만이 고려되었으나 잠재적 발달 수준을 측정하는 것이 실제적 발달 수준을 측정하는 것만큼 중요하다고 주장하였다. 그 이유는 발달의 잠재적 수준이 실제적 수준과는 독립적으로 변할지도 모른다는 사실 때문이라고 보았다. 이점에 대하여 Vygotsky는 다음과 같이 서술하고 있다.

> 우리가 두 아동을 조사해서, 둘의 정신연령이 7세로 결정되었다고 상상해 보자. 이것은 두 아동이 7세에 해당되는 과제를 해결할 수 있다는 것을 의미한다. 그러나 우리가 이들 아동에게 검사를 수행하는데 있어서 더 어려운 것을 해결하도록 시도할 때, 그들 사이에는 본질적인 차이가 있게 된다. 예컨대 유도 질문이나 시범과 예를 봄으로서 이들 중 한 아동은 실제적 발달 수준 보다 2년 위에 해당하는 문제를 쉽게 해결할 수 있다. 그러나 다른 아동은 단지 실제적 발달 수준보다 약 반년 위의 문제를 해결한다.[112)]

Vygotsky는 이상과 같은 상황에서 두 어린이의 정신 발달은 동일하지 않다고 다음과 같이 언급하고 있다.

110) E. Bodrova & D. J. Leong(1996), *op. cit.*, p. 72.
111) J. V. Wertsch(1998), *op. cit.*, p. 81.
112) *Ibid.*, p. 82, 재인용.

> 독립적인 활동에서 보면 그들은 동일한 수준이지만, 그들의 잠재적 발달로 볼 때는 꽤 다르다. 우리는 아동이 성인의 도움을 받아서 할 수 있게 되는 것을 근접발달지대로 지적할 수 있다. 이 방법의 도움으로 우리는 오늘날 완성된 발달과정 및 이미 행해졌거나 결론이 내려진 순환과정, 또는 완성된 성숙의 과정뿐만 아니라 앞으로 도래할 성숙이나 발달의 과정들을 파악할 수 있다.[113]

이상에서 살펴본 바와 같이 Vygotsky는 어린이의 발달을 측정할 때 실제적인 발달 수준만을 중시할 것이 아니라 그 어린이의 잠재적 발달의 수준이 매우 중요함을 시사하고 있다. 따라서 Vygotsky는 어린이들의 지능을 검사할 때 어린이들이 스스로 할 수 있거나 또는 이미 알고 있는 것이 아닌 다른 사람의 도움을 받아 할 수 있는 것과 그 어린이가 학습에 대한 잠재적인 능력을 가질 수 있는가를 측정해야 한다고 주장하였다.[114]

근접발달지대는 학습과 인지 발달이 활동적으로 일어나는 민감한 지역이다. 어린이들은 독자적으로는 해결할 수 없지만 다른 사람들의 도움을 받아 현재 발달 과정에 있는 자신의 정신적 기능들을 자극함으로서 발달을 꾀한다. 따라서 교수활동은 어린이들이 준비가 된 것을 가르치거나 그들이 이미 획득한 정신 기능들을 사용하는 과제들을 주는 것이 아니라 어린이들의 근접발달지대 안에 있거나 그들이 독립적으로 수행하기에는 다소 높은 수준의 과제를 줌으로써 어린이들의 초보적인 인지적 형태를 구체화시킬 수 있다. 이처럼 근접발달지대에서의 교수 활동은 어린이의 지적 발달을 위해 매우 중요한 역할을 한다. 근접발달지대에서의 교수는 "아동에게 생명력을 부여하고, 발달에서 전반적인 내적 과정들을 일깨워서 활기를 준다. ...

---

113) *Ibid*, p. 82, 재인용.
114) L. E. Berk & A. Winsler(1995), *op. cit.*, p. 44.

교수는 발달에 선행할 때만 효과적이다. 그때 그것은 성숙의 단계에 있는 그리고 근접발달지대에 놓여 있는 전반적 기능들에 생명을 일깨우고 불러일으킨다. 이런 식으로 교수는 발달에서 아주 중요한 역할을 한다."[115]

근접발달지대 내에서의 효과적인 교수와 학습을 위해 사용되는 용어로서 비계설정(scaffolding)이라는 용어가 있다. 이 용어는 Vygotsky에 의해 처음 사용된 것은 아니며 여러 학자들이 개별지도의 가장 중요한 구성 요소들을 판별하기 위해 소개된 용어로서 건축공사에서 건축물을 세우기 위해 필요한 재료들을 인부들이 높은 곳까지 운반할 수 있도록 건물 주변에 세우는 장대와 두꺼운 판자 또는 철판으로 만든 발판을 말한다. 건축물이 올라감에 따라 발판도 차츰차츰 높여가며 건축하게 된다. 성인의 안내와 도움이 어린이의 도움을 주는 발판의 역할을 해야 하며 어린이의 발달에 따라 성인의 안내와 도움도 점차 그 수준이 높아져야 한다. 따라서 비계설정을 '단계적 지지'라고 부르기도 한다.[116]

효과적인 비계설정을 위해 공동 문제 해결, 상호 주관성, 따뜻함과 반응, 어린이를 근접발달지역에 머물게 하기, 자기-조절 증진시키기 등의 구성 요소와 목표들이 있다.[117] 효과적인 비계설정의 첫 번째 구성요소인 공동문제 해결은 어린이들로 하여금 흥미있고 문화적으로 의미있는 활동의 문제를 협동적으로 해결하기 위해 그 문제에 참여하도록 하는 일이다. 어린이들은 다른 사람과의 사회적인 상호작용을 통해 사회적으로 공유되고 있는 인지의 개념을 배울 수 있게 된다.

효과적인 비계설정의 두 번째 구성 요소는 상호 주관성이다. 이는

---

115) J. V. Wertsch(1998), *op. cit.*, p. 85, 재인용.
116) 양옥승(1996), '상호작용론적 관점에서 본 Vygotsky의 발생학적 인식론', 한국 영유아보육학 10.
117) L. E. Berk & A. Winsler(1995), *op. cit.*, pp. 47-50.

각 참여자가 자신의 관점을 다른 사람의 관점에 맞추어 조절함으로서 서로간의 의사소통을 위한 공동의 화제를 만들어 가는 과정을 말하며 이러한 과정을 통하여 어린이는 인지적 발달을 꾀하게 된다.

효과적인 비계설정의 세 번째 요소는 따뜻함과 반응이다. 어린이들의 문제 해결을 위한 노력에 대한 성인들의 명랑하고 따뜻한 반응은 어린이들의 자신감을 북돋워 주게 되며 이는 어린이들의 문제에 대한 집중과 도전적인 태도를 최대화하는 역할을 한다. 따라서 교사나 어린이들의 주변에 있는 성인들의 따뜻하고 언어적인 칭찬은 어린이의 학습에 있어서 매우 중요한 역할을 한다.

효과적인 비계설정의 주요 목표 가운데 하나는 어린이를 근접발달지대에 머물게 하는 것이다. 어린이들에게 과제를 부여할 때 도전적인 수준의 과제와 환경을 제공함으로서 어린이는 근접발달지대에 놓여 있는 초보적 단계의 인지적인 형태들에 생명력을 불어넣고 그것들을 구체화할 수 있는 기회를 제공받을 수 있다. 또한 성인들은 어린이들의 요구에 맞도록 교수의 양을 조절하여야 한다.

효과적인 비계설정의 또 다른 목표는 자기-조절 증진하기이다. 자기-조절 증진은 어린이들이 공동활동을 조정하게 함으로서 자기-조절을 훈련하도록 하는 것이다. 어린이들이 독립적으로 일을 할 수 있게 되면 교사나 어린이 주변의 성인들은 가능한 한 빨리 그들의 어린이들에 대한 도움과 조절에서 떠나야 한다. 성인들의 능동적인 철수는 어린이들의 자기 조절의 발달에 매우 중요한 역할을 한다.

3) 정신 발달에 있어서 언어의 역할

Vygotsky는 사람들은 개인적인 활동에 몰두해 있기 때문에 사회적인 일에는 관심이 없는 듯하나 실제로는 그들 안에 사회적 시각이 팽배해 있다고 본다. 사람들이 지니고 있는 독특한 고등 정신의 기능들은 원래 사회적 활동을 통해서 습득된 것이며, 이것이 후에 내면적 정신의 과정이 된 것이라고 보고 있다. 즉 의식의 사회적인 면은 일차적인 것이며 개인적인 것은 파생적이고 이차적인 것이라고 본다. 그렇다면 과연 인지의 사회적인 국면이 개인적인 국면으로 전이되는데 있어서 중요한 역할을 하는 것은 무엇인가? Vygotsky는 이것을 '정신의 도구들' 또는 '신호들'이라고 본다. 사회적, 심리적 국면들의 기능간에 중요한 매개체가 되는 '신호들'과 '정신의 도구'들은 세심한 기억보조 기구, 예술 작품들, 글, 표, 그리고 지도 등이며 이들 가운데 중요한 정신의 도구는 인간의 표상적 체계인 언어라고 보았다. Bodrova와 Leong[118]은 언어란 다른 도구의 획득을 촉진하며 여러 정신적 기능을 위해 사용되므로 기초적인 도구가 된다고 보았다.

언어가 정신적 기능을 형성한다는 주장은 최근의 많은 이론들에 의해서도 강조되고 있다. 그러나 Vygotsky의 생각은 여타의 이론들이 신호(언어)가 생물학적으로 주어졌거나 개인적으로 구성되었다고 보는 입장과는 달리 사회적으로 생성된 것으로 본다. 그는 신호(언어)의 사회적 기원을 다음의 두 가지로 보고 있다. 첫째, 언어와 다른 표상적 수단들은 생활의 사회적 방법을 구축하려는 집단 공동의 노력의 결과이기 때문에 문화 집단의 사회 역사적 산물이다. 둘째, 언어가 처음 만들어졌을 때의 언어의 가장 중심적인 역할은 의사소통 내지는 사회적인 접촉을 위한 것으로서 사회적인 영향과 밀접한 관계가 있었으며, 사회적인 영향 이후에야 비로소 언어는 개인적인 생각과 행동들을 조절하는 도구로 사용되었다고 본다.[119] 이와 같은 Vygotsky의 견해는 다음의 글에 잘 나타나 있다.

118) E. Bodrova & D. J. Leong(1999), *op. cit.*, p. 46.
119) L. e. Berk & A. Winsler(1995), *op. cit.*, p. 38.

> 말의 최초의 기능은 의사소통을 하고 사회적 접촉을 하며 서로에게 영향을 주는 것이다. 따라서 아동의 최초의 말은 근본적으로 사회적이다. 이것이 사회화되었다고 부르는 것은 잘못된 것 같다. 왜냐하면 이와 같이 부르는 것은 이 말이 처음에는 비사회적(nonsocial)인 것이었으며, 변화와 발달 과정을 통해서만 사회적(social)인 것이 된다는 것을 전제하기 때문이다.[120]

언어를 통한 기능의 사회적 국면으로부터 개인적 국면으로의 움직임을 설명하기 위한 예를 들면 다음과 같다. 두 살된 유아와 교사가 함께 퍼즐을 맞출 때, 두 살된 유아는 교사와의 신체적인 상호작용을 통하여 경험을 공유하게 되고 "노란 조각을 찾아보겠니?, 그래, 그 조각이 잘 맞을 때까지 돌려보아라" 라는 교사의 언어를 통하여 퍼즐하는 법을 학습하게 된다. 이때 유아가 상호작용을 통하여 교사와 공유하게 되는 경험은 사회적인 국면이며 교사의 언어를 통하여 퍼즐하는 법을 학습하게 되는 것은 개인적인 국면이라고 볼 수 있다.

이처럼 Vygotsky는 정신의 발달에 있어서 언어는 도구의 역할을 하며 사회적인 국면으로부터 개인적인 내면화의 과정을 거쳐 구체적인 형태의 인지를 이루게 하는데 매우 중요한 역할을 한다고 보았다.

3. Vygotsky 이론의 기독교 유아교육에의 적용

Vygotsky이론의 기독교 유아교육의 적용의 가능성은 골 1: 16의 성경 말씀에서 그 근거를 찾아볼 수 있다. "만물이 그에게 창조되되 하늘과 땅에서 보이는 것들과 보이지 않는 것들과 혹은 보좌들이나 주관들이나 정사들이나 권세들이나 만물이 다 그로 말미암고 그를

---

120) J. V. Wertsch(1998), *op. cit.*, p. 132, 재인용.

위하여 창조되었고"라고 말씀하심으로 이 세상의 모든 것들이 하나님으로 말미암았음을 선포하고 있다. 세상에 속한 모든 학문이 하나님께서 만드신 자연세계와 정신세계의 본성과 원리를 규명해 낸 것이며 이것에 의해 사회의 여러 체제와 질서가 만들어졌으며 변화되어 가고 있음을 시사해 준다. Vygotsky의 이론에서 주장하는 어린이들의 발달의 원리 역시 Vygotsky가 하나님께서 일반 은총 가운데 부여하신 이성을 사용하여 하나님이 만드신 인간의 본성을 사회적인 측면과 연결하여 연구해 낸 것이다. 따라서 하나님이 만드신 모든 것 중의 일부를 하나님이 부여하신 이성을 가지고 발견해 낸 것이라면 그것은 기독교 교육을 위하여 사용될 수 있다는 결론에 도달하게 된다. 문제는 Vygotsky가 기독교인이 아니기 때문에 그가 발견해 낸 것이 때로는 하나님이 인간이나 자연세계에 부여한 원리일 수도 있으나 성경의 사상과는 거리가 멀다는 것이다. 따라서 Vygotsky이론을 기독교적으로 적용하기 위해서는 먼저 그의 이론이 무엇이 잘못되었는지를 알아내고 그 이후에 적용 가능한 것을 찾아보아야 한다. 이를 위해 그의 이론의 기독교적인 비판을 하고 그의 이론의 기독교 유아교육에의 적용을 시도하고자 한다.

1) Vygotsky 이론의 기독교적 비판

앞에서 Vygotsky이론의 사상적 배경에서 살펴보았듯이, Vygotsky는 자신의 사상을 전개시켜 나가는데 있어서 Marx의 영향을 지대하게 받았다. Marx는 인간이 살아가는데 필요한 모든 이론은 그 시대의 사회적, 역사적 상황에 의해 결정되며, 인간의 정신적 특성 역시 외부환경에 작용하고 외부적 세계를 변화시킴으로써 자기 자신의 본능도 변화시킨다고 보았다. 즉 인간의 모든 특성은 선천적인 것이 아니라 사회적 환경에 의해서 결정된다는 것이다. 이와 맥락을 같이 하여

Vygotsky도 지식은 사회에서 만들어지며 인간의 사고의 발달은 바로 지식의 근원인 사회와의 접촉을 통하여 발달됨으로 인간의 인지 발달을 위하여서는 사회적인 상호작용이 필수적인 것이라고 보았다. 다시 말하면 인간의 정신을 결정하는 것은 사회환경이라는 말이다. 확실히 인간은 나면서부터 사회적 환경에 의하여 지배를 받는다. 부모와 자녀와 형제 자매를 만나는 것, 조국이 주어지는 것, 언어와 풍습 등이 주어지는 것 등은 인간이 초월할 수 없는 환경이다. 어린이가 학습을 할 때 다양하고 좋은 환경에서 상호작용할 때 보다 질 높은 교육이 이루어질 수 있다. 이처럼 인간이 초월할 수 없는 한계상황이 있으며 사회적인 환경이 인간의 정신 형성에 도움을 주고 중요한 역할을 하는 것은 사실이다.

그러나 환경(사회)에 의해서 인간의 의식(지식)이 결정되는 것은 아니다. 사회는 근본적으로 인간에 의해 만들어졌으며 이는 인간의 의식이 존재를 만들어냈음을 의미한다. 이것은 문화사적 입장에서도 입증이 된다. 원래 문화라는 것은 인간의 정신이 환경을 지배한다는 말에서 발생한 것이다.[121] 인간의 의식이 환경을 규정한다는 것에 대한 좋은 예가 성경 창 2: 19에 나와 있다. “여호와 하나님이 흙으로 각종 들짐승과 공중의 각종 새를 지으시고 아담이 어떻게 이름을 짓나 보시려고 그것들을 그에게로 이끌어 이르시니 아담이 각 생물을 일컫는 바가 곧 그 이름이라” 아담이 그의 지식을 사용하여 각 생물의 이름을 지어 주었을 때 아담 이외의 사람은 존재하지 않았었다. 그 당시에는 아직 우리가 말하는 사회가 형성되기 이전이었으며 그 때 이미 아담은 하나님이 주신 의식을 사용하여 생물들의 이름을 지어 주었던 것이다. 이는 의식이 사회에 의해 만들어지는 것이 아니라 사회가 인간의 의식에 의해 만들어짐을 의미한다.

121) 최일운(1982), *op. cit.*, p. 241.

의식이 사회에 의해 만들어진다는 Vygotsky의 생각은 Marx의 역사의 원동력은 생산력이며 생산력은 물질이며 그 물질에 의해 사회는 구성되며 인간의 존재는 물질에 의해 구성된 사회에 의해 결정된다고 하는 유물론적인 사고에 그 근거를 두고 있다. Marx의 이러한 생각은 결국 만물을 지배하는 힘은 물질이라는 견해로서 하나님이 이 세상을 주관하신다는 견해와 상치되며 살아 계신 하나님의 존재를 거부하는 것이다. Marx의 물질이 역사의 원동력이라는 규정은 이미 많은 학자에 의해서 옳지 않은 규정이라고 비판받아왔다.[122] 따라서 이러한 사상에 영향을 받아 이론을 발전시킨 Vygotsky의 이론을 접할 때 그 생각의 저변에 이 무신론적인 생각이 깔려 있음을 염두에 두어야 한다.

Vygotsky는 어린이의 인지 발달에 있어서 사회적 상호작용을 대단히 중요한 부분으로 부각시키고 있다. 이는 어린이의 발달이 효과적으로 이루어지기 위한 하나의 방법이기는 하지만 이미 오래 전부터 중요하게 생각되고 현장에서 실시되어 온 어린이의 자발적인 활동을 통한 발달의 측면을 간과했다는 비판과 교수를 사회적 의미의 개념획득의 주요 원천으로 봄으로써 발달을 일종의 사회화로 파악하였으며 이로 인해 어린이를 수동적인 존재로 전락시켰다는 비판을 받고 있다.[123] Bodrova와 Leong[124]은 Vygotsky가 학습에 있어서 외부의 역할을 지나치게 강조한 반면 어린이가 학습을 위해 능동적인 참여자가 되기 위해 무엇을 해야하는가에 대해서는 설명을 하지 않았다고 비판한다. 이는 인간의 본성에 대한 잘못된 견해를 나타내고 있음을 말해

122) 최일운(1982), *op. cit.*, pp. 228-230; D. Lyon(1987), 「마르크스 생애와 사상 평가」, 박영호 역, 서울: 기독교문서 선교회, pp. 141-145; M. Fakkema 1960), *Christian philosophy and its educational implications*, Christian Schools Service, Inc.

123) J. V. Wertsch(1998), *op. cit.*, p. 217-220.

124) E. Bodrova & D. J. Leong(1999), *op. cit.*, p. 66.

준다. 인간의 본성은 사회에 의해서 만들어지는 수동적인 것이 아니라 하나님에 의해 고유하게 만들어졌다. 하나님께서는 인간의 본성을 자유의지를 가진 자발적이며 능동적인 존재로 만드셨다.[125] 따라서 인간은 자신의 자발적인 활동을 통해서 보다 효율적인 발달을 꾀할 수 있으며 사회에 대하여 수동적이기보다는 능동적인 반응을 보임으로써 효과적인 발달을 꾀할 수 있다. Vygotsky의 이와 같은 인간의 본성에 대한 왜곡된 견해는 Marx의 인간이란 환경에 의해 변화되는 저급한 존재라는 사상적 배경에 근거한다.

2) Vygotsky 이론의 기독교 유아교육에의 적용

Vygotsky는 학습에 있어서의 사회 문화적 맥락을 매우 중시하였는데 이것을 기독교 유아교육에 적용하면 다음과 같다. 기독교 유아교육을 위한 환경이 중시되어야 한다. 우리나라의 기독교 유아교육을 위한 환경은 매우 열악함을 볼 수 있다. 우선 기독교 유아교육을 실시하는 교육기관이 그렇게 많지 않으며 기독교 유아교육을 위한 교육과정도 일반 교육과정에 비해 매우 열악한 상황이다. 일반 유아교육을 위한 교육과정 책이 셀 수 없을 만큼 많은 반면에 기독교 유아교육을 위한 교육과정 책은 그 수가 다섯 손가락에 꼽힐 정도이다. 또한 기독교 교육을 위한 가정의 상황 역시 매우 열악하다고 볼 수 있다. 일반적으로 우리나라 성도들의 기독교적인 삶의 모습이 그렇게 바람직하지 않다는 것은 누구나 인정하는 일이다. 따라서 자녀를 둔 부모의 기독교적인 삶의 모습도 여기에서 벗어나지는 못한다. 다시 말하면

125) J. Fennema(1977), *Nurturing children in the lord*, Grand Rapids: Baker Book, pp. 12-16; A, Greene(1998), *Reclaiming the future of Christian education: A transforming Vision*, Springs Co., pp. 104-108; G. Knight(1980), 「철학과 기독교교육」, 박영호 역, 서울: 침례신학대학교 출판부, p. 165; J. Murray (1994). 「조직신학Ⅱ」, 박문재 역, 서울: 크리스챤다이제스트, p. 31.

자녀를 위한 부모의 기독교적인 교육의 환경이 열악하다는 것이다. 또한 교회에서의 기독교 교육을 위한 환경을 고려해 볼 때 이 역시 몇 몇 큰 교회나 깨인 교회를 제외하고는 그 영세성을 벗어나지 못한 실정이다(예를 들면, 유아를 교육하는 전임 사역자가 비전문가인 경우가 많으며 물리적 환경이 바람직한 경우가 많지 않다). 지역사회는 더 말할 것이 없을 정도로 어린이들의 기독교 교육을 위한 좋은 환경이 못되고 있다. 따라서 물리적 환경, 가정, 교회, 유아교육 기관, 그리고 지역사회 등의 환경이 유아에게 기독교 교육을 실시하기에 적합한 환경이 되도록 노력해야 한다. 교회 혹은 유아교육 기관에서의 단편적이고 한정된 교육공간에서 이루어지는 교육이 아니라 유아를 둘러싼 모든 시공간의 환경이 유아들에게 기독교 교육을 실시할 수 있는 바람직한 사회적 문화적 공간이 되도록 해야 한다.

Vygotsky의 근접발달지대와 발달에 대한 이론은 기독교 유아교육을 위한 시사점을 제공한다. Vygotsky는 어린이들을 근접발달지대 안에 있는 혹은 그들의 독립적 기능보다 약간 높은 수준의 과제를 계속 줄 때 어린이들이 자신들의 인지를 구체화시킬 수 있다고 보았다. 따라서 교회 학교나 유아교육 기관에서의 학급 구성은 교육의 대상을 같은 연령과 발달 수준으로 나누기보다는 혼합 연령으로 학급을 구성함으로서 나이가 어린 어린이가 자신 보다 나이가 많은 어린이에게 도움과 안내를 받음으로서 보다 효과적인 교육이 이루어지게 할 수 있다. 또한 유아보다 성숙한 신앙을 소유한 교사나 성인의 역할이 중시되며 이를 위한 신앙공동체 내에서의 세대간의 역할 교육의 강조를 시사한다. 이는 이미 성경의 여러 곳에서 언급되어진 것이다(삿 2: 6; 잠 20: 16; 렘 35: 18-19).

언어가 인지보다 먼저라고 주장하는 Vygotsky의 이론은 기독교적인 사고를 언어를 통해 형성시킬 수 있다는 면에서 적용 가능하다. 언어가 담긴 찬양과 기도를 통해 하나님에 대해 우리가 가져야 할 태도를 형성시킬 수 있으며 기독교 신앙의 내용을 전달하며 구체화시킬 수 있다.

근접발달지대의 개념은 교사가 평가를 할 때 어린이가 혼자서 할 수 있는 것 뿐 아니라 그가 다양한 도움을 받았을 때 수행할 수 있는 것까지도 포함해야 한다고 주장한다. 이는 어린이에게 하나님에 대한 이야기를 들려 준 후 그것을 어린이가 얼마나 이해했는지를 평가할 때 교사들이 어떤 자세를 가져야 하는지에 대한 시사점을 제공한다. 비록 어린이가 그 당시에는 모르는 것 같고 대답을 못했다 할지라도 그것에 대해 전혀 모르는 것이 아닐 수도 있으며 어떤 다양한 활동으로 자극을 주면 자신이 희미하게 지니고 있던 인지를 구체화시킬 수 있다는 것이다. Howkins[126)]는 어린이가 대답을 못하는 것은 그 내용을 지적으로 몰라서가 아니라 어쩌면 대답해야 할 말을 모르기 때문일 수도 있다고 주장함으로서 Vygotsky와 맥락은 다르지만 평가할 때 주의해야 할 점에 대한 Vygotsky의 주장을 뒷받침한다.

Vygotsky의 효과적인 비계설정을 위해 교사나 어린이 주변의 성인들의 따뜻하고 언어적인 칭찬의 강조는 기독교 유아교육에도 적용될 수 있다. 수용적이며 따뜻한 분위기를 통해 어린이들이 자유롭게 기독교적인 환경과 인격에 접할 수 있는 기회를 제공함으로서 기독교교육의 효과를 높일 수 있다. Ng과 Thomas[127)]도 따뜻하고 수용적인 분위기는 어린이들의 기독교교육의 효율성을 위해 중요한 역할을 한다고 보았다.

앞에서 Vygotsky의 이론을 이해하기 위해서 Marx의 사상에 대한 고찰을 하였으나 Marx 이론 자체가 너무 방대하여 그의 이론 가운데

126) K. G. Howkins(1969), *Religious thinking and religious education*, London: Tyndale Press, p. 9.

127) D. Ng & V. Thomas(1981), *Children in worshipping community*, Atlanta: John Knox Press, p. 20.

서도 유물사관만을 요약하여 소개하는데 그쳤으며 Vygotsky이론도 대단히 방대한 분량이어서 두 가지를 병행해서 연구한다는 것은 힘에 벅찬 일이었다. 또한 Vygotsky이론의 기독교 유아교육에의 적용을 위해 Vygotsky이론에 대한 기독교적인 비판이 이루어져야 하는데 이것에 대한 선행 연구가 거의 없어서 많은 어려움을 겪었다.

과거 1960년대부터 유아교육의 주류를 이루었던 Piaget 중심의 인지발달이론이 너무 인지에 중점을 두고 있다는 결점을 대안적으로 설명해 줄 수 있는 이론이 Vygotsky의 이론이라는 논리 아래 과거 10년 전부터 Vygotsky의 이론이 교육자들과 심리학자들의 관심의 대상이 되어왔다. 일반 이론에 대한 부지런한 연구를 필요로 하는 기독교 유아교육의 특성상 Vygotsky의 이론은 기독교적인 안목에서 분석, 조명되어져야 하며 적용되어져야 한다. 부족하지만 이 연구를 통하여 보다 심도있는 연구가 이루어지고 이로 인해 기독교 유아교육을 위한 효율적인 방안들이 고안되어지기를 기대해 본다.

제 6 장

유아와 신앙발달

기독교 유아교육을 효율적으로 실시하는데 있어서 반드시 고려해야할 사항 가운데 하나는 유아들의 신앙이 어떻게 발달되는지에 대한 이해이다. 유아들이 하나님에 대한 개념을 어떻게, 그리고 언제쯤 발달시킬 수 있는지를 아는 것은 유아들의 신앙발달을 위한 열쇠라고 볼 수 있다. 이 신앙발달의 열쇠를 많은 학자들이 인지발달로 보고 인지발달과의 연계 속에서 유아들의 신앙발달을 논하였다. 대표적인 학자로서 Ronald Goldman, Robert Williams, David Elkind, 그리고, James Fowler 등을 들 수 있다. 이들은 Piaget의 인지발달을 근거로 해서 자신들의 신앙발달이론을 전개시켜 나갔다. 여기서는 이상의 학자들이 Piaget의 이론을 어떻게 적용하여 신앙발달이론을 전개시켰는지를 소개하고, 이어서 이 신앙발달이론들의 기독교 유아교육에의 적용을 살펴보고자 한다.

Piaget이론을 유아들의 종교발달에 적용하여 연구한 이론 가운데 가장 중요한 연구 중 하나는 바로 Ronald Goldman의 연구이다. Goldman은 그의 연구의 기초로 Piaget의 인지발달단계를 사용하였는데, 종교적 진리에 유아들의 인지적 발달측면을 연결시키려한 시도라고 볼 수 있다. 그는 이러한 연구과정을 통해 Piaget의 인지발달과 유아들의 종교적 발달간의 관계를 규명하였다.

Goldman의 이 연구는 교육과정개정에 영향을 끼쳐왔다. 특히 종교교육의 방법과 내용에 그리고 유아들의 종교에 대한 교육자들의 태도에 상당한 영향을 주었다. 따라서 기독교 유아교육의 효율성을 높이기 위해서는 Goldman의 이론을 연구해보는 것이 필수적이라고 할 수 있다. Goldman의 이론에 관한 연구로서 Goldman의 유아종교발달이론, Goldman의 유아들의 기독교적 사고의 내용에 관한 연구평가, Goldman이론의 기독교 유아교육에의 적용 등이 차례로 전개되어진다.

Ⅰ. 유아종교발달에 대한 Goldman의 연구

앞서 언급된 바와 같이 Goldman은 Piaget의 인지발달단계를 사용하여 유아들의 인지발달측면을 종교적 진리와 연관시키려했다. 그는 Piaget의 인지발달단계가 종교적 사고의 영역에 적용될 수 있는가를 알기 위해 3개의 성경이야기를 사용했다. 왜냐하면 성경이야기 가운데 제시된 각 질문들에 대한 토론은 Piaget의 방법에 의해 유아들의 사고형태를 확인할 수 있도록 해주기 때문이다. 이 이야기들은 다음과 같다: 불타는 떨기나무와 모세 이야기(출애굽기 3: 1-6), 이스라엘 백성이 홍해를 건너는 이야기(출애굽기 14장에서 발췌), 예수님이 시험받는 이야기(누가복음 4: 1-13, 마태복음 4: 1-9). 또한 3폭의 그림(가족과 함께 교회 가는 그림, 기도하고 있는 어린이 그림, 찢어지고 훼손된 성경을 바라보고 있는 어린이 그림)들은 '종교적 사고 측정을 위한 그림과 이야기'[1)]에서 찾아볼 수 있다.

---

1) Ronald Goldman(1964), *Religious thinking from childhood to adolescence*, London: R. K. P., p. 8.

Goldman의 연구목표는 a) 종교적 연구와 활동을 이해하는데 중심이 되는 종교적 개념이 무엇인지를 확인하기 위해, b) 유아들의 이해와 진보수준에서 나타나는 연속성이 무엇인지를 발견하기 위해, c) 다양한 발달단계에서 유아들이 사용하는 논리적 과정을 평가하기 위해, d) 생활연령, 정신연령, 가정환경, 유아와 부모간 종교적 관계와 같은 종교적 사고에 영향을 미칠 수 있는 요소들이 무엇인지 고찰해 보기 위한 것 등 4가지로 요약될 수 있다.[2)]

이 연구에서 Goldman은 6세에서 17세까지의 광범위한 연령층의 아동과 청소년을 택하였는데 각 연령층에서 성별, 연령, 지능, 종교적 유사성, 종교적 행동을 대표하는 20명의 대상들을 취하여 임상방법을 사용하였다.

1. Goldman의 유아들의 종교발달단계

Goldman은 종교적 이해의 성장에 있어 뚜렷이 구별되는 3단계가 있음을 발견했다. 전종교기, 부종교기, 종교기가 바로 이 3단계인데 이를 살펴보면 다음과 같다.

1) 전종교기(5~6세)

Goldman에 따르면 이 단계의 유아들에게는 몇 가지 중요한 특징이 있다고 한다. 이 시기 유아들의 사고는 가변적이고 비논리적이며 일관성이 없다. 왜냐하면 이들은 비체계적, 단편적, 비가역적, 자기중심적 사고를 하기 때문이다.

2) *Ibid.*, p. 41.

Goldman이 "왜 모세는 하나님 보기를 두려워했을까?"[3]라고 질문했을 때 "하나님께서 재미난 얼굴을 하고 계시니까요"라고 대답한 유아가 있었는데 이는 "재미있는"이라는 단어를 본래의 뜻이 아닌 "무시무시한"의 의미로 해석하여 유아들의 자기중심적 사고와 부적절한 단어 사용의 예를 보여준 것이라 할 수 있다. 또한 "모세는 하나님의 거친 목소리가 무서웠기 때문에" "모세가 하나님께 공손하게 이야기하지 않았기 때문에 하나님이 화가 나셔서" 등의 답변들이 있었다.[4] 이러한 반응을 통해 자신의 추론을 지지할 만한 명확한 증거도 없이 얼굴생김새에서 목소리로 추론의 근거를 이동시키는 유아들의 가변적인 사고특성을 볼 수 있다.

그리고 두 번째 질문 "어떻게 떨기나무가 타 없어지지 않고 불이 계속해서 붙어있을 수 있을까?, 그런 일이 있을 수 있다고 생각하니?"에 대해 한 유아는 "나는 모세가 불타는 떨기나무를 보았는데 누군가가 와서 물로 그 불을 꺼버렸다고 생각해요."라고 대답했다. 토론이 진행됨에 따라 그 유아는 "몇몇 나쁜 사람 혹은 애가 와서 다시 불을 붙였어요. 그렇지만 그 꽃과 나뭇잎과 가지는 높이 있었기 때문에 타지 않았어요."라고 덧붙인다.[5] 이 질문에 대한 그 유아의 첫 답변을 살펴보면 그는 단지 문제의 한 측면에 불과한 떨기나무의 불에 집중한 것을 볼 수 있다. 토론이 진행되면서 그 유아가 이야기의 다른 측면을 포착하고 추론하였을 때 다음의 추론은 자신의 첫 진술과 연관되지 않았음이 발견된다. 이는 모든 증거가 고려되지 않음으로 인해 비논리적이고 일관성 없는 결론을 내리게 되었음을 보여준다. "만약 예수님께서 배가 고팠다면 왜 돌로 떡을 만들지 않으셨을까?"라는 질문에 대해서는 "나쁜 사람 때문이에요. 나쁜 사람이 예수님께 공손

3) *Ibid.*, p. 52.
4) *Ibid.*, p. 53.
5) *Ibid.*, p. 53.

하게 이야기하지 않았거든요."[6]라고 답변함으로써 유아들의 자기중심적이고 단편적인 사고를 보여준다.

2) 부종교적 단계1(7~9세)

두 번째 단계는 부종교적 단계1과 부종교적 단계2로 나뉘어진다. 부종교적 단계1에서 유아들은 조작적인 사고를 시도하게 된다. 그러나 조작적인 사고에 필수적인 수준에 도달한다거나 분류를 시도하지는 못하며, 복잡한 자료들로 인해 좌절하게 된다. 유아들의 체계적 사고의 시초는 미숙하고 집합적인 양상을 띤다. 비록 이 시점에서 유아들이 체계적 사고를 하는데 충분한 기술, 통찰력을 발달시키지는 못한다 할지라도 그들이 체계적인 사고과정의 필요성을 느끼는 것만으로도 중요한 성취를 이루었다고 볼 수 있다.

앞서 살펴본 첫 질문 "왜 모세는 하나님 뵙기를 두려워했을까?"에 대해 이 시기의 한 유아는 "하나님께는 턱수염이 있는데 모세가 턱수염을 싫어했기 때문"이라고 대답했다. 이는 이 시기 유아들이 두 가지 이상의 관점을 서로 연관시키려는 시도를 하고 있으나 성공적이지 못하다는 것을 볼 수 있다.[7]

어떻게 떨기나무가 계속 불타고 있을 수 있는가에 대한 답변들은 유아들이 합리적인 답변을 시도하고 있음을 나타내주기는 하지만 이 역시 결과적으로 논리적 답변을 하지 못하고 있음을 보여준다. "불에 타지 않을 정도로 잎이 강했어요. 그 잎들은 그 전에도 탄 적이 없어요."[8]와 같은 답변은 유아들이 이야기 속의 상황을 자신의 경험에 관련시키려고 시도하지만 문제의 핵심을 파악하고 있지 못하는 한계

6) *Ibid*., p. 53.
7) *Ibid*., p. 54.
8) *Ibid*., p. 54.

를 드러내준다.

"왜 예수님은 돌을 빵으로 변하도록 하지 않으셨을까?"의 질문에 대해서는 "예수님은 떡만 따로 먹지 않아야 한다는 것을 배웠기 때문이에요. 치즈라든가 마실 것과 함께 먹여야 하잖아요."라고[9] 답변했는데, 이는 어느 하나의 관념을 타당하지 않게 다른 것과 연관시키려는 경향과 어떤 사실을 문자 그대로 해석하려는 경향 때문이라고 할 수 있다.

3) 부 종교적 단계2(9~11세)

이 단계에서 유아들은 귀납적, 연역적 논리가 어느 정도 가능해진다. 유아들은 관련될 수 있는 2가지 이상의 사실들을 체계적으로 분류하고 사고할 수 있게 된다. 또한 유아들은 가역적인 사고가 가능해져서 자신들이 내린 결론을 검토해 볼 수도 있게 된다. 그러나 그 범위가 구체적 상황, 즉, 눈으로 볼 수 있는 시각적 경험과 감각적인 자료에 한정되며 하나의 구체적인 분야에서 다른 분야로의 확장이나 일반화는 불가능하다.

이 단계에서 유아들은 하나님을 특수한 행동으로 위협하는 사람 혹은 힘으로 생각한다. "왜 모세는 하나님 뵙기를 두려워했을까?"라는 질문에 "모세는 하나님께서 신을 벗지 않은 자신을 거룩한 땅에서 쫓아낼 것이라고 생각했기 때문" 혹은 "모세가 교회를 다니지 않았거나 하나님께서 싫어하시는 행동들을 했기 때문"[10]이라고 답변함으로써 이야기의 구체적이고도 특수한 특징이 되는 빛 혹은 불에 초점을 두는 경향을 보여주고 있다.

---

9) *Ibid.*, p. 55.
10) *Ibid.*, p. 56.

어떻게 떨기나무가 계속 불탈 수 있느냐에 대해서는 하나님께서 "철강제" "물로 된 재료" 혹은 하나님의 날개, 천사의 손과 같은 것으로 떨기나무를 덮으셔서 타지 않도록 보호하셨다고 생각하였는데[11] 이는 이 시기의 유아들이 구체적인 요소에 중점을 두어 사고하고 있음을 나타내주고 있다.

"왜 예수님은 돌을 떡으로 만들지 않으셨을까?"라는 질문이 이 수준 유아들에게 제시되었을 때 그들은 "하나님이 먹지 말라고 하셔서"라고 답했다. 이에 "왜 먹지 말라고 하셨지?"라고 묻자 "하나님께서는 할 일이 많으셨기 때문"이라고 대답했다. 이는 유아들의 사고가 구체적 행위와 구체적이며 권위적인 명령에 집중되어 있음을 보여준다.[12]

4) 종교적 단계1(11~13세)

세 번째 단계는 종교적 단계1과 종교적 단계2로 나뉘어진다. 종교적 단계1에 속하는 유아들은 보다 고도의 귀납적, 연역적 사고가 가능하다. 또한 그들은 보다 추상적인 수준의 사고를 할 수 있게 된다. 이러한 추상적인 특성은 명제나 언어적 진술을 다루고 가설을 고찰해보고자 하는 유아들의 바램에 기인한다. 그러나 이러한 유아들의 시도는 여전히 구체적 요소로 인한 혼란 때문에 제한된다. 명제에 관한 시도 역시 구체적인 자료들이 명제들의 상호관련성을 명확히 인식하지 못하도록 방해하기 때문에 제약을 받게 된다. 또한 유아들은 가설을 고찰해보기 위해 이야기에서 탈피해서 다른 경험을 사용하기도 한다.

---

11) *Ibid.*, p. 57.
12) *Ibid.*, p. 57.

이전 단계에서 유아들은 모세의 두려움에 대한 원인으로 모세의 범죄를 인용했던 반면 본 단계에서는 하나님을 마주하는 모세의 두려움을 설명하는데 있어 보다 높은 수준의 연역적, 귀납적 사고를 사용하게 된다. "아마도 모세는 나쁜 행위를 했을 거예요." "아마도 모세는 하나님 뵙기가 부끄러웠을 거예요. 모세는 사람을 죽였으니까요."[13] 라는 유아들의 반응은 이야기의 상황을 넘어선 사고능력과 가설설정의 필요성을 보여주고 있다.

불타는 떨기나무이야기에서는 영적이거나 상징화한 행위로 물질적 개념을 설명하고 있지만 구체적 요소들이 여전히 유아들의 사고를 방해하고 있음을 볼 수 있다. 예를 들면 몇몇 유아들은 투명한 특성을 지닌 재료가 떨기나무와 불 사이에 있기 때문에 타지 않는다고 대답하였다. "아마 하나님께서 기적을 행하신 것일 거예요. 보통 사람들은 할 수도, 이해할 수도 없는 오직 하나님과 예수님만이 하실 수 있는 일이잖아요."[14]와 같은 명제의 특성을 지닌 답변도 종종 제시되었다.

예수님께서 돌을 떡으로 만들라는 시험을 받으신 이야기에서도 같은 수준의 반응을 보여주는데, "예수님께서는 음식 없이도 사실 수 있다는 것을 증명하시려고 그런 거예요. 예수님의 아버지께서 그를 돌보시거든요. 그는 생각하고 기도하시려고 광야에 갔지 기적을 행하러 가신 것이 아니예요."라고 답변함으로써 훌륭한 명제이지만 여전히 음식이라는 구체적인 요소에 한정되어 있음을 나타내고 있다.[15]

5) 종교적 단계2(13~14세)

이 시기 유아들은 상징적 혹은 추상적 용어들을 사고할 수 있다.

13) *Ibid.*, p. 58.
14) *Ibid.*, p. 59.
15) *Ibid.*, p. 59.

또한 일관성 있는 사고를 할 수 있으며 가설을 시험해보려고 노력할 수도 있다. 또한 가설들을 이성적 견지에서 단정, 거부, 혹은 수용할 수도 있게 된다. 유아들은 명제적 수준에서 가역적 사고가 가능해지며 하나의 진술에 대해 그 함축성을 탐구할 수 있게 되고, 그 기원이 되는 논의로 거슬러 올라갈 수 있게 된다. 그러므로 유아들은 이론으로부터 시작하여 다시 그 사실로 되돌아가 사고할 수 있다.

모세의 두려움에 대한 질문의 답에서 그들의 일반적인 명제는 모세가 모든 사람들과 마찬가지로 죄의식 혹은 부끄러움을 가지고 있었는데 그로 인해 모세가 하나님 뵙기를 두려워했다는 것이다. "하나님의 전능하심과 그에 대한 경외심에 자신을 비추어 보았을 때 모세는 자기가 벌레와 같이 하찮은 존재임을 느꼈을 것이다"[16]와 같은 답변을 예로 들 수 있다.

또한 왜 예수님께서 돌로 떡을 만들지 않으셨는가에 대한 질문에 대해 이 단계의 아동들은 "사탄에게 순종하는 것은 사탄을 주인으로 인정하는 것이에요. 그렇게 되면 첫 계명을 어기는 것이 되지요."[17]라고 대답함으로써 여러 명제가 함께 연합되어 이야기를 넘어서는 적용점을 탐색할 수 있게 되었음을 보여준다.

2. Goldman의 유아들의 기독교적 사고의 내용에 관한 연구

유아들의 종교적 사고의 내용을 검토하기 위해 Goldman은 "그림과 이야기를 통한 종교적 사고 검사"를 사용했다. 이 장에서는 유아들의 종교적 사고의 내용의 요소로서 성경, 하나님, 예수님, 기도, 교회 등에 초점을 맞추어 살펴볼 것이다.

16) *Ibid.*, p. 60.
17) *Ibid.*, p. 61.

1) 성경의 개념

(1) 성경의 본질에 관한 개념

성경이 어떤 종류의 책인가에 대한 유아들의 이해와 관련해서 Goldman은 세 폭의 그림 중 하나를 사용하였는데 훼손된 성경그림 즉, 어린아이가 성경을 찢고 그 위에 낙서한 그림에 대해서는 어느 연령 대를 막론하고 대부분 그림 속의 유아에게 나쁜 행동에 대한 책임을 지우는 것이 일반적이었다.

첫 단계의 어린 유아들은 성경의 중요성을 성경의 물질적 특성, 그리고 성경이 어떻게 사용되는 지와 관련시키는데 예를 들면, 6세 유아는 "교회에 갈 때 꼭 가져가야 하기 때문에" 성경이 특별한 책이라고 대답했다.[18)]

두 번째 단계의 유아들은 성경이 다른 책들에 비해 더 많은 진리와 종교적 의미를 담고있다고 생각한다. 예를 들면, 한 유아는 "성경은 하나님께 예배드리는데 필요한 특별한 책이고 선한 일을 행했던 사람들에 대해 이야기하고 있어요. 그리고 성경은 우리가 해야할 것과 하지 말아야 할 것에 대해 말해주고 있죠."라고 말했다. 종교적 단계(11~13세)의 아동들은 성경을 계시를 통한 종교의 기원으로 간주하여 성경의 영적 의미와 중요성을 강조하게 된다. 예를 들면 한 소년은 "성경은 하나님의 말씀이에요."라고 말했는데 그 의미를 묻자 "성경은 기독교가 어떻게 생기게 되었는지 말해주고 있어요. 또 성경은 하나님이 그의 백성에게 주시는 말씀이에요."라고 대답했다.[19)]

이러한 예들로부터 성경의 크기, 색깔, 인쇄, 외적용도 등의 물리적 요소에 제한되었던 유아들의 사고가 한계가 있기는 하나 성경을 존귀한 진리의 기록임을 인식하는 진보가 있었음을 발견할 수 있다.

---

18) *Ibid.*, p. 70.
19) *Ibid.*, p. 72.

유아들은 성경이 개인적 삶에 그리고 신앙인들에게 도움이 된다고 본다.

(2) 성경의 기원(기록방법)에 대한 개념

유아들이 성경의 권위에 대해 그리고 성경을 기록함에 있어 저자들의 동기가 무엇이었는지에 대해 어떠한 개념을 가졌는지 알아보기 위해 "어떻게 성경이 씌어졌을까?"와 같은 질문이 고안되었다. 이것에 대한 유아들의 반응은 10세를 전후해서 두 단계로 나뉜다.

첫 단계의 유아들은 성경을 하나님, 예수님, 혹은 능력있는 사람 혹은 신앙이 매우 좋은 사람이 썼다고 생각했다. 이러한 생각은 유아들의 지식의 한계를 분명히 드러내고 있는데 예를 들면, 6세 유아는 "예수님이 이야기를 생각해 내고, 하나님이 쓰셨다" 혹은 8세 유아의 경우, "한 사람이 성경을 썼는데 그는 이야기를 아주 잘 쓴다"라고 말했다.

두 번째 단계에서 유아들은 눈으로 확인할 수 있는 증거와 전해 내려온 전통에 근거한 다양한 권위의 개념을 이해하게 된다. 13세 소녀는 "예수님이 하신 일을 직접 본 제자들이 예수님께서 하신 일을 들었을 때 큰 책에 그것을 썼어요."라고 말했다.[20] 이러한 예로부터 Goldman은 10세 이하의 유아들이 가진 성경에 대한 견해가 제한되어 있다는 것을 발견했다. 따라서 그는 10세 이후라야 성경의 종교적 본질에 대한 통찰력이 발달한다고 보았다.

(3) 진리로서의 성경의 개념들

진리 측면에서의 성경에 대한 유아들의 반응을 이끌어내기 위해 "성경은 모두 진리일까? 아니면 일부만 진리일까?" "왜 그렇게 생각하

20) *Ibid.*, p. 74.

니?"와 같은 질문이 주어졌다. 이 질문들에 대한 답에서 첫 단계 유아들은 자기에게 성경을 전해준 성인에 대한 신뢰 때문에 성경을 진리라고 생각하고 있음을 보여준다. 그들의 대답은 반복적이며 때로는 관련성이 부족하다. 예를 들면, "성경은 진리예요. 나는 그것을 알아요" "진리임에 틀림없기 때문에 존재하는 거예요. 엄마가 그렇게 말씀하셨어요"[21] 등과 같이 대답했다.

두 번째 단계에서 하나님은 전능하신 존재로 여겨지며 "하나님은 이야기들과 관련되어 있고 신적 존재인 하나님은 어느 것이든 할 수 있기" 때문에 성경이야기는 틀림없다고 생각한다. 이러한 반응의 예로 "성경은 사실임이 틀림없어요. 왜냐하면 하나님과 예수님께서 그 안에 계시니까요"[22]를 들 수 있다.

나중 단계의 대부분의 유아들은 성경의 저자들이 목격한 사실에 근거해서 성경을 썼기 때문에 모든 성경이야기가 권위 있다고 생각한다. 예를 들면, "모세는 성경의 사건이 발생하자마자 그 현장에서 써 내려갔어요": 그리고 예수님이 시험받으신 사건과 관련해서 "예수님은 제자들에게 말씀하셨고 제자들이 그것을 썼어요" "사람들은 그 이야기를 목격했고, 그 내용이 입에서 입으로 전달되다 성경에 쓰여지게 되었어요"[23] 등과 같은 반응들이 나왔다.

요약하면 '진리'로서의 성경의 권위에 대한 개념은 엄마, 성직자, 교사 등 유아들에게 있어 권위 있는 사람으로부터 비롯된다. 보다 나중 단계에서는 진리, 가치의 문제가 유아의 눈으로 목격한 증거, 혹은 성경과 다른 출처와의 일치점에 근거한다고 볼 수 있다.

---

21) *Ibid.*, p. 77.
22) *Ibid.*, p. 78.
23) *Ibid.*, p. 70.

2) 신적 존재의 규명과 본질

(1) 눈에 보이는 신적 존재

Goldman에 따르면 유아들은 자기중심적인 사고를 하기 때문에 신적 존재를 의인화하는 경향이 있다고 한다. 유아들은 하나님에 대해 유물론적이고 의인화된 사고를 한다. 신적 존재에 대한 그들의 사고는 인간의 감각 안에 제한되며 시간이 지날수록 초월적 존재에 대한 생각이 나타나게 된다.

첫 단계의 유아들은 하나님을 외형적인 모습과 신체적인 면에 강조를 둔 육체를 지닌 인간의 측면에서 생각한다. 예를 들면, 5세 여아는 "하나님은 당신을 좋아하는 아주 좋은 분이세요. 그는 망토를 입으셨고 긴 머리, 콧수염을 갖고 계시고, 그리고 짧은 바지를 입으셨어요. 하나님은 멋지시고 할아버지와 같은 얼굴을 하고 계세요"라고 반응한다.[24] 이러한 이미지는 10~11세까지 지속된다.

두 번째 단계에 이르면 인간으로서의 하나님에서 신적 존재로서의 하나님으로 인식하게 된다. 예를 들면 11세 남아는 "나는 양팔을 뻗고 머리 위에 반짝이는 둥근 것이 있는 사람을 보았어요. 약 30세쯤 되었을 그는 하얀 의복을 입고 콧수염을 가지고 있어요. 나는 공중에 계신 그를 보았어요" "하나님 그는 영 혹은 신령한 영으로서 모든 것을 만들어내셨어요"와 같이 인간적 특성이 여전히 존재하고 있음에도 불구하고 이 단계에서는 하나님에 대해 추상적으로 생각하는 경향이 있다.[25]

마지막 단계의 유아들은 가시적인 개념을 거부하는 경향이 있다. "당신은 하나님을 볼 수 없기 때문에 묘사할 수 없어요. 빈 공간 혹은 영이 있을 뿐이에요. 하나님은 아빠같은 느낌 혹은 사랑에 대한 개념

24) *Ibid.*, p. 89.
25) *Ibid.*, p. 90.

이세요."[26]

요약하면 유아들이 형성하는 하나님에 대한 개념은 인간의 외형적인 모습과 신체적 경향을 포함한 의인화된 물질적인 존재로서의 하나님으로부터 사랑, 선함, 정의와 같은 추상적인 특징을 지닌 초월적 존재로서의 하나님으로 변화한다.

(2) 신과의 의사소통

첫 단계 유아들의 사고가운데 신과의 의사소통에 관한 개념은 물질적, 물리적, 그리고 외적인 설명의 관점에서 이루어진다. 유아들은 하나님이 일대 일로 이야기하며 인간의 목소리를 가지고 다른 사람의 귀에 이야기할 것이라고 생각한다. Goldman은 신과의 의사소통에 관한 유아들의 사고를 평가하기 위해 "만약 모세의 귀가 들리지 않았다면 하나님께서 자기를 부르시는 것을 들을 수 있었다고 생각하니?"와 같은 질문을 했다. 한 유아는 "아니오, 그는 들을 수 없었을 거예요. 귀먹은 사람은 들을 수 없으니까요." 이 시점에서 Goldman이 모세의 귀가 들리지 않았을 때 하나님께서 어떻게 그 문제를 해결하셨을까에 대해 질문했을 때, 유아들은 "하나님은 하늘에서 모세의 귀까지 연결되는 전선으로 된 보청기를 만들어 모세에게 끼워주셨을 거예요"[27]와 같은 물리적 사고를 통해 하나님의 해결책을 제시한다. 이는 유아들의 사고가 물리적 사고에 제한되어 있음을 명확히 보여주는 예이다. 적어도 8세까지는 대부분의 유아들이 이러한 경향을 나타낸다.

두 번째 단계의 아동들은 물리적인 성향에서 벗어난 설명을 시도하는 경향을 나타낸다. 예를 들면 9세의 여아는 "모세만이 내면의 소리를 들을 수 있어요. 그러나 주변 사람들은 하나님께서 조용히 말씀하

26) *Ibid.*, p. 91.
27) *Ibid.*, p. 93.

셨기 때문에 들을 수 없었어요."[28]와 같은 반응을 나타내었다. 이 단계의 아동들은 단순한 물리적 설명에 만족하지 않으나, 역시 일관성을 가지고 풀 수 없는 문제를 가지고 있다. 이 단계는 11~12세 중반까지 지속된다.

세 번째 단계 아동들은 비물질적, 비물리적이며 내적 경험의 현상에 중점을 둔다. 전형적인 답변으로는 "그래요, 모세는 텔레파시같이 무언가 마음 속으로 들었을 거예요"와 같은 반응을 예로 들 수 있다.[29] 이렇듯 이 시기의 아동들은 내적인 무엇인가로 목소리를 인식하였다고 생각하는 경향이 있다.

(3) 신의 임재에 관한 개념

신의 임재에 관한 개념에 관한 Goldman의 연구에서 유아들은 13세를 전후로 해서 2단계로 나뉜다. 첫 단계 유아들은 하나님에 대해 전지전능한 물리적인 존재라고 생각하는 초보적인 개념을 가지고 있다. 그들의 사고는 물질적이며 목사님, 부모님, 그리고 교사 등 권위자들의 답변에 영향을 받는다. 기도하는 유아의 그림을 가지고 "하나님께서 방안에 함께 계실까?"라고 질문했을 때 유아들의 전형적인 답변은 "하나님을 볼 수는 없지만 그 아이는 얼굴에 닿는 느낌으로 하나님께서 숨쉬는 것을 느낄 수 있을 거예요. 하나님은 어디든 계셔요. 교회에 있는 분이 그 아이에게 하나님께서 어디든 계시다는 것을 말해주었어요"[30]라고 대답했다. 이러한 유형의 답변은 물질적인 사고와 권위적인 판단에 근거하며 13세 이하의 대부분의 아동들은 이러한 요소들에 근거해서 신의 임재에 대한 개념을 형성한다.

두 번째 단계 유아들의 사고는 보다 덜 물질적이며 신앙, 믿음, 논

28) *Ibid.*, p. 94.
29) *Ibid.*, p. 94.
30) *Ibid.*, p. 96.

리에 더 치중하게 된다. 13세 이후의 아동에게 있어 물리적인 증거는 불필요하며 부적절한 것이 된다. 그들은 "하나님에 대해 더 깊이 생각할수록 하나님과 더 가까워져요" "그는 하나님의 존재를 느끼고 평화로와 질 거예요"[31]라고 반응함으로써 물질적인 것들에 치중하는 것으로부터 신학적 이해를 중시여기는 방향으로 변화한다.

3) 예수님에 대한 개념

Goldman의 연구에는 예수님에 대한 개념에 있어 세 개의 단계가 나타난다. 첫 번째 단계에서 유아들은 예수님의 신체적 특징에 집중하며 예수님께서 좋으신 분이시며 도움이 되신다고 생각하며 무언가 특별한 분이라고 생각한다. "예수님께서 사람이셨을 때 그는 다른 사람들과 특별히 다른 점이 있었을까?"라는 질문이 제시되었을 때 6세 남아는 "예수님은 사람들과 다른 색깔의 옷을 입었어요. 그는 갈색톤의 피부를 가지셨고 나이가 많았으며 독특한 목소리를 가지셨을 거예요. 그는 좋은 사람이셨어요. 그는 다른 사람을 돕고 싶으셨을 거예요"[32]라고 반응했다. 이러한 단계는 9세 경까지 지속된다.

두 번째 단계의 유아들은 예수님의 기적적인 능력이 다른 사람과의 차이점이라고 생각한다. 예를 들면, 9세 여아는 "그는 기적을 행하실 수 있는 유일한 사람이셨어요. 예수님께서는 의사들이 고칠 수 없는 모든 것들을 다 고치실 수 있어요."[33]라고 말했다. 이러한 단계는 13세 즈음까지 지속된다.

세 번째 단계에서 유아들은 세상에 대한 사명, 하나님과의 친밀함, 구원자의 관점에서 예수님을 바라본다. 예를 들면 13세 소년은 "그는

---

31) *Ibid.*, p. 96.
32) *Ibid.*, p. 157.
33) *Ibid.*, p. 157.

하나님의 아들이세요. 그는 하나님에 대해 설교하기 위해 보냄을 받은 특별한 분이에요." 라고 답변하였다. 이를 통해 예수 그리스도에 대한 유아들의 사고는 선한 사람의 형상에서 기적을 행하는 사람으로 그리고 구원자로 변화하고 있음을 볼 수 있다.

4) 기도에 대한 개념

(1) 기도의 효험성에 대한 개념

어떤 기도가 효험이 있는지에 대한 유아들의 사고 단계를 알아보기 위해 "기도하고 있는 아이가 어떻게 기도하는 것들이 이루어질지 알았을까?"와 같은 질문이 고안되었다. Goldman의 연구에는 기도에 대한 사고에 있어 세 개의 단계가 나타난다. 첫 단계는 기도에 마술적 힘이 있다고 보는 단계이다. 이보다 어린 연령의 유아들은 하나님으로부터의 즉각적인 응답을 확신하는 경향이 있다. "만약 그 아이가 기도하면 예수님께서는 응답하시고 그 아이에게 직접 말씀하시며 그 기도는 실현될 거예요. 그 아이의 엄마가 그에게 기도가 이루어질 것이라고 얘기해 주었어요."[34]와 같은 답변을 예로 들 수 있다.

두 번째 단계는 준(semi)마술적 개념으로 특징지어진다. 이 단계는 12세까지 지속되는데 이 단계에서도 여전히 마술적 요소가 존재하기는 하나 원인이 되는 다른 요소가 존재할 수도 있다는 것을 인식한다. 예를 들면, "그 아이는 친구의 병이 낫기를 기도했어요. 하나님께서는 의사가 더 나은 약을 만들도록 도우셔요. 학교에서 덧셈하는 것을 도우시는 것처럼요."[35]라고 대답한다.

세 번째 단계는 마술적인 요소에서 벗어나 종교적인 관념을 갖는

34) *Ibid.*, p. 185.
35) *Ibid.*, p. 186.

단계이다. 이 단계의 유아들 역시 여전히 기도의 결과에 초점을 맞추는 경향이 있으나 그 결과는 노력이나 신앙에 의존한다. 예를 들면, 한 유아는 "그래요. 기도한 후 그 아이가 시험에 합격했다면 그 아이는 자기가 열심히 공부했다는 것을 알 거예요. 하나님께서는 그 아이가 열심히 공부할 수 있도록 그리고 문제를 이해할 수 있도록 도우셨어요."[36]라고 대답했다.

(2) 응답되지 않는 기도에 대한 개념

응답되지 않는 기도에 대한 유아들의 반응을 유도하기 위해 "그 아이가 기도하는 것 중에 이루어지지 않는 기도가 있을까?"와 같은 질문이 제시되었다. 응답되지 않는 기도와 관련된 개념에도 세 단계가 존재함이 밝혀졌다. 첫 단계는 도덕관념단계이다. 이 단계의 유아들은 기도가 응답되지 않은 이유가 잘못된 행동 혹은 올바른 방법으로 구하지 못했기 때문이라고 생각한다. 전형적인 대답으로는 "그 아이는 나쁜 아이였어요." "하나님께 공손하게 구하지 않았어요."[37] 등이 있다. 이 단계는 9세 경까지 지속된다.

두 번째 단계는 준 도덕적 개념 단계이다. 이 단계의 유아들은 기도가 응답되지 않는 이유가 일반적인 잘못 때문이 아니라 어리석고, 물질적이고, 이기적, 혹은 욕심에 찬 기도를 했기 때문이라고 생각한다. 예를 들면, "그 아이는 욕심이 많아요. 너무 많은 것을 원했어요." "돈 혹은 자전거를 구하는 것과 같은 어리석은 기도는 응답되지 않아요."[38]와 같은 대답을 들 수 있다. 이러한 단계는 9~11세까지 지속된다.

마지막 단계는 보다 영적이며 비도덕적인 생각이 반영된 반응을

36) *Ibid.*, p. 187.
37) *Ibid.*, p. 188.
38) *Ibid.*, p. 189.

나타낸다. 이런 이유로 Goldman은 이 단계를 "종교적 개념기"라고 명명했다. 예를 들면, 12세 소녀는 "그래요. 어떤 기도들은 이루어지는 데 오랜 시간이 걸리기도 해요. 어떤 기도들은 그 아이를 위해 늦게 이루어지는 편이 낫기 때문이예요."[39] 이 단계는 흔히 12세 정도에 시작된다고 생각되어진다.

5) 교회에 관한 개념

(1) 교회의 본질

교회에 대한 유아들의 개념을 알아보기 위해 교회 문으로 들어가는 유아의 그림과 함께 "교회에 특별한 것이 있니?"라는 질문이 제시되었다. Goldman의 연구에는 교회의 본질에 관한 정의의 발달에 있어서도 세 단계가 존재했다. 첫 단계의 유아들은 교회를 물리적인 건물과 종교예식의 외적형태를 가지고 정의하는 경향이 있었다. 그들은 종종 교회 안의 가구, 스테인드 글래스 창문, 하얀 칼라의 옷을 입은 남자, 결혼식, 세례식과 같은 용어들을 사용한다.

둘째 단계의 대부분 유아들은 교회와 관계된 영적 기능들을 보기 시작한다. 그들은 교회를 정의하는 데 있어 예배를 특별히 중요하게 생각하며 예배의 요소가 되는 찬양, 기도, 말씀 등의 요소로 교회의 특성을 설명한다. 그러나 그들은 여전히 교회를 정의하는데 어려움을 느끼며 모호한 견해를 가지고 있다. 이 단계는 14세 경까지 지속된다.[40]

마지막 단계에서도 교회를 정의하는데 있어 예배와 친교를 교회의 건물보다 더 중요한 요소로 간주하고 있음이 발견된다. 14세 소년은

---

39) *Ibid.*, p. 190.
40) *Ibid.*, p. 201.

"다른 곳에서도 예배드릴 수 있어요. 하지만 공동으로 함께 예배드릴 수 있다면 더 좋아요." "교회는 하나님의 집이예요. 다른 사람들과 함께 동일한 하나님을 예배하는 곳이예요."[41]라고 반응했다. 교회에 대한 유아들의 사고는 물리적인 개념에서 기능적이고 친교적인 개념으로 변화한다.

(2) 교회에 나감으로 얻게되는 유익

교회에 가는 유익에 대한 유아들의 개념을 이해하기 위해 "교회가는 것 혹은 주일학교에 가는 것이 도움이 될까?" "교회, 주일학교에 참석하는 것이 매일의 삶에 도움이 되니?" 혹은 "주일에 교회에 참석하는 것이 월요일에 당사자에게 어떤 도움이 될까?"와 같은 질문을 제시했다.

이 주제에 대한 유아들의 사고에 있어 두 개의 단계가 발견되었는데 이 단계들은 10세를 기점으로 해서 나뉜다. 첫 단계의 유아들은 교회참석이 그들의 읽기, 쓰기 기술에 도움이 되거나 혹은 종교적 활동의 실제 경험을 제공해 줌으로써 학교에서의 종교수업에 실질적인 도움을 준다고 생각하는 경향이 있다. 예를 들면, 6세 여아는 "교회에 가는 것은 노래하는데 도움이 되요. 노래를 더 잘 부르게 되거든요." 라고 대답했다.[42]

10세 말 즈음부터 대부분의 아동들은 보다 예리한 통찰력을 가지고 고차원적인 개념을 이루게 된다. 그들은 도덕적으로 영적으로 보다 나은 사람이 되는 것에 초점을 맞춘다. 예를 들면, 12세 소년은 "네, 교회에 가면 보다 진실해지고, 학교에서도 더 열심히 공부하게 되요."[43]라고 답변했다.

41) *Ibid.*, p. 210.
42) *Ibid.*, p. 205.
43) *Ibid.*, p. 206.

6) 종교적 사고에 영향을 미치는 교회, 가정, 기타 요소들

유아들의 종교적 개념의 본질을 규명한 Goldman은 3가지의 종교적 활동 즉, 교회 혹은 주일학교 출석, 개인적인 성경 읽기, 그리고 개인적인 기도와 관련해서 유아들의 종교적 행동에 주목했다. 이를 위해 그는 "검사"를 사용했는데 그 결과를 요약하면 첫째, 그는 유아의 교회 혹은 주일학교 출석 빈도를 비교함으로써 교회, 주일학교 참석과 종교적 통찰력간의 긍정적인 관계를 발견해냈다. 그러나 그 관계는 유의하게 높지는 않았다.

둘째, 그는 성경 읽기 빈도와 종교적 통찰력간에 관계가 있다는 것을 발견했다. 이는 정기적으로 혼자 성경을 읽는 유아들이 성경이야기에 대해 생각하려는 동기유발이 보다 잘 되며 읽기 능력도 뛰어났다.

셋째, 그는 이 검사로부터 기도의 빈도와 기도 자체에 관한 그리고 기도를 통해 일하시는 하나님의 능력에 관한 통찰력간에는 거의 관련이 없다는 것을 발견했다.

요약하면, 정기적인 교회의 출석, 기도, 성경 읽기의 경향을 가진 사람이 부정기적이거나 혹은 전무한 사람보다 더 고차원적인 개념을 가지고 있는 경우는 아주 미약하게 나타난다고 볼 수 있다.

또한 Goldman은 종교적 문제에 있어 부모들의 교회출석이 유아들을 지지하는가의 문제를 다루었는데 그 결과 적어도 부모중 한 사람이라도 교회에 참석하는 가정의 유아가 부모 모두가 교회에 다니지 않는 가정의 유아보다 종교, 교회, 기도와 같은 종교와 관련된 주제에 대해 보다 긍정적인 태도를 보임을 확인했다.

Goldman은 남녀 차를 확인하기 위해 전체적 검사에서 받은 점수에 근거해 남녀 100명을 비교했다. 검사 결과, Goldman은 종교적 개념의 수준과 종교적 통찰력의 질에 있어 성별에 따른 유의한 차이가 없다고 단정했다.

3. Goldman이론에 대한 평가

Goldman이론의 기독교 교육에 대한 적용가능성을 평가하기 위해서는 그의 연구가 그의 결론의 중요성을 전달하기에 적절한지 그렇지 못한지를 알아보는 것이 필수적이다. 따라서 본 서에서는 기독교 교육의 입장에서 그의 이론의 중요성을 비평하고 평가함으로써 Goldman의 이론의 기독교 교육에의 적용 가능성에 대한 기초를 마련하고자 한다. 이를 살펴보면 다음과 같다.

1) Goldman이론에 대한 비평

인간발달에 관한 연구를 수행하고자 한다면 이는 장기간의 연구를 필요로 하게 된다. 그러나 Goldman의 경우 그는 장기간의 연구를 통해 자료를 수집하지 않았다. C. M. Fleming[44] K. G. Howkins[45] F. H. Hilliard[46]등의 학자들은 이러한 요소를 Goldman이론의 결함으로 지적하고 있다.

Goldman의 연구에는 용어상의 문제들도 존재한다. 그가 규명한 세 단계는 전 종교기, 준 종교기, 그리고 종교기라고 불리운다. 그의 연구는 기독교의 성경이야기에 기인한 것이지 다른 종교와 관련된 것이 아니기 때문에 이러한 용어들은 뜻을 보다 명확히 전달할 수 있는 신학적 용어들로 표현되는 것이 더 적절할 것이다. Michael

44) C. M. Fleming(1966), 'Research evidence and Christian education', *Learning for Living*, Vol. 6, Part.1., p. 12.

45) Howkins(1968), *Religious thinking and religious education*, London: Tyndale Press, p. 9.

46) F. H. Hilliard(1965), 'Children's religious thinking', *Learning for Living*, Vol. 5, No. 2, p. 14.

Grimmitt[47] K. E. Hyde[48]와 같은 학자들은 이러한 견해에 동의하며 Goldman의 단계들이 전 신학적, 준 신학적, 신학적 단계로 불릴 수 있다고 주장했다.

또한, Goldman에 따르면 12~13세 이전의 아동들은 그들의 제한된 사고능력을 넘어서는 종교적 통찰력이 부족하기 때문에 종교적 개념을 이해할 수 없다고 한다. 따라서 Goldman에게 있어 종교적 개념을 이해할 수 있는 연령은 12~13세 이상이었다. 그러나 종교교육자 Judith Allen Selly[49]는 전 조작기(2~7세)의 유아들도 하나님을 창조주로서 이해하는 것이 가능하다고 주장했다. J. W. Smith[50], Howkins[51]도 같은 입장을 취하였다. 이러한 견해들로부터 종교적 개념을 이해하는데 있어 Goldman이 가정한 연령은 일반적으로 너무 늦다고 결론을 내릴 수 있다.

Longman영어사전에 따르면 "종교는 영적인 삶에 대한 믿음이며 일반적으로 하나 혹은 그 이상의 신을 믿으며 특별히 그 신이 세계를 만들고 지배할 수 있다고 믿는 것"[52]이라고 정의하였으며, Oxford Advanced Learner's Dictionary에서는 "종교는 세계를 창조하고 인간에게 육체의 죽음 이후에도 계속 존재하는 영적 특성을 부여하는 유일신 혹은 다신의 존재를 믿는 것"[53]이라고 정의했다. 이러한 종교의 정의를 살펴보면 종교가 단지 이해의 문제가 아니라 믿음의 문제임을

47) Michael Grimmitt(1978), *op. cit.*, p. 45.

48) K. E. Hyde(1968), 'Critique of Goldman's research', *Religious Education*, Vol. 23, No. 6, p. 432.

49) Judith Allen Shelly(1982), *The spiritual needs of children*, Illinois: Inter Varsity Press, pp. 39-40.

50) J. W. D. Smith(1952), *op. cit.*, p. 12.

51) Howkins(1968), *op. cit.*, p. 9.

52) Longman Group(1991), *Longman's dictionary of contemprary english*, Longman Group UK Ltd., p. 568.

53) A. P. Cowie(1992), *Oxford advanced learner's encyclopedia dictionary*, Oxford: Oxford University, p. 1064.

알 수 있다. 기독교에서 믿음은 하나님의 선물로 얻어질 수 있다. 하나님을 믿는다는 것은 종교적인 이해를 필요로 하기도 하나 전적으로 하나님의 은혜로운 선물이라는 것이다. 한편, 종교적 이해는 종교적인 신앙의 확립 없이도 발달될 수 있는 것이다.[54] 따라서 한 성인이 신앙 없이 종교적 개념을 이해할 수는 있다 하더라도 신앙 없이 하나님을 믿을 수는 없다. 반면, 앞에서 언급한 바와 같이 종교적 개념을 이해할 수 없는 아주 어린 유아라 할 지라도 하나님을 구체화하거나 종교적 방식으로 사건을 경험할 수 있다. London 대학 교육연구소 교수인 Edwin Cox[55]도 "유아들은 종종 신학적 진술에 대한 인지적 이해가 발달되지 않았을지라도 종교적인 감정을 느끼고 자신들의 경험에 종교적으로 반응하는 것 같다"는 견해를 취했다. 그러므로 유아들의 종교적 발달은 Goldman이 강조한 바와 같이 단지 그들의 정신적, 인지적 능력, 환경적 요소에만 의존하는 것으로 볼 수 없다.

2) Goldman이론의 공헌

Goldman은 유아들의 종교적 사고발달에 세 단계가 있음을 발견했다. 전 종교기는 첫 번째의 종교발달단계로 이 단계에 속한 유아들은 종교적 삶에 대한 실질적인 통찰력을 가지고 있지 못하기 때문에 Goldman은 이 시기의 유아들에게 종교교육의 중심이 되는 추상적 종교적 개념을 포함하는 성경이 부적합하다고 주장하였다. 이러한 Goldman의 견해는 성경을 유아들에게 가르쳐서는 안 된다고 하는 부정적인 주장으로서 기독교 교육에 적잖은 물의를 일으켰다. 그러나

54) Raymond Holley(1978), *Religious education and religious understanding*, London: Routledge & Kegan Paul Ltd., p. 128.

55) Edwin Cox(1968), 'Honest to Goldman: An assesment', *Religious Education*, vol. 23, Part No.6, p. 428.

무조건적으로 유아들에게도 성경을 가르쳐야 한다는 개념에서 벗어나 교사들로 하여금 성경의 교수내용과 교수방법을 개선해야 한다는 도전을 주었다. 즉 교사들로 하여금 적절한 순서와 교육과정 내용을 선택하여 성경을 가르쳐야 한다는 안목을 제공하였다. 종교교육자 Philip Cliff[56]는 Goldman의 연구가 여러 활동을 선택하는 여과기로서의 역할을 하며 교육과정 자료선택에 있어 중요한 통찰력을 제공해 준다고 주장함으로써 위의 사실을 뒷받침한다.

또한 Goldman은 형식이나 방법에 있어 종교적 사고가 비종교적 사고와 전혀 차이가 없으며 종교는 삶과 분리될 수 없다고 주장함으로써 유아들의 인지발달만을 강조하고 있는 교육과정이 개정되어야 함을 일깨워 주었다. 이는 종교교육을 인지적 지식의 내용으로 한정시키는 것이 아니라 경험의 전 영역으로 확장하도록 해주는 중요한 시각이라 할 수 있다. Cliff[57]는 유아들이 예수그리스도가 그들의 목자되심을 알기 전에 목자의 역할에 대해 잘 알아야만하며, "생명수"에 대해 알기 전에 물에 대해 알아야 한다고 말했다. 종교교육가 J. A. Diorio[58] 역시 종교발달이 이루어지기 위해서는 유아들의 일반적인 경험이 확대되어야 함을 주장했다.

4. Goldman이론의 기독교 유아교육에의 적용

Goldman이론이 많은 학자들에 의해 비판을 받음에도 불구하고 종교교육 교육과정의 순서와 내용에 영향을 끼쳐왔다는 사실은 부인할

56) Philip Cliff(1968), 'The significance of Goldman for curriculum materials', *Religious Education*, Vol. 23, Part No. 6, p. 435.
57) *Ibid.*, p. 439.
58) J. A. Diorio(1978), 'Sailing to Byzantium: Issues in R. E.', *British Journal of Education Studies*, Vol. 26, No. 3.

수 없다. Goldman에 따르면 전 종교기의 유아들은 성경을 이해하는 것이 그들의 능력 밖의 것이기 때문에 성경을 이해하는 것이 불가능하다고 한다. 따라서 성경중심의 종교교육은 이러한 전 종교기 유아들에게 있어 부 적절하다는 것이 그의 견해이다. 그러나 Goldman이론에 대한 비평에서 살펴본 바와 같이 종교적 개념에 대한 이해 가능 시기가 너무 늦은 시기로 설정되었고 유아들이 포함된 자료를 이해하는 정도가 비유의 본질을 이해하고 이야기의 언어유형과 같은 요소에 의존한다는 주장에는 문제가 있다.[59] 그러므로 비록 전 조작기 유아들의 발달적 특성이 추상적인 종교적 개념을 이해하기 어렵다할지라도 성경으로부터 적절한 이야기를 선택하여 적당한 언어를 사용하여 가르친다면 전 조작기 유아들 역시 성경을 이해할 수 있을 것이다. 따라서 성경 혹은 성경의 일부분들은 유아들에게 사용할 수 있다고 볼 수 있다. John Bailey,[60] Jack Priestley[61], A. Rowe[62] 등의 학자들도 적합한 성경이야기를 통해 종교적 진리들이 전달될 수 있으며 그래야만 한다는 입장을 취했다. 그러나 이는 어느 특정 성경이야기가 모든 연령 대에 똑같이 적합하다는 것을 의미하는 것은 아니다. 유아들을 위한 성경이야기 선택에 도움을 줄 수 있는 몇 가지 원칙을 제안하면 다음과 같다. a) 유아들에 대한 고려(유아들의 연령은? 유아들의 종교적 관심이 무엇인가?), b) 성경이야기에 대한 고려(성경이야기가 단순한가 혹은 복잡한가?, 성경이야기가 유아와 갖는 관계의 핵심이 무엇인가?, 유아들이 성경으로부터 무엇을 배울 것인가?, 유아들의

59) R. J. L. Murphy(1977), 'The Development of religious thinking in children in three easy stages', *Learning for Living*, Vol. 17, No. 1, p. 17.
60) John Bailey(1982), 'Tilting at windmills? A Reply to Jack Priestley on bible stories', *British Journal of Religious Education*, Vol. 4, No. 3, p. 154.
61) Jack Priestley(1981), 'Religious story and the literary imagination', *British Journal of Religious Education*, Vol. 4, No. 1, pp. 17-24.
62) A. Rowe(1979), 'Can children understand the bible?', *Religious Studies Today*, Vol. 4, Part No. 2, p. 5.

이전학습, 향후학습과 어떻게 관련시킬 것인가?), c) 교사가 성경이야기를 전달하기 위해 어떤 언어를 사용할 것인가?

또한 Goldman에 따르면 유아들의 종교적 개념은 유아들의 일반적인 경험에 의존하기 때문에 유아들의 일반적인 경험들은 기독교 유아교육을 위한 교육과정 계획시 강조되어야 한다고 한다. 그러나 유아들의 종교적 개념이해를 위해 일반적인 경험이 매우 중요하다 할지라도 유아들의 종교적 발달이 경험에 종속되는 것은 아니라는 것을 명심해야 한다. 하나님을 믿는다는 것은 일반적인 경험으로부터 얻어지는 종교적 개념의 이해에만 의존하는 것은 아니다. 믿음은 하나님으로부터 말미암은 은혜로운 선물이며 종교적 개념의 이해를 통해 형성되기 때문에 하나님을 믿기 위해서는 종교적 개념이해를 위한 일반적인 경험과 하나님의 은혜로운 선물 모두가 필요하다. 따라서 이 둘 모두가 강조되어야 한다.

그리고 유아들의 종교적 사고에 미치는 가정의 영향에 대해 Goldman은 적어도 부모중 한 분이라도 교회에 참석하는 가정의 유아가 부모 모두 교회에 출석하지 않는 가정의 유아보다 기도와 같이 교회와 관련된 주제에 대해 보다 긍정적인 태도를 취한다는 것을 발견했다. 따라서 부모들의 사고와 태도가 유아들의 종교적 사고에 직접적인 영향을 미친다고 볼 수 있으며, 유아들의 종교발달에 관해 부모들의 역할이 매우 중요하다고 할 수 있다. Erik Erikson[63)]에 따르면, 엄마의 따뜻함과 보살핌으로 형성된 신뢰감은 유아들이 다른 사람과 우호적 관계를 맺는데 있어 기본이 된다고 한다. 기독교 교육자인 Ruth Beechick[64)]는 그러한 신뢰감을 통해 유아들은 하나님에 대한 신뢰감을 형성할 수 있다고 주장했다. 더욱이 부모와의 관계를 통해

---

63) Erik Erikson(1963), *Childhood and Society*, New York: Norton, p. 243.

64) Ruth Beechick(1980), *Teaching kindergarteners*, Denver: Accent Books, p. 36.

얻게 되는 기독교적 사랑의 경험은 하나님에 대한 어떤 지식보다 영적 발달에 있어 중요한 역할을 한다는 것은 이미 널리 알려진 바이다. Alta Mae Erb,[65] Grams[66]의 연구 역시 이러한 주장을 뒷받침하고 있다. 이러한 입장에서 볼 때 부모들은 자녀들의 영적 발달에 매우 중요한 역할을 한다고 볼 수 있다. 따라서 기독교 유아교육의 효율성을 위해 부모교육을 실시하는 것은 매우 중요한 일이다.

Ⅱ. Williams와 Elkind의 신앙발달이론

유아들의 성장은 그것이 일반적인 발달이던지 혹은 종교적 발달이던지 간에 성숙과 교육적 환경에 의존하게 된다. 성숙과 교육적 환경은 유아들의 발달을 촉진시키는 역할을 한다. 우리가 유아들의 인지가 어떻게 발달하느냐를 알면 인지발달을 위한 적당한 교육적 환경을 제공할 수 있게 된다. 마찬가지로 우리가 유아들의 신개념이 어떻게 자연적으로 발달하는가를 아는 것은 유아들의 종교발달을 위한 적절한 교육환경을 제공할 수 있도록 해줄 것이다. 그러므로 유아들이 어떻게 신개념을 자연스럽게 발달시키는 지를 아는 것은 필요하다.

Robert Williams와 David Elkind는 자신들의 연구를 통해 유아들의 신개념발달이 내적 요소와 외적 요소 모두의 영향을 받는다는 것을 알아냈으며 유아의 선천적인 지능발달과 사회적 물리적 관계에 의존한다는 것을 발견해냈다. Elkind는 내적 요소로서의 자연적인 지능발

65) Alta Mae Erb(1955), *Christian nurture of children*, Scottdale, Pa: Herald, p. 97.

66) Armin Grams(1963), *Children and their parents*, Minneapolis, Denison, p. 77.

달을 강조했는데, 유아의 신개념은 지능발달의 과정에서 나타나는 인지적 필요능력을 통해 발달한다는 것이다. 반면, Williams는 부모나 다른 성인과의 관계를 강조함으로써 자연적 인지성장을 외적요소에 초점을 맞추어 설명하고 있다. 본 연구는 유아의 신개념발달이 내적 요소(성숙)와 외적 요소(교육적 환경) 모두의 영향을 똑같이 받는다는 입장을 취할 것이다. 왜냐하면 유아들의 성장은 성숙과 교육적 환경 모두에 의존하고 있기 때문이다. 따라서 본 연구는 유아의 신개념을 위해 외적관계와 각 개인의 내적 측면 모두가 촉진되어야 함을 제안하고자 한다.

1. 유아의 신개념발달에 관한 Williams의 연구

Robert Williams는 Piaget이론과 관련해서 유아들의 신개념발달을 연구하였다. Piaget는 유아들의 종교적 감정의 기원에 대한 이론을 인공론과 관련해서 전개했는데 Williams는 이러한 Piaget의 종교적 감정의 기원과 인공론을 연구의 이론적 근거로 삼고 있다.

유아의 인공론은 "물리적인 현상을 인간이 만들어낸 산물로 간주하는 경향, 즉 주변의 모든 물체와 사건이 특별하고도 인간 중심적인 목적에 따라 인간이 만들어낸 것이라고 믿는 것"[67]이다. Piaget에 의하면 유아의 인공론에 영향을 미치는 두 가지의 주된 사회적 요소가 있다고 한다. 이 두 가지 요소는 (1) 부모에 대한 유아의 물질적인 의존과 (2) 부모에 대한 경외감, 존경이다.[68]

---

67) John Flavell(1963), *The developmental psychology of Jean Piaget*, Princeton, New Jersey: Van Nostrand Company, Inc., p. 281.
68) Jean Piaget(1951), *The child's conception of the world*, London: Redwood Press Ltd., p. 376.

유아의 인공론은 4가지의 단계 (1) 확산적 인공론, (2) 신화적 인공론, (3) 기술적 인공론, (4) 내재적 인공론으로 나누어진다.[69] 본 연구에서는 유아기에 해당하는 확산적, 신화적, 기술적 인공론 3단계만을 다루려고 한다.

1) 확산적 인공론

이 단계는 5~6세까지 지속되는데 이 시기의 유아는 자연이 인간의 통제하에 있거나 적어도 인간이 모든 것의 중심이 된다고 생각한다. 유아들에게 있어 세상은 인간에 의해 통제되고 주도되는 생태계이며 자연은 언제나 인간의 목적에 맞추어 해석된다. 예를 들면, 어떤 남자아이는 "자신이 존재하고 성장하기 때문"[70]에 태양이 존재하며 커져간다고 말하기도 한다. 이러한 견해의 초점은 인간행동과 직접적으로 관련되어 있다.

Piaget에 따르면 확산적 인공론은 앞에서 언급한 두 가지 사회적 원인의 직접적인 결과라고 한다. 즉, 확산적 인공론이 유아가 자신이 부모에게 의존한다는 것을 인식하는 것과, 그들이 소유한 모든 것의 원인이 부모라고 생각하는 것의 결과라는 것이다. 그러므로 이 시기의 유아들은 그들의 부모를 전지전능한 신적 존재로 여기게 되며, 부모에 대한 이러한 태도는 다른 성인과의 관계에서도 일반화되어 확산된다.

---

69) Robert Williams(1971), 'A theory of god concept readiness: From the piagetian theories of child artificialism and the origin or religious feelings in children', *Religious Educatiion*, Vo. 18, No. 1, p. 62.

70) *Ibid.*, p. 63.

2) 신화적 인공론

두 번째 단계는 대략 5~6세에서 7세 사이에 나타나게 된다. 이 시기의 유아는 사물의 기원에 대해 의문을 품게 되거나 적어도 그러한 주제와 관련된 질문에 반응하게 된다. 이러한 관점에서 인공론은 보다 뚜렷하게 정의되고 제한된다. 예를 들면, 태양을 더 이상 인간에게 의존하고 있는 존재로 생각하지 않게 된다.

이 단계에 나타나는 또 하나의 특징은 출생의 문제이다.[71] 유아들에게 있어 이 문제는 부모와 관련되어 인식된다. 유아는 자신이 부모로부터 출생했으며 부모가 자신의 출생을 결정한 장본인이라는 것을 알게 된다. 그러나 유아들은 그 문제의 "왜" 혹은 "어떻게"에 대한 문제를 이해하지 못한다. 이 시기의 유아들은 여전히 부모에 예속되어 있으며 의존적 관계 가운데 있다. 따라서 부모는 계속해서 유아들의 종교적 감정발달에 영향을 미치고 있다고 볼 수 있다.

약 6세 정도에(어떤 경우는 6세 이후일 수도 있다) 유아들은 하나의 위기를 맞이하게 된다. 이는 바로 인간능력의 한계를 깨닫게 되는 것이다. 이 전 단계에서 유아들은 부모나 그 외 성인들을 전지전능하다고 생각했으나 두 번째 시기의 유아들은 부모들이 자신의 모든 질문에 대답할 수는 없는 존재임을 깨닫기 시작한다. 더 이상 어른에게 귀속시킬 수 없는 것들을 이젠 하나님께 속한 것으로 생각한다. Williams에 따르면 이 시점이 바로 유아들이 종교교육을 통해 이제껏 배워왔던 하나님과 새로운 방식으로 관계를 맺게 되는 때라고 한다.[72]

Piaget에 의하면 신화적 인공론 시기의 유아들은 (a) 관계성 (b) 인공론 (c) 물활론의 3가지의 경향을 가지고 있다고 한다. Piaget가 내린 정의에 따르면 관계성이란 "두 사물 혹은 현상 간에 아무런 공간

71) *Ibid.*, p. 63.
72) Jean Piaget(1951), *op. cit.*, p. 370.

적 접촉이나 납득할만한 인과적 관련이 없음에도 이들이 부분적으로 일치한다거나 서로 직접적인 영향을 미치고 있다고 믿는 유아기적 사고"[73]라고 한다. 물활론은 유아들이 "물리적인 사물과 사건에 생물-심리학적인 속성이 있다고 생각하는 경향"이다.[74] 예를 들면 무생물에 생명, 의식, 의지를 부여하는 것이다. Piaget에 따르면 유아들이 성인의 능력에 한계가 있다는 것을 알아차리는 위기를 경험하게 됨으로써 관계성 개념에 의해 지지되는 물활론과 인공론적 사고가 점차 감소된다고 한다. 또한 유아들의 사고에서 성인과의 사회적 상호작용을 통한 자아중심성의 감소는 대략 7~8세 이후에 나타나게 되는데 이는 유아들로 하여금 관계성과 결합된 개념들을 단념하도록 한다. 따라서 자아중심성의 감소로 인한 관계성의 감소, 그리고 관계성의 감소를 통한 물활론과 인공론의 감소는 유아들로 하여금 신적 존재에 대해 생각하도록 한다. 그러므로 Williams는 성인능력의 한계를 깨닫는 것과 성인과 상호작용은 유아들에게 있어 전지전능의 대상이 부모로부터 하나님으로 전이되도록 한다고 주장했다. 아동심리학으로부터 종교적 기원에 대한 이론을 추론해낸 심리학자 M. Bovet은 신의 개념에 대한 최초의 사회화가 부모를 신성시하는 것과 관련되어 있다는 견해를 피력했다.[75]

3) 기술적 인공론

세 번째 단계는 7, 8~9, 10세 경에 나타난다. 이 시기동안 유아들은 기계의 세부적인 요소들과 인간기술의 기능 등 간단한 기계적 조작을 이해할 수 있게 된다. Piaget가 진술한 바와 같이 이 시기의 유아들은

73) *Ibid.*, p. 370.
74) John Flavell(1963), *op. cit.*, p. 281.
75) Jean Piaget(1951), *op. cit.*, p. 381.

"어떻게?"라는 질문을 시작하게 된다.

이제까지 유아들은 "어떻게"라는 질문 없이 모든 자연물을 인간이 만들었다고 생각해왔으며 더욱이 인간기술에 대해 의심의 여지가 없었다. 유아에게 있어 기계는 무에서부터 모든 것을 생산해 낼 수 있는 하나의 마술상자로 여겨졌다. 이에 반해 이제부터는 "어떻게"라는 생산의 방법에 대한 부분이 유아들에게 문제로 인식되기 시작한다. 이러한 "어떻게"의 문제를 진술한다는 것은 인간의 전능함에 대해 의심이 생기고 신뢰하지 못한다는 것을 나타내는 것이다. 요컨대, 실제와 그 법칙을 알아가기 시작하는 것이다.[76]

이 시기동안 유아들은 더 이상 물의 순환과 관련된 모든 것이 인간의 조작에 의한 것이라고 주장하지 않는다. 그리고 더 이상 모든 것에 생명을 부여하지 않으며, 본래 타고난 고유의 움직임과 외부로부터 부여받은 움직임을 구별할 수 있게 된다. 두 번째 단계에서 발생한 위기와 생산의 출처에 관한 질문 모두 인간의 전능함에 대한 믿음과 상반되는 것이며, 이는 유아들로 하여금 만들어진 사물에 생명을 부여한다거나 살아있는 생물이 만들어진 것이라고 생각하지 못하도록 한다. 결과적으로 유아들은 이제 만들어진 사물을 생물로, 생물을 만들어진 것으로 생각하지 않게 된다. 유아들은 사물들이 "만들어졌다는 이유로" 무언가를 알거나 느낄 수 없다는 것을 깨닫기 시작한다.[77]

Williams에 따르면, 신화적, 기술적 인공론의 단계는 신개념발달에 필요한 이론적 근거와 관련되어 있다고 한다. 신화적 인공론 단계동안 유아들은 성인의 능력의 한계를 깨닫게 되는 위기를 직면하게 되는데 그 결과 자아 중심적인 사고가 소멸되게 된다는 것이다. 또한 기계적 인공론 단계에서 유아들은 "어떻게?"라는 질문을 하게 되어 이를 통해 인간의 전능함에 대한 믿음을 단념하게 되며 이는 유아들

76) *Ibid.*, p. 373.
77) *Ibid.*, p. 374.

이 하나님을 믿도록 하는데 도움이 된다고 한다. 이러한 주장에 근거하여 Williams는 신개념발달의 대략적인 연령이 6, 7세에서 9, 10세가 된다고 하였다.[78)]

2. 신개념발달에 관한 Elkind의 연구

Elkind에 따르면, 유아들은 지적인 성장과정에서 나타나는 개별적인 인지필요능력을 가지고 있다고 한다. 이러한 필요능력들은 유아들이 지적활동을 하는 동안 직면하는 문제들을 풀어내는데 반드시 요구되는 것들이다. 그는 유아들이 그 문제를 풀어내지 못한다면 그들은 종교로부터 해결책을 찾으려고 할 것이라고 한다(왜냐하면 종교로부터 그러한 해결책을 찾아내는 것이 가능하기 때문이다). 요컨대 Elkind는 개인적 필요능력에서 생겨난 갈등들을 해결하기 위한 노력에서 종교가 유래된다고 주장하였다.[79)]

이러한 인지적 필요능력들은 바로 보존, 표상, 관계, 이해능력인데 본 연구에서는 영아기와 유아기에 관련된 3가지 능력 즉, 보존, 표상, 관계를 살펴볼 것이다. 이해의 부분은 유아와 관련되지 않으므로 생략하고자 한다.

1) 보존개념 추구와 관련된 유아들의 신개념발달

2세 말쯤이 되면 유아들은 "물체의 영속성 혹은 보존개념"이 발달하게 된다. 모든 개념이 한가지 혹은 그 이상의 사물에서 비롯되기

78) Robert Williams(1971), *op. cit.*, p. 65.
79) David Elkind(1979), *The Child and society: Essays in applied child development*, Oxford: Oxford University, p. 269,

때문에 영속적인 사물에 대한 개념의 구조는 중요하다. 따라서 보존개념은 향후 모든 인지활동에 대한 전제조건이 되며, 일반적인 인지성장을 위한 필수적인 출발점이 된다고 할 수 있다.

인지능력이 확장됨에 따라 유아들은 사물이 사라지는 것과 유사한 새로운 상황을 접하게 된다. 물 속의 숟가락이 구부러진 것처럼 보이거나 심지어 부러져 보이는 것, 우리가 걷고 있을 때 달이 우리를 따라오는 것처럼 보이는 것이 그 예가 된다. 유아들은 시야에서 사라진 사물을 처리할 수 있는 능력과 같은 새로운 인지적 능력을 연습하기 위해 현상과 실제, 보여지는 방식과 실제로 존재하는 방식간의 차이를 분별할 수 있어야 한다. 따라서 영아기에는 "보존개념의 추구"가 수반되는 것이다.[80)]

모든 유아들이 예외 없이 직면하게 되는 보존의 문제 중 하나는 그들이 사랑하는 사람들이 결국에는 죽게 된다는 것이다. 생명이 영원하다고 생각하던 유아들은 자기와 관계를 맺고 있는 사람, 부모, 친척들이 결국에는 죽는다는 사실을 인식함으로써 충격을 받게 된다. 유아들은 생명이 영원한 것이 아니라 일시적인 것임을 알게 된다. 이러한 사실을 깨닫게 되면서 유아들은 삶이 영원히 지속될 수 있는 방법을 추구하게 된다.

Elkind에 따르면 이 시점에서 종교가 유아들에게 준비된 해결책을 제공해 줄 수 있다고 한다. 하나님을 영접함으로써 유아들은 하나님의 영생에 동참하게 되며, 이를 통해 생명의 보존에 관한 문제가 해결된다고 본 것이다. Elkind는 "생명의 보존과 죽음의 실제를 추구할 때 발생하게 되는 보편적인 인간문제에 대해 종교가 즉각적인 해결책을 제공할 수 있다"고 강조하고 있다.[81)] 따라서 유아들이 생명을 보존

80) *Ibid.*, p. 273.
81) *Ibid.*, p. 274.

하는 수단을 찾으려고 시도하고, 하나님을 영접함으로써 그 문제를 해결할 때 신개념이 발달하기 시작한다고 한다.

2) 표상능력 추구와 관련된 유아들의 신개념발달

학령전기에 유아들은 급속한 인지성장을 나타내며 광범위한 인지적 성취를 이루게 된다. 이들 가운데 가장 중요한 성취 중 하나는 언어의 숙달이다. 언어는 표상하는 대상과 어떠한 물리적 유사성을 가지지 않는 일련의 인습적인 상징들이다. 언어를 획득함으로써 유아들은 사물을 표상하게 되고, 이는 언어로 표현된다. 또한 유아들은 표상하는 사물과 어느 정도의 유사성을 가지고 있는 상징들을 사용하게 된다. 예를 들면, 유아들은 자신의 놀이감을 만들어내고 나무 블럭을 보트와 자동차로 변환시키기도 하며, 별다른 모양을 가지지 않은 점토로 동물을 만들어내기도 한다. 언어의 숙달과 상징놀이 활동의 참여가 활발해진다는 것은 유아들이 새로운 인지능력인 "표상능력"을 소유하고 있음을 증명해주는 것이다.[82)]

표상능력의 추구는 전 생애를 통해 계속된다. 각 발달시점에서 유아들은 자기 자신의 생각과 물리적, 사회적 환경에 대해 표현하려고 시도한다. 자기 자신과 주변세계에 대한 지식이 더 정밀해져감에 따라 유아들은 보다 정확한 형태로 표상하려 한다. 그러나 유아들이 더 정확히 표상하려고 하면 할수록 그들은 자기가 표상한 결과에 대해 더 만족하지 못하게 된다. 왜냐하면, 유아들은 자기가 바라는 것과 실제로 되어진 것들 사이의 모순을 깨닫기 때문이다. 예를 들면, 유아들은 자기가 그리려하는 것과 실제로 그려진 것 사이의 모순을 보고 속상해 한다. 마찬가지로, 유아들이 성숙해짐에 따라 그들은 점

82) *Ibid.*, p. 276.

차적으로 언어가 자신의 생각을 전달하기 위한 적절한 수단이라는 것을 깨닫지만 자신의 감정을 표현하기에 부적절할 때도 있음을 알게 된다.

Elkind에 의하면 하나님을 영접한 유아들에게 있어 표상의 추구는 특별한 문제를 제기하게 되는데 이 문제를 해결하는 과정을 통해 신개념이 발달된다고 한다. 유아들은 표상의 문제를 경험하고 성경에서 초월에 대한 표상을 살펴봄으로써 신개념을 발달시킨다. 만약 종교가 하나님에 대한 개념만을 제공하고 그 외의 어떤 것도 제공하지 못한다면 유아들은 초월을 표상하는데 어려움을 겪을 것이다. 그러나 종교는 신개념 이상의 것들을 제공해준다. 종교는 초월에 대한 표상 역시 제공한다. Elkind는 "일단 하나님에 관한 개념을 받아들인다면 하나님에 대한 표상의 문제가 발생하는 것은 당연하다."고 강조한다.[83] 그러므로, 하나님에 대한 개념을 받아들인 유아들은 어떻게 하나님에 대한 표상을 성취해낼 수 있느냐를 고찰하는 것으로부터 신개념을 발달시킬 수 있게 된다.

3) 관계 추구와 관련된 유아들의 신개념발달

초등학교시기(7~9세)의 유아들은 논리적 추론능력을 나타낸다. 유아들은 "만약 A가 B보다 크고, B는 C보다 크다고 한다면 직접 A와 C를 비교할 수 없다할지라도 분명히 A가 C보다 크다"는 것을 인식하게 된다.[84] 또한 유아들은 관계들을 서열화하게 되며, A〉B〉C〉D가 되도록 요소들을 체계적으로 분류할 수 있게 된다. 이러한 특징은 유아들이 체계적인 방식으로 현상들을 관련시키려고 한다는 것을 증명해준다.

83) *Ibid.*, p. 275.
84) *Ibid.*, p. 275.

Elkind에 의하면 이 단계의 유아들은 사물이 어떻게 작용하고, 그것들이 어떻게 결합되며, 어디로부터 왔으며 무엇으로 만들어졌는지를 알고 싶어한다고 한다. 더욱이 유아들은 시간, 공간, 인과관계, 기원에 대해 서로 사물을 관련시키려고 하는데, 이는 "관계의 추구"에 상응하는 필요와 실질적인 판단력을 위한 새로운 능력의 결과로 나타나는 능력이다.[85]

관계에 대한 추구는 일생동안 계속된다. 성숙해짐에 따라 유아들은 자기 자신과 자신의 사회적 물리적 환경과의 관계, 그리고 주변의 사물과 사건간의 관계를 추구하게 된다. 때때로 관계에 대한 추구는 만족스러울 때도 있지만 때로는 낙심되는 경우도 있다. 삶 가운데에는 합리적인 측면에서 볼 때 서로 연관될 수 없는 사건들이 많기 때문이다. 예를 들면, 운명의 급변이라든가 사고가 바로 이런 경우이다. 많은 경우에 있어 유아들은 "왜 이런 일이 내게 일어났을까?"라는 의문을 갖게 된다. 논리적으로 간단하게 대답할 수 없는 이러한 질문은 유아들로 하여금 자기 자신과 세상을 보다 잘 이해할 수 있도록 해준다.

Elkind는 유아들이 이성적인 방식으로 해결할 수 없는 문제에 직면하게 될 때 하나님을 받아들임으로써 그 문제들을 처리할 수 있게 된다고 말한다. 그는 종교가 유아들에게 관계추구로 발생되는 문제에 대해 이미 준비된 해결책을 제시할 수 있다고 보았다. 이 시점에서 유아들은 신개념을 발달시킬 수 있게 된다고 한다. 하나님에 대한 개념과 성경에서 나오는 하나님의 표상을 받아들인 유아들이 초월과 관계된 문제에 직면했을 때 종교는 자신을 신적 존재와 관련시킬 수 있도록 하는 수단을 제공하는 것이다. Elkind에 따르면 유아들은 예배에 참석함으로써 직접적이고 인격적인 방법으로 자기 자신과 초월적 존재간의 관계를 추구할 수 있다고 한다. Elkind의 몇몇 연구결과

85) *Ibid.*, p. 276.

들은 비록 많은 유아들이 형식적인 예배를 거부한다 할지라도 유아들은 그들의 방에서 독자적인 예배를 드릴 수 있음을 시사해주고 있다.[86] 따라서 유아들은 관계의 추구를 통해 신개념을 발달시킨다고 볼 수 있다.[87]

요약하면 인지발달이 이루어짐에 따라 유아들은 자신의 세계와 주변환경에서 일어나는 사건에 대해 의혹을 품게 된다. 유아들이 이성적인 방식으로 이러한 문제를 해결할 수 없는 경우 그들은 종교를 통해 해답을 찾아낼 수 있다. 유아들은 신개념과 관련된 보존개념추구, 표상능력추구, 관계추구의 과정을 통해 신개념을 발달시킬 수 있게 된다.

3. Williams와 Elkind 이론의 기독교 유아교육에의 적용

Williams에 따르면 유아들은 성인의 능력의 한계를 깨닫는 위기, 자기중심적 사고의 감소, "어떻게"라는 질문을 통해 신개념을 발달시킨다고 한다. 그는 유아들의 신개념은 성인과의 관계에 영향을 받으며 인지발달과 함께 발달한다고 보았다.

Elkind에 의하면 유아들은 보존능력추구, 표상능력추구, 관계추구 등과 같은 인지발달과 더불어 신개념을 발달시킨다고 한다. 이들은 모두 지적성장과정에서 나타나는 인지적 특징들이다.

Williams와 Elkind의 연구로부터 유아들의 신개념발달이 인지발달에 의존하고 있다는 것을 분명히 알 수 있다. 유아들의 인지가 구체적인 것에서 추상적인 개념으로 발달하는 것과 마찬가지로 신개념 역시

86) David Long, & David Elkind & B. Spilka(1967), 'The child's conception of prayer', *Journal for the Scientific Study of Religion*, Part 6, p. 104.
87) David Elkind(1979), *op. cit.*, p. 276.

구체적인 개념에서 추상적인 개념으로 발달한다고 볼 수 있다. 송수희의 연구는 인지적 발달 수준에 관한 연구를 통해 유아들의 신개념이 구체적인 개념에서 추상적인 개념으로, 가시적인 것에서 볼 수 없는 것으로 변화하는 것을 증명해주고 있다.[88] Renzo Vianello 역시 하나님에 대한 유아들의 이해가 보이지 않는 사람으로서의 하나님에서 영적 존재인 하나님으로 변해간다고 주장한다.[89] 이는 유아들의 종교교육의 순서와 내용의 시기가 유아들의 인지적 발달 수준에 맞추어져야 함을 시사해 주고 있다. 또한 유아들의 신개념발달 역시 성인과의 관계에서 영향을 받는다는 것은 이미 알려진 바이다. 유아와 성인간의 상호작용은 유아들의 자기중심적 사고를 감소시킴으로써 유아들의 인지발달을 촉진하게 된다. 그러므로 유아들의 인지발달과 성인과의 상호작용은 기독교 유아교육에서 유아들의 신개념발달을 위해 포함되어야 할 것과 포함되지 말아야 할 것들에 대한 중요한 단서로서 그 중요성이 강조된다.

Elkind에 의하면 5~6세 경의 유아들은 자신이 하는 표상과 성경에서의 초월에 대한 표상을 다룸으로써 신개념을 발달시킨다고 한다. 하나님에 대한 표상과 초월에 관한 표상의 문제는 이 연령대의 유아들을 위한 기독교 유아교육의 내용으로 사용될 수 있다. Renzo Vianello와 그의 동료들은 연구를 통해 6~7세 유아들이 하나님을 창조주로 이해할 수 있다는 것을 확인했다.[90] 기독교 교육자인 V. Gilbert Beers는 5~7세 유아들이 "하나님이 모든 것을 만드셨다. 하나님은 모든 것을 하실 수 있다. 하나님은 거룩하시며 실수가 없으시

---

88) 송수희(1983), 아동의 신개념 조사연구, 이화여자대학교 대학원 석사학위 청구 논문, 3장.

89) S. R. Vianello, Kalevi Tamminen & Donald Ratcliff(1992), 'The religious concepts of children,' in Donald Ratcliff(Ed.) *Handbook of Children's Religious Education*, Birminfgam: REP, P. 58.

90) S. R. Vianello, Kalevi Tamminen & Donald Ratcliff(1992), *op. cit.*, p. 59-60.

다. 하나님은 지구상에 많은 놀라운 기적들을 행하셨다"와 같은 성경의 간단한 진리를 배울 수 있다고 보았다.[91] Lawrence O. Richards는 5세 유아가 배워야 하는 하나님에 관한 기본적 진리를 다음과 같이 기술했다. "그는 모든 것을 알고 계시고 보고 계시며 모든 것을 하실 수 있다. 하나님은 우리를 돌보시며 우리가 하는 이야기를 들으신다. 그리고 모든 것을 만드셨고 그 모든 것을 우리가 누릴 수 있도록 해주셨다. 볼 수 있는 눈, 건강한 다리, 부모님, 가정 등등"[92] Tennesee Nashville의 크리스챤 노동자를 위한 Scarritt대학의 Delia Touchton Halverson 교수 역시 유아들의 신개념발달에 대해 같은 입장을 취하고 있다.[93]

7세에서 10, 11세에 이르는 학령기 유아들은 시간, 공간, 인과관계, 기원의 요소들에 관해 사물들을 서로 관련시키려고 한다. 마찬가지로 유아들은 자기 자신을 하나님과 관련시키려는 시도를 한다. 따라서 유아와 하나님간의 관계, 하나님의 존재와 하나님께서 하시는 일에 관한 근거가 이 시기 유아들을 위한 기독교 교육의 내용이 될 수 있다. Halverson은 하나님과 유아간의 관계를 "하나님은 선하시고 우리는 하나님의 자녀이기 때문에 하나님께서는 우리 역시 선하기를 기대하신다. 하나님께서 우리를 용서해 주시므로 우리도 다른 사람을 용서해야 한다. 그리고 처벌이 두려워서가 아니라 우리가 하나님을 사랑하기 때문에 선하게 살아야 한다"는 차원에서 설명하였다.[94] Shelly는 Pennsylvania Obelisk에 있는 St. Luke Lutheran 교회학교

---

91) Gilbert Beers(1975), 'Teaching theological concepts to children', in Roy B. Zuck and Robert E. Clark(Eds.), *Childhood education in the church*, Chicago: Moody Press, p. 138-140.

92) Lawrence O. Richards(1981), *Creative bible teaching*, Chicago: Moody Press, pp. 173-73.

93) Delia T. Halverson(1982), *Helping your child discover faith*, Valley Forge, Pennsylvania: Judson Press, p. 117.

94) *Ibid.*, p. 117.

학령기 유아들의 그림에 관한 연구에서 유아들이 "하나님은 어디에나 계신다. 나는 하나님을 사랑하고 하나님은 나를 사랑하신다. 하나님은 꽃을 자라게 하시고 좋은 날씨를 주시며 우리를 도와주신다. 그리고 하나님은 우리 모두가 행복한 발렌타인 데이를 보내길 원하신다"라는 문구로 하나님을 묘사한 것을 발견했다.[95] 앞서 지적된 바와 같이 Beers는 8~11세 경 유아들이 다음과 같은 것들을 학습할 수 있다고 보았다.

> 하나님은 언제나 그와 함께 계신다. 하나님은 그가 성장할 때 돕기 원하신다. 하나님은 그를 사랑하시며 그도 역시 하나님을 사랑하기를 원하신다. 그가 예수 그리스도를 구주로 영접했을 때 성령 하나님께서는 그의 삶 가운데 들어가신다. 하나님은 전능하시지만 악한 일들이 일어나도록 허용하신다. 그리고 하나님은 현명하셔서 어느 것이 최선책인지 알고 계시지만 인간들로 하여금 하나님과 죄악사이에서 선택할 수 있도록 하신다.[96]

하나님과 그의 성경적인 표상을 받아들인 유아들이 만약 자신을 초월과 관련시키는데 문제가 있다면 그들은 예배에 참여함으로써 그 문제를 해결할 수 있다. 이는 Long, Elkind, Spilka[97]의 연구를 통해서도 검증된다. 스코틀랜드 교회의 목사인 John Carrie는 유아들을 성령 충만하게 하며 자신 이상의 것을 생각하도록 하는 예배의 교육적 가치를 기술했다. 또한 예배와 같은 종교적인 의식은 사회에서도 중요한 역할을 할 수 있다고 한다.[98] Miller보고서에 따르면 "예배는 유아

95) J. A. Shelly(1982), *The spiritual needs of children*, Downers Grove, Illinois: Inter-Versty Press, p. 41.
96) Gilbert Beers(1975), *op. cit.*, pp. 142-143.
97) David Long, & David Elkind, & B. Spilka, (1967), *op. cit.*, p. 104.
98) John Carie(1991), *The primary school assembly: Theory and practice*, Edinburgh, Church of Scotland: Department of Education, pp. 49-51.

들이 하나님께 대한 의미있는 응답 안에서 공유의 경험을 누리도록 하는 것이 목적이다"라고 주장한다.[99] Launceston Pilgrim교회의 목사인 Lance Armstrong(1988)에 따르면 믿음은 예배를 통해 효과적으로 성장한다고 한다.[100] 그러므로 하나님과 초월에 대한 표상, 유아와 하나님간의 관계, 하나님의 존재와 역할에 관한 근거, 예배의 역할 등은 기독교 유아교육의 내용에 적절하게 포함될 수 있다.

Ⅲ. Fowler의 신앙발달이론

많은 종교 교육자들은 심리학적 연구들을 통해 인격발달과 종교적 발달이 긴밀하게 관련되어 있다는 것을 강력히 주장해왔다. 그들은 유아들의 종교적 발달을 설명하기 위해 심리학적 연구를 사용하였다. 종교교육자 J.W.D. Smith는 "인간의 본성과 그 발달은 심리학자들과 신학자들에게 공통적으로 관심의 대상이 되는 주제이다. 그리고 심리학자와 신학자 각각은 서로로부터 배우려고 해야만 하며, 서로의 경험과 학문이 유아교사들의 지도에 유용해야 한다"고 주장한다.[101] Kenneth O. Gangel은 지난 30년 간 심리학자들의 연구들이 기독교 교육 역사에 영향을 끼쳐왔다고 말했다.[102] Donald E. Miller는 "기독교 교육이 복음을 설명하는데 있어 경험주의 심리학의 결과들을 사용

99) Miller Report(1972), *Moral and religious education in scottish schools*, part. 6, p. 27.
100) L. Amstrong(1988), *Children in worship: The road to faith*, Melbourne: The Joint Board of Christian Education, p. 15.
101) J. W. D. Smith(1956), *Psychology and religious in early childhood education*, London: S. C. M. Press Ltd., p. 11.
102) Kenneth. O. Gangel, & Waren Benson(1983), *Christian education: Its history and philosophy*, Chicago: Moody Press, p. 332.

해야 한다"는 입장을 취했다.[103] 또한 Iris Cully, Paul D. Meier, Virginia Thomas, Lucie Baber, Ronald Goldman 그리고 Robert Williams와 같은 학자와 작가들 역시 유아들의 종교적 발달을 다룸에 있어 심리학자들의 견해를 사용했다.[104]

심리학적 연구를 유아들의 신앙발달에 적용하여 연구한 이론 가운데 가장 중요한 이론 중의 하나는 Fowler의 신앙발달이론이다. Fowler는 Piaget의 인지발달단계, Erikson의 심리 사회적 발달이론, Kohlberg의 도덕발달단계를 그의 연구의 토대로 삼아 유아들의 발달에 있어 인지, 심리사회학, 도덕적 측면을 종교적 진리와 연결시키려 하였고 이러한 과정을 통해 이들 이론과 유아들의 신앙발달간의 관계를 규명하였다.

그러나 Fowler의 이론을 유아들의 신앙발달에 적용하는 데는 Fowler의 연구가 지닌 한계점이 있기 때문에 몇 가지 문제가 있다. 따라서 이 책에서는 Fowler의 신앙발달이론의 한계점을 파악하고 이를 기독교 유아교육에 적용하기 위한 제안점을 찾는 데 목적을 두고자 한다.

---

103) Donald E. Miller(1966), 'Psychological foundations for Christian education', in Marvin J. Taylor(Ed.), *An introduction to Christian education*, Nashville: Avingdon Press, p. 51.

104) Iris V. Cully(1979), *Christian child development*, San Francisco: Harper & Row Publishers. 이 책에서 Cully는 Erikson, Skinner, Piaget, Bruner, 그리고 Kohlberg 등의 이론을 사용하였다. Paul D. Meier(1983), *Child rearing and Christian personality*, Grand Rapids: Baker Book House. 기독교인 의사로서 Meier는 어린이의 기독교적인 인격발달을 위해 많은 심리학자들의 이론을 위의 책에서 사용하였다. David Ng & Thomas Virginia(1981), *Children in the worshiping community*, Atlanta: John Knox Press. 이 책의 3장에서 Ng과 Virginia는 어린이의 신앙발달을 위해서는 그들의 심리를 잘 알아야 하며 그들의 심리를 잘 이해하기 위해서 Erikson과 Piaget의 이론을 적용하였다.

1. Fowler의 신앙발달이론의 이론적 배경

Fowler의 신앙발달을 이해하기 위해서는 Fowler의 사상의 이론적 배경을 이해해야 한다. 이를 위해서는 H. Richard Niebuhr의 사상을 연구할 필요가 있다. 왜냐하면 Niebuhr는 Fowler사상의 정신적 지주가 되기 때문이다. Niebuhr는 Fowler가 쓴 첫 저서의 주제였다.[105] Niebuhr의 신학적 사상이 Fowler의 모든 이론 전반에 반영되었기에 Fowler의 이론적 배경을 이해하기 위해서 Niebuhr의 신학적 사상을 분석해 보고자 한다.

Fowler의 신앙발달이론을 이해하기 위해서는 Piaget의 이론 역시 연구되어야 하는데 Piaget의 인지발달이론이 Fowler의 신앙발달이론에서 중요한 위치를 차지하고 있기 때문이다. 또한 철학적 배경도 고찰되어야 하는데, 비록 철학적 배경이 표면적으로 드러나지 않는다 할지라도 철학적 배경은 강력한 영향을 끼치기 때문이다. 따라서 이 장에서는 신학적 배경으로서 Niebuhr의 사상을, 심리학적 배경으로서 Piaget의 이론을, 그리고 철학적 배경으로서 Kant의 인식론을 차례대로 설명할 것이다. 철학적 배경으로서 Kant가 연구되는 이유는 철학적 배경에 관한 부분에서 설명될 것이다.

1) 신학적 배경

Niebuhr의 신학을 이해하는 것은 쉬운 일이 아니기 때문에 여기서는 이 연구와 관련된 신학의 측면에 초점을 둘 것이다. Fowler는

105) Stuart D. Mclean(1986), 'Basic sources and new possibilities: H. Richard Niebuhr's influence on faith development theory', in Craig Dykstra & Sharon Parks(Eds.), *Faith development and Fowler*, Birmingham: Religious Education Press, p. 157.

Niebuhr의 신앙과 책임적 자아의 개념에 상당한 영향을 받았다. 따라서 이 부분에서는 Fowler의 이론을 이해하기 위해 Niebuhr의 신앙과 책임적 자아에 대한 개념이 다루어질 것이다.

Niebuhr는 신앙의 핵심적인 본질이 신뢰와 충성으로 정의될 수 있다고 한다. 그에 따르면,

> 신앙이란 어떠한 실재를 가치의 근원이며 충성의 대상으로서 믿고 충성을 바치겠다는 태도이자 행동이다. 이러한 개인적 태도, 행동은 양립적인데 한편으로는 자아에 가치를 부여해주는 것에 대한 신뢰이며 다른 한편으로는 자아가 가치 있게 여기는 것에 대한 충성이다.[106)]

신뢰는 신앙의 수동적인 측면이며 충성은 능동적인 측면이다. 신뢰는 찬미로 표현되거나 교리로 고백되어진다. 충성은 실질적인 것으로 대상의 힘과 영광을 존경하는 것이다. Niebuhr에 의하면 신앙은 단지 진리가 존재하는 것을 확인하는 것이 아니라 그 대상을 믿고, 헌신하고, 바라는 확신에 찬 행동이라고 한다. 바꿔 말하면 누군가가 하나님의 존재를 인정한다는 사실 자체가 진리와 충성을 저절로 포함하지는 않는다는 것이다. Niebuhr는 또한 인간이란 존재는 반드시 신앙을 가져야 하며 의뢰하는 존재 없이는 살 수 없다고 주장한다. 이런 의미에서 볼 때 신앙은 보편적인 것으로 간주될 수 있다.[107)]

Fowler의 이론을 이해하는 데에는 그가 주장한 신앙의 7가지 요소들을 이해하는 것이 중요하다. 신앙의 7가지 요소들은 Niebuhr의 "책임적 자아"라는 책에서 비롯된 것이다.[108)] 이 책에서 Niebuhr는 인간

106) H Richard. Niebuhr(1960), *The radical monotheism and western culture*, New York: Harper and Brothers, p. 16.

107) *Ibid.*, pp. 116-118.

108) 박원호(1996), 「신앙발달과 기독교교육」, 한국장로교출판사, p. 34.

존재를 책임 있는 존재로서 보고 있다. Niebuhr에 의하면 우리의 모든 행동은 우리에게 부과된 행위에 대한 응답이라고 한다. Niebuhr는 이를 다음과 같이 표현하고 있다.

> 대화에 참여한다는 것, 우리에게 주어진 질문에 답하는 것, 공격에 대항해 우리자신을 방어하는 것, 명령에 응답하는 것, 도전에 응전하는 것, 이는 공통된 경험이다. 그리고 현재 우리는 우리의 행동 모두가 우리에게 부여된 행위에 응답, 대답하는 성격을 가지고 있는 것으로 이해해야 한다.[109]

Niebuhr에 따르면 인간존재는 "무슨 일이 일어나고 있는가?"에 관심을 갖고 있다고 한다. 이에 "그렇다면 우리는 어떻게 반응하는가?"의 질문에 대해 Niebuhr는 4가지 요소가 포함된다고 한다. 그 첫 번째 요소는 응답의 개념이다. 응답에 대한 개념은 질문일 수도, 공격일 수도, 환경이 가져다주는 도전일 수도 있다. 두 번째 요소는 해석의 문제이다. 인간존재는 여러 사건들을 경험할 때 자신의 인지능력을 사용해서 그 사건들을 해석하게 된다. 세 번째 요소는 책임성이다. 이는 도덕적 사고와 관련된다. 네 번째 요소는 사회적 연대감이다. Niebuhr는 이 4가지 요소에 또 다른 4가지 요소를 첨가했는데, 사회 안에서의 책임, 시간과 역사 안에서의 책임, 절대적 의존 가운데에서의 책임, 죄와 구원 안에서의 책임이 바로 그것이다. 이 요소들 가운데에서 Fowler의 신앙의 7가지 요소들의 출처가 발견된다. 이는 이 장의 후반부 "신앙발달 단계의 7가지 요소"에서 설명될 것이다.

---

109) H. Richard Niebuhr(1978). *The responsible self: An essay in Christian moral philosophy*, San Francisco: Harper & Row Publishing, p. 56.

2) 심리학적 배경

Fowler는 Piaget의 이론이 신앙발달에 있어 충분한 것은 아니라 할지라도 필수적이라고 말하고 있다.[110] Fowler는 그의 신앙의 7가지 요소를 설명함에 있어 Piaget의 이론을 아무런 수정 없이 사용하였다.[111]

Piaget에 따르면 앎이란 환경과 유기체간의 상호작용과정 가운데 일어난다고 한다. 앎의 과정에 있어 유기체는 수동적이지 않으며 오히려 능동적이라고 한다. 앎의 과정은 동화와 조절의 2가지 측면으로 나누어지는데, 동화는 과거의 경험의 측면에서 사건을 경험하는 인지적 과정이다. 예를 들면, 새로운 사건을 접했을 때 유기체는 이미 존재하는 인지적 구조 안에 새로운 사건을 맞추려고 한다. 적합하지 않은 경우 몇몇 경험들은 수용될 수 없기 때문에 거부당하고 만다. 인지력은 새로운 경험들을 이미 구축되어 있는 구조에 맞추기 위해 경험자체를 변환시킴으로써 기존의 경험 안으로 동화시킨다. 따라서 동화는 새로운 사건을 이미 존재하는 인지능력으로 위치시키는 인지과정이라 할 수 있다. 바꾸어 말하면, 동화는 "새로운 요소를 이전 도식으로 포함시키는 것"이다.[112] 조절은 실제사건의 요구에 보다 정확히 맞추기 위해 이전의 부적절한 부분들을 조절하고 변형시키는 것을 의미한다. 따라서 조절은 이전의 인지구조를 수정하기 위한 새로운 인지구조의 창출을 필요로 한다.[113]

---

110) James W. Fowler(1986), 'Faith and the structuring of meaning', in Craig Dykstra & Sharon Parks(Eds.), *Faith development and Fowler*, Birmingham: Religious Education Press, p. 33.

111) 박원호(1996), *op. cit.*, p. 109.

112) Jean Piaget(1952), *The origins of intelligence in the child*, N.Y.: International Universities Press, p. 7.

113) B. J. Wadsworth(1979), *Piaget's cognitive development*, N. Y.: Longman, p. 11.

동화와 조절간의 균형을 이루는 것이 바로 평형이다. 이러한 균형은 인지성장 및 발달에 매우 중요하다. 인지발달은 "동화와 조절간에 균형이 이루어질 때" 일어나게 된다.[114)]

Piaget는 인지발달을 감각 운동기(0~2세), 전조작기(2~6세), 구체적 조작기(7~8세), 형식적 조작기(11세 이상)의 단계로 구분했다.

유기체가 어떻게 인지적 학습과 성장을 이루느냐에 관한 Piaget의 주요개념은 다음과 같이 요약된다. 첫째, 유아들은 나름대로의 인지적 구조를 가지고 있으며 이는 성인의 것과는 차원이 다른 것이다. 둘째, 유아들의 인지발달은 일정한 순서로 단계들을 거치게 되는데 그 순서는 모든 유아들에게 동일하지만 개인차는 있을 수 있다. 셋째, 인지발달은 4가지 요소 즉 성숙, 경험, 사회적 상호작용, 평형화에 영향을 받는다. 이들 모두는 인지발달에 있어 중요한 역할을 감당하고 있으며 이 4가지 요소 중 어느 하나도 간과될 수 없고 서로 관련되어 있다. 넷째, 지식은 유아들에게 주어지는 것이 아니라 유아들 자신의 활동을 통해 발견되고 구성되어져야 하는 것이다.

3) 철학적 배경

여러 학자들, 예를 들면, John Dewey, Immanuel Kant, Geroge Herbert Mead, Josiah Royce 등은 Fowler의 신앙발달이론에 영향을 끼쳤다. 이들 중 Kant의 인식론은 Piaget의 심리학에 영향을 미쳤다. Kant가 지식을 철학적으로 설명한 것이라면[115)] Piaget는 앎이라는 것을 과학적으로 체계화시켰다고 볼 수 있다. 이러한 Piaget의 인식론을 다시 Fowler가 적용함으로써 Kant 인식론의 기본적인 가정이 Fowler의 신앙발달이론에 영향을 끼쳐왔다고 볼 수 있다. 따라서 이

114) Jean Piaget(1952), *op. cit.*, p. 7.
115) 박원호(1996), *op. cit.*, p. 144.

장에서는 Fowler의 철학적 배경을 다루기 위해 Kant의 견해가 분석될 것이다.

인식론은 지식이란 무엇인가, 지식의 근원은 무엇이며, 지식은 어떻게 획득될 수 있는가와 같은 질문에 대해 답하는 철학적 학문이다. 적어도 소크라테스 이전 시대부터 이러한 질문들은 서양 철학자들에 의해 논의되어져 왔었다.[116] Gabriel Moran[117]에 따르면 인식론에는 2가지 부류의 사상이 존재해 왔는데 하나는 합리주의 다른 하나는 경험주의라고 한다. 합리주의는 인간의 지식에 있어 추론을 강조하고 있으며 경험주의는 감각의 역할을 강조한다. 이러한 논쟁은 인간 발달에 있어 가장 큰 영향을 미치는 요소가 "선천적"인 요소이냐 "후천적"인 요소이냐의 구체적인 형태를 취한다. 다시 말해 합리주의 견해는 인간의 생물학적 특성에 의해 지식이 습득된다고 보는 반면 경험주의는 인간의 환경, 혹은 양육에 의해 지식이 습득된다고 본다. 이러한 논쟁은 전통적인 인식론을 거부하고 새로운 이해를 요구했던 Kant로부터 표면화되기 시작했다. 전통적인 견해는 "정신은 본질적으로 수동적이며 존재하는 사물을 생각하는 것일 뿐이다"라는 견해를 취했으나 Kant의 경우 "대상은 정신활동이 본질적인 역할을 감당하는 계약"이라고 보았다.[118] Kant에 따르면 지식은 개인이 외부로부터의 경험을 받아들여 자신의 인지구조에 통합시킴으로써 구조화되는 것이라고 한다. Kant는 인식과 개념간의 관계로 이 과정을 설명하였는데, 만약 인식이 감각을 통해 받아들여진 사물이라면 개념은 우리의 마음으로부터 그려진 사상들이 된다. 인식은 단지 사고의 재료

116) Thomas Groome(1980), *Christian religious education: Sharing our story and vision*, San Francisco: Harper & Row Pub., p. 139.

117) Gabriel Moran(1983), *Religious education development*, Winston Press, pp. 47-48.

118) W. T. Jones(1969), *Kant to Wittgenstein and Sartre: A history of western philosophy*, N. Y.: Harcourt, Brace and World., Inc., p. 19.

를 생산하며 인식에서 비롯된 재료를 사용해서 지식이 발생한다고 한다. 따라서 개념은 인식에 의존하며 인식은 개념에 의해 완전해진다고 보았다.

바꾸어 말하면, 마음은 인식으로부터 비롯된 여러 재료들을 동화하여 그것들을 이미 전달된 다른 재료들과 통합하고 결국에는 확실한 개념에 구조화하게 된다. Piaget의 이론에서 이미 설명되었던 이러한 과정에서 정신은 동화와 조절을 경험하게 된다. 동화는 기존의 도식에 새로운 경험과 사물들을 받아들인다는 것을 의미한다. 반면 조절은 새로운 환경에 적응하기 위해 자기 자신의 구조를 변화시킨다는 것을 의미한다. 이러한 앎의 과정은 일방적인 과정이 아니라 오히려 상호작용적인 과정이다. Kant는 이를 다음과 같이 설명하고 있다: "지식은 정신과 사물 모두가 함께 공헌하는 협력적인 작업이다.[119] 이러한 Kant의 견해는 Piaget의 심리학, 과학적 인식론과 관련되며, Fowler의 신앙발달이론을 이해하는데 중요한 단서를 제공한다.

2. Fowler의 신앙개념

Fowler는 신앙이 그 내용에 있어 완전히 종교적인 것이 아니라고 한다. 그는 신앙을 모든 인간이 가지고 있는 보편적인 기능이라고 보았다.[120] Fowler는 "신앙은 앎과 존재의 방식"이라고 주장한다. 그는 신앙을 통해 인간은 실재의 과정과 관계를 맺고 삶을 구축해가며 세상에 대해 특성, 패턴, 일체감과 같은 감정을 형성해 간다고 보았다. 따라서 신앙은 세상과 자기 자신에 대한 의미를 형성하고 중요한 패

119) *Ibid.*, p. 20.
120) James W. Fowler(1986), *op. cit.*, p. 15.

턴과 관계를 발견하는 것이라고 할 수 있다. 신앙은 앎, 가치, 해석, 이해, 경험, 감정을 포함한다. 신앙은 우리의 경험을 형성하고 충족시키는 방법이 된다. 신앙은 복합적인 현상이기 때문에 기독교인이건 아니건 간에 누구나 신앙을 가질 수 있으며 따라서 신앙은 보편적인 인간의 관심거리라고 볼 수 있다. Fowler는 "전통적 종교, 혹은 기독교이건 아니건 간에 신앙은 일반적인 인간의 현상, 즉 삶을 배우고 만나는 수단이 된다"[121]고 말하고 있다. "신앙은 단지 하나님에 대한 신념을 소유하는 문제가 아니다".[122] Fowler가 신앙을 통해 의미하려고 한 것은 인간존재를 자연적으로 의미있게 만드는 궁극적 가치의 힘이다. 다시 말해, Fowler에게 있어 신앙은 모든 인간이 일생을 통해 관심을 갖게되는 일반적 현상으로 받아들여진다.[123]

Fowler에 따르면 "신앙은 관계에서 시작한다"고 한다.[124] 궁극적 존재와의 관계로서의 신앙은 단지 개인적이고 수직적이지 않다. 신앙 안에는 주체(인간존재)와 객체(하나님 혹은 다른 사람)가 존재한다. 신앙 안에는 자아와 타자를 묶어주는 공유된 가치와 힘이 있다. 다른 사람과의 관계 안에서 우정, 지역적 관계, 공통된 관심으로 인해 신앙이 형성된다.

요약하면 Fowler의 신앙개념은 보편적인 것이며 의미, 관계, 앎을 재구성하는 것으로 간주될 수 있다.

121) *Ibid.*, p. 16.
122) National Society(1991), *How faith grows: Faith Development and Christian education*, London: the General Synod Board of Education, p. 3.
123) James W. Fowler(1981), *Stages of faith: The psychology of human development and the quest for meaning*, Harper & Row, pp. 8-15.
124) James W. Fowler(1986), *op. cit.*, p. 6.

3. Fowler의 신앙발달단계

1) 신앙발달의 7가지 요소

Fowler의 신앙발달이론은 각 단계에서 통합되고 재통합되는 7가지 요소로 제시될 수 있다. 이 7가지 요소는 논리의 형태, 조망수용, 도덕판단의 형태, 사회의식의 경계, 권위의 소재, 세계관의 형태, 상징적 기능이다. 이들을 차례대로 설명하면 다음과 같다.

(1) 논리의 형태

"내가 어렸을 때는 아이처럼 생각했다. 그러나 지금은 …"[125)]

논리의 형태는 우리가 사고하는 방식을 의미한다. 우리가 생각하는 방식은 우리가 세상을 이해하는 방식을 결정하게 된다. 유아들이 사고하는 방식은 성인의 것과는 다르다. 유아들은 구체적으로 사고하지만 성인들은 추상적으로 사고한다. 비록 유아들이 성인과 똑같은 대상을 놓고 생각한다 할지라도 사고의 형식은 다르게 나타난다. Fowler에 따르면 개인의 신앙발달은 자신의 인지발달수준에 의존한다고 한다. 하나의 신앙단계가 완전히 나타나기 위해서는 그 단계에 상응하는 인지적 조작수준의 발달이 반드시 병행되어야 한다.[126)] 이러한 측면은 사람들로 하여금 주관적인 감정이나 미신적인 신념에 의존하지 않는 조화로운 신앙을 갖도록 도와준다. 따라서 인지발달은 신앙발달의 충분 요소는 아니지만 필수적이라고 할 수 있다.[127)]

---

125) National Society(1991), *op. cit.*, p. 9.
126) James W. Fowler(1986), *op. cit.*, p. 33.
127) *Ibid.*, p. 33.

(2) 조망수용

> "내가 어렸을 때 나는 아이들이 보는 방식으로 보았다. 그러나 지금은 …"128)

조망수용은 다른 사람의 관점에서 볼 수 있는 능력을 의미한다. 영아는 다른 사람을 자신의 일부라고 생각하지만 성장함에 따라 다른 사람의 관점에서 사물을 보는 능력이 증가하게 된다. 마찬가지로 유아들의 다른 사람에 대한 관점이 성숙되어감에 따라 유아들의 신앙도 발달하게 된다. 왜냐하면 조망수용은 유아들이 우리가 하나님이라 칭하는 "타자"의 견해를 아는 것과 관련되어 있기 때문이다.

(3) 도덕판단의 형태

> "내가 어렸을 때 나는 아이처럼 판단했다. 그러나 지금은 …"129)

도덕판단의 형태란 신앙의 도덕적 윤리적 측면을 말한다. 신앙과 윤리가 동일한 것은 아니지만 윤리 없는 신앙이란 존재할 수 없다. 기독교 신앙의 두드러진 특징 중에 하나가 바로 신앙의 윤리적, 도덕적 측면에 있다. 신앙의 성숙은 도덕적 성장과 병행된다.

(4) 사회의식의 경계

> "내가 어렸을 때는 가정이 내 세계의 전부였다. 그러나 지금은 …"130)

---

128) National Society(1991), *op. cit.*, p. 11.
129) *Ibid.*, p. 11
130) *Ibid.*, p. 12.

사회의식의 경계란 신앙이 발달함에 따라 유아들의 도덕적 책임에 영향을 미치게 되는 준거집단의 범위를 말한다. Fowler에 따르면 신앙은 관계에서 시작한다고 한다. 따라서 신앙이 성장함에 따라 타자(혹은 유아가 속한 사회)와의 관계는 확대된다고 볼 수 있다. 예를 들면 가정에서 교회로, 지역사회에서 국가로 확대되어 진다. 이러한 사회의식의 경계는 개인의 신앙발달과 관련되어 있다.

(5) 권위의 소재

> "내가 어렸을 때는 어른이 내가 해야 할 일을 내게 일러주었다. 그러나 지금은 …"131)

권위의 소재란 권위 있는 통찰력 혹은 진리의 출처를 의미한다. 이는 사람일수도 있고 생각, 제도, 경험, 혹은 자기 자신의 판단과정이 될 수도 있다. 유아들로 하여금 진리와 의미를 결정짓도록 하는 권위는 누구에게 있는가? 실재에 대한 자신의 관점을 형성해 갈 때 유아들은 권위에 어떻게 의존하는가? 무엇에서 적법성을 구하는가? 유아들에게 있어 최초의 권위의 대상은 자신이 의존하고 있는 성인이다. 후에 권위는 광범위하게 다양화될 수 있다.

(6) 세계관의 형태

> "내가 어렸을 때 나는 모든 것을 당연하게 받아들였다. 그러나 지금은 …"132)

세계관이란 우리의 궁극적인 환경을 발견함에 있어 경험과 지식을

131) *Ibid.*, p. 12.
132) *Ibid.*, p. 13.

결합시키는 방식을 뜻한다. 궁극적 환경은 의미의 영역 혹은 각 개인이 처해있는 삶의 테두리이다. 바꾸어 말하면 세계관이다.[133)]

(7) 상징적 기능

"내가 어렸을 땐 모든 것이 마술과 같았다. 그러나 지금은 …"[134)]

모든 신앙에는 상징이 있다. 신앙은 상징을 통해 경험과 논리로 인식할 수 없는 영역을 의미한다. 신앙은 논리적 사고능력에만 의존하는 것이 아니다. 신앙은 상징에도 의존한다. Fowler는 "상징이 없이는 신앙도 존재할 수 없다"고 표현하고 있다.[135)]

위의 7가지 요소들은 서로 관련되어 있으며 신앙의 방식의 구성요소가 된다. 신앙이 발달한다는 것은 이러한 여러 요소들이 함께 성장하고 발달한다는 것을 의미한다.

2) 신앙발달의 단계

Fowler는 신앙발달을 7개의 단계로 나누어 설명하였다. 이는 미분화된 신앙, 직관적-투사적 신앙, 신화적-문자적 신앙, 종합적-인습적 신앙, 개인적-반성적 신앙, 접속적 신앙, 보편화된 신앙의 7단계이다. 이를 차례대로 설명하면 다음과 같다.

(1) 0단계: 미분화된 신앙

이 단계는 대략 출생에서 4세까지의 유아가 포함된다. 유아들의

133) *Ibid.*, p. 13.
134) *Ibid.*, p. 14.
135) *Ibid.*, p. 15.

신앙은 출생하고 양육되는 관계가운데에서 시작된다. 이 시기의 유아에게 있어 부모의 얼굴, 엄마의 가슴, 영아용 침대, 딸랑이는 궁극적인 환경이 된다. 부모는 유아의 세계를 형성하고 구조화하는 역할을 하므로 유아들의 발달에 있어 매우 중요하다고 할 수 있다. 유아들의 신앙은 부모와의 관계를 통해 획득되는 신뢰감에서 비롯되며, 이러한 신뢰감은 향후 모든 종교적 신앙의 기초역할을 한다.[136]

(2) 1단계: 직관적 - 투사적 신앙

대략 4세에서 7, 8세 연령의 유아들이 이 단계에 해당된다. 유아들의 사고능력은 한정되어 있으며 그들의 세계는 상상으로 가득 차 있다. 이 단계의 유아들은 자기중심적이고 다른 사람의 관점을 취하는 능력이 제한되어 있다. 또한 유아의 사회의식은 가정에 한정되며 권위는 성인에게서 비롯된다. 그러므로 이 단계에서 유아의 신앙은 유아가 성인으로부터 채택한 것을 모방함으로써 발달하게 된다.

(3) 2단계: 신화적 - 문자적 신앙

이 단계에는 대략 7세에서 11, 12세의 유아들이 속하며 몇몇 성인들에게서 관찰되어지기도 한다. 이 단계가 되면 유아들은 논리적으로 사고하게 되지만 아직 추상적인 사고는 불가능하다. 유아들은 타인의 관점을 명확하게 취하며 사회의식은 교회나 학교로 확대된다. 상징은 보다 융통성이 없고, 1차원적이며 문자적인 방식으로 다루어진다. 이 시기의 유아들은 하나님을 종종 의인화하여 생각하기도 하며 엄격한 부모로 여기기도 한다. 이 단계 유아들의 신앙은 정체성 확립의 주된 방법을 제공해 주는 이야기를 통해 발달될 수 있다.

---

136) *Ibid.*, p. 19.

(4) 3단계: 종합적 - 인습적 신앙

이 단계는 대략 12에서 18세 청소년들이 속하게 되며 많은 성인들 역시 이 단계에 속하기도 한다. 이 단계의 사고능력은 추상적이고 반영적으로 발달한다. 대인관계로부터 조망수용의 새로운 능력이 나타난다. 사회인지는 집단 안에서 발달된다.

도덕적 사고는 법과 질서로 나타난다. 교사, 형제들, 친구들, 또래와 대인관계를 통해 발달된 하나님에 대한 형상은 더 이상 육체적인 사람으로 생각하지 않는다.

(5) 4단계: 개인적 - 반성적 신앙

이 단계에는 대략 18세 이상 혹은 30~40 이상의 성인이 속하게 된다. 이 단계의 사람들은 자기 자신을 타인의 관점에서 판단할 수 있다. 도덕성은 비록 자기가 속한 계층이나 집단의 편견으로 인해 제한적이 될 수도 있으나 도덕적 원리, 혹은 정의에 기반을 두고 있다. 이 단계에서는 권위가 내면화되어 신앙이 자율적인 성격을 띠게 된다. Fowler는 이 단계를 신앙발달의 가장 중요한 단계로 여기고 있다.

(6) 5단계: 접속적 신앙

이 단계는 30세 이전에는 거의 도달하기 힘든 단계로 이 단계에 속한 사람들은 실재에 관해 균형잡힌 복합적 견해를 내면화하고 그에 따라 살아간다. 이런 부류의 사람들은 다른 사람에 대해 개방적이며 다른 사람의 의견을 존중한다. 따라서 그들은 이중성을 띠게 된다. 이 단계의 사람들은 자신의 견해가 다른 사람의 것과 상당한 차이가 있다할지라도 그것을 진리, 가치로 간주한다. "5단계는 종족, 인종,

계층, 이념적 테두리를 넘어서는 일체감이 준비되어 있다."[137]

(7) 6단계: 보편화된 신앙

이 단계는 대개 생애 후기에 나타난다. 여기에 속한 사람은 이타적인 특징을 가진 집단이며 자신의 많은 것을 남을 위해 헌신하기도 한다. 그들은 신앙과 존재가 결합되어 있다. 따라서 이 단계는 모든 것들이 조화되는 비전을 포함한다.[138]

4. Fowler의 신앙발달이론에 대한 평가

Fowler의 신앙발달이론을 기독교 교육에 적용하기 위해서는 그의 연구가 그가 말한 결론을 전달하기에 적절하냐 그렇지 않느냐를 평가해보는 것이 필수적일 것이다. 이를 위해 기독교교육의 관점에서 그의 이론을 비평해 보고 그 기여도를 평가해 보고자 한다.

1) Fowler의 신앙발달이론에 대한 비평

Fowler의 이론을 비평함에 있어 세 가지의 주된 관심사가 있다. 첫 번째 관심은 그가 신앙을 어떻게 이해했는가의 문제이다. Fowler에 의하면 신앙은 보편적인 것이다. 따라서 모든 사람은 신앙을 소유하고 있으며 이는 종교적 신앙에 한정될 필요가 없다고 한다. 물론 인간은 그 대상이 어떠하든지 간에 자신보다 힘이 있다고 여겨지는 대상을 신뢰하는 것은 일반적인 사실이다. 그러나 어떤 대상을 신뢰

137) James W. Fowler & Keen S(1978), *Life maps: Conversations on the journey of faith*, Minnesota: Winston Press, p. 18.

138) National Society(1991), *op cit.*, p. 34.

한다고 해서 그것이 다 신앙을 의미하는 것은 아니다. Broughton은 "어떻게 해서 신앙이 보편적인 특징을 갖는지를 살피는 것은 어려운 일"이라고 말한다.[139] 신앙은 신적 존재와 관련되어 있다. 신앙은 하나님의 선물이기 때문에 하나님께 의존하고 있으며 하나님이 배제된 신앙이란 존재할 수 없다.[140] 의미의 궁극적 출처가 되시는 실존의 하나님이 없다면 신앙은 하나의 환상일 뿐이다.[141] 마찬가지로 어떠한 사람이 하나님과 관계를 맺지 않는다면 그는 신앙을 소유한 것이 아니다. 따라서 신앙은 하나님과 관련되어 있다고 볼 수 있다.[142] Dykstra에 따르면 "신앙은 하나님의 구속의 역사가운데 적절하고도 의도적으로 참여하는 것"이라고 한다.[143] Osmer는 신앙을 예수그리스도를 통해 무한한 사랑과 신실함을 나타내시는 하나님과의 관계라고 규정함으로써 이와 동일한 입장을 취하고 있다.[144] 강희천 역시 하나님의 초월을 강조함으로써 기독교 신앙과 Fowler의 신앙이 구별되어야 한다는 입장을 보인다.[145]

두 번째 관심은 Fowler의 신앙에 관한 개념이 인지적 편견에 과도하게 제한을 받는다는 점이다. 이는 1982년 Auburn에서 열린 신학적

139) John. M. Broughton,(1986), 'Political Psychology of Faith Development Theory', in Craig Dykstra & Sharon Parks(Eds.), *Faith development and fowler*, Birmingham: Religious Education Press, p. 34.

140) Perry G. Downs(1995), 'The Power of Fowler', in James C. Wilhoit & John M. Dettoni(Eds.), *Nurture that is Christian: Developmental perspectives on Christian education*, Michigan: Grand Rapids, p. 82.

141) Craig Dykstra(1986), 'What is Faith?: An Experiment in the Hypothetical Mode', in Craig Dykstra & Sharon Parks(Eds.), *Faith development and Fowler*, Birmingham: Religious Education Press, p. 55.

142) *Ibid.*, p. 55.

143) *Ibid.*, p. 55.

144) Richard R. Osmer(1992), *Teaching for faith*, Westminster: John Knox Press, p. 27.

145) 강희천(1996), '신앙발달과 교수법', 「기독교교육」, Vol. 7, No. 2, 서울: 기독교 교육 문서선교회, p. 17.

세미나에 참여한 여러 학자들에 의해 이미 지적된 바이다.[146] Fowler가 제시한 신앙의 7가지 요소는 인간의 인지기능을 서술한 것이며, 신앙의 6단계는 인지발달에 대한 표현이다.[147] Fowler는 그의 신앙발달이론을 기술하는데 있어 Piaget의 인지발달이론, Kohlberg의 도덕판단이론, Piaget이론에 근거한 Selman의 조망수용이론을 사용하였다. 이러한 시도는 인지적인 요소가 다른 요소들에 비해 인간의 행동을 설명하는데 매우 중요하게 간주되고 있음을 말해준다. 이는 "신앙발달이론은 구조주의자들의 전통을 기본적인 전제로 삼고 있다"는 문구를 통해 명확히 드러난다.[148] 그러나 신앙은 인지적인 요소만으로 획득되는 것이 아니다. Calvin은 인간의 타락 이후 추론작용만으로는 하나님을 알 수 없다고 지적하고 있다.[149]

마지막 관심은 Fowler의 연구방법에 관한 문제이다. 측정도구를 구조화하고 선택할 때에는 도구의 타당도, 신뢰도, 유용도가 검증되어야만 한다.[150] 그러나 Fowler는 자신의 연구도구에 대한 타당도와 신뢰도를 고려하지 않았다. Fowler는 표본을 수집할 때 과학적으로 선택하지 않았다.[151] 예를 들면, 연구대상과 종교를 표집함에 있어

---

146) *Ibid.*, p. 21.

147) Grabowsky(1987), 'Mary Ford; Flaws in faith-development theory', *Religious Education*, Vol. 82. No. 1, p. 71.

148) William O. Avery(1990), 'A lutheran examines James W. Fowler', *Religious Education*, Vol. 85, No. 1, p. 71.

149) Richard R. Osmer(1990). 'James W. Fowler and the reformed tradition: An exercise in theological reflection in religious education', *Religious Education*, Vol. 85, No. 1, p. 66.

150) W. L. Goodwin & L. D. Goodwin(1982), 'Measuring young children', in Bernard Spodek (Ed.), *Handbook of research in early childhood education*, N. Y.: The Free Press, p. 528.

151) Ellis Nelson & Aleshire Daniel(1986), 'Research in faith development', in Craig Dykstra & Sharon Parks(Eds.), *Faith development and Fowler*, Birmingham: Religious Education Press, p. 186.

97.8%가 백인이었고, 81.5%가 신교도 혹은 구교도였다.[152] 더군다나 Fowler는 인간발달단계이론에 맞추어 자료를 수집했다.[153] 이는 그의 이론을 검증하는데 사용된 도구가 타당하지 않다는 것을 의미한다. 그의 연구방법에 있어 또 하나의 결점은 정보를 관리한 사람의 신뢰도 문제이다.[154]

2) Fowler의 신앙발달이론의 시사점

Fowler의 이론이 여러 측면에서 비판을 받고 있음에도 불구하고 다음과 같은 몇 가지 시사점이 있다. 첫째, Fowler의 연구는 기독교 교육자들로 하여금 인간을 보다 명확하게 볼 수 있도록 돕는다.[155] 따라서 기독교 교육자들은 인간을 더 깊이 있고 폭넓게 이해할 수 있게 된다. 이로써 보다 융통성 있는 교회 교육과정을 고안하고 수정할 수 있게 된다.

Goldman에 의하면 유아들의 종교적 성향은 인지적 발달과 보조를 맞추어 발달한다고 한다. 만약 종교적 성숙에 대한 기대치가 유아의 인지적 수준을 넘어선다면 그의 인지적 발달이 지체된 것일 수도 있다. 또한 유아들이 발달적으로 준비되기 전에 너무 과도하게 학습을 강요한다면 유아들의 사고능력에 해를 가져올 수도 있다.[156] Goldman은 13세 이전에 종교적인 학습이 적합하지 않다고 생각한다. 따라서 그는 13세 이하의 유아들에게 성경을 가르치지 못하게 한다. 그러나

---

152) Randal Y. Furushima(1992), 'Faith development and cross-cultural perspective', in Jeff Astley & Leslie Francis(Eds.), *Christian perspectives on faith development*, Grand Rapids: Eerdmans Publishing Co, p. 215.
153) Ellis. Nelson & Aleshire Daniel(1986), *op. cit.*, p. 186.
154) *Ibid.*, p. 194.
155) Perry G. Downs(1995), *op. cit.*, p. 86.
156) Ronald Goldman(1965), *Readiness for religion*, London: R. K. P., p. 26.

Fowler는 유아들이 인지적으로 완전히 발달하지 않았을지라도 유아들은 본성적으로 "이야기나 신화를 받아들일 수 있기 때문에"[157] 극적인 형태의 성경이야기를 통해 종교적인 것을 배울 수 있다고 보았다.

둘째, Fowler의 이론은 종교교육이 단지 내용에 한정되는 것이 아니라고 지적한다. 그는 과정과 단계를 강조했는데 이를 따라 유아들은 성숙을 이루고, 하나님과 사람을 이해할 수 있게 된다고 한다. 이러한 견해는 교육의 실제에 기술적인 정보를 제공해준다. 다시 말해, 그의 이론은 단계에 따른 교수방법을 제시해 주고 있다.

마지막으로 Fowler의 이론은 기독교인들이 기독교인답게 살아가고 성장하는 것에 보다 초점을 둘 수 있도록 돕는다. 일반적으로 칼빈주의자들은 믿음을 통한 은혜의 속죄를 강조한다.[158] 그러나 믿음에는 행위가 뒤따라야 한다. 이러한 면에서 볼 때 Fowler의 이론은 행위에 대해 결여된 부분을 수정할 수 있도록 돕는다.

5. Fowler의 이론의 기독교 유아교육에의 적용

Fowler의 이론은 완전하지는 않으나 기독교 교육자들에게 도움이 되는 중요한 통찰력을 제공해준다. 이 부분에서는 대략 10세 이하의 유아들에게 초점을 맞추어 기독교 유아교육에 도움이 되는 내용들을 살펴보고자 한다.

Fowler의 이론이 신앙발달에 있어 인지적인 측면을 과도하게 강조함으로써 비판을 받기는 하나 인지적 요소가 신앙발달에 매우 중요한 역할을 한다는 것은 사실이다. 인지발달이 신앙발달에 중요한 역할을

157) Daniel A. Csanyi(1982), 'Faith development and the age of readiness for the Bible', *Religious Education*, Vol. 77, No. 5, p. 520.

158) William O. Avery(1990), *op. cit.*, p. 82.

한다는 사실은 여러 학자들에 의해 지지되고 있다. Osmer에 따르면 신앙은 인지적, 감정적, 행동적, 신비적 요소에 의해 형성된다고 한다.[159] Groom 역시 "기독교 신앙에도 인지적인 측면이 존재한다"고 주장한다.[160] Machen도 "신앙은 인지적이다"라고 이야기하고 있다.[161] 따라서 효과적인 신앙발달을 위해 인간의 인지적인 측면이 고려되어야 한다고 볼 수 있다. 이러한 견해에 비추어볼 때 교사들은 유아들의 활동을 강조해야 하고 보다 효과적인 교수방법을 고안하기 위해 노력할 필요가 있다.

Fowler의 신앙단계에 의하면 0단계인 미분화의 단계는 출생과 더불어 양육을 책임지고 있는 부모에서 시작한다. 부모의 역할은 신앙발달에 중요한 기초역할을 한다. 부모는 유아들에게 최초의 "하나님에 대한 전(前)이미지"[162]를 갖게 한다. 따라서 Fowler는 부모들의 태도를 강조하고 있다. 즉, 부모를 위한 교육을 강조하고 있는 것이다. 부모교육의 중요성은 기독교인이냐 아니냐를 떠나 많은 학자들에 의해 이미 밝혀진 바이다. 그러나 주일학교 교육과정에서 혹은 기독교 유아교육을 위한 교육과정에 있어 부모교육을 위한 프로그램은 드물다. 이러한 관점에서 Fowler의 견해는 기독교 교육자들이 부모교육을 위한 프로그램 개발의 중요성을 인식할 수 있도록 돕는다.

Fowler의 신앙단계에 따르면 두 번째 단계는 "신화적-문자적 단계"로 명명되는데 이는 이 단계의 유아들이 본성적으로 문화적인 것이건, 종교적인 것이건 간에 이야기와 신화를 받아들일 수 있기 때문이다. 이는 성경을 가르치기 위해 교사가 극적인 이야기 형식을 사용할 수 있다는 것을 의미한다.[163] 다시 말해, 유아들의 신앙발달

159) Richard R. Osmer(1992), *op. cit.*, 2장.

160) Thomas Groome(1980), *op. cit.*, p. 7.

161) Gresham Machen(1946), *What is faith?*, Grand Rapids: Eerdmans Publishing Co., p. 203.

162) National Society(1991), *op. cit.*, p. 19.

에 있어 성경이야기가 사용될 수 있으며 또한 교사들이 기독교적 신앙과 관련된 적절한 이야기책을 찾아 사용해야 한다는 것을 말해주고 있다.

앞서 살펴본 바와 같이 Fowler의 이론은 기독교인들로 하여금 하나님과 사람과의 관계 가운데서 열매맺는 생활을 할 수 있도록 도와준다. 칼빈주의가 믿음을 통한 은혜의 구속을 강조하다보니 그리스도인으로서 어떻게 살아야 하며 실제적으로 성장한다는 것이 무엇을 의미하는지에 대해서 간과하기 쉬운 부분을 Fowler의 이론이 보충해 주는 역할을 할 수 있다. 그러나 Fowler이론의 한계점이 고려되어야 한다는 조건이 충족될 때 이것은 가능하다.

163) Daniel A. Csanyi(1982), *op. cit.*, p. 521.

제 7 장

유아와 도덕성발달

20세기 중엽까지 많은 연구자들은 도덕성이 문화적 산물이라고 주장해왔다. 따라서 그러한 연구자들은 정신분석과 사회학습 이론을 도입한 도덕성의 교수방법에 관심을 가져왔다. 그러나 그들은 결국 이러한 접근이 충분치 않다는 결론을 내리게 되었다.

현재 서구 대부분의 심리학자와 교육학자들은 유아의 연령과 도덕발달 사이에 분명한 관련이 있다고 주장한다. Jean Piaget는 유아들이 성장함에 따라 인지능력의 발달이 이루어지는데 유아들의 도덕발달은 인지적 성숙도와 어른에 대한 일방적인 감정적 의존도와의 상호작용에 달려 있다고 주장한다.[1] 유아들은 규칙에 관한 관심이나 인식을 전혀 나타내지 않는데 이는 그들은 아직 논리적인 사고가 가능하지 않기 때문이다. 따라서 Piaget가 유아들을 "전 도덕적"이라고 표현한 것[2]은 인지발달과 도덕적 성숙간에 명백한 관련이 있다는 것을 보여준다. Selman[3]은 역할수행기술에 관한 테스트에서 높은 점수를 받은 유아가 역할수행기술이 덜 발달한 또래보다 높은 수준의 도덕판단을

1) T. Lickona(1979). 'Research on Piaget's theory of moral development', In T. Lickona(Ed.), *Moral development and behavior*, N. Y.: Holt, Rinehart & Winston, p. 220.
2) *Ibid.*, p. 220.
3) R. L. Selman(1971), 'The relation of role-taking to the development of moral judgement in children', *Child Development*, 42, pp. 79-91.

하는 경향이 있다는 것을 발견했다. 그의 견해에 따르면 유아의 도덕성은 인지능력에 따라 발달한다는 것이다. 그러므로 인지적 도덕발달이론에서는 인지능력이 충분히 발달하지 않은 5세 이하의 유아들은 도덕성을 학습할 준비가 되지 않은 존재로 받아들여진다.

그렇다면, 앞에서 언급된바와 같이 4~5세 이하의 유아들은 도덕성 발달을 위한 준비가 덜 되었는가? 2~3세의 유아들은 옳고 그름의 인식력을 가지고 있지 않은가? 유아들의 도덕발달은 오로지 인지발달과 성인에 대한 일방적인 감정에만 의존하는 것인가? 어떻게 해야 진정으로 통합된 "도덕적 인격"을 가진 인간이 되며 도덕성을 발달시킬 수 있는가?

이러한 질문에 답하기 위해 이 연구는 먼저 도덕성의 개념을 알아보고, 정신분석이론, 인지발달이론, 사회학습이론 등 유아들의 도덕발달에 관한 이론들이 다루어진다. 그리고 유아들의 도덕발달이론에 대한 비평이 제시된다. 또한 정신분석이론, 인지발달이론, 사회학습이론간의 관계가 논의될 것이다. 마지막으로 기독교적 관점에서의 도덕발달이 간략하게 고찰될 것이다.

Ⅰ. 도덕성의 개념

인간의 도덕성을 나타내주는 다양한 기준들이 있다. The Random House Dictionary of the English Language[4]에 따르면 도덕성은 "옳은 행동 규칙을 준수하는 것"이라고 표현되어 있다. Oxford Advanced

4) S. B. Flexner(1987). *The random house dictionary of the english language*, N. Y.: Random House, Inc., p. 1249.

Learner's Dictionary[5]는 도덕성을 "옳고 그름이나 선악의 행동에 관한 원리"라고 설명한다. James Rest[6]는 인간의 도덕성을 (1) 다른 사람을 돕는 행위, 사회적 규범을 준수하는 행위, (2) 사회적 규범의 내면화, (3) 동정이나 죄책감, 또는 두 가지 모두의 발현, (4) 정의에 대한 추론, (5) 자신보다 남의 이익을 우선시하는 것이라고 정의했다. 이러한 정의들의 각각은 도덕성에 관한 중요한 면을 시사하고 있기는 하나 도덕성에 관한 완벽한 정의라고 보기에는 한계가 있다. James Rest의 도덕성에 관한 정의가 지닌 한계점이 무엇인지 알아봄으로서 도덕성에 대한 바른 정의를 내리고자 한다. 앞의 두 영어 사전에서 내린 2가지의 정의는 James Rest의 정의에 포함되므로 생략토록 한다.

다른 사람을 돕는 행위는 분명 도덕성의 한 부분이다. 그러나 도덕성은 다른 사람들의 행복에 영향을 미치는 행동만으로 정의될 수는 없다. 만약 도덕성이, 다른 사람을 돕는 결과의 측면에서 정의된다면 내적인 과정에 의해 지배되는 행동들이 무시될 수 있다. 어떤 학자들은 도덕발달을 "내면화 과정"으로 설명하기도 한다.[7] 따라서 도덕적 행동은 유용한 결과에 의해 결정되는 것이 아니라 과정에 의해 지배되는 행동을 의미한다.

사회적 규범을 준수하는 행동 역시 도덕성의 중요한 부분이다. 도덕성은 사회적 약속, 제도, 법률, 의무, 계약과 같은 협력적인 사회구조확립을 포함하는 사회적 기상이다. 개인들은 공유된 목적성취를 위해 이러한 구조를 지지해야만 한다. 그러나 때때로 특정 사회규범은

---

5) A. S. Hornby(1995), *Oxford advanced learner's dictionary of current english*, Oxford: Oxford University Press, p. 755.

6) James Rest(1983). 'Morality', Paul H. Mussen(Ed.), *Handbook of Child Psychology*, Vol. 3. John Wiley & Sons, p. 556.

7) *Ibid.*, p. 556.

사회의 목적과 일치하지 않는 경우도 있으며 어떤 사회적 합의는 그 사회에 속한 개인들에게 부당한 의무를 부과할 수도 있다.

다양한 유형의 비순응자들도 있다. 사회적 협력을 하지 않고 순전히 이기적으로 행동하는 사람, 이상적인 사회목적에 부합하지 않거나 부당한 기준을 주장하는 사람, 그들의 주장을 극적으로 표현하기 위해 기꺼이 처벌을 감수하는 사람 등. 그러므로 집단 규범에 대한 순응 여부는 도덕성의 기준으로는 적절치 않다. 식사예절, 옷 입는 법, 직무에 관한 관습, 정책과 같은 순응과 관련된 많은 문제들은 도덕적인 문제들이 아니다.

도덕과 관계없이 집단의 규범에 순응하는 것은, 개미와 벌처럼 구성원들이 사회에 순응하며 조화롭게 행동하는 집단에서도 찾아볼 수 있다. 그러나 이러한 집단은 본능에 의한 조화이지, 개개인의 선택이라든가 공유된 목적을 위한 협력이 아니기 때문에 도덕이라고 간주되지 않는다. 마찬가지로 대중을 노예로 삼고 소수의 전제군주가 통치하는 사회에서도 구성원들로부터 높은 수준의 사회규범 준수를 유도해 낼 수는 있으나 이는 강압에 근거한 것이지 도덕성은 아니다.[8] 따라서 어떤 저자들은 도덕발달이 외부적인 기준보다는 내적 기준에 의해 지배되는 것이라고 주장한다.

동정의 발현은 도덕성의 중요한 측면을 언급하고 있다. 왜냐하면 동정은 도덕적 행위에 있어 중요한 내적 동기가 되기 때문이다. 죄책감의 발현도 내적인 기준이 존재한다는 것을 의미하는데 이 역시 도덕성의 중요한 동기가 되는 감정이다. 그러나 이러한 감정들은 적어도 다음의 두 가지 이유로 인해 도덕성의 개념으로서 적합하지 않다고 볼 수 있다. 첫째, 이러한 감정들이 항상 믿을만한 지침을 제공하지 않기 때문이다. 일례로 자녀와 자신을 감정적으로 지나치게 동일

8) *Ibid.*, p. 557.

시한 엄마의 경우 자녀의 행복을 위한다는 명목으로 자녀를 과잉보호할 수도 있다. 둘째, 동정과 죄책감의 감정은 일반적으로 질투와 세디즘과 같은 "나쁜"감정에 대조되는 "좋은"감정으로 여겨진다. 하지만 동정과 죄책감의 감정에 부여되는 가치는 선함의 더욱 근본적인 표준에 근거한 것이다.

정의에 대한 추론 역시 도덕적 과정의 일부분일 뿐이다. 많은 도덕적인 문제들이 요구와 이해관계간의 균형을 찾는데서 발생하는 것은 사실이다. 그러나 올바른 추론이 항상 올바른 행동으로 옮겨지는 것은 아니다. 왜냐하면 때때로 불순한 추론은 이기적인 행동을 방어하거나 은폐하는데 사용될 수도 있기 때문이다.

자신의 이익보다 다른 사람의 이익을 우선시하는 것은 분명히 도덕적 행위의 일부분이 될 수 있다. 이는 본질적으로 다른 사람의 이익이 자신의 이익보다 더 중요하다는 배려에 근거한다. 그러나 많은 경우에 있어, 자기희생은 도덕적으로 정당화되지 않을뿐더러 자기 자신의 이익은 다른 사람의 이익만큼이나 중요하다.

앞에서 논의된바와 같이 이러한 도덕성 개념에 관한 정의들은 도덕성이 포함하는 것들을 과소 평가하도록 유도한다. 때문에 이러한 개념들의 한계가 주목될 필요가 있다. 적절하고 포괄적인 도덕성의 개념을 정의하기 위해 그 외의 다른 정의들을 살펴보면 다음과 같다.

윤리 철학자 Frankena[9]는 도덕성을 권리, 의무, 이익이 어떻게 할당되어야 하는가에 관한 인간의 협력을 조절하는 기준이나 지침이라고 규정한다. 그는 각 개인의 행동이 어떻게 다른 사람의 행복에 영향을 주어야 하는지에 대한 지침과 이론적 근거를 도덕성이 제공한다고 주장한다. 그 지침들은 각 개인의 유익과 각 개인의 본질적인 가치에

9) W. K. Frankena(1970), 'The Concept of morality', in G. Wallace & A. D. M. Walker(Ed.), *The Definition of Morality*, London: Methuen. p. 25.

대한 배려로 구성된다. Sieber[10]는 도덕성을 다음과 같이 정의한다.

> "도덕성은 행동적인 개념이 아니라 철학적인 개념이다. 다른 사람을 때리거나 '고맙습니다'라고 말하는 것과 같은 외적인 행동을 다루는 행동적인 개념은 주관적인 마음의 과정과는 대조적인 개념이다. 물론 도덕성은 행동적인 요소를 가지고 있다. 그러나 사람들은 그들의 도덕적인 결정에 따라 행동하게 되므로 도덕성의 주된 요소는 행동저변의 의도와 추론이다. 옳고 그른 것에 대한 개념의 발달과 고찰은 철학적인 활동이다."

심리학자이자 Georgia 대학의 교수인 David Shaffer[11]는 발달론자들이 3가지의 기본적인 도덕적 요소, 즉 감정적 요소, 인지적 요소, 행동적 요소를 중심으로 도덕을 바라본다고 말한다. 감정적 요소는 도덕적 사고와 행동의 동기가 되고, 인지적 요소는 옳고 그름을 개념화하여 어떻게 행동해야 하는가에 대한 결정을 하게 하며, 행동적인 요소는 사람들이 도덕규칙을 어기고 싶은 것을 경험할 때 어떻게 행동하는지를 보여준다.

앞에서 살펴본 바와 같이 도덕성은 일반적으로 사고, 행동, 감정으로 나누어진다. 인지 발달론자들은 도덕적 사고를 연구하고, 행동주의자들은 행동에 관심을 가지며, 정신분석학자들은 도덕발달의 감정적인 측면을 강조한다. 이는 3가지의 기본적인 심리학적 요소가 존재하며 각각은 다른 과정에 의해 지배된다는 것을 말해준다(예를 들면 인지구조의 평형화, 조건화와 모델링, 동일시와 초자아의 작용 등).

---

10) J. Sieber(1980), 'A social learning theory approach to morality', in Myra Windmiller, Nadine Lambert, & Elliot Turiel(Ed.), *Moral development and socialization*, Boston: Allyn and Bacon, Inc., p. 134.

11) David Shaffer(1993), *Developmental psychology: Childhood and adolescence*, Pacific Grove, California: Brooks & Cole Publishing Company, p. 528.

그러나 이러한 3가지의 하위 영역으로 도덕성을 나누는 것은 도덕성의 개념을 정의하기에 충분하지 않다(보다 자세한 이유는 4장에서 제시될 것이다). Sieber[12)]가 언급한바와 같이 의도나 사고, 감정의 요소가 제외된 행동은 있을 수 없다. 도덕적 행동은 사고, 행동, 감정으로 구성된다.[13)] 그러므로 도덕성이라는 용어는 사고, 행동, 감정을 통합함으로써 정의되어져야만 한다. 도덕성은 사람의 감정과 옳고 그름에 대한 추론과 조화를 이루어 의도에 따라 행동하는 것을 의미한다. 도덕성은 의도와 감정과 함께 행동적인 측면을 가지고 있으며, 행동, 감정, 옳고 그름에 관한 태도나, 견해에 있어 발생하는 변화도 포함한다.

Ⅱ. 유아의 도덕발달에 관한 이론들

도덕발달에 관한 이론으로 정신분석이론, 인지발달이론, 사회학습이론 등이 있다. 각 이론들은 도덕성의 서로 다른 요소에 초점을 두고 있다. 정신분석 이론은 정의적인 요소나 도덕적 감정을, 인지발달이론은 도덕의 인지적 측면이나 도덕적 추론을 강조한다. 사회학습이론은 강화와 모델링의 영향이 유아의 도덕적 행위에 중요한 역할을 한다고 주장한다. 각 이론들을 차례로 설명하면 다음과 같다.

---

12) J. Sieber(1980), *op. cit.*, p. 135.
13) David Shaffer(1993), *op. cit.*, p. 528.
James Rest(1983), *op. cit.*, pp. 558-561.

1. 정신분석이론

정신분석학자 Freud는 도덕발달에 있어 감정적인 요소와 초기 경험의 중요성을 강조했다. Freud에 따르면 1세 이하의 유아도 즐거움 혹은 고통을 유발하는 외부세계를 인식할 수 있다고 보았다. 즐거움은 좋은 행동으로 결합되며, 고통은 나쁜 행동으로 결합된다. 2세 경에 이르면 유아들은 주변사람들의 행동을 모방하게 되고 4~5세 경에는 부모의 기준에 적응하며 나름대로의 방식을 형성해가게 된다. 좋고 나쁨, 옳고 그름, 도덕적·비도덕적인 것들은 그들을 양육해주고 신체적인 필요를 만족시켜주는 사람들에 의해 좌우된다. 유치원 시기의 유아들에게 있어 실제세계와 옳고 그름의 세계는 일상생활의 전체적인 부분으로 통합되기 때문에 부모의 영향은 그다지 강력하지 않을 것이다. 유아들이 부모를 덜 의존하게 됨에 따라 성인과 또래의 보다 큰 세계로 진입하게 되고, 옳고 그름에 대한 견해는 변화하기 시작한다.

Freud[14]에 따르면 성격은 3가지 기본적인 요소로 구성되어 있는데 원초아, 자아, 초자아가 그것이다. 원초아는 충동적이며 쾌락적인 특성을 가지고 있으며 원초아의 목적은 본능을 만족시키는 것이다. 자아의 기능은 욕구를 만족시키는데 있으며, 이를 위해 현실적으로 가능한 수단이 나타날 때까지 원초아를 억제하는 것이다. 성격발달에서 마지막 요소인 초자아는 자아의 사고와 행동의 타당성을 감시함으로써 유아들의 도덕발달의 조정자 역할을 한다. 잘 발달된 초자아는 수치심, 죄책감 또는 자존감의 상실 등의 감정을 유발시킴으로써 도덕적인 죄에 대해 자아를 징계하는 강력한 요소가 된다. 유아가 부정적인 반응을 회피해감에 따라 도덕적으로 성숙하게 된다.

14) David Schaffer(1993), *op. cit.*, p. 529, 재인용.

정신분석이론에 따르면 유아가 도덕적 존재가 되기 위해서는 현실과 관련된 자아와, 선악의 세계와 관련된 초자아가 형성되어야 한다고 본다. 다시 말해, 자아와 초자아간의 최적의 균형이 도덕발달을 위해 필수적이라는 것이다.[15] Wallwork 또한 다음과 같이 자아의 기능을 강조했다.[16]

> 도덕성은 보통 현실세계의 갈등상황을 규명하고 정상적인 기준에 대해 사고하여 어떤 기준이 적절한지 평가하고 옳다고 여겨지는 행동과정을 결정하는 자아 없이는 불가능하다. … 따라서 권위적인 외부압력으로 인해 최초로 발생하게 되는 목표, 기준, 규칙, 금지조차도 성숙한 자아의 보다 이성적인 검토에 의해 좌우될 수도 있다(224).

Tice의 도덕발달에 관한 정신분석이론은 다음과 같이 재정립되었다[17](이 책에서는 유아들의 도덕성을 다루므로 여기서는 전 도덕적 단계와 1단계만을 설명하기로 한다).

1) 전 도덕적 단계

전 도덕적 단계는 출생에서 3세까지의 시기로 이 시기에 영아는 한 개체로서의 분리의 과업을 경험하게 되는데 이러한 경험을 통해 도덕적인 영역으로 진입하는 나름대로의 방식을 형성해가게 된다. 생

15) B. Clouse(1993). *Teaching for moral growth*, Illinois: Bridgepoint book, p. 80.
16) E. Wallwork(1991), *Psychoanalysis and ethics*, New Haven: Yale University Press, p. 224.
17) T. Tice(1980), 'A psychoanalytic perspective', in Myra W., Nadine L., & Elliot T.(Ed.), *Moral Development and Socialization*, London: Allyn & Bacon, Inc., pp. 161-179.

후 3개월경 영아는 대개 엄마의 형상과 미분화되어 있는데 엄마의 형상은 많은 대상가운데 첫 번째로 접하는 형상이다. 정신분석학의 어법에서는 "대상은 본능적인 충동을 만족시키려는 욕구가 향하게 되는 사람이나 사물을 말한다"[18]고 설명한다. 영아는 필요를 만족시켜주는 대상으로서의 엄마를 희미하게나마 인식하게 되고 자신과 함께 생활하는 존재로 여기는, 보다 분명한 국면으로 진입하게 된다. 영아에게 있어 엄마와 영아는 하나로서 존재하는데 다시 말해, 그들의 한계가 같다는 것이다.

4~5개월 경의 영아는 경계적이고 의도적이며 지속적으로 외부에 대한 주의를 기울이기 시작하고(엄마의 얼굴을 탐색하고, 주변을 둘러보며, 사람과 사물을 가지고 놀기도 한다), 동시에 엄마와는 별개인 과도기적인 사물과 상황을 받아들이기 시작한다. 이 순간부터 영아는 엄마와 엄마에게 속한 것 혹은 엄마가 아닌 것간에 비교를 시작하며, 타인에 대한 호기심, 놀라움, 불안을 느끼기 시작한다. 이러한 정서들은 엄마와의 이전 경험들에서 얼마나 신뢰가 잘 형성되었는가에 의해 많은 영향을 받는다. 엄마와 영아간의 초기 신뢰관계가 향후 모든 인간관계에 있어 필수적인 역할을 하는 것은 물론이고 도덕성에 있어서 특히 중요한 역할을 한다.

2년 6개월쯤 되면 유아는 혼자 남겨지고 슬픔을 참아내는 것을 힘겨워하며 타인에 대한 적절한 반응, 우유부단함, 불안정으로 인해 어려움을 겪게 된다. 유아들은 부모들의 승인·불승인에 대한 표현에 매우 민감하게 반응한다. 또한 유아들은 부모들의 애정을 상실할지도 모른다는 두려움으로 강하게 동기화 된다. 이러한 모든 요소는 개개인의 향후 도덕적인 행동에 도움을 준다.

18) *Ibid.*, p. 166.

2) 1단계

1단계는 5~8세의 시기로 유아들은 초자아 구조의 형성을 통해 도덕발달을 이루게 된다. 전 도덕적 단계에서 영아가 경험했던 분리와 개별화의 분투의 결과로, 그리고 초자아의 등장으로 유아들은 새로운 형식의 기능을 수행할 수 있게 된다.

정신분석이론에 따르면 Oedipus 콤플렉스를 극복하는 것이 유아의 성격형성을 결정하는 주된 요소이며, 이를 통해 유아의 도덕적 행동이 발달한다고 한다. 유아들이 각 부모에 대해 긍정적인 태도를 갖느냐 부정적인 태도를 갖느냐의 문제는 도덕적 발달에 도움을 주는 부모들과의 동일시 형성에 영향을 미친다. 즉, 도덕발달은 유아가 Oedipus콤플렉스를 극복함에 따라 동성 부모의 도덕적 기준을 내면화할 때 발생하게 된다는 것이다.

정신분석이론에서 제시하는 도덕발달의 6단계는 다음과 같다.

단계 및 설명	연령
전도덕 단계	출생~3
분리 - 개별화 과업 성취	
초자아의 전조들	
* 전환점: 오이디푸스 콤플렉스의 과업 성취	3~6
1단계: 유아기의 도덕성	5~6
최초의 초자아 형성, 후기 - 오이디푸스 콤플렉스, 초기 잠복기	
전환점: "잠복기 과업" 성취	6~8
2단계: 아동기의 도덕성	8~12
진정한 잠복기, 사춘기 이전의 시기	
전환점: 사춘기의 과업 성취 - 초기 청소년기	12~14
3단계: 청소년기의 도덕성	14~16
제2의 분리 - 개별화 단계 - 중기 청소년기	
전환점: 후기 청소년기 과업 성취	16~20대 초반

단계 및 설명	연령
4단계: 성인초기의 도덕성 전환점: 성인 과업 성취	10대 후반
5단계: 성인후기의 도덕성 나이가 들고 죽음; 제3의 분리 - 개별화 단계	21, 25~ 죽을때까지

* 전환점은 중요한 발달적 과업의 성취를 말한다.[19]

2. 인지발달이론

인지적인 접근은 도덕성의 발달을 설명하기 위해 도덕발달이 유아의 인지발달에 의존한다고 가정한다. 인지발달론자들은 여러 행동들이 옳은지 그른지를 결정할 때 나타나는 사고과정인 도덕적 추론에 초점을 맞춘다. 도덕적 추론은 불변의 연속되는 단계를 통해 발달되는데 각 단계는 도덕적 논제에 대해 전후 단계와 구별되는 그 단계만의 고유한 사고방식을 가지며 단계를 건너뛰지는 않는다.

이 부분에서는 도덕적 추론에 대한 인지발달이론의 두 가지 측면, 즉 Piaget와 Kohlberg의 도덕발달이론에 대해 다루어질 것이다.

1) Piaget의 도덕발달이론

Piaget에 따르면 도덕발달은 규칙에 대한 준수와 사회적 정의감에 의해 유발된다고 한다.[20] Piaget는 많은 스위스 유아들이 흔히 하는 구슬놀이를 관찰함으로써 유아들의 규칙에 대한 준수가 어떻게 발달하는지를 연구했다. 그리고 이 관찰을 통해 유아들이 규칙을 이해하고 수행하는데 있어 발달적 단계가 있다는 결론을 내리게 되었다.

19) T. Tice(1980), *op. cit.*, p. 165.
20) T. Lickona(1979), *op. cit.*, p. 220.

또한 Piaget는 도덕적 갈등상황 이야기를 유아들에게 제시함으로써 유아들의 사회적 정의에 대한 개념을 연구했는데 그 갈등상황 이야기의 예는 다음과 같다.

> 이야기 A: John이라는 아이가 방안에 있다. 저녁을 먹으라는 소리를 듣고 John은 식당으로 간다. 그런데 식당 문 뒤에는 의자가 있었고 그 의자 위에 15개의 컵이 놓인 쟁반이 있었다. John은 문 뒤에 이것들이 있는지 알지 못했다. John이 식당에 들어가면서 문이 쟁반을 치면서 컵 15개가 모두 깨져버렸다.
>
> 이야기 B: 옛날 Henry라는 남자아이가 있었다. 어느 날 엄마가 외출했을 때 Henry는 찬장에서 잼을 꺼내려고 했다. 의자에 올라가서 손을 뻗어 보았지만 잼은 너무 높은 곳에 있었기 때문에 꺼낼 수가 없었다. 그러다가 컵을 치게되어 컵이 떨어져서 깨져 버렸다.[21]

이러한 이야기를 유아들에게 제시한 후에 Piaget는 "이 아이들이 똑같이 잘못했니?" "아니라면 누가 더 나쁘다고 생각하니?" "왜 그렇게 생각하지?" 등과 같은 질문을 했다. 이러한 질문에 대한 유아들의 답을 통해 Piaget는 도덕발달에 있어 3단계－전 도덕적 단계, 타율적 도덕단계, 자율적 도덕단계－가 있음을 발견했다. 이들을 차례로 살펴보면 다음과 같다.

(1) 전 도덕적 단계

4~5세경의 유아들이 이 단계에 속하며, 이 시기의 유아들은 규칙에 대한 인식이나 관심을 거의 나타내지 않는다. 게임에서 유아들은 규칙이 의미하는 바가 게임의 진행방식에 대한 상호적인 약속임을

---

21) David Shaffer(1993), *op. cit.*, p. 530.

인식하지 못한다. 이 단계에서 유아들은 이기려는 의도없이 놀이에 참여하며, 게임의 주된 목적은 차례대로 교대하는 것과 재미를 위한 것이다. 이 단계의 말기 즈음에는 유아들이 자기보다 나이 많은 유아들을 관찰함으로써 규칙에 대해 인식하기 시작한다.

(2) 타율적 도덕 단계

타율적 도덕단계는 6~9세 유아들을 말하며, 이 시기의 유아들은 규칙을 신봉한다. 유아들은 하나님이나 성인이 규칙을 만들었다고 생각하여 신성시 여기며 변경시킬 수 없는 것으로 인식한다. 성인의 견해는 무조건 도덕적으로 옳다고 여기며 다른 모든 견해는 무턱대고 틀렸다고 본다. 또한 유아들은 규칙들이 중력이나 다른 자연법칙처럼 현실 세계에서 영구적으로 고정된 것으로 생각한다.[22] 이 시기의 유아들은 사고나 불행이 하나님의 벌이라고 여긴다.

이 단계에서 유아들은 행위자의 의도에 의해서보다는 외적인 결과에 의해 행위를 판단하는 경향이 있다.[23] 유아들은 사회적 규칙에 대한 일반적인 이해부족으로 인해 어떤 규칙을 그와 외적으로 유사한 특수 상황에 적용하게 된다. 예를 들어 Piaget의 실험에 의하면 이 시기의 많은 유아들이 이야기 A에서 우연히 15개의 컵을 깬 John이 이야기 B에서 한 개의 컵을 깬 Henry보다 더 나쁘다고 판단했다. 이러한 그들의 평가는 결과가 얼마나 해로운가의 관점에서 비롯된 것이다.

(3) 자율적 도덕 단계

자율적 도덕성의 단계는 10~11세에 시작되며 이 시기의 아동들은 자율성과 더불어 진정한 도덕성이 발달한다. 아동들은 사람들에 의해

22) James Rest(1983), *op. cit.*, p. 571.
23) David Shaffer(1993). *op. cit.*, p. 531.

서 규칙이 만들어진다는 것과 그 규칙이 변경될 수 있다는 것을 깨닫는다. 또한 그 규칙이 사람들의 필요에 의해 임의로 지켜지지 않을 수 있다고 생각한다. 따라서 이 시기의 아동에게 있어 의료상 긴급상황으로 인해 과속하는 운전자를 정당하다고 여기는 것이 가능한 일이다.

이 단계에서 옳고 그름에 관한 아동들의 판단은 행위 자체의 외적인 결과 대신 행위자의 의도에 의존하게 된다. 예를 들어 10세가 넘은 아동은 이야기 B에서 한 개의 컵을 깬 Henry의 나쁜 의도로 인해 이야기 A에서 15개의 컵을 깬 John보다 더 나쁘다는 것을 발견한다.[24)]

2) Kohlberg의 도덕 발달이론

Piaget와 마찬가지로 Kohlberg 역시 도덕성 발달에 있어 인지적 구조의 역할을 강조했다. Kohlberg는 유아들의 도덕적 발달의 단계가 판단에 대한 개별적인 추론과정에 의해 이해될 수 있다고 생각했다. 도덕성발달을 연구하기 위해 Kohlberg는 유아들에게 몇 가지의 도덕적 갈등상황을 제시했는데 그중 하나의 예를 들면 다음과 같다.

> 유럽에서, 한 부인이 특수한 종류의 암으로 인해 죽어가고 있었다. 의사의 생각에 그녀를 구할수 있는 유일한 약이 있었는데 그 약은 최근 같은 마을에 살고 있는 약제사가 발견해 낸 라디움이었다. 그 약을 만드는데는 많은 비용이 들기도 했지만, 약제사는 적은양의 약에, 약을 만드는데 소요된 비용의 10배에 해당하는 2,000불의 값을 부과했다. 병든 부인의 남편인 Heinz는 최선을 다해 돈을 구해 보았으나 약값의 반에 해당하는 1,000불밖에 구할 수 없었다. 그는 약제사에게 자신의 아내가 죽어가고 있음을 이야기하고 약을 좀 싸게 팔거나 나중에 차액을 갚을 수 있도록 해달라고 부탁했다. 그러나 약제사는 "안 됩니다. 나는 그 약을 발견해냈고, 그 약으로 돈을 벌

24) *Ibid.*, p. 532.

> 것입니다."라고 대답할 뿐이었다. Heinz는 절망에 빠져 약제사의 가게에 침입하여 아내를 위해 약을 훔쳤다. Heinz는 약을 훔쳤어야만 했을까? 25)

Kohlberg는 "Heinz는 약을 훔친 것에 대한 벌을 받아야 할까? 약제사가 약의 값을 그렇게 비싸게 매긴 것은 정당할까? 약제사에게 살인자라는 죄목을 부과하는 것이 적절한 것일까? 만약 그렇다면, 죽은 여자가 중요한 사람이었을 경우 그의 죄목은 더욱 무거워질까?" 등과 같은 질문을 했다. 이러한 질문의 답을 분석하면서 Kohlberg는 여섯 단계를 발견했는데 그는 이를 3개의 수준으로 분류했다: 전 인습적 도덕수준(1, 2단계), 인습적 도덕수준(3, 4단계), 후 인습적 도덕수준(5, 6단계).

전 인습적 도덕수준은 9세 이하의 대부분의 유아들이 속한다; 인습적 수준의 첫 단계는 12세 이하 아동들이 속하며 이 수준의 두 번째 단계는 청소년의 대부분이 속하게 된다; 후 인습적 수준은 20세 이후 성인중 소수만이 도달할 수 있는 수준이다. 이 연구는 유아들의 도덕성을 다루는 것이기에 이 부분에서는 유아들의 도덕성에 해당하는 1, 2, 3단계를 설명하고자 한다.

(1) 1단계

1단계는 전 인습적 도덕수준의 단계로서 유아들은 자아 중심적인 견해를 가지고 있으며 유아들의 도덕성은 외적인 것에 의존한다. 또한 옳고 그름에 대한 판단은 유아들의 한정된 사고에 의존한다. 유아들은 규칙과 권위를 준수하는 것이 옳다고 생각하여 사람이나 소유물에 물리적인 해를 입히지 않는 것이 좋은 것이라고 여긴다. 이 시기의 유아들은 자아 중심적이기 때문에 다른 사람들이 자신과 다른 관점을 가질 수 있다는 것을 깨닫지 못한다. 유아들은 처벌을 피하기 위해

25) *Ibid.*, p. 534.

권위와 규칙에 복종하게 된다. 전 인습적 수준에서 유아들은 인습적인 규칙이나 사회적 규칙을 진정으로 이해하지 못한다.

(2) 2단계

이 단계는 전 인습적 도덕수준의 2번째에 해당하는 단계로서 유아들은 다른 사람의 이익이나 필요를 충족시키는 것이 옳은 행동이라고 생각한다. 또한 유아들은 어떤 상황에서 정당함, 상호성, 공평한 분배가 존재하는가에 대해 생각하기 시작한다. 그러나 이러한 요소들은 항상 물리적이고 실용적인 방식 안에서 해석된다. 만약 누군가가 자신의 등을 할퀴는 것과 같은 나쁜 행동을 했다면 유아들은 "네가 내 등을 할퀴었으니까 나도 너의 등을 할퀼거야"와 같은 반응을 보인다.[26] 이 시기의 유아들은 보상을 받거나 사람들의 요구를 만족시키기 위해 규칙을 따르게 된다.

(3) 3단계

3단계는 인습적 도덕수준의 첫 단계이다. 인습적 도덕수준의 특징은 사회적인 관점, 즉 집단이나 관계를 맺는 구성원들의 공유된 관점에 의해 도덕성이 영향을 받게 된다. 따라서 이 단계의 아동들은 승인, 타인과 권위에 대한 충성, 타인과 사회의 복지에 대한 관심을 가지게 된다. 따라서 이 단계에서 아동들은 타인의 기대, 바램을 고려하며 타인과 법의 준수에 대한 관심을 보인다. 그들은 "착한 소년" "착한 소녀"가 되기를 원한다. 이 시기의 아동들에게 있어 도덕적인 행동이란 타인을 기쁘게 하거나 돕는 것, 혹은 다른 사람으로부터 인정받는 것을 의미한다. 아동들은 행위자의 의도에 근거해서 행동을 평가한다. 이들은 일반적인 사회적 규칙을 유지하기 위해 그들 자신의 이익

26) *Ibid.*, p. 535.

이 희생될 수 있다는 것을 깨닫게 된다. 이시기의 아동들은 다른 사람들이 자신을 사회의 구성원으로서 신뢰해주기를 기대한다.

3. 사회학습이론

Aronfreed과 Bandura와 같은 사회학습이론가에 따르면 유아의 도덕적 행동은 다른 사회적 행동과 마찬가지로 강제, 조건화, 모방을 통해서 습득된다고 한다[27].

도덕적 행동은 강제에 의해 학습되는데 도덕적 행동이 강화되면 그 행동이 증가되고, 비도덕적 행동이 무시되거나 처벌되면 그 행동이 약화된다. 만약, 진실을 말하는 것과 같은 도덕적 행동을 칭찬하면 이러한 행동은 강화되어 다시 발생하기 마련이다. 그러나 만약 거짓말이나 도둑질과 같은 비도덕적 행동이 처벌된다면 이러한 행동이 다시 발생할 확률이 적다.

도덕적 행동은 유아들이 사회적으로 승인될 수 있는 보상을 받을 때 학습된다. 학습 심리학자에 따르면 유아가 속한 사회가 옳고 그름과 선악을 결정한다고 한다. 이 시기의 유아들에게는 사회적 규칙을 유지하는 것이 옳으며 좋은 것이 된다. 따라서 좋은 사람이 된다는 것은 책임있는 시민이 된다는 것이다. "도덕적이라는 것은 사회에 유익이 되는 방식으로 행동하는 것이다; 비도덕적이라는 것은 사회에 해가 되는 방식으로 행동하는 것이다."[28] 도덕적 행동은 환경을 조건화한 것의 산물인데 앞에서 언급된 바와 같이 도덕적 행동은 다른 행동과 마찬가지로 학습된다. 학습은 경험의 결과로 인한 행동의 변화로 정의될 수 있다. 경험은 수많은 자극과 다양한 반응으로 구성된

27) B. Clouse(1993). *op. cit.*, p. 166, 재인용.
28) *Ibid.*, p. 168.

다. 자극과 반응간의 관계가 행동을 유발하는 것과 마찬가지로 도덕적 혹은 비도덕적 행동을 유발한다. 예를 들면 Clouse는 "Pavlov에 따르면 중성자극인 벨이 자연자극인 음식과 결합되면 개는 중성자극에 반응하는 것을 학습한다고 한다. 벨소리는 보통 타액분비를 유발시키지 않으나 입안의 음식은 타액을 분비시킨다. 음식과 종소리를 짝지움으로서 개는 음식에 타액을 분비하듯 벨소리에 타액을 분비하게 된다."는 것을 관찰했다.[29] Pavlov에 의해 설명된 것처럼 자극에 대한 반응을 줌으로써 개가 벨소리를 듣고 타액을 분비토록 학습된 것과 같이 인간의 도덕성도 학습될 수 있다고 본다.

사회학습이론에 의하면 타인의 행동을 모방함으로써 도덕적 행동은 학습될 수 있다고 본다. 사회 학습론자들은 유아들이 가르침보다는 지각에 의해서, 그리고 누군가의 교훈을 따르기보다는 다른 사람의 행동을 모방함으로써 보다 많이 배울 수 있다고 간주한다. Bandura는 공격적인 행동을 칭찬하는 성인모델을 보는 유아들이 그러한 행동을 꾸짖는 성인모델을 본 유아들보다 공격적인 행동을 더 많이 모방하는 경향이 있다고 주장한다. 따라서 이러한 학습론자들은 모델링이 유아들의 도덕발달에 중요한 역할을 한다고 확신한다.[30]

Ⅲ. 유아의 도덕발달이론에 대한 비평

앞에서 유아들의 도덕발달에 관한 여러 이론들－정신분석이론, 인

29) *Ibid.*, p. 169.
30) A. Bandura(1965), 'Influence of model's reinforcement contingencies on the acquisition of imitative responses', *Journal of Personality and Social Psychology*, 1, pp. 589-595.

지발달이론, 사회학습이론－이 다루어졌다. 정신분석이론은 유아도덕발달에 있어 동일시의 역할을 강조한 반면 인지발달이론은 인지발달의 중요성에 초점을 맞추었고 사회학습이론은 강화, 조건화, 모방이 필수적이라고 확신했다.

그러나 각 이론들은 한계를 가지고 있으며 도덕성이 내포하는 바를 과소평가하고 있다. 따라서 보다 완전하고 포괄적이며 통합적인 도덕성의 청사진이 필요하다. 이를 위해 각 이론에 대한 비평이 이루어질 것이고 그 다음에 결론부분에서 보다 복잡하고 통합적인 도덕성에 대한 견해가 제시될 것이다.

1. 정신분석이론에 관한 비평

정신분석이론에는 여러 약점이 있는데 첫째, 경험의 불안정성과 방법론적인 약점을 생각해 볼 수 있다.[31] 정신분석이론은 행동에 대한 유아들의 동기나 태도를 테스트하는 진단적인 기법을 사용하여 유아들의 도덕발달을 연구했다. 그런데 만약 어떤 때는 하고자 하는 대로 행동하고, 어떤 때는 하고자하는 반대로 행동한다면 어떻게 진정한 동기를 파악할 수 있을 것인가? 다시 말해, 만약 서로 상이한 동기들이 같은 행동을 유발한다면 그 사람이 어떠한 동기를 가지고 있는지 어떻게 알 수가 있겠는가? 그러므로, 진단적인 기법에 의해 얻은 자료로 도덕성을 측정한다는 것은 어려운 일이다.

둘째, 동정(empathy)에 근거한 행동은 때때로 도덕적으로 옳지 못한 경우가 있다[32]는 약점이다. 예를 들면, 흔히 유아들에게 발생할 수 있는 위험에 대해 과잉반응하며 자녀를 기르는 엄마는 아이를 과

31) B. Clouse(1993), *op. cit.*, p. 99.
32) *Ibid.*, p. 101.

잉보호하게 되는데 이런 경우 엄마의 행동은 비도덕적이라고 볼 수 있다.

셋째, 앞에서 이미 언급한 바와 같이 Freud학파의 정신분석학 이론에 따르면 도덕적 인간이 되기 위해서는 자아와 초자아가 발달해야 하며 유아들은 부모와의 동일시를 통해 강력한 초자아를 획득하게 된다고 하는데, 유아들이 성장함에 따라 부모의 영향은 감소하게 되며 자아와 초자아는 덜 중요하게 된다.[33] 이런 경우에 유아들이 도덕성을 발달시키는 방법을 어떻게 설명할 수 있는가? 이는 유아들이 보다 도덕적으로 진보되어 있다거나, 혹은 도덕적으로 덜 발달되어 있다는 것을 의미하는가? 정신분석 이론은 이에 대해 답을 주지 못한다. 따라서 동정이 도덕성의 중요한 요소임에는 분명하지만 이는 다른 주된 요소들에 의해 설명되어질 필요가 있다.

2. 인지발달이론에 대한 비평

도덕성에 관한 인지발달 이론적 입장은 여러 면에서 결함이 발견된다. 첫째, Piaget와 Kohlberg에 따르면 도덕발달은 인지발달과 병행된다고 한다. 만약 어떤 사람이 높은 인지능력을 소유했다면 높은 수준의 도덕적 능력을 가질 수 있다는 것이다. 그러나 지적인 사람들이 보다 높은 수준의 도덕적 판단을 하는 경우가 있는 것은 사실이나 많은 예외가 존재한다. 예를 들어 총명한 과학자가 반드시 후 인습적 수준에서 높은 수준의 도덕적 판단을 하라는 법은 없다. Clouse는 인지발달과 도덕발달간의 관계에 대한 명확한 이해를 위해서는 도덕발달에 필수적인 인지발달이 설명되어져야 한다고 말했다.[34] 그러나

33) *Ibid.*, p. 99.
34) *Ibid.*, p. 101.

"인지발달이 필요한 것은 사실이지만 그것만이 도덕발달의 충분조건은 아니다"[35] 그러므로 도덕발달은 항상 인지발달과 병행되는 것은 아니다.

둘째, 앞서 설명된 바와 같이 인지발달이론은 도덕적 행동에 있어 추론의 역할을 강조하는데 이러한 가정에 따르면 도덕적 추론과 도덕적 행동사이에 관계가 있다고 볼 수 있다. 즉 만약 어떤 사람이 높은 수준의 도덕적 추론능력을 가졌다면·높은 수준의 도덕적인 행동을 할 수 있다는 것이다. 그러나 이러한 가정은 부적절하다. 왜냐하면 사람은 정교한 판단을 하는 것이 가능하다해도 존중받을 만한 행동을 하지 않을 수도 있기 때문이다. 역으로, "인지적으로 부족한 사람이라 할지라도 잘 훈련받으면 사회적으로 존경받을만한 행동을 할 수도 있다".[36] Rothman, Rest, Kutnick와 같은 여러 학자들은 도덕적 추론과 도덕적 행동간의 관계를 연구해왔다. Rothman은 도덕적 추론이 도덕적 행동에 영향을 주는 것은 사실이지만 그 외의 상황과의 상호작용도 영향을 미친다고 말한다.[37] Kutnick는 "도덕적 인식이 도덕적 행위를 유발시키기도 하고 도덕적 행위에서 도덕적 인식이 발생하기도 한다"[38]고 했다. 또한 Berkowitz, Guerra, Nucci[39]는 "도덕적 행동

35) R. Duska & W. Mariellen(1977), *Moral development-A guide to Piaget and Kohlberg*, Gill and Macmillan, p. 103.

36) B. Clouse(1993), *op. cit.*, p. 244.

37) G. R. Rothman(1980), 'The relationship between moral judgement and moral behavior', M. Windmiller, N. Lambert, & E. Turiel (Eds.), *Moral development and socialization*, Boston: Allyn and Bacon, p. 123.

38) P. Kutnick(1986), 'The relationship of moral judgement and moral action: Kohlberg's theory, criticism and revision', S. Modgil & C. Modgil (Eds.), *Lawrence Kohlberg: Consensus and controversy*, Philadelphia: The Falmer Press, p. 142.

39) M. W. Berkowiz, N. Guerra, & L. Nucci(1991), 'Sociomoral development and drug and alcohol abuse', W. M. Kurtines & J. L. Gewietz(Ed.), *Handbook of Moral behavior and Development: Application*, vol. 3, Hillsdale, N. J.: Lawrence Erlbaum, p. 41.

에 대한 도덕적 추론의 관계를 지지하는 많은 연구들이 존재하지만 그 관계가 직접적인 것이 아님은 확실하다"고 결론지었다. 그러므로 도덕적 추론이 항상 도덕적 행동을 수반하는 것은 아니라고 볼 수 있다.

셋째, 인지발달이론에 따르면 5~6세 이하의 유아들은 도덕적인 발달이 불가능하다고 한다. 도덕발달을 위해서는 이성적, 논리적 사고능력이 필요한데 5~6세 이하의 유아들에게는 아직 이러한 사고능력이 없다고 보기 때문이다. 그러나, 많은 학자들은 5~6세 이하의 유아들 경우도 도덕성을 발달시킬 수 있다고 주장한다. Smetana[40]는 유치원 연령의 유아들이 도덕과 인습적 사건을 구별할 수 있는지의 여부를 알아보기 위한 연구를 시행했는데 이 연구에서 유아들은 인습에 대한 구별능력을 나타냈다고 보고한다. Smetana는 그의 연구에서 "$2\frac{1}{2}$세 경 유아들의 위반에 대한 판단은 행위의 본질에 의존한다는 것을 의미하며 사회-인습적인 사건보다 도덕적인 사건을 더 일관성 있게 구별해낸다는 것을 뜻한다. 유치원시기의 유아들은 모든 도덕적 위반을 인습적인 사건의 위반보다 더 심각한 것으로 받아들이며 처벌받아 마땅하다고 평가한다"[41]고 주장한다. Nucci와 Turiel의 연구결과[42]는 $2\frac{1}{2}$에서 3세의 유아들이 인습적 사건과 도덕성을 분별하고 있음을 보여준다. Nucci와 Nucci의 연구[43] 역시 이러한 견해를 지지했다. 더군다나 Smetana[44]는 "Toddler's Social Interactions Regarding

40) J. G. Smetana(1981), 'Preschool children's conceptions of moral and conventional transgression', *Child Development*, 52, pp. 1333-1336.
41) *Ibid.*, p. 1336.
42) L. P. Nucci & E. Turial(1978), 'Social interaction and development of social concepts in preschool children', *Child Development*, 49, pp. 400-407.
43) L. P. Nucci & M. S. Nucci(1982), 'Children's social interactions in the context of moral and converntional transgressions', *Child Development*, 53, pp. 403-412.
44) J. G. Smetana(1984), 'Todddler's social interactions regarding moral and

Moral and Conventional Transgressions"라는 그녀의 아티클에서 나이 많은 유아들의 경우 인습적인 사건에 대해 더 자주 반응하는 반면 보다 어린 유아들은 도덕적인 위반에 대해 더 자주 반응한다는 것을 보여주고 있다. 이는 2~3세의 유아들에게 도덕적 행동을 평가할 수 있는 능력이 있음을 의미한다.

3. 사회학습이론에 관한 비평

도덕발달에 관한 사회학습이론에서는 행동이 강조된다. 만약 어떤 사람이 비도덕적이라면 변화되어야 할 것은 그의 성격이나 동기가 아니라 행동이 변화되어야만 한다는 것이다. 일단 행동이 변화되면 문제가 해결된 것으로 본다. 사회학습이론에서는 옳고 그름에 관한 사람들의 의도를 다루지 않는다.[45] 그러나 도덕적 행동은 그 사람이 지니고 있는 도덕성을 드러내주는 외적인 방도일 뿐이다. "어떤 사람이 도덕적으로 행동하기 때문에 그가 도덕적이라기보다는 도덕적이기 때문에 도덕적으로 행동하게 되는 것이다".[46] 그러므로 도덕발달을 위해서는 의도와 행동, 두 가지 모두가 강조되어져야만 한다.

사회학습이론에 따르면 도덕적 행동은 좋은 환경에서 학습된다고 한다. 여기서 좋은 환경이라는 것은 사람들이 도덕적 행동을 할 수 있도록 돕는 적절한 모델이 존재하는 환경이며, 사회적으로 바람직하다고 여겨지는 행동을 강화받고, 사회적으로 용인되지 않는 행위에

conventional transgression', *Child Development*, 55, p. 1774.; J. S. Smetana (1989), 'Toddler's social interactions in the context of moral and conventional transgressions in the Home', *Developmental Psychology*, 25, pp. 499-508.

45) B. Clouse(1993), *op. cit.*, p. 168.

46) *Ibid.*, p. 175.

대해서는 처벌하는 환경을 말한다. 물론 유아들의 도덕성은 모델, 보상, 처벌을 통해 발달되기도 한다. 그러나 좋은 환경이 행동에 영향을 미치는 것은 사실이지만 환경자체가 어떤 사람의 행동을 유발한다든가 결정한다는 것은 인간의 책임을 부인하는 결과를 낳는다. 만약 어떤 사람의 행동이 환경에 의해서만 결정된다면 행동에 대한 인간의 결정권이 부인되는 결과를 낳고 결국 그 행동에 대해 책임을 회피하게 된다. 그러나 유아들은 그들이 무엇을 할지 결정하며, 이로 인해 자신의 행동에 대해 책임을 지어야 하는 존재이다.[47)]

Ⅳ. 유아의 도덕발달에 관한 기독교적 조명

세 가지의 도덕발달이론에 대한 비평들은 이 이론들 모두가 약점을 가지고 있으며 도덕발달이 감정, 인지, 행동 어느 한 요소에만 의존하는 것이 아니라 오히려 이 세 가지 요소 모두가 도덕발달에 중요한 요소임을 보여준다. 이들은 서로 상호관련성을 가지고 있다. 도덕적으로 발달한다는 것은 인지적, 감정적, 행동적으로 발달한다는 것을 말한다. 도덕성은 인간 삶의 다른 영역으로부터 분리될 수 없다. 그러므로 서론에서 제시된 "어떻게 해야 진정으로 통합된 '도덕적 인격'을 가진 인간으로 만들 수 있으며 도덕성을 발달시킬 수 있는가?"와 같은 질문에 대한 답은 바로 인간의 도덕성이 인지적, 감정적, 행동적인 능력에 따라 발달하며 인지, 감정, 행동은 서로 상호관련이 있다는 것에서 설명될 수 있을 것이다.

---

47) J. Fennema(1979), *Nurturing children in the Lord*, Grand Rapids, Michigan: Baker Book House, p. 13.

또한 이러한 비평들은 4~5세 이하의 유아들이 옳고 그름을 인식할 수 있다고 지적한다. Smetana, Turiel, Nucci의 연구들은 2~3세 유아들이 도덕적 인식능력을 가지고 있다는 것을 보여준다.

인지, 감정, 행동은 서로 상호관련성을 가지고 있기 때문에 도덕발달은 이 세 가지 요소 모두에 의해 좌우되며, 도덕성은 삶의 다른 영역으로부터 분리될 수 없다. 심리학적 접근이 밝혀낸 이러한 사실은 기독교적인 관점에서도 같은 맥락에서 설명되어질 수 있다. 많은 심리학적 연구들에 의해서 지지되는 2~3세 유아들의 도덕성 획득의 가능성을 성경적인 관점에 의해 설명하면 다음과 같다.

베드로후서 1: 3-8에 따르면 하나님은 사랑, 분노, 지혜, 인내, 선함의 속성을 가지고 계신 분이다. 또한 Thiessen[48]은 하나님을 이성, 양심, 의지를 갖고 계신 분으로 표현한다. 즉 하나님은 이성적이시며 그의 의지에 따라 일하시는 분이시라는 것이다. Thiessen은 하나님을 사회적인 존재로 서술하고 있으며 "하나님의 사회적 본성은 그의 감정에 근거한 것"으로 설명한다.[49] Thiessen은 "내가(하나님) 혼자가 아닌 것과 같이 인간의 독처하는 것이 좋지 않으니 그를 위하여 도울 배필을 지으리라."(창 2: 18)는 성경말씀을 인용하고 있다. 신약성경에는 예수 그리스도께서 인자로서 울기도 하셨으며, 슬퍼하고 배고파 하셨던 여러 모습이 나와 있다. Hodge[50]는 그의 조직신학 책에서 하나님이 감정적, 인지적, 행동적이신 분임을 강조하며 Thiessen과 같은 입장에서 하나님의 속성을 설명하고 있다. 따라서 하나님은 감정적, 인지적, 행동적인 부분을 모두 갖고 계신 분이다.

---

48) H. C. Thiessen(1956), *Introductory lectures in systematic theology*, Michigan: Eerdmans Publishing Co., pp. 119-133.
49) *Ibid.*, p. 222.
50) C. Hodge(1875), *Systematic theology*, N. Y.: Charles Scribner and Co., p. 388.

이러한 하나님의 속성을 인간에게서 찾아볼 수 있다. 창세기 1: 27에서 인간은 하나님의 형상을 따라 지음 받은 존재라고 말씀하고 있으며, 이는 인간이 하나님의 형상을 지니고 있음을 의미한다.[51] 그러므로 하나님의 형상을 지닌 인간은 감정적, 인지적, 행동적인 부분을 모두 지니고 있다.

하나님은 삼위일체이시다. 그는 삼위일체의 관계 안에 존재하고 계시며 또한 그의 피조물과 관계를 맺으신다. 하나님은 그의 아들인 예수 그리스도를 통해, 그리고 성령의 역사하심을 통해 우리에게 다가오시는 상호작용적인 분이시다. 따라서 인간은 상호작용적 존재이다. 즉, 인간은 복잡한 존재이며 심신을 지닌 존재라는 것이다.[52] "인간은 전인적인 존재이지 구분된 존재가 아니다."[53] 인간은 감정, 사고, 행동의 구조를 포함하는 본성을 가지고 있다. 따라서 인간은 감정적인, 인지적인, 행동적인 부분으로 쉽게 분리될 수 없다. 사고, 감정, 행동은 인간 동기의 모든 측면들이다. 이것들은 모두 인간존재의 주된 측면들인 것이다. 도덕적 인격의 통일성을 위해 사고, 감정, 행동의 상호작용을 통한 통합이 필요하다. 따라서 사고, 감정, 행동은 도덕발달에서 필수 불가결한 요소이며 이들은 함께 통합적으로 작용한다.

Piaget와 Kohlberg의 인지발달이론에 따르면, 4~5세 이하의 유아들은 도덕발달을 위한 준비가 되어 있지 않다고 한다. 그러나 앞에서 논의된 바와 같이, 유아들은 옳고 그름을 평가하고 학습할 준비가 되어있다. 2~3세 유아들 또한 도덕성을 획득할 수 있는 존재임이 여러

51) J. Fennema(1979), *op. cit*. pp. 12-16; P. Ramsey(1980), *Basic Christian ethics*, Chicago: The University of Chicago Press; C. Overman(1996), *Assumptions that affect our lives*, California: Micah 6: 8.
52) J. Astley(1994), *The philosophy of Christian religious education*, Alabama: Religious Education Press, p. 233.
53) B. Clouse(1993), *op. cit*., p. 314.

학자들의 연구에서 입증되었다. 2~3세 유아들이 도덕성을 획득할 수 있다는 사실은 여러 학자들의 연구에서뿐만 아니라 그 근거를 성경에서도 찾아볼 수 있다.

로마서 1: 19에서 "이는 하나님을 알만한 것이 저희 속에 보임이라 하나님께서 이를 저희에게 보이셨느니라"고 말씀함으로서 인간의 도덕적인 본성은 천성적임을 말해주고 있다. 이 말씀을 TLB 영어 성경을 통해 보면 그 뜻이 보다 명확해진다. "For the truth about God is known to them <u>instinctively</u>; God has put this knowledge in their hearts." 도덕적 판단의 근거가 되시는 하나님을 알만한 능력이 천성적으로 우리 인간에게 있다는 것은 곧 도덕적 능력이 우리에게 있음을 시사하는 말이다. 또한 위의 성경구절이 말하고 있듯이 하나님께서 우리 인간에게 이 능력을 주셨기 때문에 아주 어린 유아들 역시 도덕적인 능력을 지니고 있는 것이다.

하나님은 거룩하시며(시 47: 8; 89: 14; 97: 2) 그의 정의와 공정하심에 따라 피조물과 관계를 맺으신다(대하 12: 6; 스 9: 15; 9: 33; 시 89: 14; 사 45: 21; 단 9: 14; 요 17: 25; 딤후 4: 8; 계 16: 5). 또한 하나님은 진실하시다(요 17: 3; 요일 5: 20; 롬 3: 4; 렘 19: 10). 따라서 하나님은 도덕적이시며 그의 형상을 따라 지음 받은 인간존재 역시 도덕적 인식력을 가지고 있다. Thiessen[54] 은 "하나님이 그 지으신 모든 것을 보시니 보시기에 심히 좋았더라"(창 1: 31)에서 "모든 것"이라 함에는 인간도 포함되며 "좋았더라"는 말은 도덕적으로 완전하다는 것을 의미한다고 설명한다. 전도서 7: 27은 "하나님께서 사람을 정직하고 올바른 존재로 만드셨다"라고 선포함으로써 이러한 견해를 확고히 한다. 따라서 비록 2~3세 이하의 유아라 할지라도 도덕적 인식력을 가지고 있다.

54) H. C. Thiessen(1956), *op. cit.*, pp. 119-133.

이러한 사실은 인터넷이나 유투브 동영상에서 '유아의 도덕성' 관련 자료를 보면 확인할 수 있다. 24개월 된 여유아의 생득적 도덕성에 대한 동영상과 10개월 된 영아들이 나쁜 행동보다 착한 행동을 선택하는 동영상 자료는 인간의 도덕성이 인지발달에 의해 좌우되는 것이 아님을 보여준다. 인간은 이미 도덕성을 위한 잠재력을 가지고 태어나며 이것이 연령이 높아지면서 인지가 발달되고 환경과의 상호작용을 통해 발달되어 감을 알 수 있다.

제 8 장

기독교 유아교육 내용

제1장에서도 살펴보았듯이, 기독교 유아교육의 범위에 대한 오해가 있었던 것과 마찬가지로 기독교 유아교육의 내용에 대해서 많은 오해가 있다. 기독교 유아교육을 위해 교육과정을 작성하고 단원을 짠다고 할 때 대부분의 교사들이 단원의 목표는 기독교적인 목표를 설정하지만 실제로 전개하는 교육과정의 내용은 목표와는 상관이 없거나, 여러 활동 가운데 한 두 가지 활동이 성경과 관련이 있거나 아니면 성경이야기를 유아들에게 제공하는 경우가 대부분이다. 또는 간식시간에 기도를 드리고 찬송을 부르거나 예배드리는 것을 기독교 유아교육을 위한 내용이라고 생각하는 경우가 많다.[1)]

그러나 제1장에서도 밝힌 바 있듯이, 기독교 유아교육을 위한 내용은 일반적인 내용에 성경 이야기나 성경과 관련된 한두 가지의 활동을 첨가하여 제시하거나 찬송과 기도 및 예배를 드리는 것만을 의미하는 것이 아니다. 그렇다면 기독교 유아교육을 위한 내용은 어떤 것이어야 하는가? 기독교 유아교육을 위한 내용은 모든 교과의 내용이 기독교적인 안목으로 조명되고 해석되어져야 한다. 다시 말하면 교육과정에서 이루어지는 모든 내용이 성경적인 가르침에 의해 교육

1) 정희영(1998), '기독교 유아교육과정 개발 모색', 총신 유아교육 학술대회, 우리나라 기독교 유아교육기관의 진단과 발전 방향, 총신 유아교육연구회, pp. 104-107.

이 이루어질 때 그 내용은 기독교 유아교육을 위한 내용이 될 수 있다. 따라서 성경적인 가르침이 무엇을 의미하는지 이해하는 것은 기독교 유아교육의 내용이 어떠해야 하는지를 아는 지름길이 된다고 볼 수 있다. 이를 위해 성경적인 가르침이란 무엇을 의미하는지를 다루려고 한다.

성경적인 가르침을 교육과정에 적용할 때 통합적인 가르침이란 말로 표현할 수 있다. 통합교육이 바르게 이루어질 때 기독교 유아교육이라고 볼 수 있다. 따라서 성경적인 가르침에 대한 설명에 이어 통합교육에 대한 서술을 통해 기독교유아교육의 내용은 어떠해야 하는가를 설명하고자 한다.

그리고 구체적으로 기독교 유아교육을 위한 내용으로 어떤 내용을 다룰 수 있을지를 우리나라의 유아교육과정의 내용과 외국의 여러 나라의 예를 살펴봄으로써 알아보고자 한다.

I. 성경적 가르침

일반적으로 성경적인 가르침은 성경을 중심으로 가르치는 것이라고 생각하는 경향이 있다. 성경중심의 가르침을 Furnish는 4가지 형태로 나누어 설명하였다.[2] 첫째는 성경만을 가르치는 것을 말한다. 성경이야기를 들려주거나 가르치는 것에 강조점을 두며 유아들이 성경을 암송하는 것을 강조하는 경우이다. 두 번째는 대부분의 시간을 성경을 가르치는데 소요하고 나머지 몇 분 동안에 그 내용이 유아의 생활과 어떤 관계가 있는지를 질문함으로써 성경의 생활에의 적용을

2) Dorothy Jean Furnish(1983), *Exploring the Bible with children*, Nashville: Abingdon Press, pp. 81-83.

가르치는 경우이다. 그러나 역시 성경이 강조된다. 세 번째는 유아들의 관심을 끌기 위해 유아의 생활이나 유아가 속한 공동체의 일에 대해 이야기하거나 혹은 요즈음 일어나고 있는 일들에 관해 이야기를 하고 성경에 관한 이야기를 가르치는 경우를 말한다. 여기서도 역시 성경이 강조된다. 네 번째는 성경을 기본적인 자료로 가르치되 그것을 생활과 연결시켜 집단 토의를 하거나 실제 프로그램화하여 공동체에서 사용해 볼 수 있도록 격려하는 경우이다.

위의 네 가지 경우 모두 성경이 교재로 사용되고 있으며 성경이 강조되고 있고 성경을 가르치는 것이 기독교 교육이라는 견해를 지니고 있다. 기독교 교육은 물론 성경을 중심으로 해야 한다. 그러나 성경만을 가르치는 것이 기독교 교육은 아니다. 성경만을 가르치는 것이 기독교 유아교육이라고 생각하는 견해를 Knight의 교육과정 모델의 그림을 응용하여 나타내면 다음과 같다.[3] 주로 선교원에서 이러한 견해를 갖는 경우가 많다.

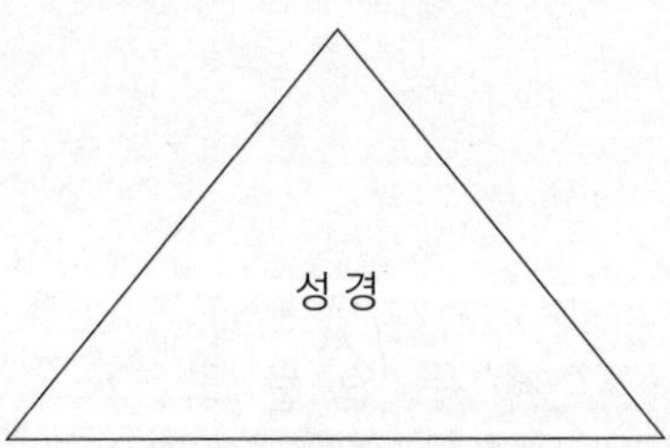

[그림 8-1] 기독교 유아교육의 내용에 대한 오해 1

Furnish는 또한 우리가 범하기 쉬운 다른 오류는 성경적인 가르침을 실시할 때 성경보다는 가르치는 대상이 누구인가에 초점을 맞추는 것이라고 지적하고 있다.[4] 가르치는 대상에 초점을 맞추다보니 교육

3) George Knight(1980), 「철학과 기독교교육」, 박영철 역, 침례신학대학교 출판부, p. 216.

4) Dorothy Jean Furnish(1983), *op. cit.*, pp. 84-87.

의 대상의 경험에 강조를 두게 되고, 이것은 교육의 내용을 성경보다는 유아의 주변에서 일어나는 생활에 강조를 두게 되거나 아니면 성경은 그저 유아의 생활이나 주변 상황을 설명하기 위한 서론으로서 사용된다. 이런 경우 성경은 기독교 유아교육을 위해 구색을 맞추는데 사용되는 것에 불과하다.

성경적 가르침에 대한 다른 오해는 기독교 교육은 일반적인 내용도 가르쳐야 하지만 그 가운데 중심은 성경이 되어야 한다는 생각이다. 따라서 여러 영역의 내용 가운데 으뜸되는 위치에 성경을 두는 경우이다. 수학, 문학, 언어, 음악, 조작, 미술 등의 여러 영역의 내용을 가르치면서 성경도 이들 영역과 마찬가지로 한 영역으로 인정하되 다른 영역보다 중점을 두고 가르치는 경우이다. 이때 성경 이외의 여러 영역들은 서로 통합이 되지만 성경과의 통합은 이루어지지 않는다. 기독교교육을 전공하지 않은 기독교인 유아교육 교사가 유아교육 기관에서 기독교 교육을 실시하려고 노력하면서 범하기 쉬운 예이다. 이것을 Knight의 교육과정 모델 그림을 응용하여 그림으로 표현하면 다음과 같다.[5)]

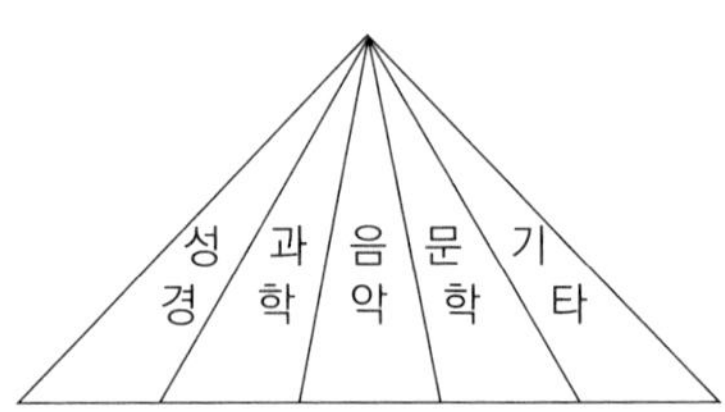

[그림 8-2] 기독교 유아교육 내용에 대한 오해 2

바른 성경적인 가르침이 되기 위해서는 통합적인 가르침이 되어야 한다. 여기서 말하는 통합적인 가르침이란 일반 교육에서 각 영역들 간의 통합을 의미하는 수평적 통합뿐만이 아니라 수직적 의미에서의

5) *Ibid.*, p. 215.

통합을 의미한다. 일반 교육에서 다루는 여러 영역과 하나님에 대한 지식을 다루는 영역과의 통합이 가능한 이유는 지식의 구조적 유일성 때문이다.[6] "모든 진리는 하나님의 진리"[7]라고 하는 사실은 이미 이 책의 앞부분에서 논의된 바 있듯이, 하나님은 모든 것의 창조자이시므로 모든 영역의 진리는 그 분으로부터 연유한다. 그러므로 우리가 가르치며 배우는 모든 영역은 하나님의 영역에 속하며 기독교 교육의 영역에 속하는 것이다. 따라서 성경만을 가르치거나 예배를 드리는 것이 기독교 유아교육이 아니며, 또한 일반 교육의 여러 영역들을 일반적인 측면에서 가르치면서 성경을 그 가운데 한 영역으로 가르치는 것도 엄밀한 의미에서 기독교 유아교육을 위한 내용이라고 보기 어렵다. Edlin은 이와 같이 부분적으로 기독교적인 내용을 가르치면서 이것을 기독교 교육이라고 부르는 것은 케이크 위에 초콜릿을 바르고 그것을 마치 초코 케이크이라고 부르는 것과 같다고 지적한다.[8] 일반 교육에서 가르치는 여러 영역 또한 하나님의 창조의 영역에서 벗어날 수가 없기 때문에 일반 영역의 모든 내용이 기독교 유아교육을 위한 내용이 되어야 하며, 이 것은 성경에서 배운 것을 기초로 조명되어야 한다. 즉, 하나님에 관한 지식과 성경 전체를 통해 흐르는 사상과 일반적 내용이 통합이 되어야 한다. 이 것을 Knight의 교육과정 모델 그림을 통해 설명하면 〈그림 8-3〉과 같다.[9]

---

6) Norman De Jong(1985), 「진리에 기초를 둔 교육」, 신청기 역, 생명의 말씀사, p. 42.
7) Gaebelein(1968), *The pattern of God's truth*, Chicago: Moody Press, p. 20; Arthur Holmes(1993), 「모든 진리는 하나님의 진리다」, 서원모 역, 크리스챤 다이제스트, pp. 18-26; George Knight(1980), *op. cit.*, pp. 213-217; Ronald P. Chadwick(1982), *Teaching and learning: An integrated approach to Christian education*, New Jersey: Fleming H. Revell Co., p. 54.
8) Richard J. Edlin(1999), *The cause of Christian education*, Blacktown: National Institute for Christian Schools, pp. 35-36.
9) George Knight(1980), *op. cit.*, p. 217.

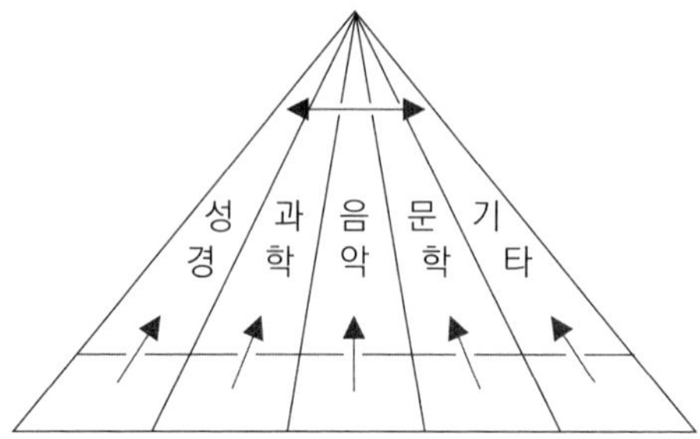

[그림 8-3] 기독교 유아교육 내용에 대한 바른 이해

II. 통합교육

통합교육에 대해서는 이미 성경적인 가르침을 통해 설명이 되어졌다. 그러나 보다 깊이 있는 이해를 위해 통합교육이라는 제목을 통해 좀 더 설명하고자 한다.

통합교육이라는 용어는 유아교육에서 일반적으로 많이 사용되고 있는 말이다. 통합교육에 대한 의미를 세 가지로 나누어 살펴보면 다음과 같다.

첫째, 일반 유아교육에서 운영되어지는 교육과정은 대부분이 통합교육과정이다. 각 영역간의 교과목을 통합시키는 교육으로서의 통합을 의미한다. 언어발달이 인지발달과 상관없이 발달하는 것이 아니며 인지발달이 정서발달과 관계없이 발달하는 것이 아니라 서로 영향을 주고받으며 발달한다. 이는 각 발달의 영역은 서로 밀접한 관계가 있음을 말한다. 따라서 이러한 이론에 근거하여 유아교육은 통합교육과정으로 운영되어지고 있다. 우리나라 유아교육기관의 대부분이 단원중심의 교육과정을 운영하고 있으며, 단원중심의 교육과정은 지식의 수평적 통일성을 꾀하기 때문에 통합적인 교육과정을 위해 적절한 교육방법이 될 수 있다. 특별히, 프로젝트접근법은 유아들에게 다양한 영역의 내용과 개념을 통합적으로 제공할 수 있는 교육과정이다. 그러나 여기서는 지식의 수평적인 면에서의 통합이 이루어질 뿐 지식의 수직적인 통합은 전혀 이루어지지 않는다.

둘째, 장애를 지닌 유아들이 장애를 지니지 않은 또래들과 함께 유아교육기관이나 보육시설 등의 기관에서 교육받을 때 이것을 통합교육이라고 한다. 장애아가 일반아를 위한 학급에 통합되어 교육을 받을 때 사용하는 용어이다. 일반교육에서 영역간의 통합을 의미하는 용어를 영어로 표기하면 integration이고, 장애아를 위한 통합의 의미로서는 mainstreaming이다.

셋째, 일반 교육에서의 통합은 그 교과과정이 교과목의 각 영역들간의 통합을 의미하는 수평적 의미에서의 통합을 의미한다. 그러나 기독교유아교육에서의 통합은 수평적 의미에서 뿐만 아니라 수직적 의미에서의 통합을 말한다. 유아가 속해 있는 사회, 그 구성원, 자연환경과 여기에 연관된 학문과의 수평적 의미에서의 통합뿐만 아니라, 하나님과 유아와의 관계, 하나님과 자연과의 관계, 하나님과의 관계 속에서의 인간과 인간과의 관계 등이 수직적 의미에서 통합을 이루어야 하는 것이다. 그 이유는 하나님께서 만물을 창조하시고 그들을 붙드시고 유지하시고 섭리하시는 분이시며, 그 하나님은 진리의 근원이 되시기 때문이다. 따라서 자연의 어떤 영역 혹은 유아와 관련된 어떤 영역을 다루는 여러 교과목들을 이해하기 위해서는 그것을 만드신 하나님을 알아야만 하며 하나님과의 관계가 필요하다. 어떤 한 주제를 바로 알려면 모든 지식의 근원이요, 전지전능하시며, 지식의 창조자이신 하나님께로부터 배워야 한다.

기독교적 의미에서의 통합은 일반교육과정에서의 통합을 의미하는 integration(통합)의 의미보다는 integrity(완전)의 의미로서 사용되어진다. 물론 두 단어가 다 통합이라는 의미를 지니고 있지만 후자는 완전이라는 의미가 더 강하다. 기독교적 의미로서의 통합을 완전이라는 단어로 사용하는 이유는 인간의 경험 안에 지식의 통일성이 있는 것이 아니라 "창조적 완전성"(creational integrity), 즉 만물을 창조하시고 다스리시며 구속하시는 하나님 안에 지식의 통일성이 있기 때문이다.

기독교유아교육의 내용이 수직적, 수평적인 면에서 통합적이어야 하는 이유는 모든 만물과 지식이 하나님으로부터 왔다고 하는 것 외에 인간이 지닌 특징 때문이기도 하다. 인간이란 다차원적인 존재이며 특별히 영적인 존재이기 때문에 기독교 유아교육의 내용은 수평적, 수직적인 면에서 통합이 이루어져야 한다. 일반교육과정에서는 인간을 영적인 존재로서 하나님과의 관계를 가져야 하는 존재로 보지 않기 때문에 수평적인 면에서 만의 통합이 이루어진다. 그러나 기독교 유아교육에서는 인간이란 영적인 존재로서 하나님과의 영적인 관계가 이루어져야 하며 하나님의 창조의 목적과 계획을 이루어 드려야 하므로 하나님과의 관계가 매우 중요하게 취급되어야 한다. 따라서 기독교 유아교육의 내용은 수평적, 수직적 의미에서 통합이 이루어져야 한다. 수직적, 수평적 의미에서의 통합을 다른 말로 표현하면 성경적(기독교적)인 것과 자연적(일반적)인 것과의 통합을 말한다.

기독교적인 것과 일반적인 것과의 통합에 대한 예를 들면 다음과 같다.[10] 만일 '나'라는 주제를 가지고 유아들과 수업을 한다고 가정해 보자. 심리학적 개념으로 '나'라는 개인은 독특하며 가치와 존엄성을 가진 존재이며 성경적 개념으로서 '나'라는 존재는 하나님의 형상을 따라 지음 받았다고 가르칠 수 있다. 이러한 사실을 성경적으로 통합된 개념으로는 하나님께서 각 사람을 하나님의 형상을 따라 독특하게 만드셨으며 각 사람은 영원한 가치와 존엄성을 지닌 존재라고 가르칠

10) Ronald P. Chadwick(1982), *op. cit.*, p. 58.

수 있다. 이와 같이 기독교 유아교육을 위한 내용은 일반적인 내용과 기독교적인 내용의 통합을 통해 이루어진 것이어야 한다. 이것을 Chadwick의 그림을 적용하여 설명하면 다음과 같다.[11]

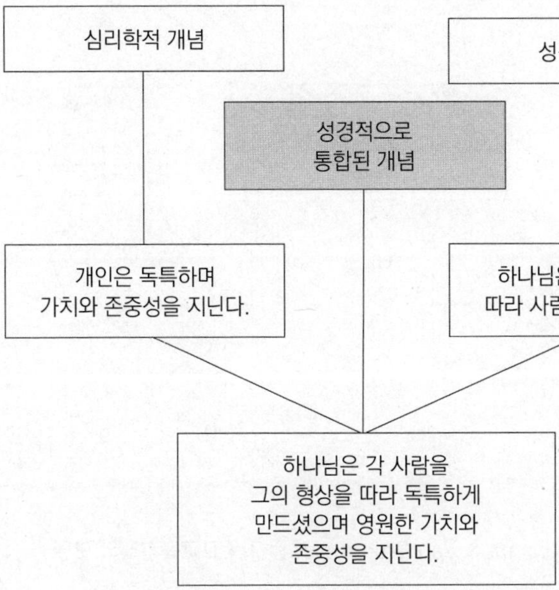

[그림 8-4] 일반적인 내용과 기독교적인 내용의 통합

통합적 가르침(성경적 가르침)이라는 의미를 다른 말로 표현하면 가르쳐지는 모든 내용을 기독교적인 세계관으로 조명하여 가르쳐야 한다는 것이다. 성경에서 배운 것을 기초로 해서 다른 모든 학문, 즉 역사, 철학, 사회학, 심리학, 과학, 문학 등을 조명해서 가르쳐야 한다. 기독교유아교육을 위해 성경의 내용을 기초로 유아의 탐구생활, 언어, 인지, 사회, 표현생활 등을 조명하여야 한다. 여기에 근거한 북미의 한 기독교학교의 교육과정을 그림으로 나타내면 다음과 같다.[12]

11) Ibid., p. 56.
12) *op. cit.*, p. 143.

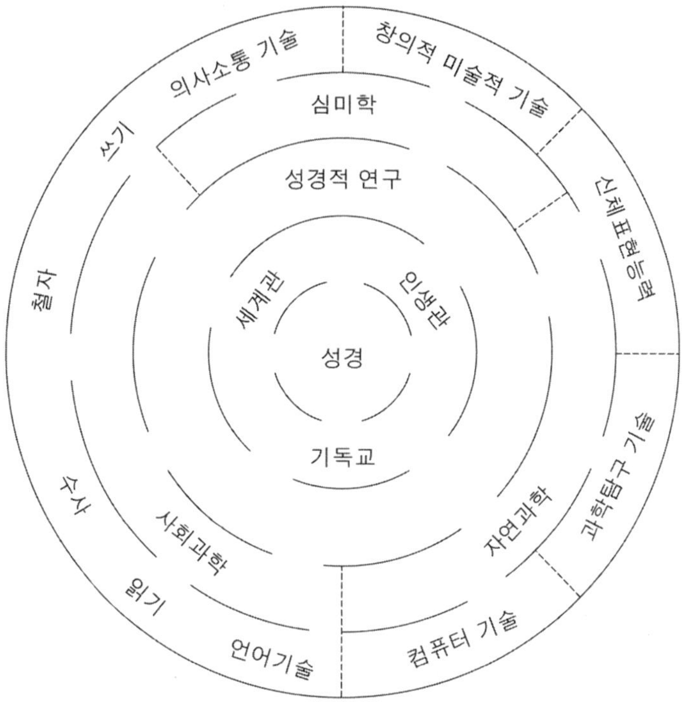

[그림 8-5] Steensma & Van Brummelen의 기독교교육과정의 모델

이상의 그림에 나타난 것 같이, 기독교유아교육의 내용은 성경이 중심이 되며 그 성경을 기초로 한 기독교적인 세계관에 의해 여러 영역들이 조명되어져야 하며 이것에 근거하여 서로 통합되어야 한다.

Ⅲ. 기독교 유아교육 내용의 예

교과의 모든 내용이 성경적 통합을 통해 이루어진 교육과정의 예로서 Alta Vista 교육과정과 Nations 대학의 교육과정을 들 수 있다. 이들을 차례로 살펴보고 우리의 실정에 맞는 기독교 유아교육의 내용을 구성해 보고자 한다.

1. Alta Vista 교육과정

Alta Vista 교육과정은 일반적인 주제를 기독교적으로 통합하여 전개한 교육과정이다. 이 교육과정은 자연과학과 사회과학의 주제들이 각 학과목을 통해 폭넓게 통합되어 있으며 학습단원으로 구성되어 있다. 각 학습단원의 주제는 식물, 동물, 지구와 우주, 인종집단 속의 사람들, 개인으로서의 사람들 등이다. 각 단원은 15개의 서로 다른 영역의 학과목으로 구성, 연결되어 있다. 15개의 영역은 논리, 자연과학, 수학, 기하학, 생물, 물리(역학), 심리학, 예술, 언어, 사회, 경제, 역사, 도덕, 정치, 그리고 신학 등이다. 15개의 서로 다른 영역의 학과목으로 구성, 연결되어 있음으로 인해 하나님의 창조 세계의 연관성을 인식하도록 돕는다.

1) 일반적 구성

각 단계를 우리나라의 전통적인 학년 수준으로 나누어 보면 다음과 같다.

- A단계: 유치원~1학년수준
- B단계: 1학년~3학년 수준
- C단계: 4학년~6학년 수준
- D단계: 중학교 1학년~3학년 수준

각 단원은 15과로 이루어졌으며, 각 과는 15개의 서로 다른 학과목과 연결되어 있다. 과학과 수학과에 6과, 사회과에 5과, 언어와 예술에 3과, 그리고 한 과는 요약으로서 나머지를 성경적 체제에 맞추었다. 각 단원은 15주에서 18주 동안의 교육과정으로 운영이 가능하며, 동시적이 아닌 개별적으로 가르쳐진다. 각 단원은 순서에 따라 혹은 유아들의 이해력과 교육적 경험에 따라 가르쳐질 수 있는 융통성이 있다. 단원의 각 과는 네 단계로 나누어져 있다.

- 제1단계: 들어가기(Introductio)
  목표: 사전 경험 위에 유아들의 동기 유발하기
  유아들에게 개인적인 경험 제공하기
- 제2단계: 제시하기(Representation)
  목표: 전문적인 지식 제공하기
  유아들의 경험과 주어진 자료를 연결하는 것 돕기
- 제3단계: 실행하기(Practice)
  목표: 배우고 있는 것 연습하기
  유아들 스스로 주어진 정보를 여러 방법으로 탐색하고 적용하기
- 제4단계: 반응하기(Response)
  목표: 새로 알게 된 것을 유아의 삶에로의 적용하기 위한 계획세우기와 유용성 평가하기
  적용한 것을 나누기 위해 다른 유아에게 자신이 배운 것 가르치기

2) 내용의 구성

Alta Vista의 내용은 앞에서도 언급하였듯이, 사회과학의 주제들이

각 단원을 통해 15개의 영역으로 폭넓게 통합되어 있다. 또한 각 단원은 15개의 서로 다른 학과목과 연결되어 있다. 이것을 '물'이라고 하는 주제를 예를 들어 설명하면 다음과 같다.

<table>
<tr><td rowspan="16">H_2O(물)</td><td>경험</td><td>학교과목</td><td>단원</td><td></td></tr>
<tr><td>분석화학</td><td>논리</td><td>1과</td><td>개관</td></tr>
<tr><td>물</td><td>자연과학</td><td>2과</td><td rowspan="5">수학과 과학</td></tr>
<tr><td>한잔</td><td>수학</td><td>3과</td></tr>
<tr><td>얼음 덩어리</td><td>기하학</td><td>4과</td></tr>
<tr><td>갈증 해소</td><td>생물</td><td>5과</td></tr>
<tr><td>수력</td><td>물리, 역학</td><td>6과</td></tr>
<tr><td>휴식, 상쾌함</td><td>심미학</td><td>7과</td><td rowspan="3">언어와 예술</td></tr>
<tr><td>아름다운 폭포</td><td>예술</td><td>8과</td></tr>
<tr><td>졸졸 흐르는 개울</td><td>언어</td><td>9과</td></tr>
<tr><td>공용컵</td><td>사회</td><td>10과</td><td rowspan="5">사회</td></tr>
<tr><td>수도세</td><td>경제</td><td>11과</td></tr>
<tr><td>홍해</td><td>역사</td><td>12과</td></tr>
<tr><td>공중</td><td>도덕</td><td>13과</td></tr>
<tr><td>수도사용법</td><td>정치, 공민</td><td>14과</td></tr>
<tr><td>세례</td><td>신학</td><td>15과</td><td>성경</td></tr>
</table>

[그림 8-6] 물에 대한 여러 학과목의 관계

위에서 살펴보면 알 수 있듯이, 물을 단순히 마시는 것, 또는 씻을 수 있게 하는 것 등으로만 생각하는 것이 아니라 15개의 영역으로 나누어 다양한 생각을 하게하며, 그것들은 또한 서로 연관되어 있음을 알게 한다. 이것을 통해 하나님의 창조세계의 연관성을 인식할 수 있도록 돕는다.

학습단원에 따른 각 주제와 주제에 따른 내용을 살펴보면 다음과 같다.

〈Alta Vista 교육과정 내용?〉

학문 영역	단원명 과	지구와 공간	개인으로서의 사람들
논리학	1과	하나님께서 무생물을 창조하셨어요	개인의 정체성
물리학	2과	무생물의 특징	개인의 신체: 인간의 감각
수학	3과	시간 측정	개인의 수치, 나이, 무게, 신장
기하학	4과	위치, 지역, 방향, 거리	개인의 형태, 크기, 공간 사용
생물학	5과	태양계: 지구를 살 수 있는 행성	좋은 음식, 휴식, 청결, 불에 대한 욕구
역학	6과	밀기와 당기기	개인의 움직임: 운동
심리학	7과	하나님의 세계에 대한 느낌	개인의 감성과 자아개념
미학	8과	무생물을 주신 하나님을 찬양하기 위해 미술과 음악을 사용한다.	시각 예술에서의 미학
언어학	9과	하나님과 이야기하는 방법	개인의 의사소통: 말하기와 듣기 배우기
사회학	10과	가족의 휴가	개인적 관계: 집단 내에서의 개인들
경제학	11과	물, 열, 힘의 경제학	개인의 소유물 : 하나님의 것과 나의 것 : 소년이 점심을 나누는 성경 이야기
역사학	12과	A: 북서부 연안의 본토박이 미국인 B: 개척자(대장장이, 양철공)	개인의 역사: 성장과 발달
윤리학	13과	공기, 물, 토양의 오염: 원인과 예방	개인의 봉사 : 사랑 : 적절한 접촉과 부적절한 접촉
법학	14과	중력과 마찰	개인적 규칙: 권위
신학	15과	무생물을 주신 하나님께 찬양	개인적 믿음: 하나님과의 관계

학문 영역 \ 과 \ 단원명		동물
논리학	1과	하나님께서 많은 종류의 동물을 창조하셨다.
물리학	2과	동물의 몸과 몸의 겉표면(깃털, 비늘, 모피, 피부)
수학	3과	동물의 수와 동물의 신체 부위를 셀 수 있다.
기하학	4과	동물들의 생활방식에 적당한 신체 크기와 서식지
생물학	5과	동물은 살아가기 위해 음식, 물, 공기가 필요하다.
역학	6과	동물은 서로 다른 방식으로 움직인다.
심리학	7과	동물의 감정
미학	8과	하나님은 동물들의 아름다움을 통해 자신의 영광을 드러내신다 (새와 나비)
언어학	9과	유아 문학에서의 동물: 신화, 우화
사회학	10과	우리 사회에서의 동물: 애완견, 경찰견, 맹인견, 사냥견, 서커스동물
경제학	11과	사람에게 옷, 노동, 즐거움을 제공하는 동물
역사학	12과	A: 말, 속달, 우편 B: 넓은 평원의 미국 원주민: 교통수단으로서의 말과 들소
윤리학	13과	멸종위기에 빠진 동물
법학	14과	애완동물을 돌보는 규칙
신학	15과	노아와 방주

학문 영역 \ 과 \ 단원명		식물	집단속의 사람들 (세계 여러 인종)
논리학	1과	생물과 무생물: 식물의 종류	여러 종류의 인종들
물리학	2과	식물의 각 부분들	물리적 지형: 여러 대륙과 해양
수학	3과	식물의 부분 세기: 식물의 수	인구밀도
기하학	4과	식물의 크기 변화 : 씨앗에서 성장한 식물	여러 가지 집의 종류
생물학	5과	햇빛, 물, 토양, 공기를 필요로 하는 식물	여러 가지 음식의 종류

학문 영역 \ 단원명	과	식물	집단속의 사람들 (세계 여러 인종)
역학	6과	식물의 운동 - 빛을 향하여 자라고 바람에 의해 휘어짐	여러 가지 여행의 종류
심리학	7과	식물에 대한 감정: 인간의 감각	감정을 표현하는 여러 가지 인사의 종류
미학	8과		여러 가지 미술과 음악의 종류
언어학	9과		여러 가지 언어의 종류
사회학	10과	꽃과 벌 : 다른 사람과 더불어 살기	여러 가지 가족의 종류
경제학	11과	식물로부터 얻을 수 있는 것들 : 음식, 옷	여러 가지 직업의 종류
역사학	12과	A: 북서부연안의 미국인 B: 식물을 사용하는 현대와 과거의 방식 비교	북서부의 미국 본토박이와 순례자
윤리학	13과	식물돌보기	나와 다른 사람과의 차이점 받아들이기
법학	14과	들과 숲속의 식물에 대해 유아가 지켜야 할 규칙: 아담과 이브	여러 가지 정부의 형태
신학	15과	하나님에 대한 우리의 사랑을 보이는 한 가지 방법은 식물 잘 돌보는 것	바울의 선교하기

2. Nations 대학 교육과정

Nations 대학의 교육과정은 성경을 중심으로 한 기독교적 주제를 유아의 발달 단계에 적합한 일반적인 내용과 연결하여 통합시킨 교육과정이다. 이 교육과정은 하나님, 예수, 성령 등으로 그 내용이 구성되어 있으며, 각 주제의 책들은 교사 묵상과 성경이야기, 기도, 실제적 적용, 그리고 창조(피조 세계) 등의 다섯 부분으로 나누어진다. 교사

묵상은 성경 주제와 창조 주제 둘로 나누어지며, 성경주제는 제목과 관련된 성경 구절들이 소개되어져 있어 교사가 주제에 관한 내용을 성경적으로 잘 이해할 수 있도록 돕는다. 교사 묵상의 창조 주제는 성경적인 제목과 관련된 일반적 내용에 대한 성경의 구절들이 소개됨으로서 교사들이 앞으로 다루게 될 성경적 주제와 관련된 일반적인 내용을 보다 성경적으로 이해하고 유아들을 이끌어 갈 수 있도록 돕는다. 성경 이야기 부분은 주제에 따른 성경의 내용을 찾아 유아들에게 이야기로 들려주는 부분이며, 기도부분은 주제를 하나님과의 관계 속에서 해석하고 이해하도록 돕는 부분이다. 실제적 적용 부분은 주제와 관련되어 배운 내용을 실제적으로 적용해 보는 부분이다. 이상의 것을 일반적인 것과 내용의 구성으로 나누어 정리하면 다음과 같다.

1) 일반적 구성

- 교사묵상: 성경적 주제, 창조 주제
- 성경이야기: 주제에 따른 성경이야기
- 기도: 주제에 관련된 내용을 신앙과 관련시키기
- 실제적 적용
- 창조(피조세계): 성경의 주제와 관련된 일반적 내용

2) 내용의 구성

내용은 하나님, 예수, 성령 등으로 구성되어 있다. 이외에 하나님 앞에서 어떻게 도덕적인 책임을 감당할 수 있을지에 대한 내용이 있다. 도덕적인 책임 부분은 제외하고 각 주제의 내용을 영역별로 나누어 살펴보면 다음과 같다.

〈Nations 대학 교육과정 내용〉

단원명 / 영역 / 주제에 따른 과	하나님에 대해 알기			
	성경	기도	실생활의 적용	창조세계
만나서 반갑다 : 하나님도 반가워하신다.	성경은 하나님의 말씀	하나님과의 대화(기도)	하나님의 특별한 창조물인 다른 사람 존중하기	창조의 날들
하나님은 우리의 아버지: 우리는 하나님의 자녀이며 하나님은 우리 모두를 사랑하신다.	우리는 모두 하나님의 자녀	다른 사람을 위한 기도	사람들은 모두 가치가 있다.	우리의 몸
하나님은 우리의 아버지: 나는 그의 자녀	대단하고 멋있게 만들어진 나	나의 기도를 항상 들으시는 하나님	다른 사람의 독특한 면을 높이 평가한다.	다른 사람과 다르게 독특한 '나'
하나님은 우리의 아버지: 우리가 하나님에 관하여 무엇을 알 수 있을까?	하나님의 본성	하나님의 본성에 따른 기도	하나님의 우리에 대한 기대	하나님이 만든 것과 사람이 만든 것
하나님 아버지는 우리에게 가장 좋은 것이 무엇인지 아신다.	타락전의 아담과 이브	믿지 않는 사람들을 위한 기도	성경은 어떻게 살아야 하는지에 대해 말해준다.	인간의 기본적인 욕구
하나님 아버지는 우리가 순종하길 원하신다.	아담과 이브의 불순종: 노아의 순종	불순종했을 때 필요한 기도	순종을 배우고 실천하기	무지개
하나님도 감정을 가지고 계시기 때문에 우리의 감정을 다 아신다.	요셉이야기	하나님과 함께 나눌 수 있는 우리의 감정	우리의 감정 알아보기	옷의 기원, 역사
하나님은 우리가 할 수 없는 일을 하라고 요구하지 않으신다.	애굽에서 그의 백성을 탈출시키는 모세	예배와 찬양	그의 계명을 지키는 우리를 도우시는 하나님	곤충

주제에 따른 과 \ 단원명 / 영역	하나님에 대해 알기			
	성경	기도	실생활의 적용	창조세계
하나님은 우리가 이야기할 때 기뻐하신다.	양치기 다윗	하나님께 우리 자신을 표현하는 방법	다른 사람 말에 귀 기울이는 법 개발하기	양
하나님은 선하시다.	과부의 기름	하나님의 선하심을 알기위한 기도	하나님의 선하심에 대한 표현들	기름
하나님은 대단한 능력을 가지신 분이며 유일한 참 하나님이시다.	불 속의 세 히브리인	참 하나님을 모르는 사람을 위한 기도	나무, 돌, 메탈, 종이로 만든 우상	불
하나님은 언제나 신뢰할 만한 분이시다.	사자굴 속의 다니엘	위험한 상황에 빠진 기독교인을 위한 기도	하나님을 신뢰하는 사람	사자
예수님이 약속한대로 성령을 보내주셨다.	성령강림절	성령의 오심을 찬양하고 감사하기	하나님이 하신 약속과 약속 이행하기	비둘기
예수님의 이름으로 다른 사람을 위해 기도할 수 있다.	절름발이 거지를 위해 기도한 베드로와 요한	기도가 필요한 사람들을 위한 기도	하나님이 기도에 응답하시는 방법에 대한 율법	인간의 근육 조직
하나님은 우리가 다른 사람들과 함께 나누는 것을 원하신다.	초대교회에서 믿는 자들의 나누는 모습	다른 사람들의 필요를 위해 함께 드리는 기도	다른 사람과 나누는 방법	빵(양식)
하나님은 우리가 다른 사람들에게 예수님에 대해 말하기를 원하신다.	빌립과 에디오피아인	예수님을 전하는 사람들을 위한 기도	유아가 예수님을 전하는 방법	대화
하나님은 잘못된 선택으로부터 우리를 구하기 위해 예수님을 보내주셨다.	사울의 회개	우리가 옳은 일을 행할 수 있도록 기도하기	유아기의 일반적인 어려움에 대한 성경말씀	빛

단원명 / 영역 / 주제에 따른 과	하나님에 대해 알기			
	성경	기도	실생활의 적용	창조세계
예수님은 우리가 예수님을 따를 때 우리를 항상 보호하신다.	바구니속으로 도망간 사울	예수님께 기도드리는 것이 금지된 사람들을 위한 기도	하나님의 의로우신 보호에 대한 율법	천짜기
하나님은 우리를 똑같이 사랑하신다.	베드로의 환상과 고넬료의 초청	이웃 민족을 위한 기도	다른 문화권의 신자	돼지
하나님이 우리에게 평화를 주신다.	감옥의 베드로	최초 세계의 상황에서 평화를 위한 기도	하나님 평화 주고받기	밧줄
하나님은 우리가 어느 곳에서 찬송하거나 기도하든지 다 들을 수 있다.	감옥의 바울과 실라	자신의 백성의 소리를 들으시는 하나님	찬송 받으시기에 합당한 하나님	지진
하나님은 우리가 다른 사람을 돕는 방법을 알도록 도우신다.	난파된 배안의 바울	위기 상황에 있는 사람들에게 지혜주시기를 위한 간구	다른 사람을 돕는 방법	물
하나님 아버지는 우리를 위한 계획을 가지고 계신다.	천사가 마리아에게 예수님의 탄생 선포	우리를 위한 하나님의 계획에 감사하기	계획을 이해하고 따르기	태양계
하나님 아버지는 우리를 위한 그의 계획을 수행하신다.	마리아와 요셉의 베들레헴 여행	하나님의 놀라운 계획에 대한 찬양과 감사	하나님의 계획 : 모든 사람을 위한 하나님의 소중한 말씀	사육용 동물
예수님은 우리를 위한 하나님의 계획을 수행하기 위해 어린 아기로 이 세상에 오셨다.	예수님의 탄생	예수님 탄생 경축	주는 방법의 연습	별

주제에 따른 과 \ 영역 \ 단원명	하나님에 대해 알기			
	성경	기도	실생활의 적용	창조세계
하나님 아버지는 뛰어난 지도자이시며, 우리를 바른 곳으로 인도하시는 분이시다.	현명한 남자와 헤롯왕	지도자이신 하나님을 찬양	바른 지도자와 바르지 않은 지도자에 대해 배우기	낙타
하나님 아버지는 어디에서나 우리와 함께 하신다.	이집트에서의 마리아와 요셉과 아기의 자유	최근 또는 현재 아이들을 위한 기도의 변천	우리가 여행할 때마다 우리와 함께 하시는 하나님에 대한 고백	교통수단
하나님 아버지는 우리가 예수님의 양으로 자라나기를 원하신다.	예수님의 탄생과 성장	성장과정을 도우시는 하나님에 대한 찬양	예절과 사회적 기술의 성장	건강한 몸과 영양
예수님이 하나님을 존경했듯이 우리도 부모님을 존경해요.	예수님의 회당방문	우리의 부모님을 찬양하고 부모님께 순종하도록 도우시는 하나님께 찬양	어떻게 순종할 것인가	공동작업
성경에서 하나님이 말씀하신 것을 알고, 다른 사람들이 옳지 않은 선택을 하지 않게 도울 수 있다.	예수님의 시험	하나님의 말씀을 지니지 못한 자들을 위한 기도	아이의 삶에 있어서 하나님의 중요한 말씀	사막
하나님 아버지는 예수님이 행하신대로 우리가 다른 사람을 인도하시길 원하신다.	제자들을 부르신 예수님	예수님을 따르는 우리와 다른 사람을 위한 기도	행동할 때에 예수님을 따르기	생선과 낚시
예수님은 우리의 모든 것을 아세요	우물가의 여인	예수님은 우리의 모든 것을 아시기 때문에...	예수님은 우리가 무엇을 두려워하는지 아세요.	우물

단원명 / 영역 / 주제에 따른 과	하나님에 대해 알기			
	성경	기도	실생활의 적용	창조세계
하나님 아버지는 예수님이 우리를 축복하셨듯이 우리가 다른 사람을 축복하시길 원하세요.	어린아이를 축복하신 예수님	기도를 통해 다른사람을 축복하기	다른 사람을 축복하는 재미있는 방법들	세계의 어린이
예수님이 하신대로 우리는 아프고 약한 사람들을 도울 수 있어요.	베데스다에서의 치유	육체적으로 치유가 필요한 사람들을 위한 기도	특별한 요구를 지닌 사람들을 위한 동행	골격구조
예수님은 모든 창조물을 다스리는 힘을 가지셨어요.	폭풍을 잔잔케 하신 예수님	자연재난에 의한 고통받는 사람들을 위한 기도	어린이들에게 평화를 나누어주시는 하나님	폭풍
예수님이 감사하신 대로 우리도 감사드려요.	오 천 명을 먹이신 예수님	우리가 가진 것에 대한 감사	고마운 태도들 장려하기	밀

Ⅳ. 우리나라 기독교 유아교육 내용의 예

우리나라 제6차 유아교육과정의 내용은 나와 유치원, 가족과 이웃, 건강한 몸과 마음, 동물, 계절, 지구와 환경, 교통기관, 우리나라와 다른 나라, 도구와 기계, 특별한 날들, 종일반 등으로 구성되어 있다. 이상의 내용들은 기독교 유아교육을 위한 것이 아니기 때문에 수직적인 면에서는 통합이 이루어져 있지 않으나 수평적인 면에서는 통합이 잘 이루어져 있다. 기독교 유아교육을 위해서는 수평적인 면에서의 통합뿐만 아니라 수직적인 면에서의 통합을 고려해야 함을 앞에서 살펴보았다.

또한 기독교 유아교육은 그 내용을 구성할 때 사회적 요인을 고려하여야 한다. 이 책의 제4장에서도 언급하였듯이, 교육은 사회 속의 개인을 대상으로 하며 그 개인은 사회의 영향을 받기 때문에 그 개인을 대상으로 하는 교육 역시 사회적인 요인들을 고려하여야 한다.[13)] 따라서 우리나라의 유아교육의 사회적 맥락을 고려하여 기독교 유아교육과정의 내용을 구성하는 것이 필요하다.

연세대학교 부속 어린이집의 교육과정의 내용을 살펴보면 어린이 생활관과 친구, 봄, 나와 우리 집, 동물, 여름 및 건강, 즐거웠던 여름 방학, 우리나라, 가을, 여러 가지 탈것, 우리의 이웃, 겨울 등으로 구성되어 있으며, 이대 부속 유치원의 교육과정(5세 대상)은 봄, 나, 여름, 즐거웠던 여름 방학, 지역사회, 우리나라, 세계 여러 나라, 가을, 겨울, 초등학교에 가려면 등으로 구성되어 있다. 또한 우리나라 제6차 유아교육과정의 내용을 보면 나와 유치원, 계절, 건강한 몸과 마음, 동물, 지구와 환경, 교통기관, 특별한 날들, 우리나라와 다른 나라, 가족과 이웃, 종일반, 도구와 기계 등으로 구성되어 있다. 이상의 여러 유아교육과정의 내용을 참고로 하여 기독교 유아교육을 위한 교육과정의 내용을 선정할 수 있으며, 기독교적인 내용과의 통합을 고려하여 기독교 유아교육의 내용을 전개할 수 있다. 내용을 위한 주제를 선정할 때, 주제명은 기독교적이지 않더라도 내용이 기독교적이면 된다. 앞에서 제시한 Alta Vista 교육과정이 그 예이다. 또는 주제명을 기독교적인 것으로 선정할 수도 있다. Nations 대학의 교육과정이 그 예이다.

---

13) 오인탁(1990), '기독교 교육의 사회문화적 기초', 오인탁, 은준관, 정웅섭, 고용수, 김재은, 「기독교교육론」, 대한기독교교육협회, p. 73-96; George Knight (1980), *op. cit.*, pp. 50-53; 최기영(1983), 「현대사회와 유아교육」, 교문사, pp. 1-28; Robert Pazmino(1988), *Foundational issues in Christian education*, Grand Rapids: Michigan, Baker Book House, pp. 151-175 등을 참고하시오.

성경을 기초로 기독교적인 세계관을 통한 기독교 유아교육 내용의 통합의 예를 '식물'이라는 주제를 통해 제시해 보면 다음과 같다.[14)]

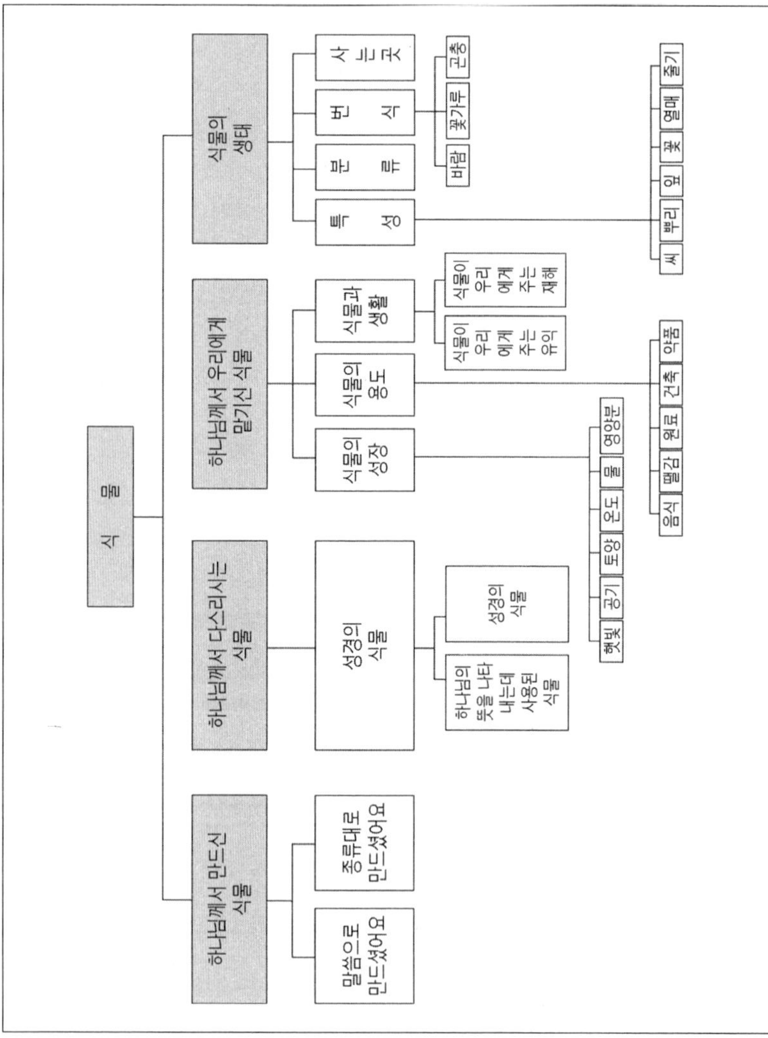

14) 물고기, 가정, 물, 교통기관, 지구와 우주에 관한 기독교적인 통합은 다음 책의 실제 편을 참고하시오. 정희영(외)(2000), 「주제 중심의 기독교 유아교육과정」, 다음세대.

V. 주제별 활동계획안

소주제		성경구절	목표
하나님께서 만드신 식물	말씀으로 만드셨어요	창 1: 11 창 1: 28 창 1: 29 창 1: 30 창 2: 5 창 2: 16	• 하나님께서 식물을 말씀으로 만드셨음을 안다. • 하나님께서는 식물을 만드시고, 유지하시고, 보존하신다는 것에 감사하는 태도와 마음을 갖는다.
	종류대로 만드셨어요		• 하나님께서 식물을 종류대로 만드셨음을 안다. • 식물의 종류를 알고, 구분할 수 있다.
하나님께서 다스리시는 식물	하나님의 뜻을 나타내는데 사용되는 식물	욥 14: 7 시126: 5,6 마 3: 10 겔 47: 12 요 15: 4-6	• 성경에 나타나 있는 식물은 하나님의 뜻을 나타내는데 사용됨을 안다. • 성경에 나타는 식물 가운데 오늘날에도 볼 수 있는 식물이 무엇인지 안다.
	성경의 식물	왕상 5: 11 민 13: 23 민 11: 5 출 16: 31 잠 7: 17	• 여러 가지 용도로 사용된 성경속의 식물을 안다. • 다양한 상황에서 식물의 용도를 구분할 수 있다.
하나님께서 우리에게 맡기신 식물	식물의 성장	신 28: 30-39 시 107: 37 약 3: 12 창 1: 30 레 3: 5 왕상 10: 11,12 아 4: 14 겔 47: 12	• 식물의 성장과정을 안다. • 식물이 자랄 수 있는 여러 가지 조건들을 마련해 주시는 하나님께 감사할 수 있다.
	식물의 용도		• 식물이 여러 가지 용도로(음식용, 땔감용, 원료용, 건축용, 약재용) 사용됨을 안다. • 용도에 맞게 적절히 식물을 이용한다.
	식물과 생활		• 식물을 이용할 수 있게 해주신 하나님께 감사하는 마음과 태도를 가진다. • 식물을 다스리고 보존하는 것이 우리의 임무임을 안다. • 식물과 식물의 자연, 그리고 생태를 아끼고 보호할 수 있다. • 식물의 유익과 재해를 알고 비교할 수 있다.

<table>
<tr><th colspan="2">소주제</th><th>성경구절</th><th>목표</th></tr>
<tr><td rowspan="4">식물의 생태</td><td>특성</td><td rowspan="4">창 1: 30
레 3: 5
겔 47: 12
창 3: 17
신 20: 19
신 29: 18
사 37: 19
욥 14: 7
마 3: 10</td><td>• 식물의 특성을 알고 적절한 성장환경을 마련할 수 있다.
• 씨에서 싹이 나오고 줄기와 잎이 생기고 꽃이 피고 열매를 맺는 과정을 안다.
• 식물을 직접 키워보는 경험을 가짐으로, 생명의 존중감을 느껴본다.</td></tr>
<tr><td>분류</td><td>• 식물의 분류법을 알고, 용도에 따라 분류할 수 있다.
• 우리나라의 지역별 식물 분포도에 따라 식물을 분류할 수 있다.</td></tr>
<tr><td>번식</td><td>• 식물의 번식 방법을 안다.</td></tr>
<tr><td>사는 곳</td><td>• 식물이 자랄 수 있는 자연 환경을 안다.</td></tr>
</table>

이상에서 식물이라는 주제의 조직망과 주제별 활동계획안을 개괄적으로 제시하였다.

「식물」이라는 주제는 유아교육과정에서 일반적으로 유아 주변에서 살고 있는 많은 생물 중 하나로서, 식물의 성장과 변화, 식물의 구조, 번식, 종류, 꽃과 열매 등에 대한 개념을 다룬다. 즉 싹이 트고, 잎이 나고, 꽃이 피고, 열매를 맺는 식물에 대한 교육과 식물을 직접 키워보는 경험을 통해, 유아로 하여금 식물이 어떤 것인지에 대한 지식을 구성하도록 한다. 또한 「식물」이라는 주제는 계절의 변화와 함께 1년 동안 유아에게 지속적으로 제공되는 주제이기도 하다. 이처럼 식물은 유아가 세상을 살아가면서 주변의 환경과 친화하고 공유하며, 아름다운 세상을 보고 느끼며, 이들을 사랑하고 보존해야 하는 생물임을 생태학적 관점을 통해 볼 수 있다. 그러나 일반 유아교육과정 속에서 식물이라는 주제는 식물의 생태, 식물의 성장, 식물의 용도, 식물과 생활 등의 인간과 식물과의 관계가 수평적 차원에 제한되어 교육되어지고 있음을 발견할 수 있다.

그러나 위의 주제 조직망을 살펴보면, 식물이라는 주제가 수직적, 수평적 차원에서 다루어지고 있음을 볼 수 있다. 식물은 하나님의 말씀으로부터 시작되어 그가 다스리시고 우리에게 선물로 주신 것이며 그것들을 잘 다스리도록 위임하셨음을 성경을 통해 알 수 있다. 창 1: 11에서 하나님께서는 "땅은 풀과 씨 맺는 채소와 각기 종류대로 씨 가진 열매 맺는 과목을 내라 하시매 그대로 되어"라고 말씀하심으로써 우리에게 식물의 창조자가 하나님이시라는 것을 분명히 보여주고 있다. 또한, 식물을 창조하신 하나님께서는 그 창조섭리 가운데 창조질서를 유치하시며, 식물이 자랄 수 있는 땅과 여러 요소들－햇빛, 공기, 온도, 물 등－까지도 주관하신다는 것을 창 2: 5에서 보여주고 있다.

하나님께서는 인간에게 복을 주시고, 인간에게 이르시기를 "생육하고 번성하여 땅에 충만하라. 땅을 정복하라"(창 1: 28)고 말씀하심으로 우리 인간에게 땅을 다스리게 하셨다. 그리고 창 1: 29에서 말씀하시길 "내가 온 지면의 씨 맺는 모든 채소와 씨 가진 열매 맺는 모든 나무를 너희에게 주노니 너희 식물이 되리라"고 하시면서 인간에게 식물, 즉 채소와 열매를 다스리라고 하심을 알 수 있다. 그리고 인간에게 다스시라고 맡기신 식물을 인간에 의해 경작되게 하시고(신 28: 30-39; 시 107: 37), 인간이 심는 대로 식물을 거둘 수 있게(약 3: 12) 하셨음을 알 수 있다. 이처럼, 성경은 식물에 대해 말씀하기를, 식물은 하나님에 의해 창조되었으며 하나님의 창조질서 속에서 유지되며, 이를 경작하고 다스릴 책임을 우리 인간에게 주셨다는 것을 분명히 보여주고 있음을 알 수 있다. 즉, 성경은 인간과 식물과의 수평적 관계 차원을 넘어서, 식물을 창조하시고 주신 분도 하나님이시오, 이를 자라게 하시는 분도 하나님이시오, 식물을 경작하고 다스릴 책임을 인간에게 주신 분도 하나님이시라는 수직적 관계를 나타내고 있다. 또한 인간은 하나님께서 위임하신 식물을 다스릴 책임을 잘 수행해야 하며, 이 책임을 감당하기 위해서 식물과 관련된 일반적 지식으로서 식물의 성장, 식물의 용도, 식물과 생활, 식물의 생태 등에 대해 잘 알아야 할 필요가 있는 것이다. 따라서 성경에서 말하는 식물은 하나님과 인간과 식물과의 관계를 수평적 관계뿐만 아니라 수직적 관계에서 설명해주고 있음을 알 수 있다. 이런 맥락에서 위의 주제조직망이 구성되었다.

제 9 장

기독교 유아교육 방법

※ 제 9 장은 「기독교 유아교육 방법론」(다음세대)의 제 1장과 동일한 부분임.

요즈음 우리나라 기독교 유아교육에 대한 관심이 높아지고 있다. 1~2년 전 만해도 기독교 유아교육을 위한 책을 찾아보기 힘들었는데 근래에 와서 기독교 유아교육에 대한 책이 여러 권 나온 것[1]과 기독교 유아교육에 관련된 주제의 세미나[2]가 여러 번 개최된 것은 유아교육에 종사하는 기독교인 교사나 학자들이 기독교 유아교육에 관심을 갖고 연구하고 있음을 시사해 준다.

그러나 많은 기독교인 교사나 학자들의 관심과 연구는 이제 시작에 불과한 것이며 보다 심도있고 계속적인 연구가 요구된다. 물론 어느 학문 분야나 그 학문이 자리를 잡고 발전하기 위해서는 깊이있고 계속적인 연구가 필요한 것은 사실이다. 특별히 기독교 유아교육에서 심도있고 계속적인 연구가 필요한 이유는 기독교 유아교육은

1) 김숙령, 송영란(1998), 「활동중심 유아 기독교 교육 프로그램」, 교육아카데미; 현은자 외(1999), 「기독교 유아교육을 위한 시편활용방안에 관한 연구」, 창지사; 기독교유아교육연구회(1999), 「기독교 유아교육과정」, 다음세대; 총신대학 부속유치원(1999), 「기독교 유치원 교육과정」, 창지사.

2) 총신 유아교육 학술대회(1998), 우리나라 기독교 유아교육 기관의 진단과 발전 방향; 한국 기독교 유아교육 연합회(1999), 21세기 기독교 유아교육의 방향모색을 위한 전략: 총신 유아교육 학술대회(1999), 기독교 유아교육 어떻게 할 것인가?

일반 유아교육과 기독교 교육을 함께 연구해야 하기 때문이다. 예를 들면, 가정에 대한 단원을 전개한다고 할 때 일반 유아교육에서는 일반적인 측면에서만 가정을 다루어 주면 되지만 기독교 유아교육에서는 가정을 일반적인 측면뿐만 아니라 기독교적인 측면에서도 접근을 해주어야 하므로 이것을 위한 연구와 노력은 보다 많이 필요하며, 기존의 연구되어진 것들이 많지 않기 때문에 계속적인 연구가 더욱 요구된다.

같은 맥락에서 기독교 유아교육을 위한 방법론에 대한 연구가 심도 있게 다루어져야 할 필요가 있다. 1960년대 유아교육의 중요성에 대한 관심은 1970년대와 1980년대에 오면서 유아교육의 '무엇을'과 '어떻게'의 관점으로 그 초점이 옮겨지면서 일반 유아교육에서는 이미 방법론에 대한 연구가 활발히 이루어졌다.[3] 이에 반해 1998년 총신 유아교육 학술대회에서 발표한 '우리나라 기독교 유아교육 기관의 진단과 발전 방향'의 조사에 의하면 기독교 유아교육의 방법에 대한 교사들의 인식이 제대로 되어 있지 않음을 나타내고 있다.[4] 이미 이루어졌고 계속해서 발전되어 가는 일반 유아교육의 방법론에 대한 연구와 기독교 유아교육의 방법론에 대한 인식조차 제대로 되어 있지 않은 상황은 기독교 유아교육의 방법론에 대한 연구가 매우 필요함을

3) 이기숙(1989), '유아교육의 내용 및 교수 방법', 「유아교육의 본질과 방향」, 한국 유아교육학회 유아교육 연구회, 양서원; Miller, B. & Dyer, J.(1975), Four preschool programs: 'Their dimension & effect'. *Monographs of the Society for Research in Child Development*, 40 (56, Serial No. 162); G. Casto & K. White (1985), 'The efficiency for early invention programs with environmentally at-risk infants', *Journal of Children in Contemporary Society*, 17(1), 37-50; K. Clarke-Stewart & G. Fein(1983), 'Early childhood programs', P. H. Mussen(Ed), *Handbook of child psychology*, Vol. 2. N.Y.: Wiley; D. Powell(1986), 'Research in review: Effects of program models teaching practices', *Young Children*, 41(6), 60-67.

4) 정희영(1998), '기독교 유아교육과정 개발 모색', 우리나라 기독교 유아교육기관의 진단과 발전방향, 제3회 총신유아교육연구회. pp. 106-107.

시사한다.

따라서 이 책에서는 기독교 유아교육의 방법을 논하기 위해 교육 방법의 개념, 교육 방법의 역사적 고찰, 교육 철학에 따른 교육과정과 교육 방법의 유형을 살펴보고 이에 근거하여 기독교 유아교육의 방법을 유출해 보고자 한다.

Ⅰ. 교육 방법의 개념

기독교 유아교육의 방법론을 연구하기에 앞서 교육 방법에 대한 개념이 정립되어야 어떤 내용으로 방법론을 논할 것인지에 대한 윤곽을 잡을 수가 있다.

교육 방법이란 말은 교육 이론과 실천에서 다 사용하는 말로서 그 용법이 매우 다양하다. 이돈희는 교육의 이론을 양분할 때 교육의 목적론과 교육의 방법론으로 나누는데 이때 교육의 목적론에 해당되지 않는 모든 이론적 영역을 교육 방법론이라고 보기도 한다고 주장한다.[5] 또한 교육 목적론 이외의 영역 가운데 교육 내용에 관한 것을 제외한 것으로서 지식의 전달이나 교육 자료의 개발 등을 교육 방법으로 사용하기도 한다고 보고 있다. 정웅섭도 교육의 방법을 정의하는 것이 매우 복잡하다고 말하고 있다.[6] Byrne은 방법에 대한 정의가 이처럼 다양한 이유는 방법이란 사람들의 철학에 의해 정의 내려지며 그 사람들의 철학이란 다양하기 때문이라고 말한다.[7]

5) 이돈희(1995), 「교육철학개론」, 교육과학사, p. 223.
6) 정웅섭(1996), 「기독교 교육개설」, 대한기독교교육협회, p. 279.
7) Herbert Byrne(1988), 「기독교 교육학 총론」, 신현광 역, 대영사, p. 216.

이와 같이 교육 방법의 개념에 대한 다양한 이해에도 불구하고 방법은 목표 달성을 위한 수단과 분리하여 생각할 수 없다. 예를 들어 한 벌의 옷을 만드는 것을 목표로 삼는다고 가정해 보자. 이때 수단이 되는 것은 옷감, 실, 단추 등의 자료와 이러한 자료의 조작을 가능하게 하는 가위나 바늘과 같은 도구이며, 그리고 이것들을 활용할 수 있는 옷본이 필요하다. 이 모두는 수단에 해당된다. 때에 따라서는 자료와 도구를 수단으로 보고 옷본을 방법으로 볼 수도 있다. 그러나 앞에서 언급한 자료와 도구, 그리고 옷본이 있다고 해서 옷이 저절로 만들어지는 것은 아니다. 옷이 완성되기 위해서는 옷을 만들고자 하는 목적과 자료와 도구, 그리고 옷본을 활용할 수 있는 어떤 절차의 만드는 행위가 필요하다. 여러 가지 주어진 자료와 도구를 사용하여 목표를 달성하는 행위가 바로 방법인 것이다. 따라서 방법이란 "주어진 수단들을 객관적인 조건으로 하여 주어진 목표에 도달하는 과정의 원리"[8] 이다. 다시 말하면 수단과 목표를 연결시켜 주는 일련의 원리이다.

위에서 살펴본 바와 같이 방법은 어떤 목표를 성취하기 위한 수단이다. 이는 교육 방법은 교육 목표를 달성하기 위해 주어진 수단들을 잘 사용할 수 있는 순서적이며 체계적인 관리의 원리임을 말한다. 교육학 용어 사전에서는 이것을 "교육 목적을 달성하기 위하여 준비된 교육 내용을 구체적으로 실천하는 방식"[9]이라고 표현하고 있으며, 정웅섭은 교육 방법은 교육의 목적, 학습의 목표와 긴밀하게 연결되어야 함을 강조하고 있다.[10] 이처럼 교육의 방법이 교육의 목표와 직접적인 관련을 맺고 있다면 교육의 목표가 어떻게 결정되어지는가는 또한 교육의 방법과 직접적인 관련이 있음을 암시해 준다. 교육의 목표는 교육 철학에 의해 결정지어진다. 이것은 이미 Byrne이 위에서

8) 이돈희(1995), *op. cit.*, p. 224.
9) 서울대학교 교육 연구소(1994), 「교육학 용어사전」, 도서출판하우, p. 107.
10) 정웅섭(1996), *op. cit.*, pp. 280-281.

방법에 대한 정의의 다양성의 이유에서 언급한 바 있다. 다시 말하면 교육 철학에서 교육의 목표가 나오며 그 목표를 수행하기 위한 수단이 교육 방법이 되는 것이다. 따라서 기독교 유아교육의 방법은 기독교 교육 철학에서 파생됨을 알 수 있다. 기독교 유아교육의 방법론을 보다 효과적으로 논하기 위해 여러 교육 철학과 여기에 근거한 교육과정, 그리고 이것을 보다 명확하게 구체화시킨 교육 방법에 대한 논의가 필요하다.

Ⅱ. 교육 방법의 역사적 고찰

교육이 어떤 방법으로 행해졌는가를 역사적으로 아는 것은 우리에게 어떤 교육 방법이 보다 효과적이며 앞으로 어떤 방향으로 발전되어 나가야 할 것인가에 대한 시사를 한다. 따라서 교육 방법에 대한 고찰은 교육에 종사하는 모든 사람들에게 필요한 일이다. 본 장에서는 교육 방법의 역사적 고찰을 고대, 중세, 근대, 그리고 현대로 나누어 살펴보고자 한다.

1. 고대의 교육 방법

고대에 주를 이루었던 교육 방법은 모방과 암기였다. 유대의 교육 방식과 그리스의 교육 방식을 보면 이러한 현상이 두드러지게 나타나는 것을 볼 수 있다.[11)]

---

11) J. S. Brubacher(1962), *Modern philosophies of education*, McGraw-Hill Book, p. 7.

고대의 교육 방법 가운데 다른 하나는 아테네에서 그 유래를 찾아 볼 수 있다. 아테네에서 가장 존중되었던 교육 방법 중의 하나는 소크라테스식 문답법(the Socratic Method)이다.[12] 이 방법은 대화법(dialetic method)이라고도 불리우며 B.C. 5세기 후반에 활동했던 Socrates의 교육 방법을 보고 지은 명칭으로서 질문과 대답을 통해 진리를 추구하는 교수법을 말한다. 이 문답법은 명백한 개념에 의해 파악되어야 하는 진리에 이르는데 2단계를 거친다.[13] 먼저 제1단계는 학습자의 무의식적인 무지에서 의식적인 무지로 이끄는 반어법의 단계이다. 지식을 요청함으로서 대화를 시작하고, 교묘한 질문에 의해 상대편 의견의 불합리성을 지적함으로서 자신의 무지를 깨닫게 한다. 질문에 답함으로서 자신 안에 아무것도 없음을 자각토록 하는 방법이다. 이 반어법은 무지로부터 앎으로 전진하는데 도움을 주며 삶을 보다 향상시키는데 기여한다.[14]

제2의 단계는 무지의 자각으로부터 참다운 지식, 보편 타당한 지식, 즉 합리적인 진리로 인도하는 산파술의 단계이다. 개념을 인식하는 과정은 단순히 교사가 학생에게 지식을 전달해 주는 과정이 아니며, 교사와 학생이 창조적인 대화를 통해 의견을 교환하며, 이러한 과정에서 견해들이 서로 다르기도 하지만 결국에는 양자가 대립되는 견해들을 지양함으로써 진리에 접근해 나간다고 보는 방법이다. 이때 교사는 학생의 잠자는 영혼을 일깨워 주는 사람으로서 지식의 '출산'을 촉진시키는 역할을 한다.[15] 따라서 Socrates식 문답법은 일방적인 지식의 전달이나 지식을 가르치는 기술이 아니며, 교사와 학생이 대화

12) Herbert Byrne(1988), *op. cit.*, p. 217.
13) 박의수, 강승규, 정영수, 강선보(1993), 「교육의 역사와 철학」, 동문사, p. 179.
14) 정호균(1987), 「교육의 역사 · 철학적 기초」, 형설출판사, pp. 20-23; 한국 철학사상 연구회(1989), 「철학대사전」, 도서출판동녘, p. 716.; 김재만(1984), 교육철학사, 형설출판사, p. 20.
15) 한국 철학사상 연구회(1989), *Ibid.*, p. 716.

를 매개체로 하여 합리적인 진리에 도달하게 하는 방법으로서 지식을 획득하게 하는 능력의 훈련을 말한다.

2. 중세의 교육 방법

중세의 대표적인 교육 방법은 대학 교육의 발달과 함께 생각해 볼 수 있다. 11세기 말에 이탈리아의 볼로냐를 중심으로 볼로냐 대학(1088)과 프랑스의 파리 대학(1109), 영국의 옥스퍼드 대학(1167), 그리고 독일의 프라하 대학(1348)[16]들이 생기면서 그곳에서 활발한 학문활동이 이루어졌는데 이때 이루어진 교육 방법은 강의법이었다.[17] 당시에는 인쇄술이 발달되지 않아 주로 손으로 글을 씀으로써 책이 쓰여졌고 이로 인한 도서의 부족으로 학생들은 책을 소유할 수 없었다. 따라서 소수의 도서들은 대개 교사의 소유이다 보니 교육법은 자연히 강의법이 주를 이루게 되었다.

3. 르네상스 시대의 교육 방법

르네상스 시대의 교육 방법은 그 시대의 교육의 형태 가운데 하나인 시세로주의의 특징을 통해 살펴볼 수 있다. 시세로주의는 형식 위주의 고전어 교육에 제한된 인문주의적 경향을 말한다. 르네상스 말기에는 로마의 위대한 문장가이며 시인이자 웅변가였던 Cicero의 유명한 문장을 암송하는 것이 유행이었으며, 교육에서도 그의 문장구

16) 박의수 외(1993), *op. cit.*, p. 186.
17) H. Byrne(1988). *op. cit.*, p. 218; 정정숙(1997), 「기독교 교육학」, 도서출판 베다니, p. 182.

성 형식을 강조하였다. 이러한 분위기 속에서 고전에 담겨져 있는 내용과 정신을 이어받고자 고전의 형식에 열중하게 되었고 자연히 교육 방법은 단순히 고전 문장의 암송과 모방에 치중하게 되는 형식 위주의 교육 방법을 낳게 되었다.

르네상스 시대의 대표적인 인문주의자로 Erasmus를 들 수 있다. Erasmus는 교육 방법의 원리는 학습의 동기를 유발시킬 수 있어야 하며, 개별적인 학습과 아동의 흥미에 따라 교육이 이루어져야 한다고 주장하였다. 이와 같은 Erasmus의 교육 방법론은 근대 교육 방법의 초석을 놓았다.[18)]

4. 근대의 교육 방법

근대의 대표적인 교육 방법은 Comenius의 교육 방법에서 찾아 볼 수 있다. Comenius의 교육 방법은 종래의 비능률적이고 단편적인 교수법에서 그의 저서 '대교수학'과 '분석 교수학'을 통해 체계적이고 과학적인 교수법을 발전시켰다.[19)] Comenius는 "자연은 교수학습 방법의 반석"[20)]이 되기 때문에 자연의 모든 원리가 교수법의 기반이 될 수 있다고 믿었다. 이러한 확신에 의하여 쓰여진 '대교수학'은 자연법칙에 근거한 교수방법을 다음과 같이 제시하고 있다. 제16장에서 일반적인 교수-학습의 조건을 위한 자연의 아홉 가지 원리를,[21)] 제17장에서 교수-학습의 용이한 방법에 대한 자연의 열 가지 원리를,[22)] 제18장에서 철저한 교수와 학습법에 대한 자연의 열 가지 원리를,[23)]

---

18) Herbert Byrne(1988), *op. cit.*, p. 218; 박의수 외(1993), *op. cit.*, pp. 191-192.
19) 이숙종(1996), 「코메니우스의 교육사상」, 교육과학사, p. 281.
20) Comenius, J.(1987), 「대교수학」, 정확실 역, 교육과학사, p. 98.
21) *Ibid.*, pp. 105-110.
22) *Ibid.*, pp. 111-126.

그리고 제19장에서 교수법의 간결성과 신속성을 위한 여덟 가지 문제[24]를 구체적으로 제시하고 있다.

Comenius는 또한 사물의 실재의 분석과 종합과 비교 유추법에 관한 연구를 통해 과학적 교수 접근법을 시도하였다.[25] 그는 교육과정의 합리적인 절차와 진행을 구체화할 수 있는 기반은 자연 법칙과 원리를 탐구하는 새로운 과학 정신과 기술이라고 보았다. 실재에 대한 과학적 탐구 방법이야말로 기존의 학교 교육이 안고 있었던 교수법의 문제에 개혁과 향상을 가져올 수 있는 교육방법이라고 보았다. 이러한 새 교육 이론을 구체화시킨 책이 '분석 교수학'이다. 이 책에서 Comenius는 지식의 대상이 되는 사물을 과학적으로 분석함으로써 지식을 얻을 수 있는데, 이때 과학적 방법이란 분석적 방법, 종합적 방법, 그리고 혼합적인 방법을 말하며 이 세 가지 방법들은 자연의 원리와 과정의 모방에서 과학적으로 추론된 것을 말한다. 코메니우스는 이 세 가지 방법을 사물의 이해를 위한 지성적 방법론이라고 말하였다.

근대의 교육 방법 가운데 다른 하나는 Herbart의 교수법을 들 수 있다. Herbart의 교수법은 학습심리학에 근거한 방법이었다. 그의 이론은 통각의 원리로 알려져 있으며[26], 통각이란 옛 것으로 새로운 것을 학습한다는 말로 설명할 수 있다. 다시 말하면 사람은 새로운 것을 이전 것의 관점에서 배우기 때문에 교사들이 아동이 가진 과거 경험을 바탕으로 하여 학습과정을 시작해야 한다는 것이다. Herbart는 이러한 통각의 원리에 의한 교수법이 이루어지기 위해 교수과정을 4단계로 나누었으나 후에 이것을 그의 후계자들이 연구하여 다음과

23) *Ibid.*, pp. 127-141.
24) *Ibid.*, pp. 142-159.
25) 이숙종(1996), *op. cit.*, pp. 288-311.
26) J. S. Brubacher(1988), *op. cit.*, p. 210.

같이 5단계로 나누었다. 첫째, 준비의 단계이다. 이 단계에서 교사는 학생에게 이미 익숙한 것에서 수업을 시작한다. 즉, 수업은 학생의 마음속에 확실하게 수용된 개념들로 시작해야 하며 이때 개념들이 확실하지 않다면 감각적 관찰로부터 다시 시작해야 한다. 둘째, 제시의 단계이다. 이 단계에서는 교사가 그날 배워야 할 새로운 내용을 제시한다. 셋째, 연합의 단계이다. 이 단계는 앞의 두 단계의 내용을 비교하고 연합하는 단계로서 교사는 학생들이 새로운 내용에서 어떤 것이 준비의 단계와 유사하며, 다른지를 구분하도록 주의를 기울여야 한다. 넷째, 체계화 혹은 일반화의 단계이다. 이 단계에서는 앞 단계에서 학생의 관심을 끌었던 것과 같은 새로운 보기를 교사가 학생에게 제시한다. 이러한 과정을 거쳐 학생은 3단계의 내용을 일반화시키게 된다. 다섯째, 마지막은 응용의 단계로서 학생들이 네 단계를 거치면서 학습한 것을 과제를 통해 실제로 해보는 단계이다. 이때 과제는 10문제를 풀거나 20개의 문장을 해석하는 것이다. Herbart는 학생들이 처음에 흥미로 학습을 시작하는 것이 아니라 선행학습의 결과로서 차기 학습에 대한 흥미를 갖게 된다고 보고 있다.[27] Herbart의 위와 같은 통각의 원리에 의한 교수법은 학습에 있어서의 상식적인 일반이론을 제공해주었으며, 교육과정에서 확실하게 달성되지 못했던 수업계획들이 경험적 통제의 범위 내에 들어서게 하는데 공헌했다는 평가를 받고 있다.

근대의 교육방법 가운데 현대에 많은 영향을 미쳤던 또 다른 교수법은 Fröbel의 자기 활동의 원리에 의한 교육 방법이다. Fröbel은 모든 만물은 신에 의해 창조되고 그 신에 의해 운행된다고 보았다. 따라서 인간의 내면에도 신성이 깃들어 있는데 그 신성을 이끌어 내는 것이 교육이며, 이때 신성을 이끌어 내는데 가장 좋은 방법은 자기

---

27) *Ibid.*, p. 210.

활동의 원리라고 보았다. 자기활동을 가장 효과 있게 하는 것은 유희라고 보았으며, 이를 위해 은물을 제작하여 유아들이 그것을 가지고 여러 가지 놀이를 하도록 하였다.

5. 현대의 교육 방법

현대의 교육방법은 구안법(project method), 단원법, 개별화 교육, 문제해결법, 시청각 교육기재법, 사회화된 이야기법, 지도연구법 등 다양한 방법들이 있다. 여기서는 구안법, 단원법, 문제해결법을 중심으로 설명하고자 한다.

구안법은 일명 project method로서 Kilpatrick에 의해 소개된 방법이다. 구안법은 학교에서 배운 원리를 집에서 농업에 응용하는 것이었다. 이것이 발전되어 학습자가 주가 되어 학습내용을 계획, 선정하고 이것을 위한 자료를 다루는 방식과 수단을 고안하며 그 결과를 점검할 수 있는 방법으로 발전하였다. 따라서 종래의 교사가 학습의 내용을 정하고 계획했던 것과는 다르게 학생들이 그들의 흥미에 따라 학습의 주제를 선정하고 계획하며, 이에 따른 모든 학습행위를 학생 자신들이 해나가는 방법을 말한다. 요즘 유치원에서 시행되고 있는 'project 접근법'을 말한다.

단원법은 Morrison에 의해 주장된 방법으로서 현재 우리나라의 일반유치원에서 널리 시행되고 있는 교수법을 말한다. 이 단원법은 학생들이 '무엇을' 그리고 '어떻게' 배우는가에 강조점을 두고 있다. 단원은 "사전검사 · 교수 · 결과평가 · 과정채택 · 실제학습장면에서의 교수와 재평가"[28]로 구성된다. Morrison은 단원을 위한 교수전략을 조

28) *Ibid.*, p. 299.

사・제시・동화・조직・암송 등의 다섯째 단계로 주장했다.

문제 해결법은 Dewey에 의해 제시된 방법으로 대개 다섯 단계로 나누어 설명할 수 있다. 첫째는 학생이 자신에게 주어진 상황이나 활동에서 어려움을 느끼며 문제가 되는 활동에서 좌절감을 느끼게 되는 단계이다. 둘째는 일단 문제를 지각하면 그것을 조사하고 분명하게 밝히는 단계이다. 셋째는 두 번째 단계에서의 상황이 철저하게 조사되고 분석된 후 처음 활동의 연속성이 어떻게 적절한 형태로 재구성될 수 있는가에 대한 자료를 수집하는 단계이다. 넷째는 수집된 자료가 암시하는 것을 가설의 형태로 추론하며 그 가설의 결과가 어떤지에 대해 생각해 보는 단계이다. 마지막으로 자신이 추론한 가설 가운데 가장 적절하다고 생각하는 가설을 실제로 해보고 검증하는 단계이다.

Ⅲ. 교육철학에 따른 교육과정과 교육 방법의 유형

교육철학에 따른 교육 방법의 유형을 논하기 위해서는 먼저 교육철학의 유형에 대한 언급이 있어야 한다. 교육철학의 유형을 Bayles는 실용주의, 이상주의, 실존주의, 그리고 실재주의 교육철학으로 나누었으며[29], Knight는 이상주의, 사실주의, 신스콜라주의, 실용주의, 그리고 실존주의로[30], Byrne은 자연주의, 실학주의, 실용주의, 그리고 이상주의로 나누었다.[31] 오영재, 박행모, 강영숙은 현대 교육철학의

29) E. Bayles(1960), *Pragmatism in education*, N.Y.: Haper's Ser.
30) George Knight(1980), 「철학과 기독교교육」, 박영철 역, 침례신학대학교 출판부, p. 57.
31) Herbert Byrne(1988), *op. cit.*, pp. 224-225.

유형을 진보주의, 본질주의, 항존주의, 재건주의, 실존주의, 그리고 분석철학으로 나누었으며[32] Brameld는 진보주의, 학문적 구조주의, 실존주의, 분석주의 등의 교육철학으로 분류를 하였다.[33] 이상의 교육철학의 분류는 그 기준이 어디에 있든지 서로 관련을 맺고 있다. 예를 들면 항존주의는 그 철학이 이상주의에 뿌리를 두고 있으며, 진보주의는 실용주의와 깊은 연관이 있음을 알 수 있다. 또한 재건주의나 본질주의, 항존주의 등은 진보주의에 반발하여 나온 교육철학의 유형들이다. 서로간에 긍정적이든지 아니면 부정적이든지 상호 연관이 되어 있음을 볼 수 있다. 따라서 여기서는 이상주의, 실용주의, 구조주의, 실존주의를 중심으로 교육철학의 유형을 다루되, 현대의 교육철학들과는 어떤 관계가 있으며 또한 어떤 교육과정을 형성하게 했는지, 그리고 교육 방법은 어떠한지에 대해 살펴보고자 한다.

1. 이상주의

1) 이상주의의 철학

오랜 세월을 통하여 교육에 지대한 영향을 미쳐 온 철학 사상 가운데 하나로 이상주의를 들 수 있다. 20세기에 이르러서는 직접적인 영향력이 약화되기는 하였으나 간접적으로는 여전히 서구 교육 사상에 깊숙이 영향력을 행사하고 있다.[34]

이상주의의 기원은 그리스의 철학자인 Socrates와 Plato에게서 찾을 수 있으며 독일의 Kant, Schelling, Hegel, 영국의 Emerson과 Harris,

32) 오영재, 박행모, 강영숙(1997), 「신 교육학의 이해」, 교육아카데미, pp. 119-130.
33) 김재만(1986), *op. cit.*, pp. 267-434.
34) George Knight(1980), *op. cit.*, p. 59.

그리고 미국의 Horne등이 그 맥을 이어왔다.[35)]

이상주의의 대표적인 철학자인 Plato는 언제나 완전하고 영원한 진리를 추구하였으며 이 진리는 어제와 오늘 그리고 내일도 계속하여 진리이며 모든 사람들이 동의할 수 있는 우주적이고 보편적인 진리를 말한다. 또한 이 보편적인 진리는 전 영역에 존재한다고 믿었다. 이러한 우주적이고 보편적인 진리에 도달하기 위해서 Plato는 언제나 변화하는 감각의 세계가 아닌 관념의 세계에 관심을 기울였다.

따라서 이상주의자들에게 있어서 우주적이고 보편적인 진리의 실체는 영혼이나 관념, 또는 정신이었다. 이 정신은 물질을 활성화하고 동력을 불어넣기 때문에 물질보다 앞서 있다고 보았다. 물질은 정신에 의존적이다. 따라서 이상주의는 물질보다 마음을 강조하였으며 물질은 마음의 산물이라고 보았다. 즉, 이상주의자들에게 있어서 실재란 우리의 감각 기관으로 감지할 수 있는 물질(감각)의 세계와 우리의 마음으로 인식할 수 있는 영혼(마음)의 세계 둘로 나누어지며, 영혼의 세계는 물질의 세계에 윤곽을 그려 주는 역할을 하므로 물질의 세계보다 우선한다고 보았다. 이상주의자들은 정신이 물질적인 것보다 우선한다는 사실을 의자를 만드는 일로 예를 들 수 있다고 주장하였다.[36)] 사람이 앉을 수 있는 의자를 만들기 위해서는 먼저 누군가가 의자에 대한 생각을 해야 하며 그 생각 이후에 구체적인 실물의 의자를 만들 수 있다고 주장한다. 이처럼 이상주의자들에게 있어서 진리란 관념이나 개념을 정신적으로 파악하는 것이며 감각의 세계를 넘어선 것으로 이해되었다.

이상주의는 만일 궁극적 실재가 존재하며 마음의 원형인 절대 자아가 존재한다면 우주는 대우주와 소우주라는 용어로 이해되어질 수 있다고 보았다. 대우주는 절대적 마음의 세계이며 소우주는 궁극적

35) 박의수 외(1993), *op. cit.*, pp. 303-304; George Knight(1980), *Ibid.*, p. 61.
36) George Knight(1980), *Ibid.*, p. 62.

실재의 그림자로서 이 지구상에서 감각적 경험들을 할 수 있는 인간이라고 보았으며 우주는 대우주이며 개인은 소우주라고 보았다. 이러한 견해는 개인을 보편적인 존재의 한 부분으로 보기 때문이다. 즉, 개인을 대우주의 축소 형태로 이해한다.

2) 이상주의가 영향을 미친 현대의 교육 사상, 교육과정과 교육 방법

이와 같이 시대를 초월한 보편적인 진리가 존재하며 그 보편적인 진리는 정신적인 것이며 물질적인 것이 아니라고 주장하는 이상주의 사상은 현대의 교육철학에 깊은 영향을 주게 된다. 어떤 현대 교육철학에 영향을 주었는지에 대해서는 여러 의견이 있다. 이돈희는 전통적인 철학의 유형을 구별짓기가 매우 어려운데 그 이유는 형이상학적 관점에서 보면 이 유형에 속하는 철학이 인식론적 관점에서 보면 저 유형에 속하는 경우가 있기 때문이라고 주장한다.[37] 이상주의의 제창자라고 볼 수 있는 Plato의 경우 형이상학적으로는 관념론자라고 볼 수 있지만 인식론에서는 관념론의 반대 개념인 실재론자라고 볼 수 있다. Knight나 김재만은 이상주의에 영향을 받은 현대의 교육 사조는 본질주의라고 보고 있다.[38] 반면에 오영재 외의 여러 학자와 박의수 외의 여러 학자는 항존주의가 이상주의로부터 영향을 받았다고 보고 있으며[39], 본 연구자도 종교성을 강조하는 면에서 항존주의가 이상주의로부터 더 영향을 받았다고 보기 때문에 여기서는 항존주의에 대해 다루기로 한다.

항존주의는 진리의 항구성 내지는 영원성, 그리고 불변성을 믿는

37) 이돈희(1995), *op. cit.*, p. 335.
38) George Knight(1980), *op. cit.*, p. 123; 김재만(1986), *op. cit.*, pp. 461-462.
39) 오영재 외(1997), *op. cit.*, pp. 123-124; 박의수 외(1993), *op. cit.*, p. 371.

다. 따라서 어제의 진리는 오늘도 진리이며 언제나 진리라고 보며 시공적으로 변화하는 어떠한 것도 진리로 인정하지 않는다. 즉, 절대적인 가치인 불변하는 진리를 추구하며 상대적인 진리는 인류를 파멸로 이끌고 갈 것이라고 본다.

항존주의의 대표적인 비종교적 학자로서 Hutchins가 있다. 그는 현대 문명이 가고 있는 방향에 대해 관심을 보였으며 그 방향에 대해 부정적인 시각을 갖고 있었다. 즉, 오늘날의 현대 문명이 지니고 있는 특징으로서 물질주의, 기계주의, 현재주의, 상대주의 등은 인간을 파멸로 몰아넣을 것임에 틀림없다고 보았다. 이러한 위기로부터 인류와 문명을 구출할 수 있는 길은 오직 이상주의자들이 주장하였던 절대적인 진리로 돌아가는 일이라고 보았다.

따라서 이와 같은 견해를 가진 항존주의자들은 교육의 제일차적인 임무는 물질이 아닌 정신 혹은 지성을 훈련시키는 일이라고 주장한다. 교육에 있어서 학습자의 정신 개발에 힘써야 할 것을 강조하고 있다. 항존주의를 주장하는 종교적 학자로서 Maritain은 다음과 같이 정신 내지는 지성의 훈련에 대하여 강조하고 있다.[40] 첫째, 학습자의 정신생활을 성장케 하기 위한 기본적인 성향을 육성해야 하며, 둘째, 인격의 내적 심연과 의식 발달 이전의 정신적 역동력에 주의를 기울여야 하며, 셋째, 지성을 억압하는 교육이 아니라 지성을 해방하는 교육이어야 한다. Kneller는 항존주의의 교육원리를 다음과 같이 언급하고 있다.[41] 첫째, 교육의 본질은 변하지 않는다. 그 이유는 인간성이 변하지 않기 때문이다. 둘째, 교육이 지향해야 할 일은 보편적이고 불변한 진리에의 적응이다. 셋째, 교육은 이성을 발달시키는데 초점이 맞춰져야 한다. 그 이유는 인간의 뛰어난 특징은 이성에 있기 때문이다. 넷째, 학습자는 정신적으로 우주의 영원성에 접하기 위해

40) 김재만(1986), *op. cit.*, p. 466.
41) 오영재 외(1997), *op. cit.*, p. 124.

일정한 기본적인 교과를 배워야 한다. 다섯째, 영원성은 고전을 통해 가장 잘 배울 수 있다.

따라서 항존주의 교육과정은 고전 중심의 인문학 연구를 강조하며 지식주의적이고 이성주의적인 사고방식을 강조하는 교과중심의 교육과정이다.[42] 교과중심 교육과정의 특징은 문화유산의 전달이 주된 교육내용이 되며 교사 중심의 교육과정이다. 따라서 자연히 교육 방법은 숙달된 교사에 의한 강의법이나 토의 중심의 교수법이 주를 이룬다.

2. 실용주의

1) 실용주의의 철학

전통적인 철학이 고대 그리스에서 시작되었던 것과는 다르게 실용주의는 20세기 미국 대륙에서 시작되었다. 실용주의를 이해하기 위해서는 우선 실용주의를 창시한 Dewey가 John Hopkins 대학의 대학원에서 철학을 공부하던 시절 그 곳에서 강의를 하고 있었던 Peirce에 대하여 언급할 필요가 있다. 왜냐하면 Dewey가 Peirce의 강의를 듣고 그의 사상으로부터 많은 영향을 받았기 때문이다. 실용주의를 영어로 표기하면 'Pragmatism'인데 'Pragma'는 희랍어의 행동이라는 뜻에서 유래했다. 이 말이 처음으로 사용된 것은 Peirce에 의해서이다. 그는 이 말을 Kant의 '실용적 믿음'(pragmatische glaube)이라는 말을 통해 이해했다고 한다.[43] Kant에 의하면 "의사는 중환자를 위해 무언가를 하지 않으면 안된다. 그러나 그는 그 병의 본질을 완전히 알지는

42) *Ibid.*, p. 187; 박의수 외(1993), *op. cit.*, pp. 373-376.
43) 김재만(1986), *op. cit.*, p. 274.

못한다. 그는 징후로 관찰한다. 그래서 애를 써서 폐결핵이라고 진단을 한다. 그러나 그의 확신은 오직 우연적인 것이다. 다른 의사가 더욱 잘 보살필는지 모른다. 여러 가지 우연적 확신, 적어도 행동에의 수단으로 실제로 채용하는 근거가 되는 우연적 확신을 나는 실용적 확신(pragmatische glaube)이라고 이름한다".[44] 이러한 Kant의 사고방식을 기초로 Peirce는 이 우연적인 확신을 합리적으로 처리할 방법을 고안하여 행동의 기초를 확실하게 하려고 하였다. 따라서 Peirce에게 있어서 Pragmatism은 사변 철학의 장엄한 원리가 아니고 철학의 한 방법이며, 우리의 관념을 명확하게 하기 위한 반성의 한 가지 방법이다.

Peirce에게서 시작된 실용주의는 James에게서 발전된다. James는 진리란 관념이나 이론의 진부를 생각이나 말만 가지고 따지는 것이 아니라 실천적 효과를 통하여 알 수 있으며 그 결과가 효용의 가치를 지니게 될 때 그것은 진리이며, 만일 그렇지 않으면 진리가 아닌 것이다. 김 재만은 이것을 다음과 같이 예를 들었다.[45] 어떤 은행에서 발행한 수표가 다른 은행 창구에서 통용이 될 때 그 수표는 수표로서의 가치를 지니게 된다. 만일 그 수표가 다른 은행 창구에서 통용될 수 없다면 그 수표는 참된 수표가 아닌 것이다. 즉, 진리는 은행의 수표처럼 그 수표가 사용이 될 때 참된 수표이듯이 진리란 그것이 효용의 가치가 있을 때만 진리이지 유용성이 없을 때는 진리가 아니다.

James는 또한 수표가 효용의 가치가 있기 위해서는 개인이 아닌 공동의 생활이 필요하며, 공동의 생활이란 '사회적'인 것을 의미하고 이것은 또한 생활을 전제로 한다. 다시 말하면 James에게 있어서 진리란 생활에서의 유용성, 즉, 실용성을 의미한다.

---

44) *Ibid.*, p. 274.
45) *Ibid.*, p. 275.

이상과 같은 Peirce와 James의 사상이 Dewey의 사상에 지대한 영향을 주었다. Dewey는 전통적인 철학들이 주장하는 진리란 선험적인 것이며 인간의 경험과는 독립적으로 존재한다고 하는 견해를 부정한다. 또한 전통주의 철학들이 주장하는 마음과 물질은 분리된 독자적인 실체라고 하는 이원론적인 사상을 부정한다. 그에게 있어서 진리란 그것을 지각하는 인간의 경험과는 분리할 수 없는 것이며, 인간의 경험을 통하여 그것을 생각함으로써 알 수 있다고 보았다. 하나의 생각은 행동한 후의 결과로부터 판단되는 것이라고 보았다.[46] 다시 말하면, 생각과 행동은 분리되어 있지 않으며 생각은 경험 속에서 검증되기 전까지는 불안전하다고 본다. 따라서 지식이란 문제의 상황에 부딪쳤을 때 그 문제를 해결하기 위해서 노력하는 과정 중에 얻게 되는 경험을 통해 비롯된다. 이때 문제의 상황에서 실험적인 탐구와 문제 해결을 위한 계획이 수반되고 실험적인 탐구(행동)와 계획(생각) 간의 상호관계를 예측하는 행위가 있게 된다. 그러므로 실용주의에서는 경험과 실험, 그리고 상호작용을 강조한다.

Dewey는 존재는 불확실하며 변화한다고 보았다. 따라서 인간이 하고 있는 탐구 활동은 확실성에 대한 탐구가 아니라 불완전한 세계에서 이루어지고 있는 변화 과정에 대한 탐구라고 보았다. 그러므로 인간은 그들을 둘러싸고 있는 환경을 계속해서 개선하고 재구성해 나가야 한다고 보았으며 이때 사용되는 경험은 유용하게 활용되어야 한다고 주장하였다.

2) 실용주의가 영향을 미친 교육 사상, 교육과정과 교육 방법

실용주의가 영향을 미친 대표적인 교육 사상에는 진보주의가 있다.

---

46) 박의수 외(1993), *op. cit.*, pp. 335-336; George Knight(1980), *op. cit.*, p. 86; 김재만(1986), *op. cit.*, 277-280.

진보주의는 실용주의를 모태로 하여 미국에서 전개된 하나의 교육 운동으로서 과거의 전통적인 교육이 성인 중심 내지는 교사 중심이었던 것에 반기를 들고 교육은 아동 중심이어야 함을 강력하게 주장한다. 1918년 Dewey의 신봉자들이 진보주의 교육협회를 결성하여 전통적 교육에 대한 하나의 교육개혁 운동을 전개하여 약 30년 동안 미국을 비롯한 여러 나라에 영향을 미쳤다.

진보주의 교육자들은 교육이란 아동의 흥미와 욕구를 충족시켜 주는 학습이어야 하며 경험의 재구성을 통한 성장이라고 본다. 따라서 학교란 아동이 학습하기 즐거운 곳이어야 하며 이를 위해 학교는 행복하고 매력적인 곳이어야 한다. 이들은 또한 아동들이 과학적 방법을 사용하여 문제를 해결해 나가는 과정이 교육이라고 본다. 문제를 해결해 나가는 과정에서 아동은 주도적인 역할을 한다. 즉, 아동 자신이 설정한 가설과 계획에 따라 문제를 풀어 나가는 행동을 통해 해결을 보게 된다. 따라서 진보주의 교육과정은 아동으로부터 구성된다. 한 예로 진보주의 학교에서 문제 해결을 위해 아동들이 집단 속에서 공동으로 활동을 하는 구안법(project method)의 빈번한 사용을 들 수 있다.

진보주의 교육원리를 진보주의 교육협회가 제시한 7개항의 강령을 근거로 정리하여 제시하면 다음과 같다.[47)]

첫째, 아동은 흥미가 있으면 그것이 무엇이든지 배우고자 하며, 동시에 어른으로부터 강요당하고 있다고 생각하면 무엇이든지 저항하는 경향이 있다. 따라서 학습은 아동의 흥미와 직접적으로 관련이 있어야 한다.

둘째, 진보주의는 전통적 교육관을 거부한다. 따라서 전통주의에서 강조하는 교과목의 강요보다는 문제 해결 위주의 학습이 강조된다.

---

47) 박의수 외(1993), *op. cit.*, p. 354.

문제 해결을 위한 실험과 경험은 진보주의 학습 방법의 핵심 개념이 된다.

셋째, 아동들이 경험의 해석과 재구성을 할 수 있는 학습 환경을 제공해 주어야 한다. 진보주의에서 교육이란 경험이며 경험의 재구성이라고 보기 때문에 아동이 장차 성인이 되어 겪게 될 경험들과 관련된 학습 환경을 제공하는 일은 매우 중요한 일이다.

넷째, 진보주의 교육에서는 아동이 주도적인 역할을 하므로 교사는 안내자로서의 역할을 한다. 이때 교사는 탁월하고 풍부한 지식과 경험을 소유한 자라야 한다. 전통주의 교육과정에서 교사가 주도적인 역할을 하는 것과는 대조되는 일이다.

다섯째, 진보주의는 상호작용을 강조한다. 상호작용은 원만한 대인관계에서 이루어진다. 따라서 진보주의 학교에서는 경쟁보다는 협동을 장려하며 여기에서 민주주의의 중요성이 강조된다. 민주주의는 경험의 공유에서 이루어지며 경험의 공유는 상호작용 가운데 성립된다.

이상과 같은 교육 원리를 지닌 진보주의 사상은 경험주의 교육과정의 배경이 되었다.[48] 경험주의 교육과정은 교과 중심의 교육과정이 강조하는 지식, 학문, 성인 위주의 교육과정을 활동, 생활, 아동 중심의 교육과정으로 그 중심을 옮겨 놓았다. 따라서 경험 중심의 교육과정은 교과과정의 중점을 교과에 두지 않고 학습자인 아동에게 두며, 교사가 일방적으로 과제를 부여하는 것이 아니라 학습자인 아동들의 협력적인 참여에 의해 교과가 진행되며, 교재는 사전에 조직되는 것이 아니라 학습 현장에서 결정된다. 또한 경험 중심의 교육과정에서는 생활인의 육성과 문제 해결력의 함양을 강조한다.

경험주의 교육과정에서의 교육 방법에서는 생활과 경험을 강조하는 소풍, 여행, 전시회, 자치활동 등이 강조되며, 아동 중심의 문제

48) 오영재 외(1997), *op. cit.*, pp. 189-190; 김종서(1994), 「잠재적 교육과정의 이론과 실제」, 교육과학사, p. 21.

해결을 위한 과학적인 실험, 아동과 아동간의 상호작용, 매력적인 학습 공간의 구성 등이 강조된다.

3. 학문 구조주의

1) 구조주의의 철학

학문 구조주의는 미국의 1950년대 자연과학의 발달과 학교 교육의 보조가 맞지 않는다는 비판의 소리와 함께 1957년 Sputnik 인공위성 충격으로부터 시작되었다.[49] 증가하는 지식과 기술의 발달 속도에 비해 한정된 학교 교육 기간 동안에 배울 수 있는 지식의 양은 너무나도 제한적이라는 점과 소련의 인공위성 발사로 인한 미국의 국가 안보에 대한 위협과 과학교육의 진흥에 대한 자극으로 인해 새로운 교육과정의 출현이 불가피하였던 것이다. 이때 새로운 교육과정의 근거가 되는 학문 중심의 구조주의 철학이 등장하게 된다.

학문 구조주의는 Bruner를 중심으로 하는 20세기 후반의 교육 사조이다. 그의 사상은 20세기 전반기 미국 교육의 주축을 이루었던 Dewey 사상과의 대비를 통하여 명확하게 드러난다. Bruner는 "Dewey 뒤에 오는 것"(After John Dewey, What?)이라는 논문에서 급격한 사회 변화와 고도의 과학 기술의 발달이라는 특징을 지닌 20세기 후반기의 교육을 이끌고 가기 위해서는 새로운 교육이 요청된다고 주장한다. 이를 위해서 Dewey가 주장하는 생활화는 현 상태에서의 적응을 위주로 하기 때문에 현실을 뛰어 넘을 수 없으므로 현실을 넘어갈 수 있는 강력한 인간 지성의 개발 육성이 필요하다고 보았다.

49) 김재만(1986), *op. cit.*, pp. 314-315; 김종서(1994), *op. cit.*, p. 23.

인간의 지적 성장을 도모하기 위해서 Bruner는 학문의 구조화가 필요하다고 보았다. 학문의 구조화란 "어떤 학문을 학문되게 하고 있는 기본적, 통일적 관념"[50)]을 말한다. 이것을 Bruner는 1959년 우즈홀 회의(미국 메사추세츠 우즈홀에서 열린 이 회의는 35인의 학자들이 모여 초, 중등학교의 과학 교육 개선에 관하여 논의하였으며, 이때 Bruner가 의장으로서 지도자적 역할을 하였음)에서 발표한 그의 논문에서 다음과 같이 설명한다. "물리학을 배우는 학생은 다름 아니라 바로 물리학자이며 물리학을 배우는데는 다른 무엇보다도 물리학자들과 꼭 같은 일을 해야 하며 물리학자들이 하듯이 물리현상을 탐구한다는 뜻이다"[51)] 다시 말하면 교사들이 학생들에게 물리학을 가르칠 때 실제로는 물리학을 가르친 것이 아니라 물리학적인 용어를 사용하여 물리학에 속하는 개념 법칙, 원리 등을 가르친 것에 불과하다는 것이다. Bruner에 의하면 참된 가르침이란 그 지식의 기본이 되는 통일적 관념으로서 구조를 이해시키는 방향으로 가르쳐야 하며 이를 위해 그 구조가 되는 것을 먼저 탐구해야만 한다. 예를 들면 어린이가 어떤 문장의 복잡한 구조를 파악하기만 하면 이미 학습한 문장과 내용이 다소 다르더라도 그것과 같은 모델을 기초로 하는 여러 가지 다른 문장을 쉽게 이해할 수 있다는 것이다. 따라서 학문의 구조화는 기본적인 것의 이해로 인해 교과의 이해를 쉽게 하며, 나아가 그것에 대한 이해뿐만 아니라 다른 것에 대한 이해도 동시에 성립된 결과가 되므로 모델 학습을 한 성과를 지니게 되며 따라서 효과적인 전이가 가능하다. 또한 발전된 지식과 초보의 지식 사이의 간격을 좁힐 수가 있다. 이러한 특징을 가진 학문의 구조화는 보다 깊고 근원적이고 통일적인 관념을 가르침으로써 미지의 사태의 곤란을 타개하고 폭발적으로 증가하는 지식에 대비하며 격심한 변화의 시대에 대응할 수

50) 김재만(1986), *Ibid.*, p. 319.
51) 이홍우((1980), 「지식의 구조와 교과」, 교육과학사, p. 50.

있게 한다고 보았다.

또한 인간의 지적 성장을 도모하기 위해서 그리고 학문의 구조화를 뒷받침하기 위해서 Bruner는 지적 성장의 조건과 촉진의 가능성을 파악하는 것이 중요하다고 보았으며 이를 해명한 것이 그의 인지 발달 이론이다.[52] Bruner의 인지 발달 이론은 기본적으로 Piaget의 지적 발달 단계의 연구 결과를 계승한 것으로 이를 다음과 같이 세 단계로 나누었다.[53]

첫째 단계는 동작적 표상의 단계로 주로 5~6세의 유아에게 해당되는 단계이다. 이 시기의 유아는 활동을 통하여 세계를 탐색하고 조종하는데 관심을 갖고 있으며, 그림이나 언어적인 지시를 통해서는 학습이 일어나지 않는다. 이 시기는 자극과 반응과의 직접 결합의 단계이다. 그러나 학습을 계속해 감에 따라 선행 반응의 흔적이 새로운 반응을 유도하게 되며 어떤 종류의 예측을 가능케 하는 일반적 모형을 만들게 된다.

둘째 단계는 영상적 표상의 단계로 동작적 표상의 단계에서의 신체 동작이 머리 속에서의 동작으로 전환되는 단계이다. 이때 유아가 내면화된 정신 구조를 갖게 된다. 유아가 어떤 개념이나 원리를 이해하게 되는 것은 그 개념이나 원리가 자신의 정신 구조로 번역되기 때문이다.

셋째 단계는 상징적 표상의 단계로 지적인 활동이 눈에 보이는 것, 직접 경험한 것 등에 얽매이지 않고 가설적 명제의 조작에 의해 이루어진다. 즉, 추상적 사고와 언어 기호에 의해 지적 활동이 일어나며 새로운 사상의 생성도 가능하다.

---

52) 교육고전문헌 연구회(1981), 「20세기 교육고전의 이해」, 이화여자대학교 출판부, p. 387.

53) *Ibid.*, pp. 393-394.

이상의 지적 발달의 세 단계는 교과의 구조를 각 단계에 맞게 변형하여 어느 단계에 있는 어린이라도 교육이 가능하도록 하는데 기본적인 자료가 될 수 있다. 어린이의 최종적인 발달 단계를 기다리지 않고 어떤 단계에서나 필요한 지식을 학습시킬 수 있으며, 이때 그 지식은 그 발달 단계에 적합하도록 변형하고 강화하는 하는 것이 필요하다. 이것을 Bruner는 "어떤 교과든지 그것을 지적으로 올바른 형식으로 표현하면 어떤 발달 단계에 있는 어떤 아동에게도 효과적으로 가르칠 수 있다, 특정 연령의 아이에게 어떤 교과를 가르친다고 하는 일은 말하자면 그 아이가 사물을 관찰하는 방법과 연결하여 그 교과의 구조를 나타내는 것이다"[54]라고 표현하면서 지식의 기본적인 관념(구조)을 이해시킬 수 있다는 말은 학문을 가르칠 수 있다는 말과 같다고 주장한다.

2) 구조주의가 영향을 미친 교육과정과 교육 방법

구조주의가 영향을 미친 교육과정은 학문 중심의 교육과정이다. 학문 중심의 교육 과정은 지식의 구조와 탐구 학습을 강조한다. Bruner에 의하면 교육과정은 각 교과의 전문가들이 그 교과가 나타내고 있는 지식의 구조를 가장 명확히 표현할 수 있도록 그 조직을 체계적으로 조직해 놓은 것을 가리킨다. 여기서 지식의 구조는 학문의 이면에 숨어 있는 기본적 개념, 일반적 개념, 지식의 탐구 과정 등을 의미한다. 학문의 지식 구조, 다시 말하면 기본적 개념 혹은 핵심 개념은 각 학문 분야에 따라 그렇게 많지 않다. 따라서 기본적 개념을 중심으로 가르쳐지는 교육의 내용은 학년이나 발달의 정도와 관계없이 가르쳐질 수 있다는 가정이 성립된다. 이는 초등학교 아동부터 고등학교

54) Jerome Bruner(1960), *The process of education*, Boston: Harvard University Press, p. 33.

학생에 이르기까지 동일 내용을 가르치되 그 수준만 달리하여 가르칠 수 있다는 말이다. 발달 단계가 높아짐에 따라 학습 내용의 깊이와 폭이 달라질 뿐이다. 이러한 학문 중심의 교육과정은 나선형으로 구성된다.

또한 학문 중심의 교육과정은 탐구 과정을 중시한다. 교과를 가르칠 때 교사가 그 교과의 핵심 개념을 찾아내어 이것을 아동에게 제시하고 주입하는 것이 아니라 아동 스스로가 해당 분야의 학자가 그 학문을 연구할 때와 동일한 방법으로 탐구 활동을 하도록 강조한다. 따라서 학문 중심의 교육과정에서의 교육 방법은 아동의 탐구 활동을 강조하는 자율적인 학습 방법이다.

경험중심의 교육과정과 학문 중심의 교육과정에 영향을 받아 오늘날 우리나라 유아 교육계에서는 상황중심의 교육과정이나 아동중심의 교육과정, 그리고 개방주의, 레지오 에밀리아 접근법 등이 등장을 하였다.

4. 실존주의

1) 실존주의의 철학

현대 문명의 비인간화에 대한 반발로 등장한 철학이 실존주의 철학이다. 일차 대전과 이차 대전의 비극적 체험과 과학, 기술 문명의 발달과 함께 빈곤의 문제는 해결되었으나 반면에 인간의 주체성을 말살하는 역현상의 출현으로 인해 철학의 관심이 이전의 인식론으로부터 존재론으로 전환되어야 한다는 주장이 실존주의의 배경이다.

현대 사회의 특징이라고 볼 수 있는 대중성과 획일화된 일반 법칙의 강요 속에서 인간은 주체성과 개체성을 잃어버리고 진정한 '나'를 상실한 채 살아가고 있다. 이러한 상황에 있는 인간이 주체성과 개체성을 찾으므로 진정한 의미에서의 자신을 찾고자 하는 것이 실존주의의 기본 전제이다.

인간의 실존 문제가 철학의 중심 테마로 거론된 것은 Kierkegaard에 의해서 이며 후에 Nietzsche, Heidegger, Sartre, 그리고 Buber 등에 의해 전개되었다. 이들이 다루는 주제들은 체제성의 대비 개념인 개체성, 지식뿐만 아니라 감정, 의지까지도 포함한 체험의 세계를 중시하는 지향성, 엄연한 사실로 인정할 수밖에 없는 존재의 불합리성, 자기 삶을 스스로 개척해 가는데 행사해야 할 선택의 자유와 결단, 인간이 도저히 피할 수 없는 불안, 죽음, 우울, 그리고 자유로운 두 개체 사이에서 이루어져야 할 공감적 관여의 문제 등이다.

실존주의자들은 실존을 본질에 선행하는 것으로 보았다. 따라서 그들의 물음은 '나는 존재한다라고 말하는 것이 무엇을 뜻하는가?' 라는 것이었다. Decart는 "나는 생각한다. 고로 존재한다."라고 말하였으나 실존주의자들에게 있어서는 "나는 존재한다. 고로 생각한다"이다. 즉, 내가 존재하지 않으면 분명히 나는 생각할 수 없기 때문이다. 따라서 나라는 존재는 생각하기 이전에 존재해야만 한다. 이처럼 실존주의자들은 인간의 실존이 먼저 있은 다음에 인간은 그 자신의 본질을 결정해 나간다고 보고 있다. 인간은 자신의 본질을 결정하는데 있어서 절대적인 자유를 지니고 있다. 각 개인이 시비를 판단할 뿐만 아니라 그 준거까지도 결정한다. 이때 선택에 대한 책임은 필수적이다. 따라서 실존주의에서는 개인의 삶에 있어서 자율성을 강조하며 철저한 선택과 책임을 강조한다.

2) 실존주의가 영향을 미친 교육과정과 교육 방법

실존주의로부터 영향을 받은 교육과정은 인간 중심의 교육과정이라고 볼 수 있다.[55] 오늘날 인류의 번영을 위해 발달시킨 고도의 과학 기술은 오히려 인간 소외와 인간의 비인간화를 초래할 수도 있기 때문에 인간 교육에 중점을 두어야 한다고 주장하는 교육과정이 인간 중심의 교육과정이다. 만일 과학 기술은 고도로 발달하는데 인간성의 발달이 이에 미치지 못한다면 인간의 행복에 기여하기 위해서 발달시킨 과학이 오히려 인간을 멸망으로 이끄는데 기여하게 되므로 이를 극복하고자 하는 것이 인간 중심의 교육과정이다. 이에 대해 한국 교육 개발원은 '교육 발전의 전망과 과제' 라는 보고서에서 "경제의 지속적인 고도 성장에 따른 고도 산업 사회의 도래는 필연적으로 물질 만능의 풍조, 인간 소외, 청소년 문제 등의 사회적 병리 현상을 낳게 하며 … 이러한 문제에 대처하기 위하여 교육은 지식과 기술을 획득하기 위한 수단으로만 이용될 것이 아니라, 인간 형성 그 자체와 인류의 가치 실현이라는 점에 중점을 두어야 할 것이다. 인간 교육의 강화는 산업 사회의 중요한 과제가 될 것"이라고 피력하였다.[56] 또한 Foshay는 미국의 전국 교육 협회에서 개최한 세미나에서 "교육에서 새로운 요구가 첨가되고 있다 …… 그것은 교육은 자기 실현을 촉진시키지 않으면 안 된다"라고 언급하였다.[57] 이처럼 인간 교육은 고도의 산업화에 따라서 나타나는 인간성의 매몰과 비인간화의 경향에 맞서기 위해서 그 필요성이 제기되고 있다.

인간 중심의 교육과정은 자아실현을 목표로 하며, 학교 환경의 인간화를 위해 노력하며, 인간주의적인 교사를 가장 필요로 하며, 잠재적 교육과정을 중시하는 것을 그 특징으로 한다. 이와 같은 인간 중심의 교육과정은 아직도 탐색 단계에 있으며 이 교육과정을 유형화한 연구는 아직 드물다.

---

55) 오영재 외(1997), *op. cit.*, p. 199; 김종서(1994), *op. cit.*, pp. 31-32.
56) 김종서(1994), *Ibid.*, p. 31.
57) *Ibid.*, p. 31.

Ⅳ. 기독교 유아교육 방법론

본 장에서는 기독교적인 방법론을 논하기 위해 기독교 유아교육 방법론을 위한 철학, 원리, 그리고 실제를 다루고자 한다.

1. 기독교 유아교육 방법을 위한 철학

앞장에서 교육 방법은 교육의 목적과 밀접한 관계가 있으며 그 교육의 목적을 보다 명확히 구체화시키기 위해서는 교육과정이 필요하며 이 교육과정은 어떤 하나의 철학에 의존되어 있음을 살펴보았다. 이는 교육 방법이란 교육 철학에 종속되어 있음을 뜻한다. 따라서 기독교 유아교육을 위한 방법은 기독교 교육 철학에 의존한다.

또한 기독교 유아교육에서는 기독교 교육 철학을 전제로 하여 여러 교육 방법의 장·단점을 파악한 후 그 방법들을 사용할 수 있다. 왜냐하면 모든 만물은 하나님이 만드셨으며(골 1: 17) 그 만물 가운데 하나님께서 자신의 뜻을 계시하시고(롬 3: 20) 하나님의 뜻을 찾을 수 있도록 우리 인간에게 이성을 주셔서 인간들이 그 이성을 사용하여 진리를 알아내며 지식을 습득할 수 있는 방법들을 고안해 낼 수 있기 때문이다. 따라서 그 방법들이 기독교인이 아닌 사람이 발견한 것이라고 해도 그가 그 방법을 고안하기 위해 사용한 이성은 일반 은총으로서 하나님이 주신 것이며 발견된 사실은 하나님께서 만드신 사물의 원리이거나 본성, 또는 법칙이기 때문에 기독교인이 기독교적인 조망을 통해 그 발견된 방법들을 사용할 수 있다.[58] Byrne은 여기에 동조

58) Robert Pazmino(1988), *Foundational issues in Christian education: An introduction in evangelical perspective*, Grand Rapids: Baker Book House, pp. 85-90.

하면서 "그리스도인에게 있어서 절대적인 최선의 방법이란 없다. 여러 방법을 잘 조화시킨 것이 최선의 종합적인 접근 방법이라고 여겨진다"[59]고 언급하고 있다. 또한 Pinar도 교육과정의 유형 연구를 통하여 교육과정에 대한 경험적, 비판적, 해석적인 제 관점들의 종합이 시도되어야 한다고 주장함으로써 간접적으로 교육방법은 어느 한 유형만을 강조하는 것이 바람직하지 않음을 시사하고 있다.[60] 따라서 바람직한 기독교 교육 방법의 개발을 위해서는 어느 한 유형의 교육 방법을 강조하기보다는 각 교육 철학에서 유출된 교육방법을 다양하게 고려하는 것이 바람직하다. 이때 기독교적인 조망에 의해 여러 교육 방법을 평가하며 교육의 목적과 교육 방법을 연결시키는 일이 필요하다.

하나의 예를 들어보면 다음과 같다. Groome은 기독교 교육의 목적은 사람들이 예수 그리스도 안에 계시된 하나님 나라에 대하여 능동적으로 응답을 하도록 이끌어 주는 것이며 이를 위한 적절한 교육 방법은 Shared Christian Praxis교육 방법이어야 한다고 주장한다.[61] Shared Christian Praxis 교육 방법이란 현재의 삶의 행위와 경험을 비판적으로 성찰함으로써 "우리 자신들의 이야기들(Stories)과 비전(Visions)들을 기독교 공동체의 이야기(The Story)와 비전(The Vision)에 비추어 명명(Naming)하고 발견케 하는 상호 관계적인 성찰적 인

Gary Collins(1977), *The rebuilding of psychology: An integration of psychology and Christianity*, Wheaton: Illinois, Tyndale House Press, 7장; Arthur Holmes (1993), 「모든 진리는 하나님의 진리다」, 서원모 역, 크리스찬 다이제스트, 1장과 8장을 참조하시오.

59) Herbert Byrne(1988), *op. cit.*, p. 230.

60) William Pinar, 'Currere: toward reconceptualization', William Pinar(Ed.), *Curriculum theorizing: The reconceptualists*, Berkley, California: Mrcutchan Publishing Co., p. 400.

61) 이정효(1990), '기독교 교육방법론', 오인탁, 은준관, 정웅섭, 고용수, 김재은 편, 「기독교교육론」, 대한 기독교 교육협회, p. 396.

식 방법"[62]을 말한다. Groome이 Shared Christian Praxis 교육 방법을 주장하는 이유는 이 방법이 성경적 의미에서의 인식(Knowing)을 증진시킬 수 있고, 이론과 실제(Praxis)와의 통합을 통해 신앙과 신앙의 행위 사이의 간격을 줄일 수 있기 때문이며, 또한 바람직한 기독교 신앙을 증진시킬 수 있기 때문이라는 것이다. Groome의 이와 같은 교육 방법은 Habermas와 Aristotle의 인식방법론을 이론적 근거로 삼고 있으므로 그대로 적용하기에는 무리가 있으나 조심스럽게 방법론에서의 효율성을 고려할 수는 있다. 즉, 여러 행위와 경험을 포함하는 삶의 현장을 기독교 교육철학에 의해 해석해 봄으로써 일반적인 교육의 내용을 기독교 공동체에서 지향하는 목적의 내용으로 통합하는 교육 방법은 적용 가능하다.

기독교 교육철학은 기독교 교육 방법을 위한 근거가 되며 또한 각 교육 철학에서 유출된 교육 방법을 수정 보완하여 종합적인 교육 방법을 고안하는 것이 필요하다는 인식에 근거하여 기독교 교육 철학과 여러 철학에 대한 기독교적인 접근을 통해 기독교 유아교육을 위한 방법을 유출하고자 한다.

1) 기독교 교육 철학

하나님은 존재하시며, 모든 진리의 근원이 되신다. 하나님은 궁극적 실재로서 세상의 모든 것을 창조하신 조물주가 되시며, 도덕성의 궁극적 근원이 되신다.

하나님은 그가 창조한 피조물 가운데 일반적인 방법과 성경의 계시를 통한 특별한 방법으로 자신을 우리에게 나타내신다. 따라서 인간은 일반적 지식을 위해 여러 학문과 자연의 세계에 대한 연구를 부지

62) *Ibid.*, p. 396.

런히 해야 한다. 또한 특별 계시인 성경의 연구를 통해 진리를 터득할 수 있다. 이때 성령께서 역사하지 않으시면 특별 계시의 진리를 깨달을 수 없다. 따라서 하나님에 대한 지식을 얻는데는 성령이 중요한 역할을 한다.

인간은 하나님의 형상을 따라 지음 받았기 때문에 존엄성과 가치를 지니며 이성적, 도덕적, 사회적, 정서적, 신체적, 영적 특성을 지닌 통합적인 존재이다. 또한 인간은 자발적으로 사고하고 행동할 수 있도록 창조되었다. 따라서 인간의 학습을 고려할 때 흥미와 자발적인 활동이 강조되어야 한다.

인간은 타락으로 인하여 죽을 수밖에 없는 존재가 되었으며 이를 극복하기 위해서는 예수 그리스도에 대한 신앙을 통해서 거듭나야만 한다. 인간의 타락은 인간의 본성에 대한 타락도 의미한다. 따라서 자연주의자들은 인간의 본성은 선하다고 하지만 성경적인 관점에서 인간의 본성은 악하다고 본다. 또한 인간의 타락은 인간의 본성의 타락만을 의미하는 것이 아니라 우주 만물의 타락도 의미한다.

2) 여러 교육 철학의 기독교적 접근

앞에서 살펴본 바와 같이 각 교육 철학들을 중심으로 발전된 교육과정과 그 교육과정에서 유출된 교육 방법들은 나름대로의 장점을 가지고 있기도 하지만 단점도 가지고 있으며 방법적으로는 단점이 없다 할지라도 그 내면을 살피면 철학적으로 궁극적인 실재를 부인하거나 인본주의적인 색채를 가짐으로 인해 기독교적으로 완전한 하나의 모델링을 제시하지 못한다.

전통적인 교육과정인 교과중심의 교육과정의 배경이 되는 항존주의에 영향을 미쳤던 이상주의는 인생의 목적에 대한 진지한 성찰과 이상, 즉 유토피아에 대해 경건한 추구를 했다는 점에서 높이 평가할

만 하다.[63] 그러나 유토피아적 이상주의가 가지고 있는 독선적 편협성에 빠질 수 있는 위험성을 지니고 있으며 교육적 측면에서 정신적인 면을 강조한 점은 교육의 실제적 면과 물리적인 면에 대한 기초를 제공해 주지 못했다는 비평을 받는다.[64] 또한 물질 세계의 경시는 성과 속, 선과 악을 구분짓는 이원론적 경향을 낳았으며[65] 소수만을 위한 엘리트 교육을 제공했다는 비평을 받는다.

이상주의에 영향을 받은 항존주의는 진보주의에 대한 반발로 나온 현대 교육 철학으로서 현대 사회의 특징인 세속주의, 물질주의, 과학주의에 반대했다는 면에서 현대인들에게 호소하는 힘이 있기는 하지만 고전을 지나치게 강조했다는 면에서 비판을 받고 있다.

전통적인 교과중심의 교육과정에 대해 반기를 들고 교육의 새로운 면을 모색하고자 애썼던 경험중심 교육과정의 근거는 진보주의이다. 진보주의에 영향을 주었던 실용주의는 생활 속에서의 경험을 강조함으로써 이상주의가 주장하는 추상적인 유토피아에 대한 강조와 물질 세계의 경시에서 오는 이원론적인 구분을 타파하였으며 이로 인해 이론적인 면과 실제적인 면의 통일[66]을 가져오는데 일익을 담당했다는 사실은 실용주의의 장점이라고 볼 수 있다. 그러나 실용주의는 지식은 인간의 경험에 의해서만 가능하다고 주장함으로써 인간의 감각 경험을 통해서 모든 진리를 규명할 수 있다고 하는 오만함과 인간의 경험의 세계 저편에 존재하는 실재를 부인하는 어리석음을 범하고 있다. 경험의 세계만을 강조하는 것은 초월적인 영역에 대해서는 아무것도 알지 못함을 주장하는 것임에도 불구하고 마치 초월적인

63) 이돈희(1995), *op. cit.*, p. 337.

64) George Knight(1980), *op. cit.*, p. 80; 이돈희(1995), *op. cit.*, p. 337.

65) Albert E. Greene(1998), *Reclaiming the furture of Christian education: A transforming vision*, Colorado: Association of Christian Schools International, p. 144.

66) George Knight(1980), *op. cit.*, p. 101.

영역에 대해 모든 것을 아는 것처럼 주장하고 있는 모순을 범하고 있다.[67]

또한 실용주의에서 주장하는 존재는 불확실하며 변화한다는 견해는 인간이 발견해 낸 어떤 사실이 잘못된 것으로 판정이 나서 다시 연구해야 할 필요성이 있으며 때로는 발견해 낸 사실이 그 실재가 가지고 있는 성질의 반 정도에 해당하는 사실이기 때문에 더 연구하여 기존의 생각을 변화시켜야 한다는 측면에서는 변화라는 말이 타당하다. 그러나 이 세상의 실재나 진리는 변하지 않는 것이 있다는 것을 부정하는 결과를 낳기 때문에 매우 위험한 사상이다. 김정환은 영원불변의 가치와 지식이 분명히 있는데 진보주의는 이것을 무시했다고 비판한다.[68] 이러한 사상은 상대주의를 낳으며 어떤 확실한 기준을 제시하지 못한다.[69]

실용주의에서 영향을 받은 진보주의는 아동의 흥미에 따라 교육의 내용이 결정되어야 하며 학습이 이루어져야 한다고 하는 아동 중심의 교육과정을 강조한다. 물론 아동들의 흥미를 유발시키거나 그들의 흥미를 중심으로 학습이 이루어져야 하는 것은 사실이지만 여기서는 지나치게 아동의 흥미를 강조하고 있다. 이는 아동의 본성에서 나오는 모든 것이 바르다고 보는 입장으로서 이것의 뿌리인 자연주의 사상에서 나온 인간은 선하다고 하는 인간의 본성에 대한 왜곡된 견해[70]의 결과이다. 이로 인해 어려운 것은 피하고 쉬운 것만 택하게 하는 결과를 가져오게 했으며, 아동의 자유를 존중한 나머지 교육의 방향 감각을 잃어버리게 되는 경향을 초래하였고, 현재의 생활을 중시함으로 인해 미래에 대한 감각을 키워 주지 못했다는 비판의 소리

67) Cornelius Van Til(1983), 「듀이와 현대교육의 비판」, 이창수 역, 성광문화사, pp. 16-17.
68) 김정환(1974), 「교육의 철학과 과제」, 박영사, p. 112.
69) Cornelius Van Til(1983), *op. cit.*, p. 11.
70) George Knight(1980), *op. cit.*, p. 140.

가 있다.[71] 이와 맥락을 같이 하여 진보주의는 이기주의, 개인주의, 적당주의 사고 방식을 낳았다고 비판하는 학자들도 있다.[72]

인간 중심의 교육과정에 영향을 미친 실존주의는 현대 사회가 지니고 있는 물질주의와 과학주의, 그리고 획일적 강조에 대한 반발과 인간의 삶, 죽음, 의미 등과 같은 기본적인 실존 문제에 직면해야 할 필요성을 주장함으로써 인간의 자신에 대한 반성, 개인의 독특성에 대한 인식, 그리고 개인적 선택으로 인한 개개인의 책임을 강조한 점은 현대 사회가 안고 있는 병폐를 해결할 수 있는 실마리를 제공하고 있다. 이것을 가리켜서 "인간성의 교육으로의 회복"이라고 보는 학자도 있다.[73] 그러나 인간이 스스로의 반성과 선택에 의해서 진리를 찾을 수 있는 완벽한 존재인가? 라는 질문에 대해서는 회의적인 대답을 할 수밖에 없는 존재라는 점과 개인의 실존에 대한 강조는 교사의 권위를 약화시키며[74] 경험의 세계에 대한 실존을 약화시키고 하나님의 실존의 자리를 희미하게 한다는 비판을 받는다.

2. 기독교 유아교육 방법의 원리

기독교 교육철학과 여러 교육 철학의 기독교적 접근을 통해 기독교 유아교육을 위한 방법의 원리는 하나님 중심의 원리, 성경 중심의 원리, 통합의 원리, 성령의 도우심의 원리, 자발성의 원리, 개별화의 원리, 상호작용의 원리 등으로 유출해 낼 수 있으며 이들을 차례로 살펴보면 다음과 같다.

---

71) 오영재 외(1997), *op. cit.*, p. 121; 김정환(1974), *op. cit.*, p. 123.
72) 안상원(1979), '진보주의 교육사상 관견', 건국대 행정대학원, 논문집 제7집, 79-93: 이규환(1965), 현대교육신문, 제21호, 2, 24.
73) 오영재 외(1997), *op. cit.*, p. 128.
74) George Knight(1988), *op. cit.*, p. 100.

1) 하나님 중심의 원리

기독교는 하나님의 궁극적인 실존으로부터 시작한다. 처음부터 계신 그 하나님이 세상을 창조하시고 창조하신 모든 것 위에 나름대로의 독특한 성격과 원리, 그리고 일련의 법칙들을 부여하셔서 하나님을 들어내며 존재할 수 있도록 하셨다. 따라서 하나님은 진리의 근원이 되시며 우주의 중심이 되시므로 모든 방법도 하나님 안에 중심을 두어야 한다.

교육의 대상은 인간이며 그 인간은 하나님의 형상을 따라 지음 받았기 때문에 하나님의 속성을 이해해야 인간의 본질에 대한 이해가 가능하다. 인간의 본질에 대한 이해는 효과적인 학습 방법의 길잡이가 된다. 따라서 기독교 유아교육을 위한 교육 방법은 하나님 중심이 그 원리가 되어야 한다.

2) 성경 중심의 원리

기독교 교육철학에서 언급하였듯이 인간은 일반적인 지식과 더불어 특별 계시인 성경을 통하여 진리의 근원이 되시는 하나님과 하나님의 뜻을 알 수 있으며, 하나님과 인간과의 관계, 그리고 인간과 인간과의 관계, 인간과 자연과의 관계는 어떠해야 하는 지를 알게 된다. 이는 다시 말하면 성경을 통하여 하나님의 뜻을 어떻게 받들어야 하는지, 인간과 인간과의 관계는 어떤 형태를 지녀야 하며 그 형태를 형성하며 유지하기 위해서는 어떻게 해야 하는지에 대한 방법의 원리를 성경을 통해 알 수 있음을 의미한다.[75] 또한 성경을 통하여 인간이

75) Herbert Byrne(1988), *op. cit.*, p. 227.
Gordon Spykman(1977), The place and roll of the Bible in the School, Steensma, G. & Harro Van Bremmelen (Eds.), *Shaping school curriculum: A Biblical view*, Indiana: Signal Pub., p. 1.

자연과의 관계를 어떻게 가져야 하는지에 대한 기본적인 원리를 제공해 주며 그 관계를 유지하기 위해서는 어떤 방법을 사용해야 하는지에 대한 기본적인 원리를 제공해 준다.[76] 따라서 기독교 유아교육을 위한 교육 방법의 원리는 성경 중심이 되어야 한다.

3) 성령의 도우심의 원리

하나님은 진리 자체가 되시며 진리의 근원이시다. 만물을 창조하시고 그 만물 가운데 자신의 뜻을 계시하신다(골로새서 1: 17, 로마서 1: 20). 따라서 인간이 어떤 사실이나 사물에 대한 진리를 발견했다 하더라도 이것이 하나님의 뜻을 밝혀 내는데 사용되지 않는다면 그것은 참된 진리로서의 역할을 할 수 없다. 교육 방법이 교육의 목적과 관련이 되어 있으므로 기독교 교육의 목적이 하나님의 뜻을 따르는 그리스도인을 장성하는 것이라면 교육 방법은 당연히 하나님의 뜻을 찾거나 그 뜻과 연관이 있어야 한다. 하나님의 뜻을 찾거나 연관을 맺기 위해서는 성령의 도우심이 필요하다. "내 말과 내 전도함이 지혜의 권하는 말로 하지 아니하고 다만 성령의 나타남과 능력으로 하여"(고린도 전서 2: 4), "여호와를 찾는 자는 모든 것을 깨닫느니라"(잠언 28: 5)라고 말씀하시므로 성령이 깨닫게 하심을 분명히 말씀하고 있다. 그래서 Zuck, Lebar, Chadwick 등은 학습의 과정에 있어서 열쇠가 되는 것은 성령의 도우심이라고 주장한다.[77] 따라서 기독

---

76) Closon, H. & Rigdon, R.(1981), *Understanding your church's curriculum*, Tennessee: Broadman Press, p. 106; Richard Edlin(1994), *The cause of the Christian education*, Alabama: Vision Press, pp. 60-63.

77) Roy B. Zuck(1963), *Spiritual power in your teaching*, Chicago: Moody Press, p. 123 & pp. 170-171; L. E. LeBar(1989), *Education that is Christian*, Victor Books, pp. 288-307; Ronald Chadwick(1982), *Teaching and learning: An intergrated approach to Christian education*, New Jersey: Fleming H. Revell Company, p. 41.

교 유아교육을 위한 교육 방법에서는 성령의 도우심이 중요한 원리가 된다.

4) 통합의 원리

앞의 기독교 교육 철학 부분에서 기독교 유아교육 방법의 개발을 위해서는 어느 한 유형의 교육 방법을 강조하기보다는 각 교육 철학에서 유출된 교육 방법을 다양하게 고려하는 것이 바람직하다고 하였다. 그 이유는 우리가 지식을 습득할 때 하나님이 주신 이성을 사용하여 습득하므로 기독교인이 아닌 교육 철학자들이나 교육자들이 개발해 낸 교육 방법도 하나님에 대한 지식과 하나님이 만드신 이 세상을 이해하는데 도움을 주기 때문이다. 따라서 교육 방법은 일반 교육에서 사용하는 여러 교육 방법에 대한 기독교적인 조망을 통한 통합이어야 한다.

교육 방법에 대한 통합의 필요성은 지식의 통일성이라는 측면에서도 이루어져야 할 과제이다. 이것은 일반 교육에서도 강조한다. 오늘날 너무나도 학문을 분해한 것에 대한 반성[78]과 보다 총체적인 면에서의 학문 연구를 위한 교육의 원리로서 통합의 원리를 강조한다. 그러나 일반 교육에서의 통합이란 수평적 의미에서의 통합을 뜻한다. 여기서는 하나님과의 관계를 다루는 수직적인 면과 일반적 지식을 다루는 수평적인 면의 통합을 의미한다.[79]

78) Norman De Jong(1985), 「진리에 기초를 둔 교육」, 신청기 역, 생명의 말씀사, pp. 44-46.

79) 기독교 교육에서의 통합의 의미를 보다 자세히 알기 위해서는 제8장의 기독교 유아교육의 내용을 참고하시오.

5) 자발성의 원리

하나님이 인간을 창조하시되 하나님의 형상을 따라 창조하셨으며 인간에게 하나님의 뜻을 이루어 드릴 수 있도록 하기 위해 여러 가지 능력들을 주셨다. 위에서도 언급하였듯이 인간에게 이성적이며 도덕적이고 정서적, 사회적, 신체적, 영적인 여러 가지 능력을 주셨다. 그 가운데 인간을 인격적이며 고귀하게 만드는 성격을 지닌 자유의지가 있다. 자유의지는 어느 누구의 강압적인 요구에 의해서가 아니라 스스로의 선택에 의해 어떤 일을 행하고자 하는 의지를 말한다. 이 자유의지라는 말속에는 호기심과 탐구심이 포함되어 있다.[80] 하나님께서 인간의 마음 가운데 하나님을 알만한 지식을 허락하셔서 하나님을 경외하고 그를 찬양하고자 하는 자유의지의 마음을 허락하셨을 뿐 아니라 하나님이 만드신 만물의 원리와 성격을 알고자 하는 탐구심 또한 허락하셔서 이것들에 대한 연구와 개발을 할 수 있도록 하셨다. 따라서 이러한 성격을 지닌 인간의 학습을 위한 교육 방법은 학습자 자신의 탐구심에 의한 행동의 선택에 의한 것이어야 한다.

Dewey의 사상에 영향을 받은 많은 교육과정들이 아동중심의 교육 방법을 강조하는데 이는 바로 하나님께서 인간을 창조하실 때 스스로가 자신의 선택에 의해 어떤 일을 할 수 있는 존재로 만든 인간의 본성에 대한 이해에서 비롯되는 것이다. 유아의 탐구심과 흥미를 강조하는 것은 중요한 일이다. 그러나 경험중심의 교육과정에서도 언급하였듯이 유아들의 흥미와 탐구심에 대한 적절한 통제가 필요하다. 인간의 타락으로 인해 인간의 본성이 왜곡되었기 때문이다. 그래서 성경에서는 "초달을 차마 못하는 자는 그 자식을 미워함이라 자식을 사랑하는 자는 근실히 징계하느니라"(잠언 13: 24)고 말씀하시므로 유아를 위한 교육 방법은 어떠해야 하는지를 시사하고 있다.

---

80) Robert Pazmino(1988), *op. cit.*, p. 63.

6) 개별화의 원리

하나님께서는 인간을 만드시되 개인적으로 독특한 존재로 만드셨다. 하나님께서 인간에게 여러 가지 능력을 부여하시되 개인에 따라 다르게 부여하셨다. 어떤 사람은 이성적인 면이 뛰어나게 하셨으며, 다른 사람에게는 도덕적인 면이나 사회적인 면이 뛰어나게 하셨다. 각자마다 독특한 자기 나름대로의 능력을 갖고 태어나게 하셨으며 다양한 환경에서 자라도록 하셨다. 로마서 12: 6에서 "우리에게 주신 은혜대로 받은 은사가 각각 다르니 ⅣⅣ"라고 말씀하시며 에베소서 4: 7에서는 "우리 각 사람에게 그리스도의 선물의 분량대로 은혜를 주셨나니"라고 말씀하시므로 믿음의 분량이 각자 다름을 표현하고 있으며 이것은 능력 면에서도 마찬가지임을 시사한다. 에베소서 4: 11에서도 "그가 혹은 사도로, 혹은 선지자로, 혹은 복음 전하는 자로, 혹은 목사와 교사로 주셨으니"라고 말씀하시므로 각자의 은사가 다름을 나타내고 있으며 이는 각자의 독특한 능력이 있음을 시사한다. 따라서 기독교 유아교육을 위한 교육 방법은 개인의 능력에 따른 개별화의 원리에 따라야 한다.

7) 상호작용의 원리

창세기 1: 26에 보면 "하나님이 가라사대 우리의 형상을 따라 우리의 모양대로 우리가 사람을 만들고"라고 말씀하시므로 성부, 성자, 성령의 삼위의 하나님에 대해 말씀하고 있다. 하나님께서는 인간을 창조하실 때 성부, 성자, 성령 삼위가 함께 일하셨으며 성자 예수님을 이 땅에 보내어 하나님의 뜻을 이루게 하셨으며 성자 예수께서 승천하신 이후에는 보혜사 성령을 보내시어 하나님의 뜻을 위해 일하는 사람들을 위해 일하게 하시며 하나님의 뜻을 이루신다. 이처럼 성부,

성자, 성령 삼위의 상호 작용하심 가운데 자신의 뜻을 이루시는 하나님께서 하나님의 형상을 따라 하나님의 모양대로 사람들을 만드셨다는 사실은 우리 사람들이 상호 작용적인 존재임을 말한다.[81)]

인간이 상호 작용적인 존재임은 경험주의 교육을 강조하는 여러 학자들에 의해서도 입증이 된다. 예를 들면 Piaget, Vygotsky, Flavell 등의 인지 발달론자들은 인간의 발달이란 사람이나 사물 혹은 활동 등의 환경과의 상호 작용을 통해 일어난다고 주장하므로 인간이 상호 작용적인 존재임을 말하고 있다. 따라서 기독교 유아교육을 위한 방법은 상호 작용의 원리이어야 한다.

이상의 기독교 유아교육을 위한 교육 방법의 원리를 사용하여 교육을 실행할 수 있으며 기존의 모든 교육 방법을 기독교적 조망에 의해 선택하여 교육에 적용할 수 있다.

3. 기독교 유아교육 방법의 실제

기독교 유아교육 방법의 실제로서 Alta Vista Program과 University of the Nations의 프로그램을 소개하고자 한다. 앞에서 기독교 유아교육을 위한 방법의 원리를 소개하였으나 실제적으로 교사들이 프로그램을 전개할 때 어떻게 전개해야 하는지에 대한 방법에 대해서는 혼란을 겪고 있다. 따라서 우리나라 대부분의 유아교육 기관에서 단원중심의 교육과정을 운영할 때 어떻게 기독교적인 프로그램을 운영할 수 있을지를 위의 두 프로그램의 실례를 통해 기독교 유아교육 방법의 실제에 대한 아이디어를 얻고자 한다.

기독교 유아교육을 위한 교육과정을 운영하는 방법은 커다랗게 두 가지로 생각할 수 있다. 첫째는 일반적인 주제를 기독교적으로 통합

81) Jack Fennema(1979), *op. cit.*, pp. 2-16.

하여 전개하는 방법, 두 번째는 기독교적인 주제를 다루되 일반적인 내용을 통합하여 다루는 것이다. 전자에 속한 것이 Alta Vista 프로그램이며 후자에 속한 것이 University of the Nations프로그램이다. 유아의 감정에 대한 주제를 Alta Vista 프로그램과 University of the Nations프로그램에서는 어떻게 전개해 나갔는지를 차례로 살펴보면 다음과 같다.

1) Alta Vista Program[82]: 일반 주제의 기독교적 통합

Alta Vista는 성경적 세계관에 바탕을 둔 기독교 교육과정으로서 단원들이 단계별로 구성되어 있으며 각 단원은 15과로 이루어져 있다. 단원의 각 과는 4단계로 나누어져 있다.

- 제1단계: 들어가기로 사전 경험 위에 개인적으로 경험을 제공함으로서 학생들의 동기 유발하기가 목표이다.
- 제2단계: 제시하기로 학생들의 경험과 주어진 자료를 연결하도록 도와줌으로서 학생들에게 전문적인 지식을 제공해 준다.
- 제3단계: 실행하기로 학생들 스스로 주어진 정보를 여러 방법으로 탐색하고 적용함으로서 배우는 것을 연습해 보도록 한다.
- 제4단계: 반응하기로 학생들이 배운 것을 적용하기 위해 계획을 세우고 그것의 유용성을 평가하며 새로 배운 것을 다른 학생에게 가르친다.

82) Albert Greene, Susan Talbot, Diane Van Ornum(1991), *Alta Vista curriculum: People as individuals*, Washington, Seattle: Alta Vista College, IVA7-IVA7S-17.

제목: 나는 어떻게 느끼는가?

초점: 개인적인 감정들과 자아 개념

개념: 하나님은 사람을 감정을 느끼고 표현할 수 있는 존재로 창조하셨다. 이러한 감정들은 사람들이 세상에 대해, 다른 사람들에 대해, 그리고 자신들 안에 어떠한 일들이 일어나는지를 배우도록 한다. 비록 사람들이 같은 종류의 감정을 갖고 있다 해도 사물에 대한 감정을 같은 방법으로 느끼지 않으며 또 같은 방법으로 그들의 감정을 표현하지도 않는다.

(1) 제1단계: 들어가기

유아들이 경험했던 감정의 종류에 대해 말해 보게 한다. 느낀 감정을 어떻게 보여줄 수 있는지에 대해 말해 보게 한다. 우리가 느끼는 것을 그대로 행하는 것은 언제나 옳은 일인가? 옳다면 그 이유는 무엇이며, 만일 옳지 않다면 그 이유는 무엇인가?

- 특별한 카드를 만들어서 유아들에게 우편으로 보낸다. 그리고 우편으로 카드를 받았을 때 기분이 어떠했는지 서로 이야기하도록 한다.
- 시를 유아들에게 큰 소리로 읽어 주고 시어에 대한 느낌을 가질 수 있게 잘 듣도록 한다.

(2) 제2단계: 제시하기(이야기 듣고 토론하기: 나는 어떻게 느끼는가?)

하나님은 네가 감정을 갖도록 만드셨지. 너는 행복, 슬픔, 외로움, 두려움, 흥분, 그리고 화가 날 때가 있지. 너의 몸과 얼굴은 네가 느끼는 것을 나타내 준단다. 네가 행복할 때는 웃고, 슬플 때는 울기도 한단다. 만일에 두려움을 느낄 때는 도망을 하거나 숨어 버리기도

하지. 화가 날 때는 소리를 지르기도 하고.

네가 느끼는 감정은 네 자신을 알도록 한단다. 왜냐하면 너는 다른 사람들이 세상에 대해 느끼는 것과는 다르게 느끼기 때문이란다. 어떤 사람이 너를 괴롭히는 것은 다른 사람들이 그것을 재미있어 할 때 네가 화나도록 만들기도 하고 다른 사람들이 바보 같다고 생각하는 것을 너는 재미있다고 웃기도 한단다. 너는 또한 다른 사람들이 상처 주기를 원하는 것을 보호하려고 하기도 하고 어떤 사람에 대해 연민의 정을 느끼기도 하지. 너의 감정은 다른 사람들이 너를 알도록 돕는단다.

때때로 너는 네가 무엇을 느끼는지 정확히 모를 때도 있고 갈등을 느끼거나 부끄러울 때도 있단다. 어떤 때는 자신이 어떻게 느끼는지를 알지만 너의 감정을 숨기기도 하지. 너의 감정은 또한 변할 수도 있단다. 때로는 네가 어떻게 느끼는지를 알도록 도울 필요도 있고 너의 감정을 보여 주는 방법을 알아야 될 필요도 있단다. 너의 감정은 너를 둘러싼 세상을 발견하도록 도울 수 있단다. 그들은 네가 무엇을 해야 할지, 무슨 말을 해야 할지를 알도록 도울 수 있단다. 때로는 감정이 네가 아는 어떤 일이 잘못되었다고 하는 일을 그만두라고 경고할 때도 있고 네가 재미있도록 도울 때도 있단다. 그리고 내가 누군가를 얼마나 좋아하는지를 보여줄 때도 있고 내가 좋아하는 것과 싫어하는 것을 결정하도록 돕기도 한단다.

네가 어떻게 느끼는지를 표현하는 방법은 여러 가지가 있단다. 너의 느낌에 관하여 말하기를 원하면 다른 사람들이 너를 이해하게 되단다. 너는 네가 두렵거나 외롭거나, 또는 행복할 때 이야기나 시를 쓸 수도 있단다. 너는 너의 감정을 춤이나 노래하기, 그림, 그리기, 또는 행동으로 나타낼 수 있단다. 자신의 감정을 다른 사람을 상하게 하지 않는 방법으로 표현하는 것을 배우는 것은 매우 중요한 일이란다. 하나님은 네가 감정을 가진 사람으로 만드셨을 뿐만 아니라 네가 너의 감정을 어떻게 보여주려고 하는 지를 선택할 수 있는 능력도 함께 주셨단다.

왜냐하면 너는 하나님의 형상으로 창조되었으며, 하나님과 특별한 관계를 가질 수 있기 때문이란다. 너는 하나님에 대한 사랑을 느낄 수 있으며 너의 사랑을 하나님께 기도하고 찬양함으로 표현할 수 있단다. 하나님의 자녀로서, 너는 네가 비록 사랑하기를 원치않는 사람일지라도 그 사람을 향해 사랑의 행동을 할 수 있는 능력을 지니고 있단다. 하나님은 너에게 상처를 준 사람을 용서할 수 있는 능력을 주셨단다. 또한 너는 다른 사람의 감정을 이해할 수 있지. 네가 자라면서, 너는 무엇이 너를 행복하게 하는 가를 생각하기보다 어떻게 하면 다른 사람들이 행복을 느낄 수 있게 할 수 있나에 대해 더 생각을 하게 된단다.

(3) 제3단계: 실행하기

- 감정에 관계된 단어 배우기: 감정에 관계된 여러 단어를 써 놓고, 설명하며, 예를 들어보게 하고 서로 토론하게 한다.
- Worksheet을 해보게 한다.(그림 1 참조)
- 유아가 어른의 역할을, 어른이 유아의 역할을 해보게 하며, 이때 여러 가지 감정에 관련된 상황을 연출해 보게 한다.
- 여러 가지 감정의 얼굴을 그리게 하고 마스크를 만들어 얼굴에 써보게 한 후 그 얼굴의 표정에 대해 이야기 나누기를 하도록 한다.

(4) 제4단계: 반응하기

- 저녁 식사시간에 가족들이 하루 동안의 서로의 감정에 대해 이야기 나누고, 그 감정의 원인이 무엇이었는지에 대해 말하며 앞으

로는 어떻게 해야 하는지에 대해 말한다.

- 친구나 친척들에게 자신의 감정을 표현한 카드를 만들어 보낸다.
- 이유 말하기: 때때로 나는 행복해요, 왜냐하면......, 때때로 나는 슬퍼요, 왜냐하면...... 때때로 나는 화가 나요, 왜냐하면......, 때때로 나는 흥이 되요, 왜냐하면......, 때때로 나는 속이 상할 때가 있어요, 왜냐하면......

2) University of the Nations Program[83]: 기독교적 주제의 일반적 통합

이 프로그램은 교사 지침서, 도덕 훈련에 관련된 지침서, 그리고 하나님, 예수, 성령 등 관한 내용을 주제로 하는 다섯 권의 책으로 구성된 교육과정이다. 하나님, 예수 ,성령 등에 관한 내용의 책은 교사 묵상과 성경 이야기, 기도, 실제적 적용, 그리고 창조 등의 다섯 부분으로 구성이 되어 있으며 교사 묵상은 성경 주제와 창조 주제 둘로 나뉘어진다. 교사 묵상의 성경 주제는 제목과 관련된 성경 구절들이 소개되어 교사가 주제에 관한 내용을 성경적으로 잘 이해할 수 있도록 돕는다. 교사 묵상의 창조 주제는 성경적인 제목과 관련된 일반적 내용에 대한 성경의 구절들이 소개됨으로서 교사들이 앞으로 다루게 될 성경적 주제와 관련된 일반적인 내용을 보다 성경적으로 이해하고 학생들을 이끌어 가도록 돕는다.

성경 이야기 부분은 주제에 따른 성경의 내용을 찾아 유아들에게 이야기로 들려주는 부분이며 기도 부분은 주제를 하나님과의 관계 속에서 해석하고 이해하도록 돕는 부분이다. 실제적인 적용 부분은

83) University of the Nations(1996), *A biblical foundation for early childhood education: knowing God our father*, Kailua-Kona, Hawaii: University of the Nations, pp. 61-70.

주제와 관련되어 배운 내용을 실제적으로 적용해 보는 부분이다.

제목: 하나님 아버지는 자신이 감정을 갖고 계시기 때문에 우리의 감정을 이해하신다.

(1) 교사 묵상

성경적 주제와 창조 주제 둘로 나뉘어짐.

① 성경적 주제

- 하나님은 감정을 갖고 계시는가?: 다음의 성경 구절들이 하나님께서 여러 가지 감정을 갖고 계심을 우리에게 알려 준다.
  - 신명기 10: 15 "여호와께서 오직 네 열조를 기뻐하시고 그들을 사랑하사 그 후손 너희를 만민 중에서 택하셨음이 오늘날과 같으니라"
  - 로마서 1: 19 "하나님의 진노(anger)가 불의로 진리를 막는 사람들의 모든 경건치 않음과 불의에 대하여 하늘로 좇아 나타나나니"
  - 호세아 11: 8 "에브라임이여 내가 어찌 너를 놓겠느냐 이스라엘이여 내가 어찌 너를 버리겠느냐 내가 어찌 너를 아드마 같이 놓겠느냐 어찌 너를 스보임 같이 두겠느냐 내 마음이 내 속에서 돌아서 나의 긍휼(sympathy)이 온전히 불붙듯 하도다.
  - 호세아 3: 17 "너의 하나님 여호와가 너의 가운데 계시니 그는 구원을 베푸실 전능자시라 그가 너로 인하여 기쁨을 이기지 못하여 하시며 너를 잠잠히 사랑하시며 너로 인하여 즐거이 부르며 기뻐하시리라리라"
  - 창세기 6: 6 "땅위에 사람 지으셨음을 한탄하사 마음에 근심하시고"

- 하나님은 우리의 감정을 이해하신다: 다음의 성경 구절들이 하나님께서 우리의 감정을 이해하고 계심을 알려 준다.
  - 히브리서 4: 15 "우리에게 있는 대제사장은 우리 연약함을 체휼하지 아니하는 자가 아니요 모든 일에 우리와 한결 같이 시험을 받은 자로되 죄는 없으시니라"
  - 이사야 53: 3 "그는 멸시를 받아서 사람들에게 싫어 버린바 되었으며 간고를 많이 겪었으며 질고를 아는자라"
  - 시편 103: 13 "아비가 자식을 불쌍히 여김 같이 여호와께서 자기를 경외하는 자를 불쌍히 여기시나니"
- 우리의 감정에 대해 하나님께 말할 수 있다.
  - 시편 56: 3 "내가 두려워하는 날에는 주를 의지하리이다"
  - 시편 77: 1 "내가 내 음성으로 하나님께 부르짖으리니 하나님께 내 음성으로 부르짖으면 내게 귀를 기울이시리로다"
  - 시편 25: 16, 17 "주여 나는 외롭고 괴롭사오니 내게 돌이키사 나를 긍휼히 여기소서 내 마음의 근심이 많사오니 나를 곤란에서 끌어내소서"
- 성경에서는 우리가 감정을 어떻게 다루어야 한다고 말씀하시는가?
  - 히브리서 12: 15 "너희는 돌아보아 하나님 은혜에 이르지 못하는 자가 있는가 두려워하고 또 쓴 뿌리가 나서 괴롭게 하고 많은 사람이 이로 말미암아 더러움을 입을까 두려워하고"
  - 마태복음 6: 14, 15 "너희가 사람의 과실을 용서하면 너희 천부께서도 너희의 과실을 용서하려니와 너희가 사람의 과실을 용서하지 아니하면 너희 아버지께서도 너희 과실을 용서하지 아니하시리라"
  - 에베소서 4: 26 "분을 내어도 죄를 짓지 말며 해가 지도록 분을 품지 말고"

② 창조 주제: 옷 입는 방법

- 성경 시대의 옷
  - 창세기 3: 7 "이에 그들의 눈이 밝아 자기들의 몸이 벗은 줄을 알고 무화과나무 잎을 엮어 치마를 하였더라"
  - 창세기 3: 21 "여호와 하나님이 아담과 그 아내를 위하여 가죽옷을 지어 입히시니라"
  - 마가복음 1: 6 "요한은 약대털을 입고 허리에 가죽띠를 띠고 메뚜기와 석청을 먹더라"
  - 에스겔 16: 10 "수 놓은 옷을 입히고 물돼지 가죽신을 신기고 가는 베로 띠우고 명주로 덧입히고"
- 특별한 옷의 상징: 의와 불의(스가랴 3: 4), 순결(출애굽기 28: 42, 43), 왕권(에스더 8: 15), 존엄성(출애굽기 28: 40), 기름부음(열왕기 하 2: 8) 등을 나타내는 옷들이 있다.

(2) 성경 이야기: 요셉의 이야기

요셉의 생애는 어려운 상황에서 하나님을 신뢰했던 사람의 아름다운 예이다. 요셉의 생애는 비극과 슬픔, 그리고 불의로 가득 찬 생애였다. 그러나 요셉은 하나님께서 자신의 감정을 이해하셨다는 것을 확실히 알고 있었다. 요셉은 불의에 고통없이 반응할 수 있었다. 왜냐하면 그는 하나님을 신뢰했기 때문이다. 결국 요셉은 하나님의 백성의 생존과 운명 사이에 중요한 관계가 있음으로 인해 순수한 기쁨을 경험하게 된다.

- 학습 목표: 첫째, 요셉에 대한 성경의 설명에 유아들이 친숙하게 한다. 둘째, 하나님께서 요셉의 감정을 이해하셨고 매우 어려운 상황에서 그를 도우셨음을 강조한다.

- 성경 이야기(창세기 37-50): 첫째, 요셉이 그가 꾼 꿈 때문에 노예로 팔리게 되기까지 아버지에게 사랑받아 예쁜 채색 옷을 입게 되었을 때의 기쁜 마음과 형들과의 관계 속에서 형들의 질투 때문에 받았을 괴로움에 대해 이야기 나누게 한다. 둘째, 노예로 팔려 온 요셉이 열심히 일을 했으나 보디발의 아내의 거짓말로 인해 감옥에 가게 되고 그때 요셉이 어떻게 그의 분노를 처리했는지, 그리고 하나님에 대한 신뢰를 여전히 갖고 있었던 점에 대해 토론하게 한다. 셋째, 요셉이 기아로부터 애굽을 구해 내게 된 지혜는 어디로부터 오게 되었는지 이야기 나눈다. 넷째, 요셉의 형제들이 곡식을 구하러 요셉에게 왔을 때 요셉이 그들을 용서한 것과 하나님이 이것을 어떻게 느끼셨을지에 대해 질문을 한다. 다섯째, 요셉과 요셉의 아버지가 다시 만나게 되었을 때 그들은 행복하게 되었고 이것은 그들이 서로 사랑하기 때문이라는 것을 강조한다. 또한 우리의 하나님은 이 모든 감정들을 다 이해하신다는 점을 강조한다.

(3) 기도: 우리는 우리의 감정을 하나님과 함께 나눌 수 있다.

오늘날 과학자들과 심리학자들은 사람들이 자신의 감정을 누군가에게 이야기하는 것이 얼마나 중요하며 건강에 좋은지를 알고 있다. 하나님 아버지는 이 모든 것을 알고 계시다. 감정들은 하나님이 주신 것이다. 비록 우리의 감정들이 언제나 진실된 것에 기초하지는 않지만, 하나님은 여전히 우리가 그 감정들을 하나님과 나누기를 장려하신다. 우리가 그 감정들을 하나님과 나눌 때에 하나님은 무엇이 진실인지를 우리가 알도록 도울 수가 있으며 그렇게 함으로서 우리의 행동은 진실에 근거하게 된다.

- 학습 목표: 첫째, 유아들이 자신들의 감정을 하나님과 나눌 수

있도록 한다. 둘째, 하나님은 우리를 이해하시며 우리를 도우실 거라는 것을 알려 준다. 셋째, 하나님 아버지도 감정을 갖고 계심을 유아들이 인식하도록 돕는다.

- 하나님은 우리의 감정을 이해하신다: 모든 사람은 감정을 갖고 있으며 그 감정이 어떠하든지 하나님께 이야기 할 수 있다. 교사가 자신의 어려웠던, 슬펐던 일 가운데 하나님께서 도우셨던 일을 유아들에게 이야기 해 준다.
- 우리가 슬플 때 하나님은 어떻게 느끼실까?: 때때로 친구나 아끼는 동물이나 장난감이 우리로부터 멀어지는 것을 느낄 때가 있다. 이럴 때 우리는 감정이 어떤지 이야기 나눈다. 그리고 슬픈 감정을 가진 친구를 위해 다른 유아가 기도할 수 있는 기회를 준다.
- 우리가 기뻐할 때 하나님도 기뻐하시는가?: 하나님은 우리에게 축복하시기를 기뻐하신다. 우리를 기쁘게 하거나 행복하게 하는 것이 무엇인지 하나님에게 말할 때 하나님은 그것을 기뻐하신다. 유아들이 자신들을 기쁘게 하는 것이 무엇인지 하나님에게 말하게 한다.
- 용서는 우리의 분노를 잠자게 한다.: 우리를 화나게 하는 것에 대해 말하게 한다. 그리고 하나님은 죄가 하나님의 창조물들을 상하게 하기 때문에 죄에 대해 화를 내신다는 것을 유아들이 알게 한다. 다른 사람에 대해 화가 날 때 우리가 할 수 있는 일은 용서라는 것을 요셉의 예를 들어 유아들에게 설명한다.
- 모든 감정에 대해 하나님께 말하기: 이과에서 다루었던 모든 감정에 대해 이야기 나누게 하고 하나님이 어떤 감정을 이해하시는지 유아들에게 질문한다. 하나님은 모든 감정을 이해하시므로 기도를 통해 우리가 느끼는 모든 감정을 하나님께 말할 수 있음을 알게 한다.

(4) 실제적 적용: 우리의 감정 탐색하기

하나님은 우리를 감정을 가진 자들로 창조하셨다. 우리가 해야 할 과제는 이 감정들을 올바르게 대처하는 일이다. 감정에 대해 올바른 반응은 먼저 어떻게 느끼는지를 알고, 올바른 반응이나 잘못된 반응에 대해 생각한 다음 반응하는 것이다. 심리학자들은 이것을 "느끼고 행하기"(feel-do: 불건전한 행동에 근거함)와 대치되는 "느끼고 생각하고 행하기"(feel-think-do)라고 부른다. 하나님은 우리가 우리의 감정을 하나님께 말하고 도움을 구하는 과정 중에 우리를 도우신다.

- 학습 목표: 첫째, 유아들이 그들의 감정이 가치있음을 알도록 돕는다. 둘째, 유아들이 그들이 느끼는 것에 동일시하도록 돕는다. 셋째, 올바른 방법으로 자신들의 감정을 조절할 수 있는 기회를 제공한다.
- 무엇을 느끼는가?: 슬픔, 행복, 두려움, 분노에 대해 소개한다. 여러 감정을 표현한 얼굴의 그림을 사용하여 유아들이 감정의 종류를 표현하도록 한다.
- 슬픔느끼기: 잘못을 저질렀거나 상처를 받았을 때, 또는 누군가를 잃어버렸을 때 우리는 슬픔을 느낄 수 있다. 이러한 슬픔을 역할놀이를 통해 표현해 보게 한다. 자신의 슬픔을 믿을만한 사람에게 말하도록 격려한다.
- 순종의 결과인 행복감: 선생님이나 부모에게 순종하였을 때, 그리고 누군가에게 불순종했을 때 무엇을 느끼는지 질문을 한다. 우리가 하나님의 방법을 따를 때 오는 기쁨에 대해 이야기 나눈다.
- 분노: 분노에 대한 정의를 내려보게 한다. 언제 분노를 느끼는지, 그리고 그 분노에 올바르게 대처하는 방법은 무엇인지 연습하게 한다.

- 두려움: 두려움은 유아들이 느끼는 가장 일반적인 감정 가운데 하나로서 안전하다고 느끼지 안는 것이 두려움이다. 시편 56: 3과 이사야 43: 5를 읽어 주라. 유아들이 두려움을 느낄 때 하나님을 신뢰할 수 있음을 상기시켜 준다. 유아들을 두렵게 하는 것들을 챠트에 써 놓는다. 그리고 하나님이 그들을 어떻게 이해하는지 이야기 나누게 한 다음 "나는 하나님을 믿어요"를 유아들이 두려움을 느낄 때 반응할 수 있는 것으로 실행해 보도록 한다.

(5) 창조: 옷 입는 방법

요셉의 이야기는 많은 사건으로 이루어졌다. 유아들에게 가장 잘 알려진 것은 아마도 요셉이 아버지로부터 예쁜 채색 옷을 받는 사건일 것이다. 이 일은 요셉의 생애와 그의 가족과의 관계에 있어서 변화를 가져오는 중심 축이 된다. 따라서 이 단원에서는 옷과 관련된 것에 대해 다루려고 한다.

- 학습 목표: 첫째, 하나님이 창조주임을 기억하게 한다. 둘째, 천연 자원이 옷감이 되기까지의 과정을 소개한다. 셋째, 날씨에 따라 적합하게 옷입는 법을 알게 한다.
- 옷을 만들기 위한 천연자원에 대해 소개한다.: 하나님께서 넷째 날과 여섯째 날에 만드신 식물과 동물에 대해 이야기 나눈다. 옷을 만들기 위한 재료를 제공해 주는 식물의 예와 옷을 만드는데 사용되는 동물의 껍질과 동물의 그림을 보여준다.
- 식물이 옷감이 되는 과정: 옷감의 재료가 되는 목화, 아마, 나무껍질을 보여 주고 만들어지는 과정을 설명한다. 그리고 각 천을 만졌을 때의 느낌과 옷감의 색에 대해 토론하게 한다.
- 동물이 옷감이 되는 과정: 유아들이 만져 볼 수 있는 양모나 가죽

을 가져와서 보여 주고 유아들이 만져 보고 문질러 보면서 옷감의 자료에 대해 탐색해 보게 한다.

- 다양한 날씨를 위한 옷들: 추운 날씨와 더운 날씨에 대해 이야기 나누게 한 후 날씨에 맞는 옷에 대해 토론하게 한다. 하나님께서 각각의 날씨에 맞게 옷을 입을 수 있도록 필요한 재료를 주신 것을 강조한다.
- 옷 입어 보기: 요셉의 옷이 여러 색깔이었음을 말해 보게 한다. 여러 색깔이 있는 옷을 유아들이 입어 보게 한다. 놀이를 위해서 어떤 옷이 적절한지, 교회 갈 때와 학교 갈 때는 어떤 옷이 적합한지 토론해 보게 한다. 단추 끼우기 지퍼 올리기 등을 해보게 한다.

4. 기독교 유아교육 방법의 효과를 위한 제언

기독교적인 교육방법을 알기 위해서 먼저 알아본 교육 방법의 개념은 '방법은 어떤 목표를 성취하기 위한 수단'이라는 것이다. 따라서 기독교 교육 방법은 기독교 교육의 목표를 성취하기 위한 수단이며, 기독교 교육의 목표는 기독교 교육 철학에서 유출될 수 있음을 살펴보았다. 이는 기독교 교육 방법을 위해서는 기독교 교육 철학을 취급해야 함을 의미한다.

하나님께서는 만물을 창조하시고 이것들을 다스리도록 인간에게 하나님을 알 만한 지혜뿐 만 아니라 사물의 이치와 원리를 알 수 있도록 인간에게 이성을 주셨다. 그러므로 기독교인이 아니더라도 어떤 방법을 고안해 냈을 때 그것을 우리 기독교인들이 기독교적인 조망을 통해 사용할 수 있다. 이 말은 기독교 유아교육 방법을 논할 때 일반 교육의 방법도 함께 논해야 함을 의미한다.

따라서 이 책에서는 기독교 유아교육의 방법을 유출하기 위해 교육 방법의 역사적 고찰, 교육 철학에 따른 교육과정과 교육 방법에 대해 살펴보고 이것을 기독교적인 평가를 통해 취할 수 있는 것은 취하여 사용할 수 있다는 결론을 내렸다. 이러한 결론에 의해서 유출된 기독교 유아교육을 위한 교육 방법은 하나님 중심의 원리, 성경 중심의 원리, 성령의 도우심의 원리, 통합의 원리, 개별화의 원리, 자발성의 원리, 그리고 상호작용의 원리 등이다.

이러한 원리들이 교실의 상황에서 실제적으로 활용되며 효과를 거두기 위해서는 교사들의 사상이 철두철미하게 기독교적이어야 한다. 기독교적인 방법만을 제시한다고 해서 교사들이 그것들을 기독교적으로 적절하게 사용할 수 있으며 기독교 교육을 실행할 수 있는 것은 아니다. 기독교적 교육 방법의 원리들이 실효를 거두기 위해서는 그것을 제대로 활용할 수 있는 교사의 기독교적 사고가 필요하다. 교사가 얼마나 기독교적인 사고를 하느냐에 따라서 얼마나 기독교적인 방법이 실시되는가가 결정된다. 하나의 예를 든다면, 철저하게 기독교적인 사고를 하는 사람은 기독교 교육은 성령의 역사 없이는 가능하지 않다는 것을 너무도 잘 알고 있기 때문에 철저하게 성령의 도우심을 위해 기도할 수 있다. 그러나 기독교적인 사고를 하지 않는 교사가 기독교 서적에 제시된 교육 방법에 의해서 교육을 한다고 할 때 그 교사는 성령의 도우심이 왜 필요한지, 그리고 이를 위해 기도해야 할 필요성을 느끼지 않기 때문에 기도를 하지 않는다. 여기서 기독교 교육은 효과를 거둘 수가 없다. 설령 유아들에게 하나님에 대해, 그리고 하나님이 창조하신 세상에 대해 아주 잘 가르쳐 주었다 할지라도 그것은 지식의 정보 차원에 머무를 뿐 참 지식이 되기는 어렵다. 따라서 교사들은 기독교 교육 방법을 연구하되 방법만을 아는데 그칠 것이 아니라 철저히 하나님 중심의 사고를 하기 위해 노력해야 한다. 이를 위해 성경 연구와 기독교 철학에 대한 연구가 필요하다.

또한 일반 교육에서 사용하고 있는 교육 방법과 그 근거가 되는 교육 철학에 대해 잘 알고 있는 훈련된 교사가 되어 한다. 그래야 일반 교육의 방법을 기독교 교육을 위해 사용할 수 있기 때문이다. 아무리 기도를 많이 한다고 해도 실제적으로 유아들의 발달 단계와 흥미에 대해 무지하다면, 그리고 어떻게 하면 유아들이 학습을 잘 할 수 있는 지에 대한 방법을 잘 모르고 있다면 그들을 잘 이끌어 갈 수 없으며 교육은 실패하고 말 것이다.

마지막으로 변화하는 시대의 사조에 따른 교육 방법에 민감해야 한다. 새로 개발된 교육 방법이 기독교인이 발견한 것이 아니라고 해서 기독교적이 아니라고 말할 수 없다. 어쩌면 기독교인들의 게으름으로 인해 또는 관심의 부족으로 인해 개발하지 못한 것을 일반 학자나 일선의 교사들이 하나님의 일반 은총으로 인해 부여받은 이성을 사용해 발견해 낸 진리일 수도 있기 때문이다. 그러므로 계속해서 발견되는 새로운 교육 방법을 기독교적인 차원에서 분석하고 적용해 보는 노력이 필요하다. 아울러 우리만의 독특한 새로운 기독교 교육 방법을 개발하려는 노력이 그리스도인 교육자들에게 있어야 한다.

이상의 내용을 정리하여 도표화하면 다음과 같다.

기독교 유아교육의 방법론

교육방법의 개념

목적을 이루기 위한 수단

교육방법의 역사적 고찰

고대: 모방, 문답법

중세: 강의법

르네상스: 고전 문장의 암송과 모방

근대: 과학적 교수접근법

현대: 구안법, 단원법, 문제해결법

교육철학에 따른 교육과정과 교육방법의 유형

- 이상주의 → 항존주의
  교과중심의 교육과정
  교사중심
- 실용주의 → 진보주의
  경험중심의 교육과정
  아동중심 (활동중심)
- 학문구조주의
  학문중심의 교육과정
  아동중심
- 실존주의
  인간중심의 교육과정(연구중)

기독교 유아교육방법론

- 기독교 교육 철학
- 여러 방법들의 기독교적 조망을 통한 수용
- 기독교유아교육 방법론의 원리
  1. 하나님 중심 원리
  2. 성경중심 원리
  3. 성령의 도우심의 원리
  4. 통합의 원리
  5. 자발성의 원리
  6. 개별화의 원리
  7. 상호작용의 원리
- 실제의 예(감정)
  Alta Vista Cur.
  Nations Univ. Cur.

제언:

1. 성경 연구와 기독교 철학에 대한 연구
2. 일반 교육 방법과 철학에 대한 연구
3. 새로운 교육방법을 기독교적 차원에서 분석 · 적용
4. 독특한 기독교 교육방법의 개발

제10장

기독교 유아교육의 과제

기독교 유아교육을 위한 사회 문화적 기초에서 살펴보았듯이, 21세기는 포스트모더니즘시대로서 상대주의와 다원화의 현상을 지니며, 정보화의 사회가 지니게 되는 특징을 바탕으로 제4차 산업혁명시대를 맞이하여 거의 모든 부분에서 급격한 변화를 맞이하고 있다. 이로 인해 얻는 순기능도 있지만 역기능으로 인해 많은 직업의 변화가 초래되어 블루칼라의 직업군이 없어지며 윤리, 도덕적인 부패를 초래하고, 물질주의의 팽배와 산업과 과학의 발달로 인해 인간이 신이 되는 어려운 시대를 살게 될 것임을 알 수 있다. 이러한 사회의 현실 속에서 유아들에게 바른 진리를 가르쳐 주기 위해 유아교육을 담당한 기독교인 학자와 현장의 교사들, 그리고 유아교육과 관련된 일을 하는 기독교인들이 해야 할 일은 무엇보다도 먼저 기독교유아교육의 중요성에 대한 인식이다. 이 책의 앞부분에서도 언급하였듯이, 기독교유아교육은 하면 좋다는 식의 생각은 이 시대적 흐름 속에서 결코 기독교유아교육을 발전시킬 수 있는 원동력이 될 수 없다. 기독교 유아교육은 반드시 이루어져야 한다는 기독교 유아교육의 중요성에 대한 강한 인식이 필요하다.

또한 기독교유아교육을 체계적으로 발전시키기 위해서는 기독교 세계관의 확립, 기독교 유아교육을 위한 교사 재교육, 기독교 유아교육과정의 개발, 기독교 유아교육을 위한 교재, 교구의 개발, 기독교 유아교육을 위한 인프라 구축 등이다. 이들을 차례로 살펴보면 다음과 같다.

Ⅰ. 기독교 유아교육의 중요성 인식

일반적으로 인간의 인격의 80%가 0~8세까지의 교육에 의해 이루어진다고 하는 사실은 이미 널리 알려진 일이다. 유아기가 인격 형성에 있어서 치명적인 역할을 한다는 의미이다. 그래서 부모들은 이들의 여러 영역의 발달을 위해 유치원에서의 일과가 끝나면 수영, 독서지도 미술, 음악, 인지, 영어, 태권도 등을 가르치기 위해 매우 분주히 움직이고 있다. 심지어는 영아기부터 인지를 발달시키기 위해 뇌운동을 시키는 학원을 다니기도 한다.

그러나 얼마나 많은 부모들이 자신들의 자녀가 하나님의 말씀 가운데서 반듯하게 자라기를 위해 성경을 가르치거나 그것을 위해 성경을 과외로 가르치고 있는지 한번 생각해볼 필요가 있다. 이 책의 앞부분에서 언약의 백성으로서 자신들의 자녀를 하나님의 말씀 안에서 철저하게 가르쳐야 할 책임이 분명히 부모에게 있음을 언급하였다. 이 사실에 주목을 하고 자녀에게 성경을 가르치는 부모는 별로 많지 않다는 사실은 기독교유아교육의 중요성에 대한 인식이 얼마나 필요한가를 시사하고 있다.

비단 기독교유아교육의 중요성에 대한 인식은 기독교인 부모들에게만 필요한 것은 아니다. 유아들의 기독교교육의 책임은 부모 다음으로 교사들에게 위임되었다. 이것은 기독교인 교사들의 유아를 위한 기독교교육의 중요성에 대한 인식의 필요성을 시사한다. 그러나 기독교인 교사이면서 일반 유아교육을 하는데 열과 성을 다하면서 기독교 교육은 자신과는 무관한 일처럼 생각하는 기독교인 교사들이 있음은 매우 서글픈 일이다. 따라서 기독교인 교사들의 하나님으로부터 받은 소명인 기독교교육에 대한 중요성에 대한 인식과 기독교유아교육을 위한 노력이 요구된다.

Ⅱ. 기독교 세계관의 확립

제3장에서 언급하였듯이 모든 학문은 어떤 철학적인 패러다임을 전제로 하고 있다. 그래서 Knight는 "철학은 교육적 활동의 기초를 형성하는 기본 요소"[1)]라고 말하였다. 모든 학문이 어떤 철학적인 패러다임을 전제로 하고 있듯이 모든 철학적 패러다임들은 어떤 종류의 종교적인 세계관을 전제로 하고 있다. Bavink의 말을 빌리면 철학은 "조직적인 인생관과 세계관"[2)]에의 시도이다. 이것을 기독교 유아교육에 적용하면, 기독교 유아교육은 기독교 철학을 전제로 하며 기독교 철학은 기독교 세계관을 전제로 한다는 의미로 해석할 수 있다. 다시 말하면 기독교 유아교육은 기독교 세계관을 전제로 한다는 말이다.

그러나 이원론적인 사고와 포스트모던적 사고로 인한 상대주의와 다원화의 현상, 정보화 시대의 역기능으로 인해 문란해진 성 윤리 의식, 이것들로 인한 가정의 파괴 현상, 과학의 발전 등은 우리의 사고를 기독교적이게 하기 보다는 오히려 세속화되게 하였다. 그 결과 절대

1) George Knight(1980), 「철학과 기독교 교육」, 박영철 역, 침례신학대학교 출판부, *op. cit.*, p. 50.
2) Herman Bavink(1983), 「기독교 교육철학」, 정정숙 역, 총신대학 출판부, p. 57.

적인 진리를 부인하며 과학을 통해 모든 것을 다 해결할 수 있다는 착각에 빠지게 되었다. 이러한 결과는 교육에도 막대한 영향을 미쳤으며 절대주의가 아닌 상대주의가, 하나님의 권위가 아닌 인간의 자율성이, 그리고 하나님의 전능하심이 아닌 과학의 막강한 힘이 원래의 자리를 차지하게 되었다. 따라서 그 어느 때보다도 기독교 세계관이 절실하게 요청되는 때이다.

기독교 세계관이란 기독교 세계관에 관한 책 한 두 권을 읽는다고 해결되는 것은 아니다. 끊임없이 기독교 세계관을 위한 장기간의 노력 속에서 기독교 세계관은 확립될 수 있다. 이를 위해 나름대로 그룹을 만들어 성경 공부 내지는 기독교 세계관의 형성을 위한 공부를 해야 한다. 또한 기존의 기독교 학문 연구소의 교사모임이나 교육연구원 같은 모임에 가입하여 연구할 수 있다. 더불어 성경 연구는 필수적인 일이다.

Ⅲ. 기독교 유아교육을 위한 교사 재교육

서울과 경기도에 유아교육과나 아동학과가 있는 4년제 대학교로 강남대, 덕성여대, 서울신대, 서울여대, 성결교대, 성균관대, 성신여대, 안양대, 연세대, 이화여대, 중앙대, 천안대, 총신대, 한국성서대 등이 있다. 이중 기독교 대학교로서 강남대, 서울 여대, 이화여대, 그리고 연세대 등이 있다. 그리고 신학 대학교로서는 서울신대, 성결교대, 안양대, 총신대, 천안대, 그리고 한국성서대가 있다. 총 14개의 대학교 가운데 기독교 대학교가 아닌 곳은 덕성여대, 성균관대, 성신여대, 그리고 중앙대이다. 이들 4개의 대학을 빼고는 10개의 대학이 기독교 대학이거나 신학 대학교이다. 그러나 이들 기독교 대학교들의 유아교육을 위한 교육과정은 기독교 유아교육을 위한 교육과정이라고 보기에는 어려운 대학들이 대부분이다. 혹시 기독교에 관련된 교과목이 있다하더라도 한 과목 정도에 그치고 있는 경우가 대부분이다. 이러한 현상은 신학대학교에서도 마찬가지이다. 총신대와 성결대를 제외한 나머지 대학교에의 교육과정 역시 기독교 유아교육에 관련된 과목이 아예 없거나 있어도 한 두 과목 정도에 머물러 있는 수준이다. 이러한 상황을 인터넷에 나온 정보를 참고하여 도표화하면 다음과 같다.

〈표 1〉 각 대학의 기독교유아교육을 위한 교과목의 현황(2000년 현재)

대학명		기독교유아교육에 관련된 과목명	
		교양필수	기본이수과목 및 전공(선택)
기독교 대학	강남대		유아종교교육(3)
	서울여대		
	연세대		
	이화여대		유아도덕교육(3)
신학 대학 계열	서울신대	성서의 이해(3), 기독교의 이해(3)	기독교유아교육(2)
	성결대	구약의 이해(2), 신약의 이해(2), 예수의 생애(2)나 제자의 삶(2), 알기 쉬운 성경교리(2)나 세계교회 인물사(2)	유아종교교육(3)
	안양대		
	총신대	구약개요1(2), 2(2), 신약개요1(2), 2(2), 칼빈주의와 신앙(2), 칼빈주의와 문화(2)	기독교교육개론(3), 기독교교육철학(3), 유아교육과 신학(3), 기독교아동교육개론(3), 기독교아동교육과정(3)
	천안대		유아기독교교육(2)
	한국 성서대		기독교아동교육(3) 영,유치부운영관리(3)

〈표 2〉 각 대학의 기독교유아교육을 위한 교과목의 현황(2021년 현재)

대학명		기독교 유아교육에 관련된 과목명	
		교양필수	기본이수과목 및 선공(선택)
기독 대학	강남대		
	이화여대	기독교와 세계	유아도덕교육
신학대학 계열	서울신대	채플 7회 기독교의 이해 성서의 이해	
	성결대	이야기성서 (1) 이야기성서(2) 이야기교회사 이야기기독교	
	총신대	구약의 세계와 인성, 신약의 세계와 섬김 개혁주의 신앙윤리	유아교육과 신학, 교회학교 영유아교육 기독교 아동교육과정
	천안대 (현 백석대)	채플과 섬김 성경과 인간이해 1, 2 기독교탐사 기독교세계관 인간의 존재성 탐구 사람다운 사람의 길 기독교가치와 윤리 삶과 직업의 가치	
	한국성서대 (영유아 보육학과)	밀알훈련 수요전도훈련 성서적 세계관의 기초1,2, 성서적 세계관의 확립, 1,2, 성서적 세계관의 실천1,2	

표 1에서 볼 수 있듯이, 몇 몇 대학에서 기독교유아교육 관련 교과목들과 기독교대학의 정체성을 드러내기 위하여 교양필수에서 기독

교 관련 기초과목들이 개설되어 운영되고 있었다. 그러나 2021년 현재 인터넷과 전화를 통해 조사한 바에 의하면 기독교대학으로서의 정체성을 지니기 위해 교양필수에서는 기독교 관련 교과목들이 운영되고 있지만 기본 이수과목이나 전공(선택) 교과목에서는 총신대를 제외하고는 모든 대학에서 기독교유아교육 관련 교과목이 전무한 상황이다. 총신대의 경우도 기독교유아교육을 위해 필요하다고 생각되는 교과목을 기독교교육과와 공통으로 여러 교과목을 개설하였으나 학생들이 수강을 안하여 이 교과목들은 유아교육과에서 제외를 하였다. 더욱이 안타까운 일은 그나마 개설된 기독교유아교육 관련 교과목을 유치원교사 자격증을 받는데 무관하다고 하여 매우 소수의 학생들만 수강하고 있는 실정이다.

이상과 같은 상황의 교육과정으로 교육을 받은 교사들이 기독교 세계관에 의해 유아교육 기관의 교육을 기독교적으로 이끌고 갈 것을 기대한다는 것은 무리이다. 따라서 기독교 유아교육을 위한 교사의 재교육이 무엇보다도 시급한 상황이다. 사회의 가치관은 날로 암울한 방향으로 흘러가는 이때에 기독교 세계관으로 무장한 교사들을 배출함으로서 앞으로 다가올 세대를 책임질 유아들에게 진리의 말씀과 바른 가치관으로 교육하는 것은 무엇보다도 필요한 일이다.

현재 우리나라에서는 기독교 유아교육을 위한 교사의 재교육이 체계적으로 이루어지고 있지 않는 실정이다. 한국 기독교 유아교육 연합회와 총신대학교 유아교육 연구회에서 기독교 유아교육을 위한 교사의 재교육을 위해 몇 번의 세미나가 개최되었다. 한국 기독교 유아교육 연구회에서 한 달에 한 번씩 모여 기독교 유아교육에 관한 연구가 이루어지고 있다. 또한 기독교 대학 동역회 주최로 2년에 한 번씩 열리는 교사 대학에서 기독교 유아교육에 대한 교육이 이루어지고 있는 정도이다. 다행히도 몇몇 뜻있는 분들이 개인적으로 기독교 유아교육에 열정을 가지고 기독교 유아교육이 무엇인지 잘 모르는 교사들을 대상으로 간헐적인 교육이 이루어지고 있다.

이러한 상황에서 기독교 유아교육을 위한 교사의 재교육은 매우 시급하다. 교사의 재교육을 위해 구체적인 프로그램이 개발되어 실시되어야 한다. CSI[3)]에 속해 있는 미국 Seattle의 Vancuvor Christian School의 예를 들면, 그 곳의 교사들은 1년에 한 번씩 방학을 이용하여 교사 재교육을 받고 있다. 또한 호주의 NICE[4)]에서도 현직교사를 위한 프로그램을 개발하여 기독교교육을 실시하고 있다. 우리나라에서도 방학을 이용한 계절학교를 통해 교사들에게 기독교 유아교육에 대한 교육을 실시할 수 있다. 또는 사회교육원이나 평생교육원 같은 곳에서 강좌를 개설하여 가르칠 수도 있다. 이를 위해 기독교 유아교육을 전공했거나 관심이 있는 학자들의 교사 재교육을 위한 프로그램에 대한 체계적인 연구가 필요하다.

이상에서 기독교유아교육을 위한 체계적인 연구의 필요성을 논하였는데 이와 관련된 연구는 2010년 중 후반에 걸쳐서 많지는 않지만 약간의 연구가 이루어졌다. 그 예로 기독교 유아교사의 자질 강화를 위한 재교육프로그램을 개발한 박사학위논문이 2013년도에 발표되었다. 기독교 유아교육을 위한 교사 재교육을 실시하는데 이 논문을 참고 할 수 있다. 이 논문에서 연구하여 개발한 기독교 유아교사를 위한 재교육프로그램을 소개하면 다음과 같다.[5)] 첫째, 기독교세계관이 우선 기초가 되어야 하고 둘째, 목적 및 목표로 기독교 유아교사가

3) CSI는 Christian Schools International의 약자로 미국과 카나다의 13곳의 지역이 연합되어 있는 기독교 학교 공동체를 말한다. 13개 지역의 기독교 학교들이 서로 연합하여서 교육과정도 개발하고 교사 교육도 함께 실시하고 있다. 본부는 카나다의 Vancuvor 근처 Langley라는 곳에 위치한 Western Trinity University에 있다.

4) NICE는 National Institute of Christion Education의 약자로 호주의 기독교인 교사를 교육시키기 위한 기관을 말한다.

5) 방승미(2013), 기독교 유아교사 자질강화를 위한 재교육프로그램 개발 및 효과, 총신대학교 대학원 박사학위청구논문, pp. 82-90.

교사로서의 사명을 깨닫고 기독교 유아교육을 실시할 수 있는 자질을 강화하여 책임 있는 제자도를 실천하도록 한다. 셋째, 교육내용은 기독교유아교육의 기초, 기독교유아교육의 내용과 실제, 기독교유아교육 방법, 영적 자질 등으로 구성되어 있다. 넷째, 교수운영방법은 교수방법과 운영방법으로 구성되어 있으며 교수방법은 강의법, 소그룹 중심의 토론 및 토의, 워크숍, 발표, 사례소개 등이다. 운영방법은 교육시간이 총 20시간으로 8회기, 한 회기 당 150분이 소요된다. 교육 실시 시간은 평일 저녁 1~2주일에 한 번씩 실시된다. 다섯째, 프로그램의 효과를 평가하기 위해 기독교 유아교사 효능감 검사를 실시하고 프로그램 평가를 위해 교육만족도 평가, 교사의 인식 변화를 평가하기 위해 저널, 토의 및 발표 자료의 분석 등을 실시한다. 이상의 내용을 정리하여 도표를 만들면 다음과 같다.[6)]

〈표 3〉 기독교 유아교사의 자질강화를 위한 재교육 프로그램

회기	교육목표	교육주제	교육 세부 내용	교수방법
1	기독교유아교육에 대한 바른 인식 가지기	기독교유아 교육의 기초	• 기독교유아교육의 정의, 오해 • 기독교유아교육의 목적과 당위성 • 기독교유아교육의 유형	• 오리엔테이션 • 강의
2	• 교육과정과 세계관의 연관성 이해하기 • 기독교유아교육의 기초로서 기독교 세계관 이해하기		• 세계관의 이해 • 세계관과 교육과정 • 기독교세계관과 기독교유아교육 • 기독교세계관 5요소와 성경진리	• 강의 • 조별 토의 • 발표

6) *Ibid.*, pp. 88-90.

회기	교육목표	교육주제	교육 세부 내용	교수방법
3	• 기독교적 통합의 이유와 의미의 이해 • 실제 모형 탐구하기	기독교유아 교육의 내용과 실제	• 통합의 의미 • 진정한 기독교적 통합의 의미 • 통합의 원리 • 통합의 사례 • 주제 통합 워크숍	• 강의 • 조별 토의 • 워크숍 및 발표
4	• 기독교적 통합수업의 실제 모형 탐구하기 • 기독교적 통합교육의 적용하기		• 기독교교육과정 모형 - 브루멜른 교육과정 - 오버만, 존슨 모형 - 헤이 모형-일반 개념의 성경적 통합기술	• 현장 사례 나눔 • 강의 • 조별 워크숍
5	다양한 기독교유아교육 프로그램의 기독교적 통합방식 이해하기		• 일반주제의 기독교적 통합방식 - 알타비스타프로그램 • 기독교적 주제의 일반적 통합 - 열방대학교프로그램 • 알타비스타프로그램과 열방대학교 프로그램의 누리과정의 적용	• 강의 • 사례발표
6	• 기독교적 관점에서 각 영역의 의미와 연관된 성경의 진리 알기 • 누리과정의 전 영역의 기독교적 조명하기		• 인간 경험의 다양한 측면과 학과 • 기독교적 목표설정 방법 • 개별 교과목과 연관된 성경진리 • 누리과정 전 영역의 기독교적 조명	• 현장사례 나눔 • 강의 • 조별 워크숍

회기	교육목표	교육주제	교육 세부 내용	교수방법
7	• 기독교유아교육 방법의 원리 알기 • 기독교적 통합기술 모색하기	기독교유아 교육방법	• 교육방법의 개념 • 기독교유아교육 방법의 원리와 실제 • 교육과정의 기독교적 재구성방법 • 조별 기독교적 통합 수업안 준비	• 현장사례 나눔 • 강의 • 조별 워크숍 • 개별 워크숍
8	• 기독교적 평가 이해하기 • 기독교적 통합수업안 작성을 위한 기술 익히기		• 기독교적 평가의 원리와 지침 • 기독교적 평가의 목적 • 조별 기독교적 통합 수업안 발표 및 평가	• 강의 • 사례발표 • 조별 워크숍 결과발표

기독교 유아교사의 자질 강화를 위한 재교육 프로그램의 개발에 대한 연구뿐 아니라 기독교 유아교사를 위한 영성교육 프로그램 개발에 대한 연구가 이루어졌다. 기독교인 유아교사가 유아를 위한 기독교교육을 실시하기 위해서 가장 먼저 고려해야 할 부분은 교사 자신의 영성이라고 볼 수 있기 때문에 교사의 영성부분이 강조되어야 한다. 따라서 기독교 유아교사를 위한 영성교육 프로그램 개발에 관한 연구는 기독교 유아교사를 위해 매우 유용한 재교육 프로그램이 될 수 있다. 2017년도에 연구된 기독교유아교사를 위한 영성교육 프로그램의 최종안을 소개하면 다음과 같다.[7)]

7) 최성진(2017), 기독교 유아교사를 위한 영성교육 프로그램 개발, 이화여자대학교 대학원 박사학위청구논문, p. 121.

〈표 4〉 기독교 유아교사를 위한 영성교육 프로그램

<table>
<tr><td>교육목적</td><td colspan="4">기독교 유아교사의 영성회복(하나님과 연합)</td></tr>
<tr><td>교육목표</td><td colspan="2">하나님과의 관계회복
(관계맺음)</td><td>자신과의 관계회복
(능력체험)</td><td>이웃과의 관계회복
(삶)</td></tr>
<tr><td>세부목표</td><td colspan="2">• 하나님의 사랑을 알 수 있다.
• 기독교세계관을 이해하고 일상 속에서 하나님을 예배할 수 있다.</td><td>• 성경적인 자아상을 가지고 자신을 존귀하게 여길 수 있다.
• 정서를 바르게 인식, 표현, 조절할 수 있다.</td><td>• 하나님의 사랑으로 이웃과 자연을 사랑할 수 있다.
• 유아교사로서 이웃들과 건강한 관계를 맺을 수 있다.
• 자연에 대한 청지기적 사명을실천할 수 있다.
• 유아교사로서의 소명의식을 확인할 수 있다.</td></tr>
<tr><td>교육주제</td><td colspan="2">• 기독교 영성이해, 유아영성
• 경건훈련(Q.T.)
• 하나님 중심의 삶
• 예배하는 삶</td><td>• 성경적인 자아상
• 건강한 정서</td><td>• 하나님 사랑, 이웃 사랑
• 건강한 관계 형성
• 일터영성
• 유아교사의 소명</td></tr>
<tr><td>교육 내용</td><td colspan="2">• 현대사회 영성부각의 동향
• 기독교 영성의 의미와 특성
• 유아영성에 관한 논의와 의미
• 기독교세계관 예배(말씀, 찬양, 기도)의 의미와 삶의 예배
• Q.T.의 의미와 방법</td><td>• 성경적인 자아상의 의미와 적용
• 정서의 인식, 표현, 조절하기</td><td>• 하나님사랑, 이웃사랑의 실천
• 유아, 동료, 학부모와 건강한 관계 맺어가기
• 자연환경에 대한 청기적 사명과 실천
• 일터 영성의 의미와 적용
• 유아교사로서의 소명의식</td></tr>
<tr><td rowspan="3">교수학습
방법</td><td rowspan="2">전체교육</td><td>대그룹</td><td colspan="2">예배, 강의</td></tr>
<tr><td>소그룹</td><td colspan="2">주제별 나눔, 토의 워크숍(게임, 역할극)</td></tr>
<tr><td colspan="2">개별교육</td><td colspan="2">개별 성경묵상 훈련(Q.T.)</td></tr>
<tr><td>교수매체</td><td colspan="4">PPT, 동영상, 활동지(토의,워크숍), 참고자료, 워크숍 자료</td></tr>
</table>

Ⅳ. 기독교 유아교육과정의 개발

현대는 정보화의 시대이다. 한 시간에도 셀 수 없을 만큼 많은 정보가 쏟아지는 정보의 홍수 속에서 자신의 전공에 필요한 부분을 찾아 참고하고 적용할 수 있는 특징을 현대는 소유하고 있다. 하루에도 2만 편이나 되는 논문이 발표되며, 심지어는 전문가들까지도 자신들의 분야에서 연구되어지는 지식을 다 수용할 수 없는 시대를 살아가고 있다.

그러나 기독교 유아교육 분야는 정보화에서 제외되어 있다. 기독교 유아교육에 관련된 책자는 손으로 꼽을 수 있는 정도이다.[8] 기독교 유아교육을 하고 싶어도 공부할 책이 없으며, 참고할 교육과정이 극히 제한되어 있는 실정이다. 따라서 기독교 유아교육을 위한 교육과정의 개발이 시급한 과제이다. 기독교인으로서 유아교육을 연구하는 학자와 현장에서 유아를 가르치는 교사들의 공동작업에 의한 기독교 유아교육을 위한 교육과정의 개발이 필요하다.

그동안 많은 현장가나 학자들의 연구에 의해 2021년 현재는 다수의 기독교유아교육과정 책들이 저술되었다. 그러나 여전히 기독교유아교육 이론에 대한 연구는 부족한 상태이며 유아교육의 각 영역을 기독교세계관으로 조명하는 연구가 필요한 실정이다.

8) 기독교 유아교육에 관련된 책자로서 일본 기독교보육연맹(1985), 「기독교 유아교육 원리」, 엄문용역, 보이스사, 이 경우, 이혜상(1994), 「유아를 위한 기독교 교육의 이론과 실제」, 창지사, 김숙령, 송영란(1998), 「활동 중심의 유아 기독교 교육 프로그램」, 교육아카데미, 한국 기독교 유아교육연구회(1999), 「기독교 유아교육과정」, 다음세대, 현은자, 이기숙, 서광일, 추태화, Green, A. (1999), 「기독교 유아교육을 위한 시편 활용방안에 관한 연구」, 창지사, 총신대학 부속 유치원(1999), 「기독교 유치원 교육과정」, 창지사, 정희영, 최영해, 홍은주, 장은희, 신현정(2000), 「주제중심의 기독교 유아교육과정」, 다음세대, 정희영, 김미경, 김동춘, 강은주(2000), 「기독교 유아교육 방법론」, 다음세대 등이 있다. 2021. 2 현재 기독교 유아교육과정 관련 책이 4권, 기독교 인성교육의 이론과 실제에 관한 책이 1권 출판되었다.

V. 기독교 유아교육을 위한 교재, 교구의 개발

기독교 유아교육을 위한 교육과정의 개발이 시급한 문제이듯이 기독교 유아교육을 위한 교재와 교구의 개발 또한 당면한 과제이다. 현재 일반 유아교육을 위한 교재 및 교구는 매우 다양하게 개발되어 있는 실정이다. 한 예로, 유아를 위한 동화책 만해도 매우 여러 가지 종류의 책이 색상과 내용에 있어서 매우 세련되게 구성되어 시중에서 판매되고 있다. 그러나 유아를 위한 기독교 문학 서적은 매우 제한되어 있다. 있다 해도 내용의 구성이나 색상이 그리 매력적이지 않다.

따라서 여러 분야에서 기독교 유아교육을 위한 교재 및 교구의 개발이 매우 필요하다. 현장에서 일하는 기독교인 교사들, 그밖에 기독교인으로서 유아교육과 관련된 여러 분야의 학자 및 교사들의 협력과 출판사의 협력으로 기독교 유아교육을 위한 다양한 교재와 교구의 개발이 요구된다.

Ⅵ. 기독교 유아교육을 위한 인프라구축

유아교육의 발전을 위해서 교육인적자원부는 대학 유아교육과의 교수와 학생의 비율에 대한 모델제시, 교육과정의 발전을 위한 교육과정연구위원회의 구성 요구, 유아교육과의 특성화정책, 교육과정 개발을 위한 프로젝트를 통한 재정적 지원 등을 실시하고 있다. 또한 각 지역의 교육청과의 교육적 연계를 통해 유아교육기관의 운영관리에 대한 재정적 지원 및 감독, 교사연수를 통한 교사의 계속교육 등을 실시하고 있다.

이처럼 일반 유아교육 분야에서의 인프라구축을 모델로 기독교 유아교육을 보다 효율적으로 발전시키기 위해서 기독교교육과 관련된 기관과의 인프라 구축이 필요하다. 예를 들면, 대한예수교 장로회 총회교육국과 총신대학교 유아교육과, 대한예수교 장로회 소속 교회 부설 유치원들과의 인프라구축을 통해 기독교 유아교육을 위한 프로그램개발 및 현장연구, 교사 재교육, 교구 및 교재 개발, 기독교 유아교육기관 평가도구 개발 등이 이루어져야 한다. 특별히 기독교 유아교육프로그램을 다양하게 개발하여 일선의 교사들이 현장에서 쉽게 적용할 수 있는 기회를 제공해야 하며, 기독교 유아교육기관 평가도구를 개발하여 기독교 유아교육기관이라고 자칭하는 곳의 교육이 과연 기독교적인지에 대한 평가를 통해 어떤 부분이 미흡하며 보다 강도높은 노력이 필요한지에 대한 표준을 제시함으로써 기독교 유아교육의 발전을 꾀할 수 있다.

참고문헌

강희천(1996), '신앙발달과 교수법', 기독교 교육, Vol. 7. No. 2, 서울: 기독교 교육 문서 선교회.

교육고전문헌 연구회(1981), 「20세기 교육고전의 이해」, 서울: 이화여자대학교 출판부.

기독교유아교육연구회(1999), 「기독교 유아교육과정」, 서울: 다음세대.

김국환(1997), '어린이 신앙교육론', 한국기독교 교육학회, 「21세기 기독교 교육의 과제와 전망」, 서울: 한국 장로교 출판사.

김성수(1999), '21세기 사회와 문화를 전망한다', 「교회와 교육」, 겨울호, 대한예수교장로회 총회교육위원회.

김숙령 · 송영란(1988), 「활동중심 유아 기독교 교육 프로그램」, 교육아카데미.

김연종(1997), '정보화 시대의 기독교 교육: 언론학적 접근', 제23차 기독교교육연구소 학술세미나, 「기독교 교육과 뉴미디어」, 총신대학교 기독교 연구소.

김영호(1990), 「레지오 에밀리아 접근법의 이론과 실제」, 서울: 학지사.

김영한(1996), '21세기, 포스트모더니즘과 기독교', 한국 기독교 문화연구소편, 「21세기 포스트모더니즘과 기독교」, 서울: 숭실대학교 출판부.

김욱동(1996), '포스트 모더니즘의 개념과 본질', 김욱동 편, 「포스트모더니즘의 이해」, 서울: 문학과 지성사.

김욱동(1996), '포스트 모더즘 논의의 문제점', 김욱동 편. 「포스트모더니즘의 이해」, 서울: 문학과 지성사.

김재만(1986), 「교육철학사」, 서울: 형설출판사.

김재은(1983), 「인간발달의 과정」, 서울: 전망사.

김정환(1974), 「교육의 철학과 과제」, 서울: 박영사.

김종서(1994), 「잠재적 교육과정의 이론과 실제」, 서울: 교육과학사.

김혜숙(1995), '사상운동으로서의 포스트모더니즘', 김혜숙 편, 「포스트모더니즘과 철학」, 서울: 이화여자대학교 출판부.

김혜숙(1995), '해체논리, 해체놀이: 데리다를 중심으로', 김혜숙 편, 「포스트모더니즘과 철학」, 서울: 이화여자대학교 출판부.

방승미(2013), 기독교 유아교사 자질강화를 위한 재교육프로그램 개발 및 효과, 총신대학교 대학원 박사학위청구논문.
박원호(1996), 「신앙발달과 기독교교육」, 서울: 한국장로교출판사.
박의수 · 강승규 · 정영수 · 강선보(1993), 「교육의 역사와 철학」, 서울: 동문사.
서울대학교 교육 연구소(1994), 「교육학 용어사전」, 서울: 도서출판 하우.
성태제(2017), 제4차 산업혁명시대의 인간상과 교육의 방향 및 제언, 『교육학 연구』, 제55권, 1-21.
송수희(1983), 아동의 신개념 조사연구, 이화여자대학교 대학원 석사학위 청구 논문.
안상원(1979), 진보주의 교육사상 관견. 건국대 행정 대학원, 논문집 제7집. 79-93.
양승훈(1999), 「기독교적 세계관」, 서울: 예영출판사.
양옥승(1996), '상호작용론적 관점에서 본 Vygotsky의 발생학적 인식론', 한국 영유아보육학 10.
오영재 · 박행모 · 강영숙(1997), 「신 교육학의 이해」, 서울: 교육아카데미.
오인탁 · 은준관 · 정웅섭 · 고용수 · 김재은(1984), 「기독교 교육론」, 대한기독교교육협회.
오인탁(1990), '기독교 교육의 사회 문화적 기초', 오인탁, 은준관 외, 「기독교 교육론」, 대한기독교교육협회.
오인탁(1996), '포스트모던의 교육학', 오인탁 · 최종욱 외, 「해석과 정신과학적 교육학」, 서울: 사회평론.
오은순, 김윤희(2019), 4차 산업혁명 시대 유아 핵심역량과 유아교육 방향, 『디지털콘텐츠』, Vol. 20, No. 5, 1011-1021.
오천석(1972), 「교육철학과 신앙」, 서울: 교육과학사.
은준관 · 최임선(1985), 「신앙의 발달과정」, 서울: 종로서적.
이규환(1965), 현대교육신문, 제21호, 1965, 2, 24.
이기숙(1982), 「유아교육과정」, 서울: 교문사.
이기숙(1989), '유아교육의 내용 및 교수 방법', 한국 유아교육학회 유아 교육 연구회, 「유아교육의 본질과 방향」, 서울: 양서원.
이돈희(1995), 「교육철학개론」, 서울: 교육과학사.
이상화(1996), '비판으로서의 철학: 포스트모더니즘과 비판 이론', 김혜숙 편,

「포스트모더니즘과 철학」, 서울: 이화여자대학교 출판부.

이숙종(1996), 「코메니우스의 교육사상」, 서울: 교육과학사.

이정효(1990), '기독교 교육방법론', 오인탁 · 은준관 · 정웅섭 · 고용수 · 김재은, 대한기독교교육협회.

이홍우((1980), 「지식의 구조와 교과」, 서울: 교육과학사.

일본 기독교 보육연맹(1985), 「기독교 유아교육 원리」, 엄문용 역, 보이스사.

정정숙(1997), 「기독교 교육학」, 서울: 도서출판 베다니.

정웅섭(1981), 「기독교 교육의 이론과 실제」, 서울: 대한기독교출판사.

정웅섭(1996), 「기독교 교육개설」, 서울: 대한기독교교육협회.

정호균(1987), 「교육의 역사 · 철학적 기초」, 서울: 형설출판사.

정희영(1998), '기독교 유아교육과정 개발 모색', 총신 유아교육 학술대회, 우리나라 기독교 유아교육기관의 진단과 발전 방향, 총신유아교육연구회.

정희영(1999), 21세기 기독교 유아교육 방향모색을 위한 전략, 한국 기독교 유아교육연합회.

조정호(2019), 4차 산업혁명시대 교육의 개선 방향: 인성교육과 인공지능을 중심으로, 『인격교육』, Vol 13, No. 2, 75-89.

총신대학교부속유치원(1999), 「기독교 유치원 교육과정」, 서울: 창지사.

최성진(2017), 기독교 유아교사를 위한 영성교육 프로그램 개발, 이화여자대학교 대학원 박사학위청구논문.

최기영(1983), 「현대사회와 유아교육」, 서울: 교문사.

최일운(1982), 「헤에겔과 대비한 마르크시즘의 비판」, 서울: 형설출판사.

한국 철학사상 연구회(1989), 「철학대사전」, 서울: 도서출판 동녘.

한숭홍(1991), 「기독교 교육 철학 사상」, 서울: 장로회신학대학 출판부.

한자경(1995), '니체 철학에서 자아의 문제', 김혜숙 편, 「포스트모더니즘과 철학」, 서울: 이화여자대학교 출판부.

한철하(1978), 「고대기독교 사상」, 대한기독교서회.

현은자 외(1999), 「기독교 유아교육을 위한 시편 활용 방안에 관한 연구」, 서울: 창지사.

Bavink, H.(1983), 「기독교 교육철학」, 정정숙 역, 서울: 총신대학 출판부.

Berk & Winsler(1995), 「어린이들 학습에 비계설정(scaffolding): 비고스키와

유아교육」, 홍용희 역, 서울: 창지사.

Bodrova, E. & Leong, D. J.(1996), 「정신의 도구: 비고츠키 유아교육」, 서울: 이화여자 대학교 출판부.

Brummelen, H. V.(1996), 「교실에서 하나님과 동행하십니까」, 기학연 교육연구모임 역, 서울: IVP.

Byrne, H.(1988), 「기독교 교육학 총론」, 신현광 역, 서울: 대영사.

Byrne(1997), 「기독교 교육철학」.

Calvin, J.(1986), 「기독교 강요」, 편집부 편, 제4권.

Comenius, J.(1987), 「대교수학」, 정확실 역, 서울: 교육과학사.

Comenius, J.(1992), 「분석교수학」, 이숙종 역, 서울: 교육과학사.

De Jong, N.(1985), 「진리에 기초를 둔 교육」, 신청기 역, 서울: 생명의 말씀사.

Hayes, E.(1994), 「기독교 교육의 성서적 근거」, 신서균 편, 「기독교 교육의 기초」, 서울: 기독교문서선교회.

Hoffecker, A. & Smith, G. S.(1993), '머리말: 세계관 형성의 시각과 방법', 김원주 역, 「기독교 세계관」, 서울: 생명의 말씀사.

Holmes, A(1993), 「모든 진리는 하나임의 진리다」, 서원오 역, 서울: 크리스챤 다이제스트.

Fennema, J.(1990), 「기독교 아동교육」, 정희영 역, 서울: 엠마오.

James Loder(1982), '기독교 교육의 사회 문화적 기초', Marvin Tayler(Ed.), 「기독교 교육학」, 송광택 역, 대한 예수교 장로회 총회교육부.

Knight, G.(1987), 철학과 기독교교육. 박영철 역, 서울: 침례신학대학교 출판부.

Lyon, D.(1987), 「마르크스 생애와 사상 평가」, 박영호 역, 서울: 기독교 문서선교회.

Mannoia, J.(1993), '합리주의와 경험주의', Andrew Hoffecker & Gary Scott Smith 편, 「기독교 세계관」, 김원주 역, 서울: 생명의 말씀사.

Marsden, G. M.(2000), 「기독교적 학문 연구@ 현대 학문 세계」, 조호연 역, 서울: IVP.

Mckendge, C. & Hoffecker, A.(1993), '그리스의 인식론: 플라톤과 아리스토텔레스', Andrew Hoffecker & Gary Scott Smith 편, 「기독교 세계관」, 김원주 역, 서울: 생명의 말씀사.

Murray, J.(1994), 「조직신학 Ⅱ」, 박문재 역, 서울: 크리스챤 다이제스트.

Neve, J. L.(1971), 「기독교 교리사」, 이장식 역, 대한기독교서회.

Newman, B. M., & Newman, P. R.(1983), 현대발달심리학. 박아청 역, 서울: 형설출판사.

Osborn, K.(1981), 「유아교육의 역사적 고찰」, 이경우 역, 서울: 정민사.

Pulaski, M. A.(1982), 「피아제 이해하기」, 이기숙, 주영희 역, 서울: 창지사.

Ryken, R.(1995), 「청교도－이 세상의 성자들」, 김성웅 역, 서울: 생명의 말씀사.

Sire, J.(1995), 「기독교 세계관과 현대사상」, 김헌수 역, 서울: IVP.

VanTil, C.(1983), 「듀이와 현대교육의 비판」, 이창수 역, 서울: 성광문화사.

Walsh, B. & Middleton, R.(1987), 「그리스도인의 비전」, 황영철 역, 서울: IVP.

Wertsch, J. V.(1995), 「비고츠키: 마음의 사회적 형성」, 서울: 정민사.

William, C. C.(1983), 「발달의 이론」, 서봉연 역, 서울: 중앙적성출판부.

Wolters, A. M.(1992), 「창조, 타락, 구속」, 양성만 역, 서울: IVP.

Allen, R. T.(1989), *Metaphysics in education, Journal of Philosophy of Education*, 23(2).

Armstrong, L.(1988), *Children in worship: The road to faith*, Melbourne: The Joint Board of Christian Education.

Aronfreed, J.(1976), 'Moral development from the standpoint of a general psychological theory', In T. Lickona(Ed.), *Moral development and behavior*, N. Y.: Holt, Rinehart and Winston.

Astley, J.(1994), *The philosophy of Christian religious education*, Alabama: Religious Education Press.

Atfield, D.(1976), 'Conceptual research in religious education', *Learning for Living*, Vol.15, Part No. 3.

Avery, W. O.(1990), 'A Lutheran examines', Fowler, J. W., *Religious Education*, Vol. 85, No. 1.

Bailey, J.(1982), 'Tilting at windmills? A reply to Jack Priestley on Bible stories', *British Journal of Religious Education*, Vol 4, No. 3.

Bandura, A.(1965), 'Influence of model's reinforcement contingencies on the acquisition of imitative responses', *Journal of Personality and Social Psychology*, 1, 589-595.

Bandura, A.(1977), *Social learning theraphy*, Eaglewood Cliffs, N. J.: Prince-Hall.

Barrett, D. & Radke-Yarrow, M. & Klein, R.(1982), 'Chronic malnutrition and child behavior: Effects of early caloric supplementation on social and educational functioning at school age', *Developmental Psychology*, Vol. 18, No. 4.

Bayles, E.(1960), *Pragmatism in education*, N.Y.: Haper's Ser.

Beechick, R.(1980), *Teaching kindergartners*, Denver: Accent Books.

Beers, V. G.(1975), 'Teaching theological concepts to children', In R. B. Zuck, & R.Clark(Ed.), *Childhood education in the church*. Chicago: Moody Press.

Bergsten-Brucefors, A.(1976), *Intelligence patterns and their relation to social background: A longitudinal study*. CWK Gleerup.

Berkowiz, M. W., Guerra, N., & Nucci, l.(1991), 'Sociomoral development and drug and alcohol abuse', In W. M. Kurtines & J. L. Gewirtz (Ed.), *Handbook of Moral Behavior and Development: Application*. Vol. 3, Hillsdale, N. J.: Lawrence Erlbaum.

Boyle, D. G.(1969), *A students' guide to Piaget*, Guilford: Pergamon Press.

Brabacher, J. S.(1962), *Modern philosophies of education*. Mc. Graw-Hill book.

Brameld, T.(1970), *Patterns of educational philosophy*. N. Y.: Holt Rinehart & Winston.

Bridger, F.(1988), *Children finding faith*, London: Scripture Union.

Bromiley, G.(1979), *Children of promise*, Grand Rapids: Eerdmans Publishing Company.

Bronfenbrenner, U.(1960), 'Freudian theories of identification and their derivatives', *Child Development*, 31, 15-40.

Broughton, J. M.(1986), 'Political psychology of faith development theory',

In C. . Pykstra, & S. Parks(Ed.), *Faith development and Fowler*, Birmingham: Religious Education Press.

Brown, G. & Desforges, C.(1979), *Piagest's theory: A psychological critique*, London: R. K. P.

Brown, L. B. (Ed.),(1973), *Psychology and religion*, Aylesbury: Hazell Waston & Viney Ltd.

Brubacher, J. S.(1962), *Modern philosophies of education*, McGraw-Hill Book Company.

Brummelen, H. V.(1988), *Walking with God in the classroom*, Seattle, Washington: Alta Vista College Press.

Bruner, J.(1960), *The process of education*, Boston: Harvard University Press.

Byrne, H. W.(1977), *A Christian approach to education*, Michigan: Matt Media.

Carrie, J.(1972), *The primary school assembly: Theory and practice*, Edinburgh: Church of Scotland: Department of Education.

Casto, G., & White, K.(1985), 'The efficiency for early invention programs with environmentally at-risk infants', *Journal of Children in Contemporary Society*, 17(1), 37~50.

Chadwick, R.(1982), *Teaching and learning: An intergrated approach to Christian education*. New Jersey: Fleming H. Revell Company.

Clarke-Stewart, K. & Fein, G.(1983), 'Early childhood programs', In. P. H. Mussen(Ed.), *Handbook of Child Psychology*, Vol. 2. N. Y.: Wiley.

Cliff, P.(1968), 'The significance of Goldman for curriculum matirials', *Religious Education*, Vol. 23, Part No. 6.

Clouse, B.(1993), *Teaching for moral growth*, Illinois: Bridgepoint Book.

Cohen, D.(1983), *Piaget: Critique and reassessment*, London and Canberra: Croom Helm Ltd.

Cole, M. & Scribner, S.(1978), 'Introduction', In L. S. Vygotsky, *Mind in society*, Cambridge: Havard University Press.

Collins, G.(1980), *The rebuilding of psychology-An integration of psychology and Christianity*, Wheaton, Illinois: Tyndale House Publishers.

Colson, H. P. & Rigdon, R. M.(1981), *Understanding your church's curriculum*, Tennessee: Broadman Press.

Cowie, A. P.(1992), *Oxford advanced learner's encyclopedic dictionary*, Oxford: Oxford University.

Cox, E.(1968), 'Honest to Goldman: An assessment', *Religious Education*, Vol. 23, Part No. 6.

Csanyi, D. A.(1982), 'Faith development and the age of readiness for the bible', *Religious Education*, Vol. 77, No. 5.

David. Ng. & Virginia T.(1981), *Children worshipping community*. Atlanta: John Knox Press.

De Jong, Norman(1969), *Education in truth*, New Jersey: Presbyterian and Reformed Publishing Company.

DeVries, R.(1987), *Program of early education*, N. Y.: Longman.

Diorio, J. A.(1978), 'Sailing to Byzantium: Issues in R. E.', *British Journal of Educational Studies*, Vol. 26. No.3

Donaldson, M.(1978), *Children's minds*, London: Fontana Press.

Downs, P. G.(1995), 'The power of Fowler', In J. C. Wilhoit, & J. M. Dettoni(Ed.), *Nurture that is Christian: Developmental perspectives on Christian education*, Michigan: Grand Rapids.

Duska, R., & Mariellen W.(1977), *Moral development-A guide to Piaget and Kohlberg*, Gill and Macmillan.

Dykstra, C.(1986), 'What is faith?: An experiment in the hypothetical mode', In C. Dykstra, & S. Parks(Ed.), *Faith development and Fowler*, Birmingham: Religious Education Press.

Eavey, C. B.(1980), *Principles of teaching for Christian teaching*, Michigan: Zondervan Publishing House.

Edlin, R.(1994), *The cause of the Christian education*, Alabama: Vision Press.

Edlin, R.(1999), *The cause of Christian education*, Blacktown: National Institute for Christian education.

Elkind, D.(1961), 'The child's conception of his religious denomination 1: The Jewish child', *Journal of Genetic Psychology*, 99.

Elkind, D.(1962), 'The child's conception of his religious denomination 2: The Jewish child', *Journal of Genetic Psychology*, 101.

Elkind, D.(1963), 'The child's conception of his religious denomination 3: The Jewish child', *Journal of Genetic Psychology*, 103.

Elkind, D.(1979), *The child and society: Essays in applied child development*, Oxford: Oxford University.

Erb, A. M.(1955), *Christian nurture of children*, Scottdale, Pa.: Herald

Erikson, E.(1963), *Childhood and society*, New York: Norton.

Evans, R. I.(1973), *Jean Piaget: The man and his ideas*, N. Y.: Dutton.

Fakkema, M.(1960), *Christian philosophy and its educational implications*, Chicago: Christian Schools Service.

Fennema, J.(1979), *Nurturing children in the Lord*, Michigan, Grand Rapids: Baker Book House.

Fennema, J.(1998), *Who am I ?: A Christian approach to the nature and spiritual development of children*, monograpy.

Feucht, O. E.(1975), 'Social influences on children'. In R. B. Zuck, & R. E. Clark(Ed.), *Childhood education in the church*, Chicago: Moody Press.

Flavell, J.(1963), *Developmental psychology of Jean Piaget*, Princeton: Van Nostrand Company Inc.

Flavell, J. H.(1977), *Cognitive development*, New Jersey: Prentice Hall.

Flavell, J. & Ellen M.(1983), *Handbook of child psycholgy*. N. Y.: D. Van Nostrand Com.

Fleming, C. M.(1966), 'Research evidence and Christian education', *Learning for Living*, Vol. 6, Part No. 1.

Flexner, S. B.(1987), *The random house dictionary of the english language*,

N. Y.: Random House, Inc.

Forman, G. E. & Fosnot, C. T.(1980), 'The use of Piaget's constructivism in early childhood education program's', In Bernard Spodek(Ed.), *Handbook of research in early childhood education*, N. Y.: The Free Press.

Fowler, J. W.(1986), 'Faith and the structuring of meaning', In C. Dystra & S. Parks(Ed.), *Faith development and Fowler*, Birmingham: Religious Education Press.

Fowler, J. W., & S. Keen.(1978), *Life maps: Conversations on the journey of faith*, Minnesota: Winston Press.

Fowler, J. W.(1981), *Stages of faith: The psychology of human development and the quest for meaning*, Harper & Row.

Fowler, J. W.(1986), 'Faith and the structuring of meeting', In Craig Dykstra & Sharon Parks(Eds.), *Faith development and Fowler*, Birmingham: Religious Education Press.

Frankena, W. K.(1970), 'The concept of morality', In G. Wallace, & A. D. M. Walker(Ed.), *The definition of morality*, London: Methuen.

Furnish, D.(1983), *Exploring the Bible with children*, Nashville: Abingdon Press.

Furushima, R. Y.(1992), 'Faith development and cross-cultural perspective', In Jeff Astley & Leslie francis(Eds.), *Christian perspective on faith development*, Grand Rapids: Eerdmans Publishing Co.

Gaebelein, F. E.(1964), 'Toward a philosophy of Christian education', In J. E. Hakes(Ed.), *An introduction to evangelical Christian education*, Chicago: Moody Press.

Gaebelein(1968), *The pattern of God's truth*, Chicago: Moody Press.

Gangel, K. O., & Benson, W. S.(1983), *Christian education: Its history and philosophy*, Chicago: Moody Press.

Gangel & Benson(1992), *Christian education: It's history and philosophy*, Chicago: Moody Press.

Ginsburg, H. & Opper, S.(1979), *Piagest's theory of intellectual development*, New Jersey, Prentice Hall.

Ginsburg, H.(1981), 'Piaget and education: The contributions and limits of genetic epistemology', In Irving Sigel, David Brodzinsky, and Roberta Golinkoff(Eds.), *New directions in Piagetian theory and practice*, New Jersey: Lawrence Erlbaum Associates.

Ginsburg, H. & Opper, S.(1988), *Piaget's theory of intellectual development*, New Jersey: Prentice-Hall.

Godin, A.(1968), 'Genetic development if the symbolic function: Meaning and limits of the works if R. Goldman', *Religious Education*, Vol. LVIII, Part No. 6.

Goldman, R.(1964), *Religious thinking from childhood to adolescence*, London: R. K. P.

Goldman, R.(1965), *Readiness for religion*, London: R. K. P.

Goodwin, W. L. & Goodwin, L. D.(1982), 'Measuring young children', In Bernard Spodek (Ed.), *Handbook of research in early childhood education*, N. Y.: The Free Press.

Gower, R.(1990), *Religious education at the primary stage*, Oxford: Lion Publishing plc.

Grabowsky, M. F.(1987), 'Flaws in faith−Development theory', *Religious Education*, Vol. 82, No. 1.

Graendorf, W. C.(1981), ed, *An introduction to biblical Christian education*, Chicago: Moody Press.

Grams, A.(1963), *Children and their parents*, Minneapolis: Dension.

Greene, A. E.(1990), *Alta vista curriculum: People as individuals*, Seattle: Alta Vista College.

Greene, A. E.(1991), *Reclaiming the future of Christian education: A transforming vision*, Colorado: ACSI.

Greene, A. E.(1996), *Wake-up call: biblical wisdom and Christian schooling*, Seattle. Washington: Alta Vista College Press.

Greene, A.(1999), *Reclaiming the future of Christian education, A: transforming vision*, Colorado Springs, ACSI.

Grimmit, M.(1973), *What can I do in R. E.?*, Mayhew-McCrimmon.

Groome, T.(1980), *Christian religious education: Sharing our story and vision*, San Francisco: Haper & Row Pub.

Halverson, D. T.(1982), *Helping your child discover faith*, Valley Forge: Judson Press.

Harper, N. E.(1981), *Making disciples: The challenge of Christian education at the end of the 20th century*, Memphis: Christian Studies Center.

Hassan, I.(1997), 'Pluralism in postmodern perspective' in *the postmodern tern: Essays in postmodern theory and culture*, Columbus: Ohio State University Press.

Haystead, W.(1986), *Teaching your child about God*, Calif.: International Center for Learning.

Haystead, W.(1986), *Teaching your child about God*, California: Regal Books.

Hilliard, F.(1965), 'Children's religious thinking', *Learning for Living*, Vol. 5, Part No. 2.

Hodge, C. (1875). *Systematic theology*, N. Y.: Charles Scribner and Co.

Holley, R.(1978), *Religious education and religious understanding*, London: Routledge & Kegan Paul Ltd.

Holmes, A. F.(1984), *Ethics: Approaching moral decisions*, Downers Grove: Inter Varsity Press.

Hornby, A. S.(1995), *Oxford advanced learner's dictionary if current English*, Oxford: Oxford University Press.

Howkins, K. G.(1968), *Religious thinking and religious education*, London: Tyndale Press.

Hughes, P. E.(1989), *The true image: The origin and destiny of man in Christ*, Grand Rapids: Eerdman Publishing Company.

Hyde, K. E.(1968), 'Critique of Goldman's research', *Religious Education*,

Vol. 23, Part No. 6.

Jaarsma, C.(1985), *The educational philosophy of Herman Bavinck*, Grand Rapids: Eerdmans Publishing.

Jones, W. T.(1969), *Kant to Wittgenstein and Sartre: A history of western philosophy*, N. Y.: Harcourt, Brace and World Inc.

Joy, D. M.(1975), 'Why teach children?', In R. B. Zuck, & R. E. Clark (Ed.), *Early childhood education in the church*, Chicago: Moody Press.

Kamii, C.(1973), 'A sketch of the Piaget-drived preschool curriculum developed by the Ypsilanti early education problem' In J. Frost(Eds.), *Revisiting early childhood education*, N. Y.: Holt, Rinehart & Winston.

Kazepides, T.(1991), 'On the prerequisites of moral education: A wittgen-steinean perspective', *Journal of Philosophy of Education*. 25(2).

Knight, G.(1980), *Philosophy and education: An introduction in Christian perspective*, Michigan: Andrews University Press.

Kohlberg, L. & Mayer, R.(1987), 'Development as the aim of education', *Child psychology and childhood education*, N. Y.: Longman.

Korea English Bible Corporation(1992), *Korean-English Bible*, Korean Bible Society.

Kutnick, P.(1986), 'The relationship of moral judgement and moral action: Kohlberg's theory, criticism and revision', In Modgil, S. & Modgil, C.(Eds.), *Lawrence Kohlberg: Consensus and controversy*, Philadelphia: The Falmer Press.

Lawson, M & Choun, R.(1992), *Directing Christian education: The changing role of the Christian education specialist*, Chicago: Moody Press.

Lebar, L. E.(1989), *Education that is Christian*, Illinois: Victor Books.

Lickona, T.(1979), 'Research on Piaget's theory of moral development', In T. Lickona(Ed.). *Moral development and behavior*, N. Y.: Holt, Rinehart & Winston.

Long, D., Elkind, D., & Spilka, B.(1967), 'The child conception of prayer', *Journal for the Scientific Study of Religion*, Part 6.

Longman(1992), *Dictionary of English language and culture*, Essex: Longman.

Machen, J. G.(1946), *What is faith?*, Grand Rapids: Eerdmans Publishing Co.

Maier, H. W.(1978), *Three theories of child development*, N. Y.: International Universities Press.

Marcel, P.(1951), *The biblical doctrine of infant baptism*, London: James Clarke & Co. Ltd.

Mclean, S. D.(1986), 'Basic sources and new possibilities: H. Richard Niebuhr's influence on faith development theory', In Craig Dykstra & Sharon Parks(Eds.), *Faith development and Fowler*, Birmingham: Religious Education, Press.

Migliore, D. L.(1991), *Faith seeking understanding: An introduction to Christian theology*, Grand Rapids, Michigan: Eerdmans.

Miller, D. E.(1966), 'Psychological foundations for Christian education', Marvin J. Taylor(Ed.), *An introduction to Christian education*, Nashville: Avingdon Press.

Miller, B., & Dyer, J.(1975), 'Four preschool program: Their dimension & effect', *Monographs of the Society for Research in Child Development*, 40(56, Serial No. 162).

Moran, G.(1983), *Religious education development*, Winston Press.

Murphy, R. J. L.(1977), 'The development of religious thinking in children in three easy stages', *Learning for Living*, Vol. 17, No.1.

Murray, A.(1975), *How to raise your children for Christ*, Minneapolis: Bethany House Publishers.

National Society(1991), *How faith grows: Faith development and Christian education*, London: the General Synod Board of Education.

Nelson, C. E. & Daniel, A.(1986), 'Research in faith development', In Craig Dykstra & Sharon Parks(Eds.), *Faith development and Fowler*, Birmingham: Religious Education Press.

Niebuhr, H. R.(1960), *The radical monotheism and western culture*, New York: Harper and Brothers.

Niebuhr, H. R.(1978), *The responsible self: An essay in Christian moral philosophy*, San Francisco: Harper & Row Publishing.

Nucci, L. P., & Nucci. M. S.(1982), 'Children's social interaction in the context of moral and conventional transgressions', *Child Development*. 53, 403-412.

Nucci, L. P. & Turiel, E.(1978), 'Social interactions and the development of social concepts in preschool children', *Child Development*, 49, 400-407.

Oscar E. Feucht.(1975), 'Social influence on children' Roy B. Zuck and Robert E. Clark. *Childhood education in the church*(Eds.), Chicago: Moody Press.

Osmer, R. K.(1990), 'James W. Fowler and the reformed tradition: An exercise in theological reflection in religious education', *Religious Education*, Vol. 85, No. 1.

Osmer, R. R.(1992), *Teaching for faith*, Westminster: John Knox Press.

Overman, C.(1996), *Assumptions that affect our lives*, California: Micah 6: 8.

Palmer, P. J.(1983), *To know as we are known*, Evanston, Illinois: Harper and Row.

Pardy, M.(1988), *Teaching children the Bible: New models in Christian education*, San Francisco: Harper & Row Publishers.

Pazmino, R. W.(1988), *Foundational issues in Christian education: An introduction in evangelical perspective*. Grand Rapids: Baker Book House.

Person, P.(1976), *An introduction to Christian education*, Grand Rapids, Michigan: Baker Book House.

Peterson, M.(1986), *Philosophy of education: Issues and options*, Downers Grove: Inter-varsity Press.

Piaget, J.(1951), *The child conception of the world*, London: Redwood Press.

_______(1952), *The origins of intelligence in the child*, N. Y.: International Universities Press.

_______(1964), 'Development and learning', In Richard E. Ripple & Verne N. Rockcastle(Eds.), *Piaget rediscovered; A report of the conference on cognitive studies and curriculum development*, Ithaca, N. Y.: Cornwell University Press.

_______(1965), *The moral judgement of the child*, N. Y.: Free Press.

_______(1968), *Six psychological studies*, N. Y.: Vintage Books.

Powell, D.(1986), 'Research in review: Effects of program models teaching practices', *Young Children*, 41(6), 60-67.

Priestley, J.(1981), 'Religious story and the literary imagination', *British Journal of Religious Education*, Vol. 4, No. 1.

Prisecaru, P. (2016), Challenges of the fourth industrial revolution, *Knowdge Horizons Economics*, 8(1), pp. 57-62

Ramsey, P.(1980), *Basic Christian ethics*, Chicago: The University of Chicago Press.

Random House(1992), *The random house dictionary of the English language*, Sisa-yongosa.

Report, M.(1972), *Moral and religious education in Scottish schools*, part. 6.

Rest, J.(1983), 'Morality', In Paul H. Mussen(Ed.), *Handbook of Child Psychology*, Vol. 3, John Wiley & Sons.

Richards, L.(1981), *Creative Bible teaching*, Chicago: Moody Press.

Richardson, A.(1948), *Christian apologetics*, London: S.C.M. Press. Ltd.

Robertson, P. O.(1980), *The Christ of the covenant*, New Jersey: Presbyterian and Reformed Publishing Co.

Rothman, G. R.(1980), 'The relationship between moral judgement and moral behavior', In *Moral development and socialization*, Windmiller, M., Lambert, N. & Turiel, E. (Eds.), Boston: Allyn and Bacon.

Rowe, A.(1979), 'Can children understand the bible?', *Religious Studies Today*, Vol. 4, Part No. 2.

Roy, P. R.(1979), *Application of Piaget's theory of cognitive developmant to religious thinking, with special reference to the work of Dr.*

Goldman, Liverpool University, Thesis of M. Ed.

Selman, R. L.(1971), 'The relation of role-taking to the development of moral judgement in children', *Child Development*, 42, 79-91.

Shaffer, D.(1993), *Developmental psychology: Childhood and adolescence*, Pacific Grove, California: Brooks & Cole Publishing Company.

Shelly, J. A.(1982), '*The spiritual needs of children*, Illinois: Intervarsity.

Sieber, J.(1980), 'A social learning theory approach to morality', In M. Windmiller, N. Lambert, & E. Turiel(Ed.), *In moral development and socialization*, Boston: Allyn and Bacon, Inc.

Smedslund, J.(1977), 'Symposium: Practical and theoretical issues in Piagetian psychology-3, Piaget's psychology in practice', *British Journal of Educational Psychology, 47*.

Smetana, J. G.(1981), 'Preschool children's conceptions of moral and social rules', *Child Development*, 52, 1333-1336.

Smetana, J. G.(1984), 'Toddler's social interactions regarding moral and conventional transgression', *Child Development*, 55.

Smetana, J. G.(1989), 'Toddler's social interactions in the context of moral and conventional transgressions in the home', *Developmental Psychology*, 25.

Smith, J. W. D.(1956), *Psychology and religious in early childhood education*, London: SCM Press LTD.

Smith, J. W. D.(1969), *Religious education in secular setting*, London: SCM Press LTD.

Spodek, B.(1973), *Early childhood education*, Englewood Cliffs, New York: Prentice Hall.

Sproul, R. C.(1992), *Essential truth of the Christian faith*, Wheaton, Illinois: Tyndale House Publishers Inc.

Spykman, G.(1997), 'The place and roll of the Bible in the school', In G. Steensma, & H. Van Brummelen, H. (Ed.), *Shaping school curriculum: A biblical view*, Indiana: Signal Pub.

Steensma, G.(1977), 'The scriptural view of knowledge and truth', In Gerald Steensma & Harro Brummelen(Eds.), *Shaping school curriculum: A biblical view*, Indiana: Signal Publishing Co.

Sullivan, E.(1967), *Piaget and the school curriculum: A critical appraisal*, The Ontario Institute for Studies in Education.

Sutcliff, J. M. (Ed.),(1984), *A dictionary of religious education*, SCM Press.

The Bishop of Durham, *The fourth R-the report if the commission on religious education in school*, National Society & S. P. C. K.

The Millar Report(1972), *Moral and religious education in Scottish schools*, Edinbourgh: HMSO.

The Westminster Shorter Catechism. Q. 16-17.

Thiessen, H. C.(1956), *Introductory lectures in systematic theology*, Michigan: Eerdmans Publishing Co.

Thomas, R.(1980), Development of the concept of intention', In *Development of Cognition, Affect, and Social Relations*, Vol. 13, Hillsdale, N. J.: Lawrence Erlbaum Associaition, Inc.

Tice, T.(1980), 'A Psychoanalytic perspective', In. Myra, L. Nadine, & T. Elliot(Ed.), *Moral development and socialization*, London: Allyn & Bacon, Inc.

Uzgiris, I. C.(1976), 'Organization of sensorimotor intelligence', In Michael Lewis(Ed.), *Origins of intelligence*, New York: Plenum Press.

Van Brummelen, H. & Van Dyk, J.(1990), *Christian schooling: education for freedom*, Potchefstroom University for Christian Higher Education.

Vennen. V.(1982), 'What is the relation between the Bible and science', *Christian perspectives on learning*, Grand Rapids, Michigan: Calvin College.

Vernon, P. E.(1965), 'Environmental handicaps and intellectual development: Part Ⅱ', *British Journal of Educational Psychology*. V. 35.

Vianello, R., Kalevi, T., & Donald, R.(1992), 'The religious concepts of children', In Donald Ratcliff(Ed.), *Handbook of children's religious* education, Birmingham: REP.

Wadsworth, B. J.(1979), *Piaget's cognitive development*, N. Y.: Longman.

Wallwork, E.(1991), *Psychoanalysis and ethics*, New Haven: Yale University Press.

Waterink, J.(1956), *Basic concepts in Christian pedagogy*, Michigan: Eerdmans Publishing.

Weatherhead, L. D.(1951), *Psychology, religion and healing*, Warwick Square: Hodder & Stoughton Ltd.

Webster's new international dictionary of the English language.(1960), Unabriged (2nd Ed.), Springfield, Mass.: G & C Merriam.

Weiner, B., Anna, K., & Marijana Benesh-Weiner.(1980), 'The development of mastery, emotions, and morality from an attributional perspective', In *Development of Cognition, Affect, and Social Relations*, Vol. 13, Hillsdale, N. J.: Lawrence Erlbaum Association, Inc.

West Riding Agreed Syllabus(1966), *Suggestions for religious education*, Country Council of the West Riding of Yorkshire Education Department.

Whitehead, A. N.(1959), *The aims of education and other essays*, New York: Macmillan Company.

Wilhoit, J.(1991), *Christian education and the search for meaning*, Grands Rapid, Michigan.

Williams, R.(1971), 'A theory of God concept readiness: From the Piagetian theories of child artificialism and the origin of religious feelings in children', *Religious Education*, Vol.18, No.1.

Wyckoff, D. C.(1961), *The task of Christian education*. Philadelphia: The Westminster Press.

Yarrow, L. Y., & Goodwin, M. S. 'Some conceptual issues in the mother-infant of interaction', *American Journal of Northpsychiatry*, 35.

__________ Theories of child artificialism and the origin of religious feelings in children', *Religious Education*, Vol.18, No.1, 62-66.

__________(1977), *Social learning therapy*, Eaglewood Cliffs, N. J.:

Prentice -Hall.

__________(1984), Toddler's social interaction in the regarding moral and conventional transgression, *Child Development*, 55, 1767-1776.

__________(1989), 'Toddler's social interactions in the context of moral and conventional transgressions in the home', *Developmental Psychology*, 25, 499-508.

Zuck, R. B.(1972), *Spiritual power in your teaching*, Chicago: Moody Press.

찾아보기

지은이 소개

◉ 정희영

총신대학교 종교교육과(B. A.)
총신대학교 대학원 종교교육전공(M. A.)
이화여자대학교 대학원 유아교육전공(M. A.)
영국 Aberdeen 대학교 철학박사(Ph. D.)
미국 Calvin College 초청교수역임
총신대 부총장역임
현재 총신대학교 유아교육과 교수

저서 및 역서
기독교 유아교육과정(공저, 다음세대)
기독교 유치원교육과정(공저, 창지사)
주제 중심의 기독교 유아교육과정(공저, 다음세대)
기독교 유아교육 방법론(공저, 다음세대)
기독교 아동교육(역서, 엠마오)
그리스도인의 자녀양육과 인성발달(역서, 총신대학교출판부)
기독교 세계관으로 가르치기(공역서, 예영출판사)
세계화시대의 유아교육(공저, 창지사)
유치원장애아 통합교육 프로그램(공저, 정민사)
피아제와 교육(교육과학사)
기독교세계관으로 본 근, 현대 교육사조(그리심)
기독교세계관에 기초한 누리과정의 재구성(공저, 공동체)
기독교 유아 인성교육의 이론과 실제(공저, 꿈을 이루는 사람들)
이외에 기독교 유아교육에 관한 논문 다수 발표

3판 기독교 유아교육론

2000년 9월 10일 1판 1쇄 발행
2004년 9월 10일 2판 1쇄 발행
2010년 9월 20일 2판 3쇄 발행
2021년 3월 15일 3판 1쇄 인쇄
2021년 3월 20일 3판 1쇄 발행

지은이와 협의하에 인지생략

지은이 : 정 희 영
펴낸이 : 한 정 주
펴낸곳 : 교육과학사

경기도 파주시 광인사길 71
전화 (031) 955-6956~8 / FAX (031) 955-6037
Home-page : www.kyoyookbook.co.kr
등록 : 1970년 5월 18일 제2-73호

낙장 · 파본은 교환해 드립니다. **정가 17,000 원**

Printed in Korea. ISBN 978-89-254-1583-3